국제통상

INTERNATIONAL COMMERCE

I/N/T/E/R/N/A/T/I/O/N/A/L C/O/M/M/E/R/C/E

나 희 량

도서출판 두남

대한민국의 무역과 통상을 위해 불철주야 헌신하고 있는
모든 이에게 이 책을 바칩니다.

머리말
Preface

흔히들 “우리나라 대한민국은 무역으로 먹고사는 나라다”라고 한다. 틀린 말이 아니다. 우리나라의 무역 규모는 국내총생산의 80~90%에 이르고 경제성장의 2/3가 수출에서 비롯된다. 무역업에 종사하는 크고 작은 기업은 2022년 기준 25만여 개에 이르고 수출을 통한 고용 창출은 직간접적으로 4백만 명(전체 취업자 중 15%)에 이르는 것으로 알려져 있다. 일상생활에서 경상수지, 환율, FTA, WTO 등과 같은 무역, 통상과 관련된 용어나 이슈를 접하게 되는 것이 자연스럽게 되었다.

하지만 무역이나 통상에 대해 체계적으로 공부해보지 않은 일반인에게 이러한 문제들이 생소하고 어렵게 느껴지는 것이 사실이다. 남의 일인 것처럼 지나쳐버리고 무시하는 일이 많다. 무역이 우리의 삶에 직간접적으로 얼마나 큰 영향을 주고 있는지 잘 실감하지 못하는 경우가 많다.

21세기에 들어서면서 20세기 후반을 지배했던 세계화와 자유무역의 흐름이 쇠퇴하고 자국 우선주의와 보호무역이 강화되었다. 이는 2001년 911테러, 2008년 글로벌 금융위기, 2012년 유럽재정 위기, 2020년 코로나 팬데믹 위기 등 세계사적 위기의 연속적 발생과 무관치 않다. 특히 2010년대 세계적인 디플레이션(저성장) 시대가 도래하면서 경제성장을 위해 내수의 중요성이 강조되었다. 하지만 우리나라만큼은 이와는 별개로 내수보다 무역이 경제에서 차지하는 위상과 영향력은 여전히 지대하다.

한 가지 예만 들어보아도 무역의 중요성을 쉽게 알 수 있다. 우리나라가 겪었던 미증유의 경제위기라고 하면 1997년 12월 시작되었던 IMF 외환위기라는 것은 이미 상식이 되었다. 국가적 위기였음에도 벌써 30년 가까이 지난 사건이라 정서적으로 멀게 느껴질 수도 있다. 하지만 IMF 외환위기 이후 우리나라의 사회경제적 구조와 국민 일상의 모습이 확연히 달라졌다는 것은 대부분 공감하는 사실이다. IMF 외환위기 이후 대한민국은 경쟁과 효율을 최우선으로 하는 신자유주의적 사고와 정책을 지배적 이데올로기로 받아들이게 되었다. "부자 되세요"라는 말이 유행어가 되고 재테크 서적이 불티나게 팔려나갔다. 국가와 공동체는 점점 사라져가고 그 자리를 시장과 자본이 차지하게 되었다. 각자도생의 시대, 양극화의 시대가 열리게 되었다. 이러한 모습은 현재에도 더욱 강고해지고 있는 듯하다.

IMF 외환위기의 원인에 대해서는 많은 논란이 있지만 위기 이전 수년간 무역수지 적자로 인한 국가신인도 하락과 외환보유고 감소가 중요한 원인이라고 알려져 있다. 지속적인 무역수지 적자, 과도한 부채를 활용한 중복 과잉 투자, 무분별한 외환 단기차입, 외국자본의 급격한 유출과 환율방어를 위한 외환보유고의 소진과 고갈이 결국 국가부도 상황에까지 이르게 한 것이다. 우리나라는 국가부도라는 초유의 상황만큼은 막기 위해 IMF로부터 구제 금융을 받는 대가로 혹독한 구조조정의 조건을 수용할 수밖에 없었다. 하지만 이로 인한 부작용으로 국가 경제와 국민의 삶은 급격한 변화를 겪을 수밖에 없게 되었다. 결국 무역(대외) 부문에서 발생했던 불균형이 외환위기를 불러오게 된 중요한 원인으로 작용한 것이다.

무역은 과거에도, 지금도 우리에게 너무나도 중요하다. 앞으로도 그럴 것이다. 그래서 무역에 대해 알아야 한다. 그래야만 무역을 통해 우리가 어떻게 더 잘 먹고, 잘 살 수 있을지를 알 수 있게 된다. 무역을 이해하는 것은 생각만큼 어려운 것이 아니다. 차근차근 풀어서 이야기하고 생각해 보면 어느새 어렵게만 느껴지던 것도 쉬워진다. 아는 만큼 보이는 법이다. 그 원리를 이해하고 현실에서 어떻게 작동되는지 알게 되면 무역이 우리의 삶과 얼마만큼 밀접하게 연관되어 있는지가 보이게 된다. 정부가 왜 그렇게 FTA를 외쳐왔는지, WTO 협상과 무역분쟁 결과에 신경을 쓰는지 이해할 수 있다. 기업들이 왜 끊임없이 기술혁신과 생산성 증대를 위해 노력해야 하는지도 이해할 수 있다.

저자는 2017년 9월 26일~28일 3일간 스위스 제네바 WTO에서 열린 WTO Public Forum에 참석한 바 있다. 개회식 연사로 참석한 IMF 크리스틴 라가르드(Christine Lagarde) 총재는 무역의 중요성을 역설하면서 우리나라가 무역을 활용하여 경제성장을 이룬 가장 모범적인 사례라고 이야기하였다. 라가르드 총재뿐만 아니라 대다수 경제학자와 전문가도 우리나라가 무역을 통해 경제성장을 이룬 가장 대표적인 사례라고 인정하는 데 주저하지 않는다. 세계는 우리나라의 성공 스토리를 부러워하고 배우려 한다. 이처럼 무역은 우리나라가 경제적으로 성장하게 된 중요한 동력이자 토대가 되어왔다.

하지만 우리나라는 현재 무역뿐만 아니라 정치, 경제, 사회, 외교, 국방 등 모든 측면에서 새로운 도전에 직면하고 있다. 안으로는 소모적이고 해묵은 이념 정쟁에서 벗어나지 못하고 있다. 이념을 넘어 국부의 증진과 국민의 복리를 향상하기 위해 성숙하고 한 단계 높은 민주공화국으로의 전진이 필요하다. 그동안 우리가 각고의 노력으로 쌓아온 높은 수준의 기술력과 인적, 물적 자본을 새로운 성장을 위한 동력으로 활용해야 한다. 특히 저출산 고령화 등 사회경제 환경의 변화와 이로 인한 저성장을 극복하기 위해 정부의 적극적 역할과 산업계를 포함한 사회 각 부문에서의 새로운 혁신 및 생산성 향상이 절실하다.

이를 위해 안으로는 계층, 지역, 세대, 고용 등에서의 격차와 이로 인한 사회적 분열 및 양극화의 문제를 극복해야 한다. 밖으로는 미국 등 자국 우선주의의 강화와 신보호무역주의의 도래에 대응해야 한다. 세계시장 선점을 위한 경쟁에서 승리하기 위한 노력을 더욱 경주하여야 한다. 우리나라의 무역이 지속해서 성장하고 발전하기 위해서는 세계시장에서 살아남을 수 있는 경쟁력 있는 상품을 생산해야만 한다. 결국 핵심은 경쟁력이라고 할 수 있다. 경쟁력은 종국적으로는 가격과 품질 두 가지로 결정되게 된다.

우리나라가 과거에 주로 의지했던 방식은 주로 가격경쟁력에 주력하는 것이었다. 우리나라의 산업화 방식은 대규모 노동과 자본 투자를 통한 규모의 경제와 비용 절감을 활용하여 가격경쟁력을 확보하는 것이었다. 하지만 이러한 방식은 경제성장 단계에서 일정 기간 유효할 뿐 지속가능하지 않다. 우리나라는 이미 경제성장률의 하락과 정체로 인해 이러한 한계가 현실화하고 있다. 대규모의 노동과 자본의 투입은 이미 한계에 이르렀다는 것이 대다수 전문가의 분석이다.

따라서 기존의 수출방식을 계속 고수하는 것은 바람직하지 않다. 한 단계 높은 경제적 수준으로 도약하기 위해서는 이를 넘어서는 경제구조와 수출방식이 필요하다. 경제성장은 궁극적으로 생산성 향상이 그 원천이 되며 생산성 향상은 노동과 자본 투입뿐만 아니라 새로운 시장 개척과 기업의 끊임없는 새로운 혁신과 품질 향상을 통해 가능하다. 우리나라는 기존의 성장방식에서 벗어나 시장의 개척, 혁신 및 생산성 향상을 통한 가격경쟁력 확보와 품질의 제고가 절실히 필요하다. 한마디로 고부가가치 산업으로의 전환이 필요한 것이다. 우리나라의 산업정책과 통상정책도 여기에 초점이 맞추어져야 한다.

결국 무역도 다른 경제 변수와 같이 새로운 경제 환경에 맞추어 새롭게 변모하고 활로를 찾아야만 한다. 미래에도 여전히 무역은 우리나라 경제를 지탱하는 가장 중요한 축이 될 것이다. 무역을 통한 끊임없는 혁신과 생산성 향상이 우리나라를 보다 더 역동적이고 활력이 넘치는 나라로 변화시켜 나가도록 노력해야 한다. 이를 위해서는 각 분야에서 필요한 인적, 물적 인프라의 구축이 병행되어야 할 것이다.

특히 무역 분야에 필요한 인적자원의 구축을 위해 기존의 교과서 위주의 대학 교육에서 벗어나 산·관·학의 유기적인 협력이 필요하다. 인적자원의 구축을 위해 대학을 중심으로 기업과 국가가 필요로 하는 수요에 맞추어 무역실무 인력부터 국가 간 통상협상 등을 담당할 수 있는 높은 수준의 통상전문가 양성에 이르기까지 다양한 수요를 충분히 수용할 수 있는 교육 시스템을 구축해야 한다. 이러한 의미에서 이 책이 무역 인력 양성을 위한 기초적인 교과서 또는 교양서로 활용되길 바란다. 일반인도 무역을 이해하고 우리나라의 경제와 우리의 일상생활에서 무역이 어떠한 의미를 갖는지 이해할 수 있는 길잡이 역할을 하기를 기대한다.

이 책은 모두 4개 PART, 13개 장(chapter)으로 구성되어 있다. 우선 PART I에서 '무역'이라는 대주제로 제1장부터 제3장까지 무역에 대한 기본적인 내용을 소개한다. 제1장에서는 무역의 목적, 원인, 패턴 등 무역에 대한 기초적인 내용을 소개한다. 제2장에서는 관세 논쟁, 유치산업보호론 등 자유무역과 보호무역을 둘러싼 찬반 논쟁을 기술한다. 제3장에서는 지난 한 세기 이상 자유무역의 배경이 되는 다자 무역 협정의 이점에 대해 논의한다.

PART II는 'WTO 기초'라는 대주제로 제4장부터 제7장까지 WTO 및 WTO 협정에 대한 기본적인 이해에 집중한다. 제4장에서는 WTO가 다자 무역 질서의 결정체라는 주제로 WTO의 연원, 목적, 기능 등에 대해 살펴본다. 이어서 제5장에서는 최혜국대우 원칙, 내국민대우 원칙 등 WTO의 기본원칙에 대해 살펴본다. 제6장에서는 긴급수입제한 조치, 지역무역 협정 등 WTO 기본원칙의 예외에 대해 살펴본다. 제7장에서는 WTO의 협상과 그 성과를 가능하게 한 다자 협상과 의사결정 구조 등을 중심으로 WTO의 의사결정 원리를 기술한다.

PART III는 'WTO 심화'라는 대주제로 제8장부터 제11장까지 현재 진행 중인 DDA의 주요 협상 이슈와 우리나라와 관련된 사안, 그리고 WTO 무역분쟁 등에 대해 좀 더 깊이 살펴본다. 제8장에서는 DDA 등 WTO가 당면하고 풀어야 할 과제에 대해서, 그리고 제9장에서는 우리나라와 WTO의 관계와 WTO의 다양한 협정 및 협상의 의미와 우리나라의 대응에 대해 살펴본다. 제10장에서는 WTO 무역분쟁을 주제로 WTO 무역분쟁해결제도와 우리나라의 무역분쟁 사례를 중심으로 살펴본다. 이어서 제11장에서는 WTO 분쟁해결제도 개혁 등 최근 논의되고 있는 WTO의 개혁 이슈와 시사점 등에 대해 살펴본다.

마지막 부분인 PART IV는 '통상이슈와 정책'이라는 대주제로 제12장과 제13장에서 주요 통상이슈, 현안 및 주요국의 통상정책에 대해 살펴본다. 제12장에서는 쌀시장 개방, DDA 2.0 등 WTO와 관련된 사안뿐만 아니라 ISD, FTA, 코로나 팬데믹, 러·우 전쟁, 탄소국경조정제도(CBAM) 등 중요한 의미가 있는 통상이슈와 과제를 살펴본다. 그리고 마지막 제13장에서는 우리나라와 미국, EU, 일본, 중국 등 주요국의 통상정책 결정 과정과 관련 정부 기관에 대한 비교와 설명을 부연한다. 특히 중국의 경우 통상정책의 특성과 변화를 소개한다.

이 책은 2018년 저자가 출간한 『쉽게 읽는 WTO와 무역 이야기』를 기초로 새롭게 구성한 것이다. 6년 정도의 그리 길지 않은 시간임에도 불구하고 2024년 현재의 세계경제 환경은 2018년과 비교해서 크게 달라졌음을 부인할 수 없다. 그 중심에는 코로나 팬데믹이 있다. 특히 2020년 초 발생하여 3년 이상 지속된 코로나 팬데믹은 세계경제와 무역에 큰 충격과 상흔을 남겼다. 어쩌면 지금까지도 세계와 우리나라는 코로나 팬데믹의 여파에서 벗어나지 못하고 있다고 해도 과언이 아니다. 코로나 팬데믹은 그 누구도 예상하지 못했던 인류사적, 세계사적 사변이었다. 급변하는 세계경제 환경에 따른 통상질서의 변화와 보호무역주의 대두 등 관련된 사안을 보완할 필요가 있었다. 책의 제목도

이론적인 측면보다는 무역과 통상 관련 이슈와 사실(facts)을 전달하고 그 의미를 함께 생각해 본다는 차원에서 '국제통상'(INTERNATIONAL COMMERCE)으로 정하였다. 그 논의의 중심에는 WTO가 있다.

이 책을 통해 독자가 무역과 WTO, 그리고 주요 통상이슈에 대해 보다 잘 이해할 수 있기를 기대한다. 그리고 우리의 삶에 있어 무역과 통상이 갖는 의미와 앞으로 우리나라 무역과 통상이 나아가야 할 방향에 대해 생각해 볼 수 있는 기회가 되길 바란다.

앞으로도 언제 어떻게 코로나 팬데믹과 같은 예상치 못했던 변화와 위기가 다가올지 아무도 모른다. 미래는 현재 예측하지 못하는 모습과 방향으로 달려갈 수 있다. 세계 통상환경과 질서도 지금의 예상과는 달라질 수 있다. 그것은 앞으로도 책에 담아야 할 내용과 고민거리가 더 많아진다는 의미일 것이다. 하지만 한정된 지면에 무역과 통상의 모든 것을 담기에는 한계가 있을 수밖에 없다. 독자의 이해를 구하며 여기에서 이 책의 집필을 마무리하고 세상에 내놓고자 한다.

집필 과정에서 여러 가지 예상치 못한 일들이 생기면서 손을 놓기도 하고 다시 진행하기도 하는 상황이 반복되었다. 하지만 계획한 일정에서 크게 벗어나지 않고 집필을 마무리하고 출간할 수 있게 되어 기쁜 마음이다. 이 책의 출간을 위해 도와주신 도서출판 두남 관계자 분들에게 감사의 마음을 전한다.

2024년 8월
국립부경대학교 국제통상학부
저자 나희량

차례
Contents

■ 머리말 / 5

I PART 무역

Chapter 1 무역의 기초 / 19

1. 무역의 목적 20
2. 무역의 원인 26
3. 무역의 패턴 33
4. 무역의 이익 43
5. 무역의 비용 47
6. 무역의 비용 줄이기 51
7. 수출의 중요성 55

Chapter 2 자유무역 對 보호무역 / 59

1. 관세 논쟁 60
2. 최적관세율 및 관세수입 논쟁 66
3. 유치산업보호론 논쟁 74
4. 전략적 무역정책 논쟁 78
5. 소득재분배 논쟁 81

Chapter 3 다자 무역 협정의 이점 / 85

1. 시장개방 86
2. 보복적 보호무역 조치 감소 92
3. 무역전환효과 감소 94
4. 투명성과 예측가능성 향상 97

Ⅱ PART

WTO 기초

Chapter 4 WTO, 다자 무역 질서의 결정체 / 101

1. WTO의 연원 ········· 102
2. WTO의 목적 ········· 109
3. WTO의 기능 ········· 111

Chapter 5 WTO의 원칙 / 115

1. 최혜국대우 원칙 ········· 116
2. 내국민대우 원칙 ········· 121
3. 양허관세 원칙 ········· 127
4. 수량제한금지 원칙 ········· 133
5. 개도국 배려 원칙 ········· 137

Chapter 6 WTO 원칙의 예외 / 141

1. 긴급수입제한 조치(세이프가드) ········· 142
2. 지역무역 협정 ········· 146
3. GATT 제20조 일반적 예외 및
제21조 안보상의 예외 ········· 152

Chapter 7 WTO의 의사결정 원리 / 155

1. WTO의 의사결정 구조 ········· 156
2. 선진국과 개도국 ········· 165
3. WTO 의사결정 구조의 변화 ········· 169

III PART
WTO 심화

Chapter 8 WTO의 과제 / 183

1. 경제적 왜곡 ······ 184
2. 서비스무역과 지식재산권보호 ······ 198
3. 무역분쟁 ······ 213
4. 신(新)통상 의제 ······ 218

Chapter 9 우리나라와 WTO / 227

1. 우리나라와 WTO의 관계 ······ 228
2. 도하개발아젠다 ······ 233
3. 복수국 무역 협정 ······ 272

Chapter 10 WTO 무역분쟁 / 283

1. GATT 및 WTO 무역분쟁해결제도 개요 ······ 284
2. 우리나라 WTO 무역분쟁 사례 ······ 308

Chapter 11 WTO 개혁논의 / 327

1. WTO 개혁논의 대두 및 현황 ······ 328
2. WTO 개혁 의제 ······ 331
3. 평가 및 우리나라의 대응 방안 ······ 340

IV PART
통상이슈와 정책

Chapter 12 주요 통상이슈 / 349

1. 쌀시장 개방 ····· 350
2. 기술무역장벽 ····· 352
3. 투자자·국가 소송제도 ····· 356
4. 자유무역 협정 ····· 359
5. 보호무역 시대로의 복귀 ····· 370
6. 중국 시장경제국 지위 문제 ····· 374
7. DDA 2.0 ····· 377
8. 무역 2조 달러 시대로 ····· 383
9. 코로나 팬데믹, 러·우 전쟁 등 지정학적 리스크 ····· 386
10. 탄소국경조정제도 ····· 389
11. WTO 제12차, 제13차 각료회의 성과 및 전망 ····· 391

Chapter 13 주요국의 통상정책 / 397

1. 우리나라의 통상정책 ····· 398
2. 미국의 통상정책 ····· 401
3. EU의 통상정책 ····· 406
4. 일본의 통상정책 ····· 407
5. 중국의 통상정책 ····· 410

- 참고문헌 / 417
- 찾아보기 / 421

I 무역

Chapter 1 무역의 기초
Chapter 2 자유무역 對 보호무역
Chapter 3 다자 무역 협정의 이점

INTERNATIONAL COMMERCE

INTERNATIONAL COMMERCE

CHAPTER

1

무역의 기초

1. 무역의 목적
2. 무역의 원인
3. 무역의 패턴
4. 무역의 이익
5. 무역의 비용
6. 무역의 비용 줄이기
7. 수출의 중요성

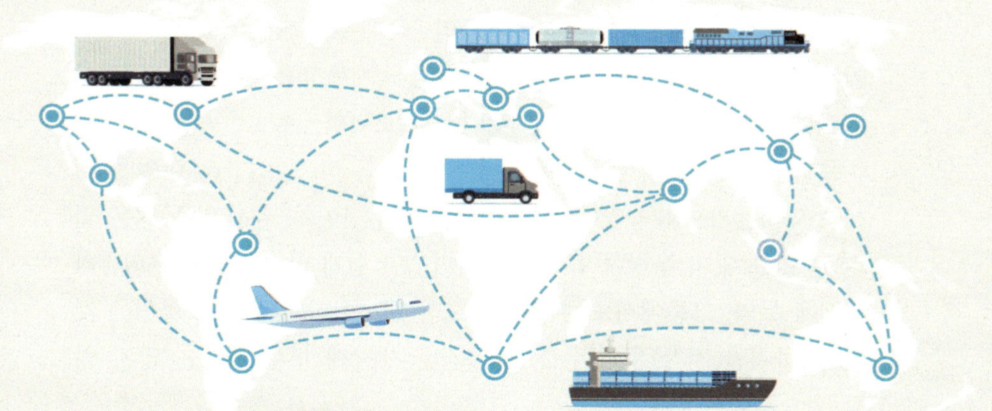

Chapter 1 무역의 기초

1. 무역의 목적

'국제통상'(international commerce, 이하 통상)은 국가 간 상거래와 관련된 정부, 기업(생산자), 가계(소비자) 등 다양한 경제주체의 의사결정과 행위, 그리고 이에 영향을 미치는 국내적, 국제적 차원의 규범, 제도, 정책 등의 총체를 의미한다. 따라서 그 범위와 주제는 광범위하고 중층적이다. 하지만 그 핵심은 국가 간에 이루어지는 재화와 서비스와 같은 경제적 자원의 이동인 '국제무역'(international trade, 이하 무역)이라는 점은 부정할 수 없다. 국제통상을 이해하기 위해서는 무역 이야기부터 시작하는 것이 자연스럽다.

무역에 대한 근본적인 질문부터 해 보도록 하자. 인간은 무엇을 위해 무역하는가? 다시 말해 무역의 목적은 무엇인가? 무역의 목적은 멀리 갈 필요 없이 우리나라의 예를 살펴보면 쉽게 알 수 있다. 우리나라 경제에 무역, 그중에서도 수출이 중요하다는 이야기는 많이 들었을 것이다. 하지만 정작 무역(수출)의 목적을 생각해 보는 경우는 많지 않다. 그러다 보니 마치 무역(수출) 자체가 목적인 것처럼 여겨지기 쉽다. 이는 먹기 위해 사는가? 아니면 살기 위해 먹는가? 라는 질문과 비슷하다. 사람이 음식을 위해 존재하는 것이 아니라 음식이 사람을 위해 존재하는 것처럼 그 정답은 자명하다. 음식의 존재 목적은 인간의 건강과 생명이다. 따라서 무역의 목적은 무역 그 자체가 아니라 국가의 경제성장과 국민의 복리 향상이 된다.

무역은 국가 간 재화와 서비스 등 경제적 자원의 거래를 의미한다. 이는 우리 일상에서 일어나는 다양한 경제 현상 중 하나이다. 무역은 국가 간 상거래를 의미하지만 그 실질적 주체는 국가라기보다는 무역에 직간접적으로 참여하는 기업(생산자)과 가계(소비자)이다. '시장'(market)[1]이 기존 국가 단위에서 전 지구적으로 확장되면서 무역은 시장의 확장과 동의어가 되었다. 무역은 기업의 투자와 생산을 위한 중요한 경영활동 중 하나가 된 것이다.

이는 무역의 목적을 미시적으로는 기업 경영활동의 목적에서 찾아야 함을 의미한다. 다시 말해 무역의 목적은 기업의 궁극적 목적인 이윤 창출 또는 이윤 극대화의 연장선 위에 있다. 하지만 기업의 이윤 창출은 단순히 기업이 돈을 번다는 차원에서 끝나는 것은 아니다. 기업의 이윤 창출은 기업의 성장에서 그치는 것이 아니라 국가 경제의 성장과 발전과도 연결된다. 따라서 무역(수출)의 증가는 국가 경제 전체적 차원에서 볼 때 생산성 향상, '국부'(national wealth)의 증가, 그리고 국민의 생활수준 향상에 도움이 된다는 점에서 의미가 있다.

무역을 포함하는 모든 경제활동은 단순히 먹고사는 문제만이 아니라 좀 더 풍족하고 행복한 삶을 사는 데 그 목적이 있다. 따라서 무역

---

1) 경제학적 의미의 시장은 반드시 시간과 장소가 정해진 물리적 공간이 아니어도 된다. 예를 들어 금, 주식, 외환, 코인 등이 거래되는 가상공간은 금시장, 주식시장, 외환시장, 코인시장 등과 같이 시장이라고 할 수 있다. 정보통신기술의 발달로 시장은 물리적 공간이 아닌 가상공간으로 확장되고 있다.

이 지향하는 궁극적 목적은 경제성장과 국민의 삶이 개선되고 풍족해지는 데 있다. 지속가능한 경제성장은 국민이 현시점의 어려움과 문제를 기꺼이 감내하면서 미래의 부를 창출할 수 있게 하는 필요조건이다. 이러한 의미에서 무역은 지속가능한 경제성장을 위한 물적 토대가 된다.

이는 짧게는 정권의 유지, 길게는 국가의 전반적이고 지속적인 발전과 밀접히 연관되어 있다. 예를 들어 일본은 저성장과 디플레이션 탈출을 위해 2012년 이후 극단적 초저금리와 양적완화로 대표되는 소위 '아베노믹스'(Abenomics) 정책을 시행했다.[2] 이는 일본이 1990년대 중반 자산가치 폭락 등 거품 붕괴 이후 소위 '잃어버린 20년'을 극복하기 위한 절박함에서 비롯되었다. 아베노믹스는 빈사 상태에 빠진 환자에게 극약 처방을 하는 것과 같은 상황이라고 할 수 있다.

그만큼 경제성장은 정권의 유지뿐만 아니라 국가의 명운을 결정지을 만큼의 중요한 과제이다. 국민의 풍요롭고 행복한 삶이 지속되기 위해서는 이를 충족시킬 만한 사회경제적 차원의 성장과 발전이 필요하다. 무역은 이를 달성하기 위한 물적 토대를 제공한다. 이렇게 본다면 무역의 목적은 단순한 기업의 이윤 창출을 넘어 국민의 삶이 풍요롭고 행복할 수 있도록 하는 데 있음을 알 수 있다.

이와 관련해서 무역에 대한 경제학적 분석을 살펴보자. 경제학은 합리적(비용과 이익을 따져 가장 큰 이익을 선택) 인간, 자원의 희소성(유한성)과 인간 욕망의 무한성을 가정한다. 따라서 인간은 '예산제

---

2) 아베노믹스는 일본 아베 신조 총리가 잃어버린 20년이라고 불릴 만큼 침체일로에 있었던 일본경제를 부양하기 위해 실시한 경제정책을 뜻하는 용어이다, 아베노믹스는 '아베'(Abe)와 '이코노믹스'(economics)의 합성어다. 아베 총리는 2012년 총선을 앞두고 윤전기를 돌려서라도 무제한 돈을 찍어내겠다며 장기 침체에 빠진 경제를 살려내겠다는 의지를 천명했다. 아베노믹스는 물가 2%, 명목 성장률 3% 목표를 설정했다. 실현 방안으로 양적완화, 재정지출 확대, 공격적 성장전략 등 이른바 '세 개의 화살'을 정책수단으로 삼았다. 이후 아베노믹스는 10년 가까이 추진되었는데 그 효과에 대한 논란은 여전히 분분하다.

약'(budget constraint) 하에서 자신의 욕망을 극대화하는 의사결정과 행위를 선택한다. 이러한 메커니즘을 분석, 연구하는 학문이 경제학이다. 여기서 경제학은 욕망을 '효용'(utility)이라는 용어로 치환한다. 효용은 상품을 소비할 때 얻는 주관적 만족감(행복감)을 의미한다. 누구든지 배가 고프면 음식을 먹고 이를 통해 효용(만족감, 행복감)을 얻게 된다. 인간은 일반적으로 더 많은 상품을 소비할수록 더 많은 효용, 만족감을 얻는다. 이렇게 경제학에서 소비를 통한 효용 또는 만족감의 정도는 인간적인 삶, 행복한 삶의 기준과 척도가 된다.

물론 인간의 행복은 상품의 소비를 통해서만 얻어지지 않는다. 인간은 물질적 소비를 통한 효용과 만족감뿐만 아니라 정신적, 사회적, 종교적 욕구 등 다양한 욕구를 갖는다. 이러한 다양한 욕구는 단순히 상품의 소비로만 얻어질 수 없다. 하지만 삶의 만족도와 상품의 소비량을 정(+)의 관계로 설정하는 것은 일반적인 상식과 인식 수준에서 그렇게 무리는 아니다. 인간의 삶의 효용과 만족감은 대부분 필요로 하는 상품을 얼마만큼 많이 구매하고 소비할 수 있느냐에 의해 좌우된다고 해도 과언은 아니다.

그렇다면 원하는 만큼 소비하려면 무엇이 필요할까? 당연히 상품 구매를 위한 돈이 있어야 한다. 경제학은 이를 '구매력'(purchasing power)이라고 정의한다. 말 그대로 상품을 구매할 수 있는 능력이다. 소비 욕망이 있더라도 돈이 없다면 그 상품을 구매할 수 없다. 구매력이 없는 것이다. 구매력이 크다면 그만큼 더 많은 상품을 구매, 소비할 수 있음을 의미한다. 개인의 경제활동은 각 개인의 구매력을 늘리는 데 목적이 있다. 더 나아가 국가는 사회 전체의 구매력을 증가시키는 데 그 목적이 있다. 하지만 구매력이 크다고 다 해결되는 것은 아니다. 아무리 구매력이 크더라도 실제 살 수 있는 상품이 다양하지 않고 한정되어 있다면 개인이든 국가든 그 효용, 만족도를 높이는 것은 한계가 있다.

예를 들어 같은 100만 원의 구매력을 가진 사람이라 하더라도 그 금액으로 10가지 상품만을 살 수 있는 경우와 100가지 상품을 살 수 있는 경우를 비교해보자. 당연히 100가지 상품을 선택할 수 있는 후자의 경우가 소비자의 만족도를 더 높일 수 있다. 다시 말해 같은 구매력을 가진 소비자라도 선택할 수 있는 상품의 종류, 다양성에 따라 그 만족도의 크기는 달라진다. 상품의 종류, 다양성이 클수록 만족도의 크기는 커진다. 앞에서 논의한 내용을 종합해 보면 개인의 만족도(효용)는 구매력이 클수록, 그리고 선택할 수 있는 상품이 다양할수록 증가하게 된다. 이러한 결론을 놓고 볼 때 무역의 목적은 어렵지 않게 이해된다.

앞에서 이야기한 상황을 개별 국가 경제에 국한하지 않고 세계경제로 그 범위를 넓히면 국가는 수출을 통해 외화(달러 등)를 벌어들이고 벌어들인 외화로 다시 세계 각 국가와 지역에서 생산된 상품을 구매, 소비할 수 있다. 대표적인 외화로는 기축통화 역할을 하는 달러, 유로, 엔화, 파운드화 등을 들 수 있다. 개별 국가는 서로 다른 법정화폐를 사용하기 때문에 무역을 위해서는 달러와 같은 주요 기축통화가 사용된다. 그중 미국 달러화는 대표적인 국제 결제 수단이다. 외화를 달러로 등치해도 무리가 아니다.

우리나라 통화인 원화가 기축통화로 인정되어 국제 결제 수단으로 사용된다면 얼마나 좋을까? 하지만 원화가 국제 결제 수단으로 통용되지 않는 한 무역을 위해서는 달러가 절대적으로 필요하다. 수출은 달러를 획득할 수 있는 가장 중요한 통로이다. 수출을 통해 달러를 획득하면 세계시장에서의 구매력이 증대되고 세계에서 생산되는 다양한 재화와 서비스를 구매(수입), 소비할 수 있다. 무역을 통해 개인의 만족도, 더 나아가 개인의 총합으로서의 사회적, 국가적 효용은 증대된다. 국민의 삶이 풍요로워지는 것이다.

천연자원과 에너지원이 풍부하고 내수만으로도 경제성장이 가능한 국가는 굳이 무역이 아니라도 국내산업만으로도 국내 수요를 충족시킬 수 있다. 이런 국가는 무역에 어려움이 생기더라도 국가의 존립과 국민의 삶에 지대한 영향을 줄만큼의 큰 손해나 타격이 없다. 예를 들어 미국, 중국, 인도, 브라질 등 천연자원이 풍부하고 영토와 인구 규모가 큰 국가의 무역의존도(국민총소득 대비 무역액 비중)는 30~40% 수준이고 높아도 50%를 넘지 않는다. 우리나라의 무역의존도가 80~90% 수준인 것과 대비된다.

이들 국가는 내수가 차지하는 비중이 크기 때문에 만약 무역에 문제가 생기더라도 국내 생산 및 소비만으로도 기본적인 경제의 시스템은 작동하고 유지된다. 우리나라의 경우는 이와는 상황이 다르다. 자원이 부족한 우리나라는 경제를 안정적으로 유지하기 위해서 천연자원, 에너지, 원자재 등을 외국에서 수입해야만 한다. 인구도 상대적으로 크지 않기 때문에 내수만으로는 지속적인 성장에 한계가 있다.

따라서 우리나라가 달러를 획득하고 이를 통해 세계시장에서 생산되는 다양한 상품을 구매(수입)하기 위해서는 세계시장으로의 진출과 무역은 불가피하다. 개인과 사회적 차원의 효용을 증대시키기 위해서는 대한민국의 국경을 넘어서야 함을 의미한다. 1970~1990년대 우리나라의 급격한 경제성장 시기가 수출의 비약적인 증가와 맞물려져 있음은 우리나라의 지경학적 특성을 잘 말해주고 있다.

무역은 그 자체가 목적이 될 수 없다. 다시 한번 강조하지만 무역의 목적은 무역(수출)을 통하여 세계시장에서 상품을 구매(수입)할 수 있는 구매력(달러)을 획득하고 다양한 세계시장의 상품 소비를 통해 개인적, 사회적 효용을 증대하는 데 있다. 무역의 목적은 앞으로 논의할 세계무역기구(World Trade Organization, WTO)와 관련하여 1994년 'WTO 설립을 위한 마라케시 협정'(Marrakesh Agreement Establishing the World Trade Organization)의 서문에도 명시되어 있다. 협정 서문에는 WTO의 출범 목적과 관련하여 아래 강조한 부분과 같이 '생활수준의 향상', '높은 수준의 실질소득', '유효수요의 지속적인 양적 증대' 등을 제시하고 있다. 그 내용은 다음과 같다.

> "이 협정의 당사자들은, 상이한 경제발전 단계에서의 각각의 필요와 관심에 일치하는 방법으로 환경을 보호하고 보존하며 이를 위한 수단의 강화를 모색하면서, 지속가능한 개발이라는 목적에 일치하는 세계자원의 최적 이용을 고려하는 한편, **생활수준의 향상**, 완전고용의 달성, **높은 수준의 실질소득과 유효수요의 지속적인 양적 증대** 및 상품과 서비스의 생산 및 무역의 증대를 목적으로 무역 및 경제활동 분야에서의 상호관계가 이루어져야 한다는 점을 인식하고, … "

무역은 생활수준의 향상, 즉 국민 삶의 질과 행복을 증진하는 하나의 수단이다. 수출도 따지고 보면 그 자체가 목적이 아니라 수출로 달러를 획득해야 수입도 가능하기 때문에 필요한 것이다. 이렇듯 무역을 이해하기 위해서는 무엇보다도 먼저 무역의 목적은 무역 그 자체가 아니라 국부를 증대하고 개인과 국민의 생활수준 향상에 있음을 전제해야 한다. 이러한 전제가 있어야만 과거에 그랬던 것처럼 무역, 특히 수출이 마치 모든 것의 목적이 되는 것처럼 무역(수출) 지상주의에 빠지지 않을 수 있다. 무역의 궁극적 목적은 국부의 증대와 국민의 복리 향상이라는 점을 중심에 두어야만 균형 잡힌 시각을 가지고 무역을 이해할 수 있다.

2. 무역의 원인

이 절에서는 앞에서 살펴본 무역의 목적에 이어 무역이 일어나는 원인에 대해 살펴보고자 한다. 무역의 목적이 당위(當爲)라 하더라도 현실적인 무역의 원인(동기)가 없다면 그 목적은 달성하기 어려울 것이다. 무역은 단순화하면 국가 간 재화와 서비스의 수출과 수입을 의미한다. 무역은 국가 간의 상거래를 의미하므로 원론적으로는 국가를 분석 대상으로 삼는다. 하지만 무역은 수출과 수입뿐만 아니라 이와 관련되어 나타나는 일련의 경제활동 및 현상의 총체를 의미하기도 한다. 이 경우 그 분석 대상은 무역에 참여하는 경제주체인 정부, 기업, 가계, 그리고 생산요소인 자본, 노동, 기술 등으로 확대된다.

무역은 국내 차원의 상거래가 국가 간 또는 국제적인 차원으로 확장된 것이기 때문에 무역의 원인도 국내의 일반적인 상거래와 본질상 크게 다르지 않다. 무역의 원인을 알기 위해서는 생산과 소비의 주체인 기업과 가계(개인) 간 이루어지는 교환 또는 매매 등의 상거래 행위에 대한 이해가 필요하다. 이를 국가 차원으로 확장해서 무역의 원인을 조명해 볼 수 있다.

먼저 교환은 인간이 사회적 존재로서 생산하고 소비하는 경제활동 과정에서 자연스럽게 배우고 습득하는 기본적인 거래 방식이다. 인간은 유사 이래 교환을 통해 자신이 가진 것을 없는 것과 맞바꿈으로써 더욱 큰 효용(만족감 또는 행복감)을 얻었다. 물론 법정화폐가 결제 수단이 되는 현대의 화폐경제 시스템하에서는 상품과 상품이 화폐를 매개로 하지 않고 직접 맞교환되는 경우는 드물다.

현대에는 대부분의 매매가 직접적인 상품 간 교환이 아니라 화폐를 매개로 간접적인 교환방식으로 이루어진다. 이 경우에도 화폐는 상품 간 교환을 편리하게 해주는 매개의 역할을 할 뿐 교환을 통한 효용의 증가라는 경제학의 기본 원리는 변하지 않는다. 고대의 물물교환이든, 현대의 법정화폐를 매개로 한 간접 교환이든 인간은 교환이라는 경제 행위를 통해 더 행복하고 풍족한 삶을 영위할 수 있다.

앞에서 언급하였듯이 무역은 국내적 차원의 교환이 국가적 차원으로 확장된 것이라는 점에서 그 기본적 성격은 다르지 않다. 따라서 무역의 원인은 교환이 일어나는 메커니즘을 살펴보면 쉽게 알 수 있다.

간단한 예를 들어보자. A는 농업에, B는 목축에 종사한다. 만약 교환이 없다면 A는 농산물만으로 먹고 살아야 하고 B는 가축만으로 먹고 살아야 한다. 빵 또는 고기만 먹고 사는 삶보다는 빵과 고기를 같이 먹을 수 있는 삶이 더 행복하지 않을까? 채식주의자나 육식주의자가 아니라면 인간은 빵과 고기를 같이 먹을 때 더 만족스럽고 행복할 것이다. 다시 말해 효용의 증가라는 차원에서 교환이 자급자족보다 유리하다.

그렇다면 A와 B 모두가 빵과 고기를 같이 먹는 방법은 무엇일까? 두 가지 방법을 생각해 볼 수 있다. 하나는 강제적으로 상대방이 생산한 농산물 또는 가축을 탈취하는 방법이다. 이는 인류가 유사 이래로 오랜 기간 의존해온 방법으로 폭력, 더 크게는 전쟁이 되는 것이다. 하지만 인류는 자신이 폭력과 전쟁의 희생양이 될 수 있는 위험과 불확실성을 피하면서 상호 이익이 되는 방법을 찾아냈다. 그것이 바로 상호 합의(가격)에 기초한 교환이다.

각자가 생산한 농산물과 육류 중 남는 부분(잉여)을 상호 합의하에 교환하면 A와 B 모두 빵과 고기를 얻을 수 있다. 이 경우 '자급자족'(autarky)에 비해 높은 수준의 효용(만족감)을 누릴 수 있다. 교환이 합리적이고 유익한 이유는 폭력이나 전쟁의 경우 상대방이 제거되거나 노동력을 잃게 되어 상대방이 생산하던 상품의 생산이 어려워지기 때문이다. 하지만 교환은 상호 합의를 통해 영속적으로 지속가능하다는 점에서 모두에게 유리하다.

인간이 모든 것을 잘하는 만능이어서 필요한 물건을 자급자족할 수 있다면 굳이 교환이 필요하지 않을 수 있다. 또는 무인도에 갇힌 로빈슨 크루소와 같이 교환 자체가 불가능해진다면 어쩔 수 없이 스스로 생산해야 할 것이다. 이러한 상황은 예외적이다. 인간은 사회적 존재이고 각자의 소질과 능력도 다르다. 잘하는 것이 있으면 잘못하는 것도 있다. 개인이 필요한 모든 것을 독립적으로 생산하는 것은 거의 불가능하다.

각 개인은 교환을 통해 자신이 필요한 것을 얻게 된다. 개인은 자기의 소질과 능력을 가장 잘 발휘할 수 있는 분야에 특화하여 생산하고 남는 것을 교환하게 된다. 이렇게 될 때 사회 전체적으로 자원이 효율적으로 배분되고 모두의 효용이 극대화되는 바람직한 상태가 된다.[3] 특화된 분야에서 자신의 생산량을 극대화한다면 그만큼 잉여를 많이 창출할 수 있다. 그리고 그 잉여를 자신이 생산하지 못한 것과 교환할 수 있다.

예를 들어 A는 목축보다는 농사를 짓는데 소질이 있다. 반대로 B는 농사보다는 목축에 소질이 있다. 자급자족의 경우에도 A, B 모두 혼자의 힘으로 농산물과 육류를 생산할 수는 있다. 하지만 A는 가축을 잘 키우지 못하기 때문에 원하는 만큼의 육류를 얻지 못한다. B도 농사를 잘 짓기 못하기 때문에 원하는 만큼의 농산물을 얻기 어렵다. 만약 A와 B가 각각 상대적으로 더 잘 할 수 있는, 다시 말해 '비교우위'(comparative advantage)가 있는 농사와 목축에 특화, 생산하고 그 잉여를 상호 교환하면 더 많은 생산, 소비가 가능하다.

이를 무역으로 확장해보자. A국과 B국이 무역 대신 자급자족을 한다고 하자. A국은 자국 내 '생산요소'(factor of production)를 활용하여 농산물 10단위, 육류 5단위를 생산한다.[4] B국은 농산물 5단위, 육류 10단위를 생산한다. 만약 두 국가가 비교우위에 따라 무역을 시작하면 A국은 농업에 특화하여 농산물 20단위, B국은 목축에 특화하여 육류 20단위를 생산할 수 있다. 그리고 자국 내 수요보다 많은 잉여(초과 공급량), 다시 말해 A국은 농산물 10단위, B국은 육류 10단위를 상

3) 이를 경제학에서는 '파레토 최적'(pareto efficiency, pareto optimality)이라고 한다. 파레토 최적은 자원 배분과 관련하여 어떤 자원의 배분이 주어졌을 때, 다른 사람에게 손해가 가도록 하지 않고서는 어떤 한 사람에게 이득이 되는 변화가 불가능할 때를 의미한다.

4) 생산요소는 생산에 필요한 노동, 자본, 기술, 자원 등을 의미한다.

호 교환(무역)할 수 있다.

비교우위에 따른 특화, 생산, 그리고 무역의 결과 A국과 B국 모두 농산물 10단위, 육류 10단위를 소비할 수 있다. 자급자족과 비교해서 A국은 육류 5단위, B국은 농산물 5단위를 더 소비할 수 있게 되었다. 양국 모두에게 무역의 이익이 발생하는 것이다. 자국이 상대국보다 잘하는 분야(A국은 농업, B국은 목축)에 특화, 생산하고 그 잉여를 교환하면 A국과 B국 모두 더 큰 효용을 얻을 수 있다. 이와 같이 국가 간 특화, 생산 및 잉여의 교환을 통해 효용이 증가할 수 있다는 것이 '비교우위론'(theory of comparative advantage)의 핵심이다.[5)]

국가의 3요소는 국민, 영토, 주권이다. 개별 국가는 이 세 가지 요소에서 서로 다른 특성을 갖는 경우가 대부분이다. 국가마다 기후, 지리, 환경 등 자연조건이 다르다. 서로 다른 경제, 사회, 문화, 역사적 배경과 민족성을 갖는다. 따라서 국가도 개인과 같이 비교우위를 갖는 분야가 다르다. 개인이 교환을 통해 효용을 증가시킬 수 있듯이, 국가도 다른 국가와의 무역을 통해 국가(국민)의 만족도(사회적 효용)를 증

5) 비교우위는 영국의 고전학파 경제학자 데이비드 리카도(David Ricardo, 1772~1823)가 정립한 개념이다. 리카도는 그의 저서 『정치경제학 및 조세의 원리』(Principles of Political Economy and Taxation, 1817)에서 잉글랜드와 포르투갈 간 무역을 예로 들어 비교우위 개념을 설명하였다. 포르투갈은 포도주와 옷감 모두를 잉글랜드보다 적은 비용으로 생산할 수 있다. 반면 잉글랜드는 옷감 생산에 상대적으로 비용이 적게 든다. 두 나라 간의 생산비용의 절대치만 생각하면 잉글랜드는 무역을 통해 이익을 볼 수가 없다. 하지만 포르투갈은 상대적으로 적은 비용으로 생산할 수 있는 포도주를 수출하고 잉글랜드는 상대적으로 비용이 적게 드는 옷감을 수출하는 방법으로 두 나라가 서로 무역을 통한 이익을 거둘 수 있다. 리카도는 이와 같이 나라마다 비교우위가 있는 상품을 특화해 생산할 필요가 있다고 주장하였다. 경제학자들은 무역에서 한 나라의 특정 상품이 비록 상대국의 상품에 비해 절대적으로 우위에 있지는 않아도 생산에 따른 비용을 감안했을 때 상대적으로 우위를 지니는 경우에 비교우위를 가진다고 표현한다. 최근 일부 경제학자는 선진국과 개도국 간의 무역에서 비교우위론은 선진국의 발달된 산업의 이익만을 가져오게 된다는 비판을 내놓기도 한다. 고전경제학자들의 비교우위론에 입각한 자유무역 주장이 사실은 기술적으로 우위에 있는 선진국의 이익만을 보호하기 위한 것이라는 지적인 것이다. 이들은 영국과 미국 등 현재의 선진국은 자신들의 산업이 경쟁력을 확보할 때까지 보호무역제도를 유지했다고 비판한다.

가시킬 수 있다.

예를 들어 A국은 영토 측면에서 고온다습한 기후와 넓은 평야 지대를 갖고 있어 농업에 유리한 자연조건을 갖고 있다. 반면 B국은 온대성 기후와 초원지대 등 목축에 좋은 자연조건을 갖고 있다. 비교우위에 따라 A국은 농업, B국은 목축에 특화, 생산하고 국내 수요를 초과하는 잉여 농산물과 육류를 무역하면 생산과 소비가 증가한다. 그만큼 사회적 효용은 증가한다. 경제학에서는 이를 '무역의 이익'(gains from trade)이라고 개념화하고 있다.

이처럼 무역의 원인은 결국 무역에 참여하는 국가 모두 무역 이전보다 더 큰 효용, 다시 말해 '무역의 이익'을 누릴 수 있기 때문임을 알 수 있다. 만약 자국이든 상대 국가든 무역 이후 오히려 손해이거나 무역의 이익이 발생하지 않는다면 무역에 참여할 이유가 없다. 무역은 상호성을 전제하기 때문에 두 국가 중 한 국가만이라도 호응하지 않는다면 무역은 일어날 수 없다.

이 내용을 요약하면 무역은 비교우위에 따라 일어나고 이는 무역에 참여하는 국가 모두 무역의 이익을 누릴 수 있음을 전제로 한다. 무역의 이익은 한 국가가 다른 국가에 비해 상대적으로 잘하는 분야(산업)에 가용한 생산요소를 투입, 생산하고 국내 수요를 초과하는 잉여를 수출하는 대신 비교우위가 없는 분야의 상품을 수입함으로써 실현된다.

무역은 좀 더 다양하고 보다 많은 상품을 소비하고자 하는 인간의 원초적인 욕구에서 비롯된 교환(거래)이 국가 단위로 확대된 것이라고 할 수 있다. 무역과 관련된 다양한 역사적 사례를 통해 인류는 무역을 통해 국가와 개인의 효용 증가, 즉 무역의 이익을 실현해 왔음을 알 수 있다. 이는 고대의 침묵무역[6], 근대 대항해 시대의 향료무역[7], 현

6) '침묵무역'(silent trade)이란 서로 다른 두 집단이 직접 만나지 않고 대신 관례의 교환율로 물건을 거래하는 형태이다. 가장 잘 알려진 예가 중앙아프리카의 피그미(Pygmies)족과 반투(Bantu)족 간 무역이다. 피그미족은 반투족에게 고기와 가죽, 야생의 과실 및

기타 물자를 공급하고, 그 대가로 반투족은 피그미족에게 재배한 곡물과 철기를 공급한다. 그런데 두 집단의 무역은 상호 충돌을 피하기 위해 접촉이 거의 없거나 전무한 상태에서 이루어지기 때문에 이를 침묵무역이라고 부른다. 반투족이 쌍방 간에 약속한 장소에 자신의 생산물을 놓아두고 가면 밤중에 피그미족이 숲속에서 나와 그것들을 가져가고, 그 대신 반투족에게 필요한 물건을 대등한 가치만큼 가져다 놓는다. 피그미족이 다시 숲속으로 돌아간 다음에 반투족이 그 물건을 가져감으로써 쌍방 간에 대면 없이 침묵 가운데 무역이 이루어지게 된다. 이와 비슷한 침묵무역은 이외에도 여러 지역에서 행해졌다. 아프리카 북부 해안의 고대국가였던 카르타고인과 아프리카의 다른 부족들 간에 침묵무역이 있었다. 스리랑카 사람들이 유럽에서 생산된 상품과 인도 베다족이 생산한 꿀과 육포가 19세기 중엽까지 침묵무역으로 교환되었다. 이 밖에도 알타이산맥, 지브롤터, 중국, 수마트라, 시베리아, 모로코, 가나 등지에서도 그러한 사례들이 있었다고 알려져 있다.

7) 16세기 이후 400여 년에 걸쳐 이루어진 유럽 동남아시아 간 향료무역은 단순한 상품무역의 차원을 벗어나 세계사의 흐름이 서구 세력을 중심으로 재편되는 역사적 흐름의 전환을 가져오는 중요한 요인으로 작용하였다. 유럽 동남아시아 간 무역은 16세기 이후, 이전의 중국, 인도 및 아랍 상인 등을 통한 간접 무역에서 벗어나 향료무역으로 대표되는 직접 무역의 형태로 변화되었다. 이는 향료무역을 통해 일확천금을 꿈꾸던 유럽 상인들의 동남아시아로의 항로 개척 및 무역 참여, 그리고 중상주의적 방식의 부국강병을 추구하던 유럽 열강들의 적극적 지원 및 개입에 따라 더욱 강화되고 확대 재생산되었다. 향료(香料, spice)는 정향(clove), 육두구(nutmeg), 후추(black pepper) 등과 같이 주로 요리에 첨가하여 맛을 더해 주고 식욕을 증진하기 위해 사용되는 기호품을 통칭한다. 향료는 이외에도 부패를 방지하는 방부제 및 의약품 등으로도 활용되었다. 특히 오래전부터 고기와 생선을 많이 먹어온 유럽인들에게는 이동, 월동 등을 위한 고기와 생선의 장기 보존을 위해 향료는 필수적이었다. 하지만 향료의 공급은 극히 제한되어 있어 일부 상류층 및 부유층만이 소비할 수 있었다. 향료의 가격은 부르는 것이 값일 정도로 비쌌고 이로 인해 상인 더 나아가 국가권력까지도 향료의 확보를 위해 향료생산지로의 직접적 진출을 모색하게 된다. 결과적으로 향료는 유럽 제국의 동방으로의 진출을 자극하게 된 것이다. 유럽 열강들의 동남아시아 진출 과정은 향료 및 향료생산지에 대한 쟁탈전이라 해도 과언이 아닐 정도로 치열했고 이들의 향료에 대한 집착은 통상적으로 행해지던 무역의 상식과 수준을 훨씬 뛰어넘는 것이었다. 국가의 사활을 걸다시피 한 유럽 열강들의 동남아시아 진출은 결코 순탄하고 평화롭게 진행된 것이 아니었다. 유럽 열강들은 단순한 무역 참가자로서 향료시장에 참여하는 것에서 시작하여 향료시장에 대한 독점적 영향력을 확보하기 위해 식민지 지배를 포함하는 물리적, 폭력적 방법까지도 광범위하게 동원하였다. 이러한 방식은 동남아시아 토착 세력들의 대응 및 저항과 맞물려져 두 지역, 두 세력 간의 공존, 대립 및 충돌이라는 복잡하고 다양한 역사적 사건들을 남기게 되었다. 유럽 동남아시아 간 무역의 과정에서 나타난 크고 작은 수많은 역사적 편린은 현재까지도 정치학, 역사학, 인류학 등 다양한 학문 분야의 연구 주제로 다루어지고 있다. 향료무역은 이전까지 지역적 의미에서뿐만 아니라 경제적으로도 분리되어 있던 유럽과 (동남)아시아가 하나의 경제권(시장)으로 통합되게 하는 가장 중요한 추동력이 되었다.

대의 산업간 무역 등 시공간을 초월하여 보편성(universality)을 갖는다고 할 수 있다.

3. 무역의 패턴

위 2절에서 무역의 원인은 무역에 참여하는 국가 모두 무역의 이익을 누릴 수 있기 때문임을 살펴보았다. 이 절에서는 무역의 패턴(pattern), 다시 말해 무역의 방향이 결정되는 원리에 대해 알아본다. 예를 들어 A국은 왜 농산물을 수출하고 육류를 수입하는지, 반대로 B국은 왜 육류를 수출하고 농산물을 수입하게 되는지에 대한 논리적 추론을 시도해 보는 것이다. 무역의 패턴이 결정되는 원리를 알면 선진국과 개도국 간 무역, 선진국 간 무역, 산업간 무역, 산업내 무역 등 현실에서 일어나고 있는 다양한 무역의 형태와 그 특성을 이해하는 데 도움이 된다.

우선 무역의 패턴은 앞에서 논의한 비교우위와 연결된다. 어떤 국가가 다른 나라에 비해 특정 분야에 비교우위가 있다는 것은 '기술 수준' 또는 '생산성'(productivity)의 차이가 있음을 의미한다.[8] 국가 간 기술 수준 또는 생산성에 차이가 발생하는 이유는 일률적으로 설명할 수는 없다. 그 차이는 개별 국가가 가지고 있는 고유한 기후, 지리, 환경 등 자연조건, 천연자원의 부존 정도, 역사적 경험, 물적 자본의 축적 정도, 인적자본의 수준, 경제발전 단계, 지정학적 위치 등과 같은 다양하고 복합한 요인에 의해 결정되기 때문이다.

A국과 B국의 경우 기후, 지리, 환경 등 자연조건의 차이로 인해 A국은 농업에 유리하므로 상대적으로 농업기술이 발달하였다. B국은 목

8) 기술 수준의 향상은 동일한 노동, 자본 등의 생산요소 투입 시 생산량이 증가하는 것을 의미하므로 기술 수준의 차이는 생산성의 차이라고 해도 무방하다.

축에 유리하므로 목축기술이 발달하였을 가능성이 크다. 따라서 A국과 B국이 각각 상대국에 비해 기술 수준 또는 생산성이 높은 농업 및 목축에 특화, 생산하면 농산물과 육류의 생산량을 극대화할 수 있다. A국은 B국에 농산물을 수출하고 육류를 수입할 것이다. 반면 B국은 A국에 육류를 수출하고 농산물을 수입할 것이다. A국과 B국이 가지고 있는 기술 수준의 차이는 각 국가의 자연조건에 의해 영향을 받는다고 할 수 있다. 이는 무역의 패턴이 자연조건에 의해 결정됨을 의미한다.

농산물은 자연조건에 의해 큰 영향을 받지만 대부분 공산품은 그렇지 않다. 예를 들어 우리나라는 1970년대 이후 수출주도 성장전략을 채택하고 철강, 자동차, 전기·전자(반도체), 석유화학, 조선 등 중화학공업 중심의 5대 제조업 분야를 집중적으로 육성하였다. 우리나라는 당시 미국이 주도하는 '세계체제'(World System)[9]의 수혜를 바탕으로 이들 산업에 대한 선택과 집중, 대규모 자본투입을 통해 괄목할만한 성장을 이루어냈다. 이후 우리나라는 중화학공업 분야 상품의 개발 및 생산에 필요한 높은 수준의 기술력과 생산성을 확보하게 되었다.

현재도 우리나라는 중화학공업 분야에서 세계에서 몇 안 되는 제조업 강국으로 인정받고 있다. 철강은 POSCO, 자동차는 현대기아차, 반도체는 삼성전자, 하이닉스, 석유화학은 LG화학, 한화, 조선은 삼성중공업, 현대중공업 등 대기업 중심의 산업군이 형성되어 전 세계로 상품을 수출하고 있다. 수출의 대가로 획득한 외화(달러)는 우리가 필요로 하는 상품과 자원을 수입할 수 있는 구매력의 원천이 된다. 이러한

9) 세계체제는 1970년대 미국의 저명한 사회학자 월라스타인(Immanuel Wallerstein)이 주창한 세계체제이론에 근거한다. '세계체제이론'(world system theory)은 현재의 세계를 하나의 사회 체제로 보고 이 체제의 중심부와 반(半)주변부, 그리고 주변부에 위치하는 국가 및 문화권 사이의 정치적·경제적인 비대칭성이나 비대칭적인 관계를 설명하는 이론이다. 그 이론적 타당성에 대한 논란은 계속되고 있지만 미국 패권을 중심으로 한 국제정치 및 국제경제의 현상을 설명하고 이해하는 데 적합한 인식 틀이라고 할 수 있다. 이 책에서는 개별 국가의 경제성장과 무역도 미국의 패권적 영향, 다시 말해 세계체제의 영향에서 벗어나지 않음을 전제한다.

우리나라의 사례는 비교우위가 단순히 자연조건에 의해 결정되는 것이 아니라, 국가의 전략적 차원의 투자와 기술개발 등 인위적 요인에 의해서 결정될 수 있음을 보여준다. 이처럼 특정한 상품 생산에 필요한 기술을 갖고 있거나 그 기술 수준이 다른 국가에 비해 뛰어난 국가는 해당 상품에 특화, 생산, 수출하고 그 대가로 필요한 상품을 수입하게 된다.

그리고 기술 수준 또는 생산성은 고정되어있는 것이 아니라 국가의 정책적 지원과 투자, 연구개발(R&D), 기술혁신 등을 통해 시간의 흐름에 따라 변화되는 경우가 많다. 따라서 시간의 흐름을 고려한 기술 진보, 생산성 향상과 이에 따른 무역패턴의 변화도 가능한 것이다. 예를 들어 최근 인터넷, 디지털 기술 등 정보통신기술(ICT)의 발달은 기술의 확산과 전파를 가속화하고 있고 무역에도 적지 않은 영향을 미치고 있다.

이러한 기술 진보을 고려한 무역이론은 이미 20세기 중반에 제기되었다. 포스너(M. Posner)의 '기술격차이론'(technology gap theory)10), 버논(R. Vernon)과 웰스(L. Wells)의 '제품수명주기설'(product life cycle hypothesis)11) 등은 각 국가의 기술 진보와 이에 따른 무역패턴의 변

10) 기술격차이론은 국가 간 생산기술상의 격차가 무역 발생의 원인이 되고 무역패턴 결정에 지배적 영향을 준다는 이론이다. 그리고 제품수명주기설은 제품수명주기가 달라짐에 따라 무역패턴이 변화하는 과정을 보여준다. 다시 말해 기술격차이론은 무역에서 국가 간 생산기술상의 격차가 발생하는데 신기술을 개발한 나라는 그 산업의 상품을 독점적으로 생산하여 수출이 가능하지만 시간이 지나면서 수입국이었던 국가의 저임금과 모방에 의해 입장이 역전되어 무역패턴이 바뀔 수 있음을 보여주는 동태적 무역이론이다. 국가 간 기술수준 차이로 발생한 무역이 시간이 흐름에 따라 수입국의 모방으로 역수입과 역수출이 가능해진다는 것을 보여주는 것이다. 기술격차이론에서 말하는 수출품은 주로 공장에서 생산하는 공산품이다.

11) 제품수명주기설은 상품의 수명주기를 개발, 성숙, 표준화, 쇠퇴의 4단계로 구분한다. 전형적인 제품수명주기는 단계를 거치면서 점점 수출의존도가 낮아지는 S자형 그래프를 보여준다. 제품수명주기는 단순한 개념이지만 여러 가지 특성을 보이는 각 단계는 중요한 전략적 시사점을 보여준다. 이를 바탕으로 시장에서 제품의 판매량, 지속 기간, 이익 등을 예측하고 마케팅 전략을 수립하는 데 유용하게 사용할 수 있다. 예를 들어 개발단계에서는 판매량이 적고 매출 증가율도 낮다. 개발, 촉진, 유통 등의 비용이 많이 소요되므로 이익이 없거나 적자가 발생한다. 이 시기에는 신제품을 소비자에게 인

화를 설명하고 있다. 이들은 기술혁신을 주도적으로 이루어나가는 국가가 우월한 기술 수준 및 생산성 향상을 통해 비교우위를 확보하고 이를 수출로 연결할 수 있다고 주장한다. 기술 수준에 의해 비교우위가 결정된다는 '기술격차설'은 불과 반세기 전만 해도 절대 빈국이었던 우리나라가 어떻게 세계적인 무역 대국, 제조업 강국으로 성장할 수 있었는지를 비교적 잘 설명하고 있다. 이는 우리나라가 앞으로도 국가적 지원과 투자를 통한 지속적인 연구개발과 기술혁신이 필요함을 의미하는 것이기도 하다.

이처럼 무역의 패턴은 국가 간의 비교우위에 달려있는데 비교우위는 자연조건의 차이에 의해 결정될 수도 있고 기술 수준의 차이에 의해 결정될 수도 있다. 하지만 비교우위의 차이, 즉 비교우위에 영향을 미치는 자연조건이나 기술 수준의 차이만이 무역의 패턴을 결정하는 것은 아니다. 무역의 패턴이 결정되는 요인에 대한 유력한 다른 주장(이론)이 있다. 이를 '요소부존이론'(factor endowment theory) 또는 이 이론을 처음 제시한 두 경제학자의 이름을 따서 '헥셔·오린 이론'(Heckscher-Ohlin theory)이라고 한다. 요소부존이론은 두 국가

지시키는 것이 중요하다. 수요자는 대부분 신제품 구매에 따른 위험을 기꺼이 부담하는 혁신층이 중심이 된다. 성숙단계에서는 제품이 다수의 소비자에게 채택되면서 수요와 매출이 급속도로 커지고 경쟁자가 등장하기 시작한다. 이익이 점점 늘어나 성장기 말기나 성숙단계 초기에는 최대이익이 실현되고 많은 경쟁자가 등장하면서 전체 시장도 점점 커지게 된다. 조기 채택자들이 제품을 구매하는데 이들의 구전 효과가 시장 확대를 가속화한다. 표준화단계는 개발단계나 성숙단계보다 오랜 기간 지속되는데 제품구매 의욕이 있는 소비자들은 대부분 제품을 구매한 상태이므로 판매량이 떨어진다. 대량 생산과 극심한 경쟁으로 제품가격이 낮아지고 이익도 줄어든다. 성장률이 떨어져 기업 간에 극심한 경쟁이 생기고 경쟁력이 약한 기업은 도태된다. 쇠퇴단계에서는 수요가 줄어 가격이 하락하고 매출과 이익이 감소한다. 대체상품이 등장하고 소비자의 기호가 변화하므로 시장의 재검토가 필요하다. 쇠퇴단계를 제외한 3단계를 정리하면 개발단계에서는 선진국에서 제품을 개발하여 다른 선진국과 개발도상국에 수출한다. 성숙단계에서는 다른 선진국에도 생산하고 나중에는 개발도상국도 생산을 시작하게 된다. 표준화단계에서는 다른 선진국과 개발도상국이 수출하고 선진국은 수입하게 된다.

가 비교우위가 같은 경우에도 무역이 일어날 수 있고 무역의 패턴이 결정될 수 있음을 제시하였다. 요소부존이론은 무역의 원인과 패턴에 대한 인식의 지평을 넓혔다는 데 의미가 있다.

20세기 초 스웨덴 경제학자인 헥셔(E. Heckscher)와 그의 제자 오린(B. Ohlin)은 무역의 패턴은 기술 수준 또는 비교우위가 같더라도 각 국가에 부존된 노동과 자본 등 생산요소의 부존 비율의 상대적 차이에 의해 결정될 수 있음을 보여주었다. 이 이론을 요소부존이론이라고 부르는 이유이다. 요소부존이론은 리카도의 비교우위론과 더불어 무역이론의 양대 축을 이루고 있다고 해도 과언이 아닐 정도로 중요한 무역이론으로 평가받고 있다.

예를 들어 A국은 저개발국으로 생산요소 중 자본에 비해 노동이 풍부하다. 반대로 선진국인 B국은 노동에 비해 자본이 풍부하다. A국은 자본이 노동에 비해 희소하므로 자본의 가격이 노동의 가격보다 상대적으로 높다.[12)] 반대로 B국은 노동의 가격이 자본의 가격보다 상대적으로 높다. 만일 A국과 B국이 같은 기술 수준, 즉 비교우위에서 차이가 없더라도(현실적으로 그럴 가능성은 거의 없지만) A국은 상대적으로 저렴한 노동이 많이 투입되는 노동집약적 산업에 특화할 것이다. 반면 B국은 같은 이유로 자본이 많이 투입되는 자본집약적 산업에 특화할 것이다.

이렇게 되면 노동이 풍부한 A국은 노동집약적 상품에 특화, 생산, 수출하는 대신 자본집약적 상품을 수입한다. 반대로 자본이 풍부한 B국은 자본집약적 상품을 특화, 생산, 수출하는 대신 노동집약적 상품을 수입하게 된다. 이렇게 요소부존이론은 비교우위의 차이가 없더라도 국가 간 무역의 패턴은 생산요소의 부존 비율의 상대적 차이에 의해서 결정될 수 있음을 보여주고 있다. 요소부존비율의 차이에 따른

12) 자본의 가격은 자본에 대한 보수를 의미하므로 일반적으로 이자율을 의미하고, 노동의 가격은 노동에 대한 보수를 의미하므로 임금을 의미한다.

무역패턴의 결정과 변화 메커니즘은 우리나라 무역의 발전과정을 설명하는 데에도 잘 부합한다.

우리나라는 경제개발 초기인 1960년대에는 자본에 비해 풍부하고 저렴했던 노동력을 활용하여 의류, 신발, 가발 등과 같은 노동집약적 산업을 발전시켰다. 실제로 1970년대까지 우리나라의 주요 수출상품은 이런 노동집약적 상품이었다. 하지만 1980년대 중반 이후 1990년대를 거치면서 상당 수준의 자본축적이 진행되고 자본시장이 개방되면서 외국자본의 유입이 상대적으로 자유로워졌다. 자본의 가격은 하락하고 상대적인 노동의 가격은 상승하게 되면서 점차 노동집약적 산업은 경쟁력을 잃고 사양화되었다. 그 대신 대규모 장치산업이자 자본투자가 필요한 중화학공업 등 자본집약적 산업이 주축을 이루게 되었다. 주요 수출상품도 이전의 경공업 또는 노동집약적 상품 중심에서 벗어나 철강, 자동차, 전기·전자, 석유화학, 조선 등 자본집약적 상품으로 변화되었다. 특히 2000년대 이후에는 정보통신기술의 급격한 발전에 따라 정보통신기술이 접목된 스마트 폰, 반도체를 비롯한 고부가가치 IT 상품이 우리나라의 주력 수출상품 중 하나로 자리 잡게 되었다.

그렇다면 앞에서 무역패턴의 결정 요인으로 살펴본 기술 수준(비교우위)도 동일하고 노동, 자본 등 생산요소의 부존 비율도 동일하다면 무역은 일어나지 않는 것일까? 비교우위론이나 요소부존이론의 측면에서 보면 무역이 일어날 이유가 없을 것이다. 하지만 현실에서는 이를 뛰어넘는 다양한 패턴의 무역이 활발하게 이루어지고 있다. 따라서 이에 대한 연구가 최근까지 무역이론의 중요한 부분을 차지하고 있다. 무역패턴을 결정하는 다른 요인 중 하나가 '산업내 무역'이다.

일반적으로 서로 성격이 다른 이종(異種) 산업 간에 이루어지는 무역을 '산업간 무역'(inter-industry trade)이라고 한다. 이에 반해 동종 산업 간에 일어나는 무역을 '산업내 무역'(intra-industry trade)이라고 한다. 일반적으로 산업간 무역이 전통적인 무역의 형태로 간주된다.

예를 들어 자동차가 수출되고 의류가 수입된다면 이는 산업간 무역이 된다. 하지만 같은 자동차종인 세단을 수출하고 대신 SUV가 수입된다면 이는 동일한 자동차산업 내에서 일어나는 무역이므로 산업내 무역이 된다. 산업내 무역은 기술 수준과 생산요소의 부존 비율이 서로 비슷한 선진국에서 이종 상품보다 오히려 동종 상품의 무역이 활발하게 일어나는 현실을 해석하는 데 도움을 준다. 실제 산업내 무역은 세계무역의 40% 이상을 차지하고 있고, 선진국 간 무역에서는 그 비중이 70% 이상으로 산업간 무역보다 월등히 높은 비중을 보이고 있다.

산업내 무역이 일어나는 이유는 동종 상품이더라도 개별 상품의 기능, 디자인, 브랜드, 색상 등에 따른 수요가 다르기 때문이다. 이는 다양성과 개성을 추구하는 인간의 욕구에서 기인한다. 예를 들어 자동차의 경우 같은 동종 상품이지만 그 안에서도 세단, SUV, 왜건, 트럭, 소형차, 대형차, 내연 자동차, 친환경 자동차 등 다양한 종류의 자동차가 존재한다. 자동차의 기능, 디자인, 브랜드, 색깔, 크기, 연료 등에 따른 소비자의 구매 욕구와 수요가 다르다. 이에 따라 자동차산업의 기술 수준 및 요소부존 비율의 차이가 크지 않더라도 다양한 수요에 맞춘 자동차가 생산되는 것이다. 동종 상품으로 분류되는 자동차가 수출되고 이와 동시에 수입될 수 있음을 의미한다.

자유무역과 세계화의 진전과 함께 글로벌 차원으로 공급사슬이 확대되면서 무역에서도 두개 이상의 국가에서 법인을 등록하고 경영활동을 하는 기업인 '다국적기업'(multinational corporation) 또는 '초국적기업'(transnational corporation)의 역할이 증대되고 있다. 다국적기업은 비용 절감을 위해 원자재, 부품, 중간재 등의 생산을 위한 생산거점을 세계 각 국가와 지역으로 분산하게 된다. 이에 따라 산업내 무역이 증가하는 것이다. 이렇게 다국적기업을 중심으로 구축되는 '가치사슬'(value chain) 또는 '공급사슬'(supply chain)은 한 국가에서만 이루어지는 것이 아니라 원자재, 부품, 중간재, 완제품 등을 가장 효율적으로 생산할 수 있는 최적의 국가와 지역에 배치된다. 세계 여러 국가와 지역에서 수입되는 중간재와 부품을 조립하여 완성품을 만들고 이를 다시 수출하기 때문에 동일 상품군의 수출입이 동시다발적으로 일어나는 것이다. 결국 공급사슬의 세계화가 진행되고 생산 공정이 여러 국가와 지역으로 분산되면서 산업내 무역이 증가한다.

산업내 무역은 제조업 분야 공산품의 생산 특성에서도 그 원인을 찾아볼 수 있다. 예를 들어 농산물은 상품의 특성상 대부분 한 지역에서 완성품 그 자체로 생산되고 소비되지만 대부분 제조업 공산품은 그렇지 않다. 공산품은 생산과정에서 다양한 부품과 중간재 등이 필요하다. 특히 다국적기업의 국경을 초월하는 생산라인 구축에 따라 동종 상품의 수출입이 빈번하게 발생하게 되었다. 최근 다국적기업은 최적화된 공급사슬의 구축을 위해 생산과정을 다수의 국가와 지역으로 분절화(分節化)하고 있다. 제조업 중심의 다국적기업의 국경을 넘어서는 경영활동은 산업내 무역을 증가시키는 또 다른 요인이다.

다음으로 산업내 무역이 발생하는 중요한 이유 중 하나는 '규모의 경제'(economies of scale)이다. 규모의 경제란 생산 규모(생산량)가 증가할수록 한 단위의 상품 생산에 들어가는 평균비용이 감소하는 현상을 의미한다. 생산방식에 있어 규모의 경제가 발생하면 다수의 상품을 소량 생산하는 것보다 소수의 상품을 대량 생산하는 것이 비용 측면에서 유리하다. 이는 대량생산, 대량소비 체제에 적합한 방식이다. 하지만 자본주의가 고도화하면서 소비자는 자신의 취향과 기호를 충족시킬 수 있는 다양하고 차별화된 상품을 원하게 된다. 이러한 소비자의 상품에 대한 취향과 기호의 차별화와 관련하여 비용 최소화를 원하는 생산자(기업)와 다양한 상품을 원하는 소비자 간에 욕구의 괴리가 발생하게 되는데 이러한 괴리를 산업내 무역을 통해 보완할 수 있다.

무역 참여국은 동종 상품군에서 소비자의 다양한 취향과 기호를 만족시킬 수 있는 상품을 나누어 각각 생산하고 이를 수출, 수입할 수 있다. 이렇게 되면 특정 국가가 동종 상품군 내의 다양한 특성을 가진 상품을 모두 생산할 필요가 없다. 동종 상품군에 속하지만 차별화된 소수의 상품에 특화하여 대량으로 생산, 이를 수출하고 대신 그렇지 않은 상품을 무역상대국으로부터 수입하는 것이 가능하다. 이를 통해 생산자는 규모의 경제를 실현할 수 있다. 다시 말해 생산자의 측면에서는 생산비용을 절감함으로써 효율적인 생산이 가능하다. 동시에 소비자도 자신의 취향과 기호에 맞는 상품을 수입, 소비할 수 있게 된다. 이는 소비자의 후생을 증대시킨다. 이렇게 산업내 무역을 통해 무역참여국의 생산자와 소비자 모두 무역의 이익을 누릴 수 있게 되는 것이다.

마지막으로 산업내 무역과 관련된 이론인 '대표수요이론'(represent demand theory, 1961)을 살펴보자. 앞에서 보았듯이 산업내 무역은 선진국과 개도국 간보다는 선진국 간에서 활발하게 일어나고 있다. 직관적으로도 산업내 무역은 주로 동종 산업군 내에서 발생하기 때문에 비슷한 경제발전 단계나 수준을 가진 선진국 간에 무역이 일어날 여지가 크다. 스웨덴 경제학자 린더(S. Linder)가 제기한 대표수요이론은 산업내 무역을 소득수준과 연결하여 그 이유를 설명하고 있다. 대표수요이론에 따르면 소비자의 취향이나 기호도 그 소득수준에 영향을 받기 때문에 소득수준(구매력)이 비슷한 국가 간에는 동종 상품군 내 상품에 대한 수요의 중복이 발생할 가능성이 크다.

기업은 자국 소비자의 수요의 범위를 고려하여 소비가 집중될 수 있는 소위 대표수요상품에 특화하여 생산한다. 선진국처럼 국가 간에 소득수준과 구매력이 비슷하고 수요가 중복되는 범위가 커질수록 산업내 무역은 증가할 가능성이 크다. 대표수요이론은 산업내 무역을 기존의 생산(공급) 측면을 넘어 소비자의 소득과 구매력이라는 '수요' 측면을 강조하고 있다는 점에서 의미가 있다.

앞에서 산업내 무역의 발생 요인들에 대해 살펴보았다. 산업내 무역을 이해하는 것은 선진국 간에 일어나는 무역의 패턴을 이해하는 데 유리하다. 하지만 한 가지 궁금증은 남는다. 동종 상품군 중 어떤 국가가 어떤 상품을 특화하여 수출하고 대신 어떤 상품을 수입하는가에 대한 의문이다. 하지만 이에 대해서는 아직 이론적 체계가 확립되어 있지 않은 것이 사실이다. 예를 들어 석유와 철광석이 거의 나지 않는 우리나라가 어떻게 정유산업, 철강산업을 발전시킬 수 있었고 해당 상품을 수입하면서 동시에 수출하게 됐는지에 대해서는 명쾌한 답을 하기가 어렵다. 그 인과관계도 정립하기 쉽지 않다. 다른 예로 시계산업의 경우 왜 하필 스위스가 기계식 정밀시계를 수출하고 일본은 전자식 시계를 수출하게 되었는지는 기존의 설명이나 이론만으로는 설명하기 어렵다.

이러한 경우는 무역의 패턴이 결정되는 메커니즘을 그 나라가 특정 상품을 특화, 생산할 수밖에 없게 된 역사적 배경이나 환경, 또는 특정 산업 분야에 대한 정부의 선별적 지원과 같은 산업정책의 측면 등에서 찾고 있다. 예를 들어 우리나라는 정부의 선별적이고 집중적인 대규모 투자를 통해 정유산업, 철강산업 등을 발전시킬 수 있었다. 스위스의 경우는 16세기 초 종교개혁 이후 프랑스, 스페인, 이탈리아 등의 보석 세공, 정밀기계 등의 기술자들이 종교전쟁을 피해 대거 이민을 오게 되면서 정밀시계 산업이 발전하게 된 것으로 알려져 있다.[13)]

---

13) 스위스 시계산업의 발전 배경에는 16세기 초 유럽에서 일어났던 종교개혁이 있다. 종교개혁은 루터가 가톨릭교회의 부패를 비판하면서 시작되었고 이는 전 유럽에 전해졌다. 프랑스어권의 종교개혁 중심인물이었던 존 캘빈은 제네바에서 1541년 개혁의 횃불을 올렸다. 이후 프랑스에서는 캘빈파의 신교도인 위그노와 가톨릭교회와의 대립으로 1562~1598년 위그노전쟁이 발발하였다. 이 전쟁은 1598년 신교도에게 신앙의 자유를 인정하는 낭트칙령이 발표되면서 종결되었다. 하지만 전쟁과 혼란 중에 많은 위그노가 종교적 박해를 피해 프랑스를 떠나 외국으로 피난하게 되었다. 이 중 많은 사람이 이주한 곳이 캘빈의 도시인 제네바였다. 위그노는 대부분 직물, 염색 기술, 인쇄술 및 시계제조 기술을 익힌 수공업 숙련기술자들이었다. 당시 제네바에서는 뛰어난 보석세공품이 만들어지고 있었다. 하지만 캘빈의 종교개혁으로 인해 장신구 등의 사치품은 엄격

이처럼 서로 다른 국가 간에 다수의 상품과 서비스가 다양한 방식으로 교환되는 무역의 패턴을 하나의 이론으로 설명하기는 한계가 있다. 앞에서 살펴본 비교우위론, 요소부존이론 등은 무역의 패턴을 설명하는 고전이론이라고 할 수 있다. 하지만 이러한 고전이론만으로는 산업 내 무역을 포함한 최근 무역의 특성과 패턴을 온전히 설명하는 데 한계가 있다. 무역패턴의 결정 메커니즘 연구는 지금도 여러 가지 모양으로 진행되고 있다. 하지만 무역의 발생과 무역의 패턴이 결정되는 근본적인 원인은 다양하고 좋은 상품을 더 많이 소비하고자 하는 인간의 욕구라는 점은 부정할 수 없다.

4. 무역의 이익

앞에서는 국가 간 무역의 결과 무역에 참여하는 국가 모두 무역의 이익을 누릴 수 있음과 무역의 패턴이 결정되는 메커니즘에 대해서 알아보았다. 무역의 이익은 무역이 발생하는 핵심 원인이라는 점에서 좀 더 자세히 살펴볼 필요가 있다. 앞에서 설명한 무역의 이익이란 주로 무역의 결과 즉각적으로 발생하는 '경제적 후생'(economic welfare)의 증가를 의미한다. 이는 시간의 흐름을 고려하지 않고 일정 시점을 기준으로 한다는 의미에서 '정태적'(情態的, static) 이익이다.

하지만 무역의 이익은 정태적 이익 외에 시간의 흐름에 따라 나타나는 경우가 대부분이다. 이는 줄기도 하고 늘기도 하고, 급격하게 나타

히 제한되었다. 이 때문에 생계가 어려워진 금 세공사들은 시계 제조 기술을 가지고 있던 위그노의 도움을 받기 시작하였다. 이후 보석 세공 기술은 시계 제작 기술과 융합되어 그 독보적 위치를 확보하게 된다. 1685년 낭트칙령이 폐지되면서 다시 많은 위그노가 제네바로 들어오게 되고 이미 조직되어 있던 스위스의 시계산업은 더욱 발전하게 된다. 시간이 흐르면서 캘빈파의 종교적 계율은 약화하였다. 이후 제약되어 있던 장식 공예는 부활하게 되었고 이는 다시 시계 제작 기술과 결합해 아름답고 정교하게 장식된 시계가 스위스를 대표하는 상품으로 정착되는 역사적 배경을 제공하였다.

날 수도 있고 점진적으로 나타날 수도 있다. 따라서 실질적인 무역의 이익의 총합을 확인하려면 시간의 흐름에 따라 나타나는 이익의 변화까지도 고려해야 한다. 이를 시간의 흐름을 포함한다는 의미에서 '동태적'(動態的, dynamic) 이익이라고 한다.

동태적 무역의 이익은 시장개방에 따른 기업의 경쟁력 강화, 기술이전을 통한 생산성 향상 등 중·장기에 걸쳐 나타나는 긍정적인 효과를 의미한다.[14] 시장이 개방되고 자유무역이 확대되면 국내기업은 수입상품(외국기업)과의 경쟁에서 살아남기 위해 기술혁신, 비용 절감, 구조조정 등 경쟁력 향상을 위해 노력하게 된다. 한편 수출상품을 생산하는 국내기업은 무역을 통해 해외시장으로 판로를 확장할 수 있고 생산량 증대를 통한 규모의 경제를 실현할 수 있다. 수출기업도 외국기업을 상대로 해외시장을 확보하기 위해서는 국내기업과 마찬가지로 경쟁력 향상을 위해 노력할 수밖에 없다.

무역을 통해 선진 기술과 노하우 등을 국내로 이전, 도입할 수 있다. 외국기업과 수입상품이 국내로 들어온다면 기술개발과 이전의 가능성도 그만큼 커진다. 현재는 지식재산권의 엄격한 보호로 제한되고 있지만 과거에는 수입상품의 모방, 복제가 용인되는 경우가 많았고 이 과정을 통해 기술 발전이 이루어지는 사례도 적지 않았다. 그리고 무역을 통해 외국기업의 직접투자와 국내기업과의 제휴도 증가하게 된다. 외국인직접투자의 증가는 선진화된 외국기업의 경영노하우와 마케팅 전략을 습득할 기회를 제공한다. 외국기업은 상품 생산 시 상품뿐만 아니라 공정 과정에 대해서도 높은 기준의 품질, 안전, 위생, 환경 조건을 요구할 수 있다. 외국기업에 부품이나 중간재를 납품하는 국내기업은 이 기준과 조건에 맞추기 위해 노력할 수밖에 없다. 이러한 노력이 축적되면 그만큼 국내기업의 기술 수준과 생산성, 경쟁력은 향상된다.

---

14) 일반적으로 중기는 3년 이상, 장기는 10년 이상을 의미한다.

동태적 무역의 이익에 따른 기업의 경쟁력 강화, 기술이전에 따른 생산성 향상 등은 기업뿐만 아니라 국부의 증대와 경제성장에 긍정적 역할을 한다. 무역은 무역의 이익을 발생시키고 기업의 생산성 향상, 소비자의 후생 증가, 기술혁신을 통해 경제성장에 기여한다. 하지만 밝은 면이 있으면 어두운 면이 있듯이 시장개방은 무역의 이익을 둘러싼 이익집단 간의 갈등과 충돌을 가져온다. 이는 시장개방과 자유무역으로 무역의 이익을 획득하는 '승자'(winner)가 있는 반면 손해를 보는 '패자'(loser)도 존재하기 때문이다. 시장개방과 자유무역으로 손해를 보는 패자가 그냥 가만히 앉아있을 리가 만무하다.

예를 들어 자급자족 상태에 있던 A국이 비교우위론에 기초하여 B국과 무역을 시작하였다고 하자. A국은 농업에 비교우위가 있기 때문에 목축업 대신 농업에 특화한다. A국의 기존 목축업 노동자는 목축업을 포기하고 농업에서 새로운 일자리를 찾아야 한다. 이때 전직에 들어가는 비용이 없거나 미미하다면 목축업 노동자도 무역의 이익을 누릴 수 있다. 하지만 현실적으로 목축업 노동자의 전직을 위해서는 재교육, 이주 등에 필요한 이전 비용이 들 수밖에 없다. 목축업 노동자가 전직 과정에서 도태되는 경우 일시적이든 영구적이든 실업이 발생한다.

이로 인한 개인적, 사회적 비용이 무역의 이익보다 작다는 보장이 없다. 비용이 이익보다 크다면 목축업 노동자는 무역에 따른 특화, 산업의 구조조정 과정에서 손해를 보게 된다. 무역으로 인해 국가 전체적 차원에서 순이익이 발생하는 경우라도 목축업 노동자는 이익과 손해의 크기가 확정적이지 않다. 만약 손해가 이익보다 크다면 목축업 노동자에 대한 적절한 보상 없이는 사회적 갈등이 발생할 소지가 크고 시장개방과 자유무역은 설득력을 잃게 된다.

그렇다면 무역에 따른 승자와 패자는 어떻게 결정될까? 먼저 요소부존이론(헥셔 · 오린 이론)을 적용해 보자. A국은 노동풍부국, B국은 자본풍부국이다. 요소부존이론에 따르면 A국과 B국이 무역을 시작하면 노동가격(임금)이 상대적으로 저렴한 A국은 노동집약적 산업에 특화하고, 자본가격(이자율)이 상대적으로 저렴한 B국은 자본집약적 산업에 특화한다. A국에서는 노동에 대한 수요는 증가하고 자본에 대한 수요는 감소한다. 노동수요 증가로 노동에 대한 보수(임금)은 상승한다. 반대로 자본수요 감소로 자본에 대한 보수(이자율)은 하락한다. 무역의 결과 A국 노동자는 임금이 상승하고 무역의 이익을 누린다. 반면 A국 자본가는 이자율 하락으로 손해를 보게 된다. 무역의 결과 A국에서는 노동자가 승자가 되고 자본가는 패자가 된다. 같은 논리로 B국에서는 노동자는 패자, 자본가는 승자가 된다.

이를 근거로 추론해 보면 A국은 자본계급이, B국은 노동계급이 시장개방과 자유무역을 반대할 가능성이 크다. 예를 들어 선진국의 경우 시장개방을 하게 되면 섬유산업과 같은 노동집약적 산업이 경쟁력을 잃고 사양화될 가능성이 크다. 따라서 섬유산업에 종사하는 노동자, 자본가는 시장개방을 반대할 여지가 크다. 만약 이들의 시장개방에 대한 반발이 예상보다 크다면 시장개방과 자유무역은 연기되거나 무산될 가능성이 크다. 시장을 개방하더라도 섬유산업에 대한 지원 및 보호조치의 마련이 요구될 것이다. 실제로 대부분 선진국이 시장개방 이후에도 상당 기간 섬유산업 보호정책을 실시해 왔던 것이 사실이다. 이는 시장개방으로 인한 손해와 그에 따른 부작용을 최소화하기 위한 것이라고 할 수 있다.

요약하면 비교열위에 있는 산업의 이해당사자, 예를 들어 요소부존이론을 적용하는 경우 상대적으로 빈약하게 부존되어있는 생산요소를 집약적으로 사용하는 산업의 종사자(노동자와 자본가)는 손해를 볼 가능성이 크다. 이 산업계의 반발이 거세질 수밖에 없는 것이다. 이러한 이유로 정부는 시장개방을 위해서 관련 이익집단의 반발을 고려할 수밖에 없다. 실제로 정부는 경쟁력을 잃게 되는 사양산업에 대해 상당

기간의 보호정책, 구조조정을 위한 재정적, 제도적 지원 등의 후속 조치를 마련하게 되는 것이다.[15)]

5. 무역의 비용

앞에서 무역의 결과 정태적, 동태적 무역의 이익이 발생하고 경제적 후생의 증가와 경제성장이라는 긍정적 효과를 얻게 됨을 살펴보았다. 하지만 비교열위 산업의 노동자와 자본가는 손해를 보게 된다. 어떤 의사결정이든 그에 따르는 기회비용이 발생한다는 경제학의 기본 원리가 여기에서도 예외 없이 적용됨을 알 수 있다. 시장개방과 자유무역을 선택하게 되면 이익도 생기지만 그에 따른 비용도 발생한다. 공짜 점심은 없는 것이다.

경제학에서는 예산제약을 전제한다. 따라서 어떤 것을 선택하게 되면 그 외의 다른 선택은 포기해야만 한다. 다른 선택을 포기할 때 발생하는 비용을 '기회비용'(opportunity cost)이라고 한다. 따라서 '합리적인'(rational) 또는 '효율적인'(efficient) 결정(선택)은 기회비용을 최소화하는 결정(선택)이다. 경제주체는 합리적이고 효율적인 의사결정을

15) 선진국의 섬유산업 보호를 위한 대표적인 정책 중 하나는 '다자 섬유 협정'(Multi-fiber Arrangement, MFA)이다. 섬유는 농산물과 함께 시장개방과 관련하여 논란이 많은 이슈 중 하나였다. GATT 체제에서 섬유 부문은 다자 섬유 협정에 의해 관리되었다. 다자 섬유 협정은 다른 국가로부터의 수입이 급격히 증가하여 그 국가의 섬유산업이 심각한 피해에 직면하는 경우 수입되는 섬유의 양을 제한하는 양자 협정이나 일방적 조치를 의미한다. 특히 수입 쿼터는 이 협정의 핵심적인 특징이었다. 수입 쿼터는 일반적으로 수량 제한에 비해 관세를 선호하는 GATT 원칙에 상치되는 것이었다. 수입 쿼터는 수입국이 각각의 수출국에서 얼마나 수입할 것인지를 구체화하기 때문에 모든 회원국을 동등하게 대우해야 한다는 GATT 원칙의 예외이기도 했다. 1995년 이후로는 WTO의 '섬유 및 의류에 관한 협정'(Agreement on Textiles and Clothing, ATC)이 다자 섬유 협정의 역할을 대신하게 되었다. 2005년 1월부터 섬유 부문은 정상적인 일반상품으로 통합되었다. 수입 쿼터는 없어지고 수입국은 수출국에 더 이상 차별을 할 수 없게 되었다. 이 협정은 일정 기간 이후 스스로 종료되도록 초기에 설정된 유일한 WTO 협정이었다.

위해 기회비용을 최소화하기 위해 노력하는 것이다. 자급자족이라는 선택지와 무역이라는 선택지가 있을 때 무역을 선택하는 이유는 자급자족을 포기하고 무역을 선택하는 것이 기회비용 측면에서 유리하기 때문이다. 보호무역이냐 자유무역이냐의 선택에서도 자유무역을 선택하는 것은 보호무역을 선택했을 때의 기회비용에 비해 유리하다고 판단하기 때문이다. 지난 한 세대 이상 지속된 자유무역의 시대에서는 자유무역을 선택하는 것이 기회비용 측면에서 유리하였기 때문임을 알 수 있다.

국가는 기회비용뿐만 아니라 무역을 선택했을 때 부담해야 하는 거시경제 차원의 비용을 최소화하기 위해 정책적 노력을 기울일 것이다. 무역의 비용을 최소화하기 위한 정부 정책에 대해 알아볼 필요가 있다. 왜냐하면 무역의 비용은 무역과 관련된 정부의 대내외 정책에 영향을 받기 때문이다. 무역의 비용은 앞에서 살펴본 무역의 이익과 관련된 경제학적 내용과 맞물려 있다. 무역이 개시되면 수입상품과의 경쟁이 발생한다. 국내산업은 수출을 통한 해외시장 확보 및 규모의 경제 실현을 위해 비교우위 산업 분야로 특화된다. 이 과정에서 노동과 자본 등 국내 생산요소 및 가용자원 투입의 재구성과 조정이 불가피하다. 이는 무역 개시 후 비교우위 산업 특화 등 산업구조의 조정이 일어나고 이에 맞는 효율적 생산을 위해서는 자원 배분도 바뀌어야 하기 때문이다.

효율적 생산을 위한 자원 배분이란 투입 요소의 비용을 최소화하면서 생산량을 최대화하기 위한 생산요소 투입의 조정을 의미한다. 일반적으로 시장개방과 자유무역의 정당성은 효율적 생산을 통해 발생하는 무역의 이익 크기가 구조조정으로 인해 발생하는 무역의 손실을 상쇄하고 남을 만큼 충분히 클 때 확보될 수 있다. 시장개방과 자유무역이 대내적 설득력과 정당성을 확보하기 위해서는 기본적으로 무역의 이익을 극대화하면서 무역으로 인한 손해를 최소화하는 자원 배분이 전제되어야 한다.

이는 이익과 비용의 차이인 순이익의 극대화를 추구하는 것과 다르지 않다. 최대의 순이익을 위해서는 이익을 증가시키는 것도 필요하지만 동시에 비용을 줄이는 것도 필요하다. 따라서 자유무역은 무역의 이익에서 손실을 뺀 무역의 순이익 극대화를 추구하는 것이다. 최대의 순이익을 얻기 위해서는 우선 무역의 이익을 증가시키는 방법이 있다. 지속가능한 무역의 이익 증가를 위해서는 단기적 이익보다는 생산성 향상을 통한 가격경쟁력 확보, 해외시장 개척 등과 같은 중·장기적 차원의 노력이 필요하다. 이와 함께 무역의 손실을 줄이는 방안도 동시에 고려될 수 있다. 이는 단기적 성과보다는 산업의 구조조정이나 인적자원의 재교육 및 재배치 등 중·장기적 차원의 노력으로 연결될 필요가 있다.

무역을 선택하면 그에 따른 기회비용뿐 아니라 직접적인 무역의 손실이 발생하게 된다. 예를 들어 비교우위 산업으로의 특화는 불가피하게 생산요소 및 사회경제적 자원의 재배치를 요구한다. 비교열위 산업의 구조조정에 따른 '매몰비용'(sunk cost)과 '조정비용'(adjustment cost)이 발생하게 되는 것이다. 매몰비용은 말 그대로 물속으로 가라앉은 것처럼 회수가 불가능한 비용이다. 매몰비용은 비교열위 산업의 구조조정으로 기투입된 자원의 회수가 불가능할 때 발생한다. 투입된 자원 자체가 매몰비용이 되는 것이다. 이에 비해 조정비용이란 보다 비교우위 산업으로 생산요소와 자원이 재배분, 재배치될 때 발생하는 비용이다. 예를 들어 노동자의 전직, 재교육, 이전 등에 들어가는 비용이 포함된다.

비교열위 산업의 기업은 시장개방과 자유무역으로 인해 새로운 국내시장 환경과 경쟁 구도에서 불리한 위치에 처할 수밖에 없다. 따라서 이들 기업의 비교우위 산업으로의 전환 과정에서 매몰비용과 자원의 재배치, 신규 투자, 구조조정 등에 따르는 조정비용을 감수해야 한다. 예를 들어 A국은 자동차산업에 비교우위가 있는 대신 신발산업에 비교열위가 있다. B국은 그 반대이다. A국과 B국이 무역을 개시하면 A국, B국은 각각 비교우위가 있는 자동차산업과 신발산업에 특화할 것이다. 이제 A국 신발기업은 B국에서 생산된 저렴한 수입신발과 경쟁해야 한다. 극단적인 경우 A국 신발기업은 경쟁에 밀려 A국 시장에서 퇴출당할 수도 있다. A국 신발기업은 사업을 포기하고 비교우위 산업인 자동차산업으로 업종을 변경하고자 할 것이다. 이는 기존 신발생산에 투입된 노동, 자본, 기술 등 생산요소가 자동차산업으로 재투입됨을 의미한다.

하지만 신발과 자동차는 상품의 특성, 생산에 필요한 기술, 생산요소의 투입 비중, 생산설비 등에서 현저히 다른 특성을 가진 상품이다. 따라서 A국 신발기업이 신발생산을 위해 사용했던 기존 생산기술, 기계, 설비, 경영노하우 등은 자동차생산을 위해 사용하는 것은 거의 불가능하다. 신발기업이 갖고 있던 경제적 자원은 쓸모가 없게 될 것이다. 이는 그 자체로 매몰비용이 되어 사회적으로 적지 않은 손실이 된다. 더 나아가 신발기업이 자동차기업으로 업종을 전환하기 위해서는 새로운 기계, 설비 구입, 자동차 관련 노동 및 기술 인력 채용, 생산시설 및 유통망 구축 등 신규 투자와 고용이 필요하다. 이렇게 볼 때 기존 신발기업이 자동차기업으로 전환하는 데 들어가는 비용은 매몰비용과 조정비용의 총합이라고 할 수 있다.

A국의 신발산업 노동자에게도 자동차산업으로의 전직은 결코 쉬운 일이 아닐 것이다. 전직을 위해서는 자동차생산에 필요한 기술과 노하우를 새롭게 습득해야 한다. 자동차기업이 있는 곳으로 거주지를 옮기기 위한 이사 비용도 필요할 수 있다. 신발산업에 종사하던 노동자도 매몰비용과 조정비용을 감수해야 하는 것이다. 자유무역으로 인해 직간접적인 손해를 입는 신발산업 관련 이익집단도 시장개방을 위한 정부 정책에 반발할 수 있다. 이들이 신발산업의 보호와 구조조정에 필

요한 비용의 보상과 지원을 요구하는 시위 또는 로비에 동참하는 경우 발생하는 사회적 갈등과 이를 조정하기 위한 사회적 비용이 추가로 발생할 수 있다.

요약하면 무역으로 인한 비교우위 산업으로의 특화 및 비교열위 산업의 구조조정 과정에서 기업, 노동자, 정부는 매몰비용, 조정비용, 그리고 사회적 비용을 부담하게 된다. 이렇게 볼 때 자유무역은 무역의 이익이라는 긍정적 측면도 있지만 무역으로 인한 비용(손해)도 불가피함을 알 수 있다. 무역에도 공짜 점심은 없는 것이다. 무역에도 선택에 따른 비용을 부담할 수밖에 없다는 경제학의 기본 명제가 적용된다는 것을 알 수 있다.

6. 무역의 비용 줄이기

위 5절 무역의 비용에서 보았듯이 무역은 자급자족이라는 선택지에 비해 기회비용 측면에서 유리하더라도 시장개방과 비교우위 산업으로의 재조정으로 인해 발생하는 매몰비용, 조정비용, 그리고 사회적 비용은 불가피하다. 비용의 발생이 불가피하다면 비용을 최대한 줄여서 무역의 (순)이익을 증대시킬 필요가 있다. 무역의 비용은 국내시장과 산업의 구조, 특성, 개방 수준 등에 따라 달라진다. 조정비용의 경우 시장이 효율적으로 작동할수록 감소한다. 금융시장, 자본시장, 노동시장 등 생산요소시장이 경제주체의 경제환경 변화에 따른 합리적 의사결정이 가능하도록 그 제도적 여건과 시스템이 구축되어 있고 구조조정에 따른 생산요소 및 자원의 배분이 효율적, 탄력적으로 이루어진다면 비용은 감소할 것이다.

예를 들어 비교우위 산업으로의 특화로 인해 기존 국내 신발산업 노동자가 자동차산업으로 재배치(전직)된다고 하자. 이 과정에서 '마찰적 실업'(frictional unemployment)이나 '구조적 실업'(structural unemployment) 등 실업이 발생할 수 있다.[16] 노동자는 구직 과정에서 일시적으로 실업으로 인한 경제적 손해를 입게 될 가능성이 크다. 이 경우 실업에 대비한 실업급여, 실업보험 등 공적 또는 사적 보험(금융)시장이 완비되어 있다면 실업에 따른 경제적 손해나 타격을 최소화할 수 있다. 실직이나 전직 과정에 있는 노동자에게 필요한 생활자금 등을 효율적으로 중개할 수 있다. 노동자는 일시적인 소득감소에 대처하기 위해 다양한 금융상품이나 대출상품을 활용하여 실업이나 전직에 필요한 조정비용을 줄일 수 있다.

조정비용의 감소도 노동시장이 발달해 있는 경우에 유리하다. 노동시장이 효율적으로 작동되고 있다면 임금은 노동시장의 수요와 공급이 일치하는 균형 임금수준에서 결정된다. 임금이 시장 상황을 반영하여 신축적으로 결정되면 노동의 초과공급이나 초과수요로 인한 문제는 줄어들 여지가 크다. 기업도 자동차산업으로의 신규 투자 및 진입을 위해 필요한 자금을 금융시장, 자본시장에서 효율적으로 조달함으로써 비용을 최소화할 수 있다. 이처럼 생산요소시장, 금융시장 등이 효율적으로 작동할수록 조정비용은 줄어든다고 할 수 있다.

이 외에도 필요한 구직 관련 정보를 효율적으로 탐색, 전파, 공유할 수 있는 구인, 구직 관련 사회정보망 등 사회서비스의 구축도 비용을 줄이는 데 중요한 역할을 할 수 있다. 예측가능하고 정확한 정보가 적시에 제공되면 경제주체의 효율적인 의사결정에 도움이 된다. 불확실성 및 정보의 부재(비대칭성)로 인한 경제적 비용이 적지 않기 때문이다. 예를 들어 실업자를 위한 전직 관련 사회정보망이나 사회서비스가

16) 새로운 일자리를 탐색하거나 이직하는 과정에서 일시적으로 발생하는 실업을 마찰적 실업이라고 한다. 이에 비해 산업의 구조조정으로 인해 발생하는 실업은 구조적 실업이라고 한다. 마찰적 실업은 자발적 실업이지만 구조적 실업은 비자발적 실업의 성격이 강하다. 비교열위 산업의 사양화는 구조적 실업과 마찰적 실업을 동시에 발생시킨다고 할 수 있다.

구축되어 있다면 신발기업 노동자가 자동차산업으로 전직하는데 필요한 정보를 시기적절하게 제공받을 수 있다. 전직에 따른 비효율성이나 비용도 줄일 수 있을 것이다.

정부 정책실행 의지와 수행 능력도 조정비용을 줄이는 데 중요한 요소로 작용한다. 왜냐하면 정부 정책에 대한 신뢰도가 높을수록 비교우위 산업으로의 재편을 위한 구조조정 시 발생할 수 있는 불확실성이나 혼란을 줄일 수 있기 때문이다. 이는 경제주체의 예측가능성을 높이고 조정비용을 줄이는 역할을 한다. 정부의 재정적 지원과 법·제도의 정비는 전직에 필요한 기술교육과 직업훈련 등을 제공함으로써 노동자가 부담해야 하는 조정비용을 줄일 수 있다. 국내기업의 구조조정 능력과 관련 법, 제도, 시스템도 중요한 요소이다. 국내기업이 구조조정 과정을 충분히 수용, 감당할 수 있는 역량이 있다면 그만큼 조정비용을 줄일 수 있다. 이에 더해 기업의 원활한 구조조정을 돕는 법과 제도가 잘 갖추어져 있다면 구조조정 과정에서 발생할 수 있는 불확실성을 줄일 수 있고 그만큼 조정비용도 감소할 것이다.[17)]

요약하면 무역으로 인한 조정비용을 줄이려면 국내 노동시장, 금융

17) 예를 들어 '무역조정지원제도'(Trade Adjustment Assistance, TAA)를 들 수 있다. 무역조정지원제도는 FTA 추진에 따라 상대국으로부터의 수입이 증가해 피해를 입었거나 피해를 입을 것이 확실한 산업의 구조조정과 해당 기업의 업종 전환, 또는 해당 근로자의 전직이나 재취업을 지원하기 위해 만든 제도이다. 우리나라는 2004년 FTA로 인해 농업 부문이 입을 피해를 지원하고 구조조정을 원활히 하기 위해 'FTA 농어업특별법'을 제정하였다. 2006년에는 제조업 및 관련 서비스업에 속한 기업의 구조조정과 소속된 근로자의 전직이나 재취업을 지원하기 위해 '무역조정지원법'을 제정하였다. 이 법에 따라 FTA 체결로 상대국에서의 상품이나 서비스 수입 증가로 인해 6개월 이상 매출액이나 생산량이 25% 이상 감소하는 피해를 입거나 그럴 가능성이 농후한 기업들 가운데 제출한 구조조정 계획이 경쟁력 확보 등에 적합하면 무역조정기업으로 지정된다. 무역조정기업으로 선정되면 단기 경영자금 융자, 경영 및 기술 상담, 경쟁력 확보자금의 융자 등 해당 기업의 구조조정 전 과정에 대해 지원받게 된다. 실직 또는 근로 시간 단축이 이뤄지거나 그럴 가능성이 큰 무역조정기업에 고용되어있는 근로자나 수입상품 증가로 제조시설을 해외로 이전한 기업 등에 고용된 경우 소정의 절차에 따라 무역조정근로자로 지정될 수 있다.

시장 등이 효율적으로 작동해야 한다. 구직, 구인 관련 정보가 투명하고 효율적으로 제공될 수 있는 사회정보망, 전직을 지원하기 위한 정부 사업 등 사회서비스의 구축도 필요하다. 정부 정책에 대한 신뢰도를 높이고 기업의 구조조정을 효과적으로 지원할 수 있는 법, 제도적 장치도 마련되어야 한다. 이러한 여러 가지 조건이 적절하게 잘 갖추어질수록 시장개방과 자유무역으로 인한 비용, 특히 비교열위 산업의 노동자가 감당해야 하는 매몰비용이나 조정비용은 감소할 것이다. 이는 자연스럽게 무역의 (순)이익의 증가로 이어진다.

무역을 통해 경제적 후생의 증가와 같은 무역의 이익을 누릴 수 있음은 이론적으로 타당하며 이를 뒷받침하는 사례도 많다. 선진국뿐만 아니라 대부분 개도국도 이를 인정하고 시장개방과 자유무역에 동참하고 있다. 하지만 각 국가는 그 경제구조 및 시장의 특성이 다르고 경제발전 단계도 다르다. 무역의 비용 크기도 다를 수밖에 없다. 선진국은 대체로 금융시장, 노동시장, 사회서비스 등이 발달해 있고 정부 정책의 신뢰도도 높고 구조조정에 필요한 법, 제도가 잘 마련되어 있다. 따라서 선진국의 경우에는 무역의 비용은 그 이익에 비해 상대적으로 작을 것이다. 하지만 이와 반대로 이러한 사회경제적 조건과 환경이 열악한 개도국의 경우 무역의 이익에 비해 비용이 클 수밖에 없다.

이러한 무역의 비용 측면을 고려해 보면 선진국은 시장개방과 자유무역에 호의적이고 적극적인 것은 자연스러운 일이다. 반면 개도국은 수세적이고 소극적일 것이다. 특히 개도국 입장에서는 무역의 이익이 무역의 비용을 충분히 상쇄하고도 남을 만큼 크다는 확신이 없다면 시장개방과 자유무역을 적극적으로 추진할 이유가 없다. 그만큼 시장개방은 어려워질 것이다. 일반적으로 시장개방과 자유무역은 주로 선진국이 주도하고 개도국이 이에 응하는 형태로 이루어져 왔음은 이러한 사실을 반증한다.

예를 들어 WTO 협정에서도 개도국에는 시장개방과 무역규범 준수 의무와 관련하여 선진국에 비해 유리한 조건과 탄력적인 이행 기간을 허용하고 있다. 이는 무역으로 인한 비용 측면에서 불리한 개도국의 상황을 고려하여 개도국이 다자 무역 질서로 안정적으로 편입될 수 있도록 하기 위한 배려라고 할 수 있다.

7. 수출의 중요성

위 6절에서 시장개방과 자유무역에 따르는 무역의 비용은 불가피하지만 시장의 효율적 기능 정도, 정부의 무역정책 운영 및 사회적 갈등의 조정 능력 등 여러 요소에 의해 달라질 수 있다는 점을 이야기하였다. 예를 들어 선진국에 비해 개도국은 생산요소시장, 금융시장이 형성되어 있지 않거나, 있더라도 시장 기능이 원활히 작동하지 않는 등 무역에 따르는 조정비용을 줄이는 데 불리한 사회경제적 여건일 가능성이 크다. 개도국은 무역의 비용을 줄이기 위한 경제구조 개혁, 사회간접자본 확충, 법·제도 및 시스템 구축 등 여러 가지 조건들을 갖추기 위해 많은 시간과 노력이 필요하다. 이렇게 개도국이 무역의 비용을 줄이는 것은 단기적으로 어려움이 있다.

특히 개도국은 시장개방에 따르는 부작용과 손해를 만회하기 위해서라도 단기간이라도 눈에 보이는 실적을 원하기 마련이다. 따라서 개도국 정부는 무역의 이익을 극대화하기 위한 정치적, 정책적 드라이브를 걸기 마련이다. 예를 들어 개도국은 무역의 비용을 충분히 상쇄할 만큼 무역의 이익을 실현하고 이를 통한 빠른 경제성장을 목표로 삼는 경우가 많다. 우리나라가 대표적인 예이다. 우리나라는 1970년대 이후 수출주도형 산업화정책을 추진하여 급격한 경제성장을 이룰 수 있었다. 우리나라의 산업화와 경제성장에서 무역(수출)의 역할은 그 무엇보다도 압도적이었다.

이처럼 개도국은 단기간 내에 무역의 이익을 극대화할 수 있는 정책을 선호한다. 무역을 통해 단기간 내에 가시적인 성과를 낼 수 있다면 무역의 비용으로 인한 내부의 비판이나 우려를 불식하고 시장개방과 자유무역의 정당성을 확보할 수 있다. 이는 정권 유지에도 도움이 된다는 측면에서 더욱 그렇다. 우리나라의 경우 1960~1980년대 군부정권이 정권의 정당성을 확보하기 위해 수출 확대를 통한 경제성장을 독려하고 활용했다는 것은 주지의 사실이다.

이렇듯 개도국은 무역의 비용을 줄이는 데 힘쓰는 것보다는 수출 부문에 대한 정책지원 및 특혜를 통해 무역의 이익을 증가시키고자 하는 유인이 더 클 수 있다. 국내의 사회경제적 자원은 한정되어 있으므로 경제성장을 위해서는 비교우위 산업을 선택, 특화, 육성하는 것이 유리하다. 국내의 자원을 집중 투입, 투자할 산업을 선택하여 육성함으로써 해외시장에서 상품 경쟁력을 확보하고 수출 확대를 통해 무역의 이익을 증가시킬 수 있다. 이의 성공 여부가 바로 경제성장과 직결된다. 이렇게 확보된 무역의 이익은 무역으로 인해 손해를 보는 산업 및 이익집단에 대한 보상과 산업 구조조정에 필요한 재원으로 활용될 수 있다. 하지만 현실에서는 무역의 이익이 일부 특정 산업과 이익집단에게 집중되어 소득격차 확대, 산업 간 경쟁력 격차 심화 등 부작용이 발생하고 있다는 것은 부정할 수 없다.

우리나라는 1970년대 이후 '수출입국'(輸出立國)이라는 표어 아래 수출주도형 경제성장 전략을 채택하였다. 선택과 집중, 이를 통한 수출 확대는 급속한 경제성장의 원동력이 되었다. 수출을 활용한 산업화와 경제성장 전략은 성공적이었다. 하지만 시장개방으로 인해 손해를 보는 산업과 계층에 대한 보상과 지원, 그리고 무역의 비용을 줄여야 하는 과제는 수출입국이라는 화려한 수사와 한강의 기적이라고 불리는 경제성장의 신화 속에서 더디게만 진행되었다.

현재 우리나라가 겪고 있는 계층 간, 기업 간 양극화 문제도 이에 기인한 바가 적지 않음을 부정할 수 없다. 물론 이는 우리나라만의 문제는 아니다. 다수의 개도국이 경제성장을 위해 수출주도형 성장전략을 채택하였다. 특히 1980년대 말 이후 냉전체제의 붕괴와 함께 구소련, 동유럽 및 동아시아의 체제 전환 국가와 기존 수입대체 성장전략을 추진해 온 브라질, 아르헨티나, 인도, 중국 등 주요 개도국도 수출주도형 산업화, 경제성장 전략으로 선회하였다.

이러한 변화는 경제성장이 급선무인 개도국 정부 입장에서 볼 때 무역의 비용을 줄이는 것보다는 수출에 승부를 걸어 무역의 이익을 극대화하는 것이 오히려 유리하다는 현실 상황을 반영하고 있는 것으로 보인다. 국가마다 차이는 있지만 전반적으로 시장개방과 자유무역이 산업화와 경제성장에 긍정적 영향을 주고 있음은 사실이다. 하지만 이는 국내의 경제주체 간 무역의 이익 재분배를 둘러싼 갈등과 분쟁을 불러오고 있음도 부인할 수 없다.

CHAPTER

2

자유무역 對 보호무역

1. 관세 논쟁
2. 최적관세율 및 관세수입 논쟁
3. 유치산업보호론 논쟁
4. 전략적 무역정책 논쟁
5. 소득재분배 논쟁

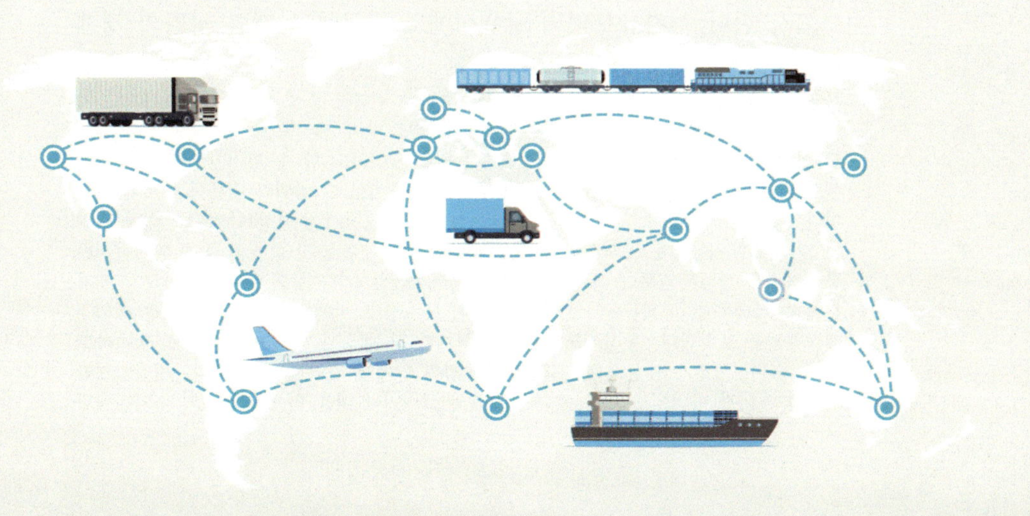

Chapter

2 자유무역 對 보호무역

1. 관세 논쟁

위 제1장에서는 무역의 목적과 원인, 무역패턴의 결정 메커니즘, 그리고 무역의 이익과 비용 등 무역과 관련된 기초적인 주제를 중심으로 살펴보았다. 이어서 제2장에서는 자유무역과 보호무역을 둘러싼 정부의 '무역정책'(trade policy)과 그 경제적 효과에 대한 논쟁에 대해 살펴보고자 한다.[1)] 자유무역의 당위성에도 불구하고 개별 국가의 경제

1) 무역정책은 통상정책과 혼용해서 쓰이기도 하지만 무역과 통상을 어떻게 개념화하는가에 따라 그 대상과 범위가 달라진다. 통상의 개념을 좁게 해석하여 무역과 동일한 것으로 정의하는 경우 무역정책과 통상정책은 동일한 것이라고 할 수 있지만 무역과 통상을 서로 다르게 정의하는 경우 무역정책과 통상정책은 서로 그 범위와 내용이 다르기 때문이다. 양자를 차별적으로 정의하는 입장에서는 통상정책이 무역정책보다 그 대상 범위가 넓다고 할 수 있다. 무역정책은 수입 제한정책이나 수출 장려 정책 등을 의미하지만 통상정책은 상품무역뿐만 아니라 서비스, 지식재산권, 기술 등의 무형무역이나 국제자본이동, 국제투자, 국제금융과 관련되는 대외 투자정책, 국제수지정책 등과 같은 대외경제정책들을 포함한다. 통상정책은 무역정책보다 그 대상과 범위가 넓고 다면적이라고 할 수 있다. 이렇게 통상정책은 그 대상과 범위 면에서 무역정책보다 넓은 개념이지만 이러한 차이점 이외에도 그와 관련된 정책의 성격이나 내용 면에서 종래의 무역정책과

발전 수준과 산업의 특성에 따라 자유무역과 보호무역에 대한 입장이 달라질 수 있다. 무역은 국가 간 거래를 의미함으로 무역 당사국이 무역에 대해 어떠한 정책적 입장과 태도를 보이는지에 따라 현실의 무역은 크고 작은 영향을 받을 수밖에 없다. 개별 국가의 무역에 대한 입장과 태도는 무역정책의 차이와 특성으로 나타나게 된다.

따라서 실제 현장에서 벌어지고 있는 무역의 현상을 이해하기 위해서는 앞에서 논의한 이론적 측면뿐 아니라 자유무역과 보호무역을 둘러싼 무역정책과 관련된 논쟁에 대한 이해가 필요하다. 여기서 전제하는 것은 정부의 무역정책은 궁극적으로 '경제발전'(economic development) 또는 '경제성장'(economic growth)을 목표로 한다는 것이다. 정부 정책의 목표는 국익을 극대화하는 것이고 국익은 경제발전과 밀접하게 연관되기 때문이다. 경제성장은 양적 변화를 의미하는 데 비해, 경제발전은 국가 경제의 규모 또는 소득의 양적 증대뿐만 아니라 국민의 생활수준 향상 등과 같은 질적 변화까지 포함한다.

경제발전의 개념은 단순히 소득이 증가하는 것뿐만 아니라 교육, 보건, 안전, 행복 등을 포괄하는 국민 개개인의 전반적인 삶의 수준이 향상되는 것을 의미한다. 경제발전을 통한 국민의 삶이 향상되기 위해서 무엇보다 중요한 필요조건 중 하나가 물질적 토대가 되는 소득의 증가

는 정책적 함의(policy implications)가 다르다고 할 수 있다. 통상정책은 종래의 무역정책보다 그 대상 범위가 넓어졌다는 차이 외에도 정책의 성격과 내용 면에서 다음과 같은 의미가 강조되고 있다. 첫 번째, 통상이란 상(商)을 통(通)하게 한다는 의미에서 국가와 국가 간의 경제교류에서 개재되는 제약요인을 제거하고 국가 간의 상거래를 원활하게 만드는 활동이라는 적극성을 내포하고 있다. 따라서 통상정책은 국제경제거래를 통한 국가이익을 극대화하기 위하여 그러한 행위를 진흥하고 촉진하며 조정하는 적극적 정책 행위를 포함한다. 두 번째, 무역정책은 대외무역과 관련되는 국가의 대내 정책을 포괄하는 의미로 사용된 반면 통상정책은 국가 간 협의, 협상, 조정, 협력 등과 관련되는 국가의 대외정책 수립과 집행까지를 포함하는 개념이라고 할 수 있다. 따라서 통상정책의 범주에는 기존의 무역정책 외에 통상 의제, 규범, 통상협상 등의 영역이 새로이 추가된다. 다시 말해 전통적 무역정책이 주로 자국 단위의 정책 수행에 방점이 주어졌었다면 통상정책은 쌍무적, 다자적, 지역적 협상을 통한 국제적 협조, 조정 등 국제관계적 정책 행위까지를 포함하는 개념으로 확장되었다고 할 수 있다.

이다. 예를 들어 1인당 '국민총소득'(Gross National Income, GNI)은 경제성장을 측정하는 지표로 활용되는 동시에 경제발전의 수준을 보여주는 지표로도 활용된다. 소득의 증가를 의미하는 경제성장은 경제발전을 위한 필요조건이라고 할 수 있다. 무역이 경제성장에 중요한 역할을 한다면 경제발전에도 긍정적 영향을 주는 것이다. 따라서 정부의 무역정책은 경제성장이라는 경로를 통해 국민의 전반적인 생활수준의 향상을 의미하는 경제발전에 긍정적 역할을 할 때 비로소 유의미하다.

제1장에서 자유무역을 하게 되면 비교우위 산업으로의 특화, 규모의 경제 실현, 선진기술 도입과 전파 등으로 무역의 이익이 발생하고 경제성장에 긍정적 영향을 줄 수 있음을 이야기하였다. 무역은 국가의 궁극적 목표인 경제발전에 도움을 주는 것이다. 실제로 적극적인 시장개방과 자유무역을 통해 '수출주도 성장전략'(export-oriented growth strategy)을 추구한 국가는 빠른 경제성장과 그에 상응하는 경제발전을 이룬 사례가 적지 않다. 우리나라를 포함하여 1980년대 소위 아시아의 '네 마리 용'(한국, 대만, 싱가포르, 홍콩)과 1990년대 이후 베트남, 말레이시아, 인도네시아 등 아세안 국가가 대표적인 예이다. 반대로 내수를 중심으로 한 '수입대체 성장전략'(import-substitution growth strategy)을 추구한 국가는 대부분 그 성과가 만족스럽지 못하였다. 1980년대까지 인도, 브라질, 아르헨티나 등이 그러한 사례이다.

그런데 자유무역이 경제성장 및 경제발전에 긍정적 영향을 주더라도 실제로 정부의 무역정책은 완전한 자유무역정책과는 거리가 먼 경우가 적지 않다. 현실에서는 정부가 겉으로는 자유무역을 지지하고 표방하면서도 자유무역과는 상반된 성격을 가진 다양한 형태의 보호무역 조치를 시행하는 것을 볼 수 있다. 관세 부과, 수량 할당(quota) 등 수입제한, 수출보조금, 비효율적이고 투명하지 못한 수출입 통관절차, 비합리적인 무역 관련 규정으로 인한 행정상 애로 등 다양한 비관세장벽 등이 그러한 예라고 할 수 있다.

이러한 보호무역 조치는 단기적으로는 자유무역에 따른 경쟁으로부터 국내산업을 보호하는 효과가 있겠지만 자유무역의 측면에서 볼 때 시장가격을 왜곡하고 자원의 효율적 배분을 저해하게 된다. 이에 따라 경제적 후생도 감소한다. 보호무역 조치는 단기적으로는 효과가 있더라도 장기적으로는 정부의 궁극적 목적인 경제발전에 도움이 되지 않는다고 비판받는다. 하지만 이러한 비판에도 불구하고 현실에서는 다수의 보호무역 조치가 시행되고 있는 것은 그만한 이유가 있어서일 것이다.

그 이유로 우선 시장개방과 자유무역으로 인해 손해를 보는 이익집단의 반발과 로비를 생각해 볼 수 있다. 특히 비교열위 산업이나 수입상품과의 경쟁에 놓인 기업이나 산업은 무역으로 인해 손해를 입을 가능성이 커진다. 따라서 이들 부문의 노동자와 자본가, 그리고 관련 이익집단은 시장개방에 반발하고 당국 및 입법기관에 대해 저항할 것이다. 반발과 로비가 지속되면 여론의 추이에 민감할 수밖에 없는 정부에게는 부담이 될 수밖에 없다. 이들의 요구를 수용하여 시장개방을 철회하거나, 시장개방을 하더라고 일정 수준의 보호무역 조치를 약속할 가능성이 커진다.

이처럼 자유무역의 이점에도 불구하고 현실에서 적지 않게 시행되고 있는 보호무역 조치가 후생에 어떠한 영향을 미치는지 살펴볼 필요가 있다. 이를 통해 자유무역론과 보호무역론의 차이, 그리고 이와 관련된 정부 정책의 현실적 한계를 이해할 수 있다. 우선 보호무역 조치의 전형이라고 할 수 있는 '관세'(tariff)에 대해 이야기해보자. 관세는 국가 간 상품의 수출입(주로 수입) 통관 시 부과되는 세금을 의미한다. 그래서 관세를 통관세라고도 한다. 관세는 국경(관세선)을 통과한 수입상품에 부과되는 세금의 일종이다.[2] 조세법정주의에 따라 각 상품

2) '관세선'(customs line)은 화물이 일정한 영토를 통과할 때 자국의 관세 법규가 적용되는 지역을 의미하는데 이곳을 통과하는 외국 화물에 대해서 관세 부과, 징수, 보세, 담보,

에 대한 관세율은 법률로 정해진다.

관세는 예외가 아니라면 일반적으로 동일 상품에 대해서는 동일 관세율이 적용되기 때문에 보편적이고 광범위하게 활용되는 보호무역 조치이다. 관세를 부과하게 되면 그만큼 즉각적인 수입상품의 가격 인상 효과가 있기 때문에 국내산업 보호 효과도 크다. 상품 판매 시 부과되는 부가가치세 등 내국세는 관세가 포함된 가격을 기준으로 부과되므로 수입상품의 가격 인상은 증폭된다. 이렇듯 관세는 수입상품의 가격경쟁력을 떨어뜨려 국내산업을 직간접적으로 보호하는 효과가 있다. 관세를 통해 경쟁력 수준이 다른 국내산업에 대해 탄력적이고 효과적인 보호조치가 가능하다. 예를 들어 산업별로 경쟁력이 높은 상품에 대해서는 낮은 관세율을, 반대로 경쟁력이 낮은 상품에 대해서는 높은 관세율을 부과하는 것이 일반적이다.

관세가 부과되면 수입상품 가격은 원래보다 부과된 관세만큼, 부가가치세 등 내국세까지 포함하면 그 이상으로 인상된다. 인위적인 가격의 왜곡이 발생하는 것이다. 경제학적 측면에서 볼 때 비효율적인 자원 배분이 발생하고 경제적 후생이 감소한다. 반대로 관세를 인하하거나 철폐한다면 정반대 상황이 작동된다. 예를 들어 A국은 기존 수입신발에 부과하던 관세를 철폐하고 신발시장을 개방한다고 하자. 이제 기존보다 저렴한, 어쩌면 국내산 신발보다 싼 외국산 신발이 무관세로 수입되기 시작한다.

여기서 한 가지 가정하는 것은 세계에는 무수히 많은 신발기업이 있고 신발시장은 특정 국가나 기업이 신발가격에 영향을 미칠 수 없는 완전경쟁 상태에 있다는 것이다. 시장을 개방한 A국 신발의 균형가격도 완전경쟁시장(세계시장) 가격, 즉 수입신발가격으로 수렴할 것이다. 왜냐하면 자유무역을 통해 국내시장은 완전경쟁 상태에 있는 세계

통관 검사, 출입 감시 등의 국경조치가 가능하다. 따라서 관세를 국경조치라고도 한다.

시장으로 통합되기 때문이다. 국내신발 균형가격은 세계시장가격과 일치하게 된다. 이는 적어도 수입신발가격 내지는 그 이하로 판매가 가능한 국내기업만이 경쟁에서 살아남을 수 있음을 의미한다.

이제 신발도 생산비용 면에서 경쟁력 있는 기업만이 생산하기 때문에 생산 측면에서 효율성이 제고된다. 소비자는 시장개방 이전보다 저렴한 가격에 신발을 소비할 수 있다. 따라서 신발소비자의 경제적 후생은 증가한다. 경제학에서 이러한 소비자의 경제적 후생은 '소비자잉여'(consumer's surplus)라는 개념으로 측정된다. 소비자잉여는 각 소비자가 상품을 구매하기 위해 기꺼이 지불하고자 하는 가격수준과 실제 시장가격의 차이를 모두 합한 것이다. 따라서 시장가격의 하락은 자연스럽게 소비자잉여의 증가를 가져온다.

하지만 시장개방과 자유무역에 대한 국내 산업계의 반발 등으로 인해 A국이 다시 수입신발에 관세를 부과하면 앞에서 본 바와 같이 수입신발가격은 관세만큼 인상된다. 국내 균형신발가격도 관세 인상분만큼 상승한다. 신발가격 상승으로 이전보다 높은 가격을 지불해야 하는 소비자는 손실을 본다. 가격 인상으로 수요량이 줄어들고 동시에 지불해야 할 가격도 높아졌기 때문에 소비자의 경제적 후생, 즉 소비자잉여는 감소한다.

반면 국내 신발생산자는 시장가격 인상으로 이윤이 증가한다. 초과이윤의 발생으로 새로운 신발기업의 시장 진입도 가능하다. 따라서 생산자의 경제적 후생은 증가한다. 이는 소비자잉여와 마찬가지로 '생산자잉여'(producer's surplus)라는 개념으로 측정된다. 생산자잉여도 소비자잉여의 개념과 같이 실제 시장가격과 각 생산자가 비용을 반영하여 기꺼이 판매하고자 하는 가격과의 차이를 모두 더한 것이다. 따라서 시장가격이 올라가면 생산자잉여는 증가한다.

관세를 부과하면 정부는 관세수입으로 세수를 확보할 수 있다. 특히 세수가 부족한 개도국의 경우 관세수입은 중요한 정부의 재정수입이 된다. 정부는 관세수입(신발수입량×관세)으로 세수가 증가하므로 이를 활용하여 재정정책 확대 또는 재분배 정책에 활용할 수 있다. 이는 국민 후생을 증가시킬 것이다.

앞의 내용을 정리하면 A국의 관세 부과 또는 관세 인상은 소비자의 후생 감소, 반면 생산자 및 정부의 후생 증가를 가져온다. 그렇다면 소비자, 생산자, 정부를 포괄하는 국민경제 전체차원의 후생 수준은 어떻게 될까? 대부분 경제학 교과서에서 소개하고 있는 수요와 공급 곡선을 이용한 정태적 분석의 결과는 관세 인상으로 가격의 왜곡과 소비 감소에 따른 소비자잉여 감소를 가져온다는 것이다. 정태분석 결과를 보면 생산자잉여 증가와 정부 관세수입 증가 등 관세 인상의 긍정적 효과도 있지만, 가격의 왜곡과 자원의 비효율적 배분으로 인한 부정적 효과가 더 큼을 알 수 있다. 소위 순손실 또는 사중손실(deadweight loss)이 발생한다는 것이다. 요약하면 관세 부과 또는 관세 인상으로 인해 국민경제 전체차원에서 후생은 감소한다.

이렇게 관세는 국내산업 보호와 세수 증대라는 목적만 고려한다면 효과적인 보호무역 조치일 수 있다. 하지만 관세 부과는 동시에 가격의 왜곡과 비효율적인 자원의 배분으로 인해 소비자 후생의 감소 등 국민경제 전체차원에서 보면 후생을 감소시킨다. 이러한 점에서 관세 부과를 통한 국내산업 보호정책은 소탐대실(小貪大失)이라고 비판에서 자유롭지 못하다. 하지만 이러한 비판에 대해 방어 논리가 전혀 없는 것은 아니다. 아래에서는 이를 둘러싼 논쟁에 대해 살펴본다.

2. 최적관세율 및 관세수입 논쟁

위 1절에서 관세를 부과하면 국내산업의 보호 효과는 있지만 사회 전체적 측면에서 후생은 감소함을 살펴보았다. 관세의 후생 감소 효과는 자유무역론이 보호무역론을 비판하는 대표적인 논거이다. 하지만 관세로 인한 후생 감소는 모든 경우에 적용될 수 있는 보편성을 갖는 것은 아니다. 관세를 부과하면 오히려 후생이 증가하는 상황도 배제할 수 없다. 관세 부과로 후생이 감소하는 것이 아니라 반대로 증가한다면 이는 오히려 보호무역을 정당화할 수 있는 논거가 될 수 있다.

만약 A국이 세계의 신발수요에 영향을 미칠 만큼 경제 규모가 큰 대국(大國)이라면 관세 부과는 후생 감소가 아니라 오히려 후생을 증가시키는 효과가 있음을 보일 수 있다. 이것이 가능하다면 후생 증대를 위해 관세가 활용될 수 있다는 논리적 근거가 마련되는 것이다. 경제학에서 대국의 개념은 단순히 인구가 많거나 영토가 넓다는 것으로 되는 것이 아니다. 인구, 영토, 기술 수준, 경제 규모 등 그 나라가 가진 사회경제적 조건과 그 변화가 국내가격의 변화뿐만 아니라 세계시장 가격에까지 영향을 미칠 만큼 그 영향력이 클 때 대국으로 간주한다.

예를 들어 중국은 소고기보다 돼지고기 수요가 월등히 더 많다. 하지만 식습관이나 소득수준 향상으로 중국인의 소고기 수요가 빠르게 증가한다고 하자. 14억 이상의 중국 인구를 고려해 볼 때 중국의 소고기 수요 증가는 개별 국가 차원을 넘어 세계시장의 소고기 가격 인상 요인으로 작용할 만큼 그 규모나 영향이 클 수 있다. 실제로 그렇다면 중국은 세계소고기시장에서 대국이라고 간주할 수 있다.

이처럼 A국이 세계시장가격에 영향을 줄 만큼 큰 수요량이나 공급량을 가지고 있다고 하자. A국 정부가 보호무역 조치의 일환으로 수입 신발에 관세를 부과한다. 이에 따라 A국의 국내 신발가격은 관세만큼 인상된다. 가격 인상은 수요 감소를 가져온다. 그런데 A국은 대국이므로 A국의 신발수요 감소는 세계신발가격에 영향을 미칠 수 있다. 세계 신발수요 감소로 세계신발가격은 하락할 것이다. 이때 세계신발가격의 하락 폭이 현저히 커서 기존 관세 부과 이전의 A국 국내가격보다 더 하락하면 관세 부과로 인해 수입신발가격은 관세 부과 이전 가격보다 오히려 더 하락하게 된다.

이때 A국의 수출상품 가격이 일정하다면 세계신발가격의 하락으로 A국의 '교역조건'(terms of trade, TOT)은 개선될 것이다. 무역의 결과로 인한 국내 후생의 변화는 교역조건으로 평가할 수 있다. 일반적으로 교역조건은 수출품과 수입품의 교환 비율을 의미한다. 다시 말해 교역조건은 수출 1단위로 수입할 수 있는 수입량$\left(\frac{\Delta Y}{\Delta X}\right)$을 의미한다. 수량 표시 대신 가격으로 표시되었을 때는 수입상품 가격 대비 수출상품 가격의 비율$\left(\frac{P_X}{P_{IM}}\right)$이 된다.

교역조건이 개선된다는 것은 1단위 상품을 수출할 때 더 많은 상품을 수입할 수 있음을 의미한다. 이를 가격으로 표시하면 수입상품 가격에 비해 수출상품 가격이 높아짐을 의미한다. 이는 동일 수출량 대비 더 많은 상품을 수입할 수 있음을 의미하는 것이기도 하다. 가격 기준에서 보면 수입가격은 동일하지만 보다 높은 수출 가격으로 수출이 가능하다. 이는 A국의 구매력이 증대됨을 의미한다. 이처럼 교역조건 개선으로 A국의 후생은 증가한다.

이렇게 수입국이 대국인 경우 관세로 인한 후생의 변화를 정확하게 분석하기 위해 교역조건 개선 효과까지 고려할 필요가 있다. 세계시장 가격에 영향을 미치지 못하는 일반적인 '소규모 개방경제'(small open economy)와는 달리 대국인 A국의 후생은 교역조건 개선 여부에 따라 증가할 수도 있고 감소할 수도 있다. 관세 부과로 인한 세계시장가격의 하락 폭이 커서 기존 국내가격보다 더 하락하게 되면 이는 수입가격이 인하되는 것과 같으므로 교역조건은 개선된다.

여기에 더해 만약 교역조건 개선 효과가 관세 부과 시 발생하는 일반적인 후생 감소 효과를 상쇄할 만큼 크다면 A국은 관세 부과에도 불구하고 후생이 증가할 것이다. 하지만 그렇지 않다면 교역조건의 개선에도 불구하고 A국의 전체적인 후생은 감소할 것이다. 반대로 가격의 하락 폭이 크지 않아서 기존 국내가격보다 하락하지 않는다면 교역조건은 악화할 것이다. 결론적으로 대국의 경우 관세 부과로 인한 후생 변화는 사례에 따라 달라질 수 있다. 관세 부과로 인한 후생 변화는 불분명하다.

이처럼 관세 부과의 후생효과는 당사국이 대국인지 소국인지에 따라, 그리고 대국이더라도 교역조건 개선의 크기에 따라 최종 후생 변화는 달라질 수 있다. 만약 관세 부과로 인한 교역조건의 개선 효과가 부정적인 효과를 상쇄하고도 남을 만큼 크다면 대국은 관세 부과로 전체적인 후생 수준이 증가한다. 보호무역론의 입장에서는 관세를 부과하면 후생이 감소한다는 자유무역론의 비판을 재반박할 수 있는 근거가 되는 것이다. 이러한 교역조건 개선과 관련하여 후생을 극대화할 수 있는 관세율을 '최적관세율'(the optimal level of tariff)이라고 한다.

'최적관세율이론'(theory of optimal level of tariff)은 관세를 활용한 보호무역 조치가 경제적 후생을 오히려 증가시킬 수 있음을 주장한다. 최적관세율은 실제 산출이 가능한 관세율이라기보다는 이론상 존재하는 관세율이다. 이는 앞에서 논의했듯이 교역조건 개선에 따른 후생 수준을 극대화하는 관세율을 의미한다. 최적관세율이론은 '최적관세율'의 부과로 교역조건이 개선될 수 있음을 보여준다. 특히 대국의 경우에는 국가의 전체적 후생 수준이 증가할 수 있음을 보여주고 있다.

최적관세율이론의 논리는 앞에서 논의한 것과 같다. A국은 대국이라고 가정한다. A국이 관세를 부과하면 관세만큼 수입상품 가격은 인상된다. 국내가격이 상승하면 그에 따라 수요는 감소한다. A국은 대국이므로 수요 감소는 세계시장가격 하락을 가져온다. 따라서 세계시장가격으로 수입되는 수입가격도 하락한다. 만약 그 하락 폭이 관세로 인한 가격 인상 폭을 상쇄하고도 남을 만큼 크다면 수입상품의 국내가격은 오히려 관세 부과 이전에 비해 하락할 것이다.

이처럼 수입상품의 가격이 인하되면 A국 수출상품의 가격과 수입상품의 가격 간 상대 비율인 교역조건은 개선된다. 교역조건 개선은 수출상품 가격이 수입상품 가격에 비해 비싸짐을 의미한다. 이는 동일한 수출로 더 많이 수입할 수 있음을 의미한다. 따라서 최적관세율 부과로 인한 교역조건 개선은 전체차원의 후생 수준을 증가시킬 수 있다. 물론 이는 교역조건 개선으로 인한 후생 증가가 관세 인상으로 인해 발생하는 가격의 왜곡과 비효율적 자원 배분, 생산자와 소비자의 후생 감소 등의 부정적 영향을 상쇄하고도 남을 만큼 충분히 클 때 가능하다.

결국 최적관세율이란 교역조건 개선 효과로 나타나는 후생 증가와 가격의 왜곡 및 비효율적 자원 배분으로 인한 후생 감소를 상쇄한 최종적인 후생의 순증가를 극대화하는 관세율을 의미한다. 이것은 교역조건 개선으로 인한 긍정적 효과가 가격 왜곡 및 비효율적 자원 배분의 부정적 효과를 상쇄하고도 남을 만큼 충분히 크다는 것을 전제로 한다. 이론적으로는 최적관세율을 부과하면 국내산업 보호와 국가의 후생 수준 향상이라는 두 마리 토끼를 잡을 수 있는 것이다. 이러한 차원에서 최적관세율이론은 관세를 활용한 보호무역 조치의 정당성을 주장할 수 있는 이론적 근거로 활용된다.

하지만 최적관세율이론이 제시하는 내용이 이론적으로는 타당해 보이더라도 현실에서 적용할 수 있을지는 회의적일 수밖에 없다. 최적관세율의 적용은 수요 변화가 세계시장가격에 영향을 줄 수 있을 만큼 큰 대국을 전제로 한다. 그렇지 않다면 개별 국가 차원에서 최적관세율이론을 적용하기는 어렵다. 실제로 세계시장가격에 영향을 미칠 수 있는 대국은 중국, 인도, 브라질, 인도네시아 등과 같이 인구나 천연자원이 많고 영토가 큰 신흥국이나 미국, EU와 같이 국가의 구매력과 경제 규모가 큰 선진대국 정도가 될 수 있다.

그렇지 않은 대다수 국가는 세계시장가격에 영향을 미치지 못하거나 그 영향이 미미한 소국(소규모 개방경제)에 속한다. 개도국은 이미 선진국에 비해 평균 관세율이 높은 편이고 관세를 활용한 보호무역 조치를 시행하는 경우가 많다. 최적관세율이론은 대다수 국가의 상황에는 잘 맞지 않는다. 이처럼 최적관세율이론은 대다수 국가의 관세를 활용한 보호무역 조치에 대해서는 적절하게 설명하지 못하는 한계가 있는 것이다.

대국이라 하더라도 최적관세율을 산출해 내기란 현실적으로 쉽지 않다. 실제로 어느 수준의 관세를 부과할 때 후생이 극대화되는지를 계산하는 것은 거의 불가능에 가깝다. 한 가지 방법이 있다면 여러 수준의 관세를 부과해 가면서 그 결과에 대한 후생 변화를 평가하여 사후적으로 최적관세율을 계산해 낼 수는 있다. 하지만 이를 위해서는 같은 수입상품에 대해 서로 다른 관세율을 적용해야 하는데 이는 현실적으로 어렵다. 조세법정주의에 따라 관세율은 법률로 정해지므로 동일한 상품에 대해 서로 다른 관세율을 부과하기 위해서는 법률을 계속 개정해야 한다. 이는 비현실적이다. 그에 따른 비용도 작지 않을 것이고 관세율의 잦은 변화는 적지 않은 혼란과 불확실성을 가져온다. 이렇게 최적관세율 부과는 이론적으로는 가능하더라도 현실에서 이를 산출하고 적용하는 것은 사실상 어렵다고 할 수 있다.

설령 이러한 난제를 극복하고 최적관세율을 산출, 부과하더라도 그것으로 끝나는 것은 아니다. 왜냐하면 당사국은 교역조건 개선으로 후생이 증가하지만 반대로 무역상대국은 교역조건 악화로 손실을 보게 된다. 최적관세율 부과로 자국의 이익은 증가할 수 있지만 이는 반대로 무역상대국의 경제적 이익과 후생을 잠식하는 소위 '인근(근린)궁핍화정책'(beggar-your-neighbor policy)의 성격을 갖는다. 손실을 보는 상대방 국가가 이에 대응(보복)하기 위해 관세 인상, 수입제한 등 자구적 차원의 보호무역 조치를 시행할 가능성이 크다. 그리고 대국이 다시 최적관세율을 인상한다든지, 또는 그에 상응하는 보호무역 조치를 시행하면 소위 말하는 '보복의 악순환'(vicious cycle of retaliation)에 빠지게 된다. 결국 최적관세율을 부과하더라도 보복의 악순환으로 이해 대국을 포함한 모든 국가의 후생 수준이 하락할 수 있다. 모두가 패자(loser)가 되는 것이다.

이처럼 여러 논란이 있음에도 최적관세율이론은 이론상으로 관세 부과를 통해 국내산업을 보호하는 동시에 국가 전체 후생의 증가도 가능하다는 것을 보여준다. 최적관세율이론이 보호무역을 위한 관세 부과의 정당성을 주장하는 데 활용될 수는 있겠지만 이 이론이 보편적 이론으로서 현실 적합성과 설득력을 갖기는 어려워 보인다.

다음으로 관세를 통한 보호무역의 정당성을 주장하는 내용으로 관세수입을 통한 정부의 세수 증대 필요성을 들 수 있다. 특히 자본축적이 미진하고 사회 인프라가 부족한 개도국의 경우 정부의 세수는 늘 부족하기 마련이다. 경제발전을 위해서는 교육, 의료, 치안 등 인적 인프라, 공공재를 적절히 공급해야 한다. 산업생산에 필요한 도로, 철도, 항만 등 '사회간접자본'(Social Overhead Capital, SOC)의 건설도 필요하다.

이러한 공공정책의 집행과 운영 등에 들어가는 재정지출을 위해 세수 확보는 필수적이다. 일반적으로 개도국의 경우에는 세금 징수를 위한 세원의 종류가 다양하지 않고 세금 징수를 위한 법률, 제도, 금융 및 재정 인프라가 완비되어 있지 않아 세수 확보가 어려운 경우가 많다. 이 경우 개도국 정부는 관세수입을 활용하여 세수를 확보할 필요성과 욕구가 증대한다. 국경(관세선)을 넘어오는 수입상품은 그 액수나 규모를 파악하기가 상대적으로 쉽다. 관세는 세원 확보가 쉽고 탈세 가능성도 줄일 수 있는 이점이 있다. 일부 개도국의 관세수입은 전체 조세수입에서 상당히 큰 비중을 차지하는 경우도 있다. 이렇듯 관세는 국내산업을 보호하는 목적뿐만 아니라 정부의 재정지출을 위한 중요한 세입원이 된다. 따라서 경제발전에 필요한 재정확보를 위한 관세 부과는 정당성을 갖는다고 할 수 있다.

하지만 자유무역론은 관세 인상을 통한 세수 증가에는 한계가 있고 오히려 관세 체계의 단순화 및 관세 인하(철폐)가 세수 증가에 도움이 된다고 주장한다. 복잡한 관세 체계를 단순화하면 관세 부과의 투명성과 예측가능성이 확보되고 더 많은 세원의 확보가 가능하다는 것이다. 관세 인하로 수입상품 가격이 하락하면 수입량 자체가 증가하는 '물량효과'(effect of quantity)가 '가격효과'(effect of price)보다 커지게 되고 관세수입도 증가한다고 주장한다. 관세 인상을 통한 세수 증가는 일시적으로는 성과가 있겠지만 장기적으로 지속가능하지 않다는 것이다.

그리고 WTO 협정에서 요구하는 양허관세의 적용으로 평균 관세율이 지속해서 인하되고 있는 현실을 고려하면 관세 인상은 유효한 정책이 될 수 없다고 주장한다. 개도국이 자유무역을 통해 무역의 이익을 극대화하고 경제성장을 위한 동력으로 활용하기 위해서는 단순한 조세수입 증가 목적을 위해 관세 인상 또는 관세 부과는 필요하지 않다는 것이다.

요약하면 자유무역론은 관세 부과를 통해 국내산업 보호라는 소기의 목적은 일정 부분 달성할 수 있지만 이는 결국 국민경제 전체차원의 후생 감소를 가져온다고 주장한다. 보호무역론은 이에 대한 반론으로 최적관세율이론을 제시하거나 관세 부과를 통한 세수 증가가 정부의 재정정책과 경제성장에 도움이 될 수 있다고 주장한다. 하지만 앞에서 보았듯이 최적관세율은 그 실현 가능성 및 인근(근린)궁핍화정책의 성격으로 인한 보복의 악순환 가능성으로 인해 현실적이지 않다. 경제성장을 위해서는 오히려 관세 인상보다 관세 인하가 타당할 수 있다는 것이 주류 경제학계의 중론이다. 선진국의 관세 부과를 통한 세입이 전체에서 차지하는 비중은 개도국에 비해 현저히 낮다.

이러한 여러 가지 측면을 종합적으로 살펴볼 때 관세를 둘러싼 자유무역과 보호무역의 논쟁에서 자유무역이 이론적으로 타당하고 현실적인 측면에서도 설득력이 있다고 평가할 수 있다. 물론 이는 모든 국가에 동일하게 적용되는 보편타당한 진리나 이론이라고는 할 수 없다.

국가마다 가진 다양한 사회경제적 조건과 환경이 다르고, 보호무역 조치에 따른 긍정적, 부정적 영향도 다르다. 해당 개별 국가의 이익에 가장 부합하는 자유무역과 보호무역 조치의 다양한 정책 조합을 고민할 수밖에 없는 이유가 여기에 있다.

3. 유치산업보호론 논쟁

위 2절에서 관세를 둘러싼 자유무역론과 보호무역론의 입장과 그 이론적, 현실적 타당성을 살펴보았다. 이어서 오랫동안 치열한 논쟁의 주제인 '유치산업보호론'(infant industry protectionism)에 대해 살펴본다. 유치산업보호론은 상당히 오랜 역사적 기원을 갖고 있다. 이 이론은 18세기 후반 미국 초대 재무장관 알렉산더 해밀턴(Alexander Hamilton, 1755~1804)과 19세기 초 독일의 역사학자인 프리드리히 리스트(Friedrich List, 1789~1846) 등이 주장한 것으로 고전적인 보호무역이론임에도 불구하고 현재에도 보호무역의 근거로 활용되고 있다.

유치산업보호론은 해밀턴에 의하여 처음 주창되었고 리스트에 의하여 체계화되었다. 해밀턴은 『제조업에 대한 보고서』(Report on Manufactures, 1791)에서 미국과 같은 후진적인 나라는 외국의 경쟁에서 유치산업을 보호하고 그 산업이 경쟁력을 가질 때까지 육성해야 한다고 주장하였다. 해밀턴의 주장은 이후 미국의 산업정책에 적지 않은 영향을 주었고 미국이 명실상부한 근대 산업국가로 성장하는 이론적 토대가 되었다.

리스트는 『정치경제학의 국민적 체계』(National System of Political Economy, 1841)에서 경제발전단계설과 생산력이론을 바탕으로 보호무역주의를 주장하였다. 리스트가 주장한 경제발전단계는 원시적 농업의 제1단계, 개량된 농업, 상업의 증가 및 공업의 발흥인 제2단계, 공업이 발달한 제3단계로 나누어진다. 제3단계는 각국이 추구해야 할 이상이지만 제1단계에 있는 나라는 필요한 공산품을 선진국에서 싸게 수입하고 과잉 생산된 농산물을 수출하는 자유무역정책이 유리하다고 보았다. 제2단계에 있는 나라는 국내에서 성장하고 있는 유치산업의 발전을 위해 유치산업에 대한 육성과 보호정책을 취하지 않을 수 없다고 주장하였다. 유치산업보호를 통해 제3단계로 진입할 수 있다는 것이다. 이는 당시 독일이 영국에 비해 낙후된 공업국이라는 현실적 상황을 전제로 하고 있다. 리스트는 자유무역을 위한 비교우위 산업 육성보다는 수입대체산업 보호를 통해 단기간에 산업화를 성취하고 이를 토대로 경제발전을 이룰 수 있음을 주장하였다.

이러한 리스트의 주장은 이후 유치산업보호 대상 산업의 선정 기준 연구 등을 중심으로 이론화되었다. 유치산업보호 대상이 되기 위해서는 우선 일정 기간 국가의 보호 속에 기술 습득과 생산성이 향상되고 비교우위 산업이 될 수 있어야 한다. 이를 체계화하여 일정 기간 이후 자립(비교우위에 놓임)할 수 있을 뿐만 아니라, 성숙한 산업으로의 전환 후 발생할 미래 이익의 현재가치가 그 산업의 육성을 위해 투자된 사회적 비용을 상쇄하고도 남음이 있어야 한다. 유치산업보호론은 다음과 같이 기업에 대한 보호 필요성을 주장한다. 기업이 경영활동에서 얻어진 기술과 경험이 경쟁기업으로 유출되지 않는다면 기업은 정부의 보호 없이도 자생적인 발전을 기대할 수 있다. 하지만 선발기업의 기술이 경쟁기업에 의하여 모방된다면 생산성 향상의 효과는 기업의 수만 증가시킬 뿐 선발기업의 이윤은 증가하지 않을 것이다.

이 경우 선발기업은 현재 손실을 미래 이득으로 보전할 수 없다. 선발기업이 투자를 계속할 수 있기 위해서는 정부가 기업의 현재 손실을 부담하는 보호정책을 시행해야 한다. 유치산업보호론은 개도국이 현재 경쟁력은 없지만 성장가능성이 큰 유치산업을 우선 보호, 육성하고 이후 이 유치산업 부문이 성숙해지면 자유무역으로 전환하는 것이 바람직하다고 주장한다. 유치산업보호론은 정부 보호정책의 필요성을 강조한다. 이런 의미에서 유치산업보호론은 산업화, 경제발전을 위한 정부의 산업정책과 밀접하게 관련되어 있다. 개도국은 성장전략으로 특정 산업을 선택, 집중적으로 지원하여 비교우위 산업으로 육성하는 경우가 많다. 문제는 이 산업 분야가 현재로서는 아직 경쟁력을 확보하지 못하여 시장개방을 하면 도태될 수밖에 없다는 데 있다. 정부는 이러한 유치산업이 시장개방에도 살아남을 수 있는 충분한 경쟁력을 가질 때까지 보호해야 한다는 것이다.

유치산업보호론은 장기적이고 궁극적으로는 수출을 통한 경제성장을 추구하고 있다는 측면에서 자유무역의 요소를 내포하고 있다. 하지만 현재 시점에서 유치산업보호론이 더 중요하게 보는 것은 그러한 여건이 마련될 때까지는 정부의 보호가 필요하다는 것이다. 여기서 유치산업보호론은 보호무역주의를 옹호하는 대표주자로 나서게 된다고 할 수 있다. 유치산업보호론에 따르면 자유무역이냐 보호무역이냐를 결정하는 기준은 현재 시점의 산업경쟁력의 여부라고 할 수 있다. 유치산업보호론이 타당한지 아닌지는 일률적으로 판단하기 어렵다. 왜냐하면 나라마다 그 사례와 시기에 따라 유치산업보호를 통한 성장전략이 유효할 수도 있고 그렇지 않을 수도 있기 때문이다.

예를 들어 일부 학자들은 19세기까지 후발국에 머물러 있었던 독일과 미국이 이후 급격한 산업화와 경제성장을 이룩할 수 있었던 이유 중 하나를 유치산업보호와 그에 따른 보호무역정책에서 찾고 있다. 우리나라 경우도 1970년대 이후 국가 주도의 경제개발을 시행하게 되면서 철강, 조선, 자동차, 석유화학 등 당시 경쟁력이 전무(全無)했던 중화학 분야의 산업이 주력 수출산업으로 급성장하게 되었다. 정부의 유치산업보호와 보호무역정책을 통한 정책적 지원이 이 산업 분야가 단기간 내에 빠르게 성장할 수 있었던 주요한 요인이었다는 데 큰 이의가 없다.

하지만 이러한 사례가 모든 나라에 보편적으로 적용되는 것은 아니다. 과거 내수를 기반으로 한 유치산업보호정책의 일종인 수입대체 성장전략을 추진하였던 인도, 브라질, 아르헨티나 등의 경우에는 상대적으로 경제성장률이 낮거나 정체되었던 점을 보면 유치산업보호가 모두에게 성공적인 결과를 가져온 것은 아님을 알 수 있다. 여기서 한 가지 염두에 두어야 할 것은 현재는 과거와 같이 유치산업보호를 위한 국가의 정책적 자율성이 온전히 허용되지 않는다는 것이다. 유치산업보호를 위해서는 정부 정책의 독립성과 자율성이 전제되어야 한다. 하지만 최근 세계경제 통합이 가속화되고 WTO 협정과 같은 다자 차원의 무역규범이 통상질서의 기준이 되면서 정부의 시장 개입, 특히 특정 산업(기업)에 대한 보호조치는 엄격하게 제한되는 추세이다. 정부의 보조금 지원 가능 분야도 축소되고 있다. 유치산업보호를 위한 정부 개입은 WTO 협정 위반 소지가 크고 이에 따른 무역분쟁이 발생할 우려가 있는 것이다.

시간이 지날수록 국가가 정책적 독립성과 자율성을 토대로 유치산업보호를 위해 보호무역 조치를 전면적으로 시행하는 것은 제약받고 있다. 앞에서 잠깐 언급하였듯이 냉전체제가 종식된 1990년대 이후 일부 개도국과 체제전환국을 중심으로 기존 수입대체 성장전략 대신 수출주도 성장전략으로 전환하였다. 이는 유치산업보호가 시장개방과 자유무역을 토대로 하는 통상질서의 흐름 속에서는 더 이상 유효하지 않다는 점이 반영된 것이라고 할 수 있다.

또 하나의 유치산업보호의 문제는 정부가 유치산업보호를 근거로 특정 산업을 선택, 육성할 때 그 선정 기준이 무엇인지에 대해 객관적이고 합리적인 근거를 찾기가 어렵다는 점이다. 설령 정부가 합리적 근거를 가지고 유치산업을 선정, 육성하더라도 언제까지 얼마만큼 육성, 보호를 해야 할 것인지도 그 기준이 명확하지 않다. 정부에 의해 유치산업보호와 관련된 기준이 자의적으로 정해질 가능성이 있다. 이는 유치산업보호의 객관성과 정당성을 약화시킬 수 있다.

이처럼 유치산업보호론은 정부의 보호무역을 위한 근거로 활용되어 왔다. 하지만 유치산업보호의 성공 여부는 사례와 시기마다 다르다. 유치산업의 선정 기준과 보호기간에 대한 객관적이고 일관된 기준도 정립되어있지 않다. 무엇보다도 시장개방과 자유무역의 확대와 함께 세계경제의 통합현상이 가속화되고, 정부의 자율적 정책실행이 제약 받는 상황에서 유치산업보호론에 근거한 성장전략과 보호무역정책은 한계를 가질 수밖에 없다.

이러한 유치산업보호론과 관련된 여러 가지 논쟁과 사례를 고려해 볼 때 유치산업보호론은 지난 한 세대 이상 가속화되고 있는 세계경제 통합과 자유무역과 시장개방의 시대적 대세 속에서 그 입지가 약화되어왔다. 하지만 변화무쌍한 세계경제 환경의 변화 속에서 유치산업보호론이 또 다른 모습과 내용(콘텐츠)을 가진 주연으로 무대에 등장할 수 있음은 부정할 수 없다.

4. 전략적 무역정책 논쟁

위 3절에서 살펴본 유치산업보호를 둘러싼 논쟁이 역사적으로 오랫동안 이어진 이슈였다면 이 절에서 살펴볼 전략적 무역정책 논쟁은 비교적 최근의 일이다. 1990년대 이후 미국의 저명한 경제학자인 폴 크루그먼(Paul Krugman)을 시작으로 보호무역에 기반을 둔 '전략적 무역정책'(strategic trade policy)과 관련된 논쟁이 새롭게 진행되었다. 전략적 무역정책은 경제학의 일반적인 전제인 '완전경쟁시장'(perfect competition market)이 아닌 '불완전경쟁시장'(imperfect competition market)을 전제로 하고 있다. 완전경쟁시장에서는 무수히 많은 생산자(기업)가 존재하므로 특정 또는 소수의 기업이 시장을 과점 또는 독점할 수 없다. 따라서 초과이윤을 획득할 수도 없다.

하지만 제품생산을 위한 초기 투자비용이 많이 소요되는 산업의 경우 그렇지 않은 것과 비교해 생산자의 자유로운 시장 진입이 어렵다. 진입 비용이 많이 들더라도 일단 시장 진입에 성공만 한다면 그에 따른 독과점적 시장구조의 형성 및 유지와 그에 따른 초과이윤의 획득이 가능한 것이다. 이 경우 보조금 등 정부의 지원을 통해 특정 기업이 시장에 진입, 시장을 독과점하게 되고 초과이윤을 획득할 수 있다. 시장에 대한 진입장벽이 높으므로 독과점 구조와 초과이윤은 상당 기간 유지될 수 있다. 이러한 특성을 가진 시장을 불완전경쟁시장이라고 한다. 불완전경쟁시장의 경우는 정부의 지원 등을 통한 특정 산업에 대한 정책적, 전략적 무역정책이 유효할 수 있다는 것이다.

예를 들어 A국의 a기업과 B국의 b기업이 항공기시장에 진입할 의사가 있다고 하자. 하지만 항공기시장에 진입하기 위해서는 항공기 제작을 위한 막대한 초기 투자비용이 들어간다. a기업이든 b기업이든 이 항공기시장을 독점한다면 상당 기간 초과이윤을 획득할 수 있다. 하지만 a기업과 b기업이 동시에 시장에 진입하면 이윤은 어느 기업도 초기 투자비용을 충분히 만회할 만큼 크지 않다. 이제 a기업과 b기업은 항공기시장에 진입할지 말지 고민에 빠질 것이다. 상대 기업의 시장 진입 포기와 시장의 독점 및 초과이윤의 보장이 확실하지 않다면 두 기업 모두 시장 진입을 위한 의사결정에 망설여질 수밖에 없다.

이 경우 정부가 지원자 또는 해결사로 나설 수 있다. 만약 A국 정부가 a기업에 대해서 b기업이 진입하든 그렇지 않든 투자비용을 만회할 충분한 이익을 보장하는 보조금을 지원한다고 약속하면 a기업은 b기업의 시장 진입 여부와 상관없이 항공기시장에 진입할 수 있다. 만약 실제 a기업이 항공기시장에 진입하게 되면 b기업은 결국 시장 진입을 포기하게 될 가능성이 크다. b기업이 항공기시장에 진출하지 않으면 결과적으로 a기업이 시장을 독점하게 될 것이다. 이렇게 불완전경쟁시장의 경우 정부의 전략적 지원정책이 기업의 의사결정 및 시장의 독점에 결정적 역할을 하게 된다.

이러한 게임이론의 관점을 근거로 전략적 무역정책론은 시장이 불완전경쟁시장의 특성을 가지는 경우 시장 진출과 초과이윤 획득을 위해 정부의 보조금 지급 등과 같은 지원정책, 보호무역 조치가 필요하다고 주장한다. 하지만 이에 대한 문제점도 지적되는데 예를 들어 보조금을 지급하더라도 그것이 경쟁기업의 시장 진입을 포기하게 할 만큼 충분히 크지 않다면 경쟁기업은 언제라도 시장에 진입할 가능성이 있다는 것이다. 현실적으로 충분한 보조금이 어느 정도 될지 실제로 산출하기도 어렵다.

만약 A국 정부가 a기업에게 보조금을 지급하더라도 그 보조금의 크기가 충분히 크지 않다면 b기업은 시장에 진입할 것이다. 이렇게 되면 두 기업 모두 손실을 보게 된다. 이 경우 보조금을 지급한 국가는 독점적 초과이윤을 누리지 못하고 손실을 보기 때문에 오히려 후생이 감소할 수 있다. 전략적 무역정책은 경쟁기업 또는 상대국의 이익을 정부개입을 통해 인위적으로 박탈하기 때문에 최적관세율이론에서 언급한 인근(근린)궁핍화정책의 성격을 가지고 있다고 비판받는다.

인근궁핍화정책은 상대국의 보복을 가져올 가능성이 크다. 이는 국가 간 분쟁의 악순환으로 이어질 소지가 크다. 더 나아가 상호 보복적 보호무역 조치가 이어지면 양 국가의 후생은 모두 감소하는 상황, 즉 모두가 바라지 않는 시나리오가 벌어질 수도 있는 것이다. 이렇게 전략적 무역정책은 불완전경쟁시장을 전제로 한 인근궁핍화정책이라는 비판을 받고 있다. 하지만 전략적 무역정책은 냉혹한 국제정치에서 자국 산업과 기업의 이익을 최우선하고 국익을 극대화하는 국가의 목적에 부응하는 무역정책으로 그 의미와 영향력을 잃지 않고 있다.

5. 소득재분배 논쟁

마지막으로 이 절에서는 무역을 둘러싼 중요한 이슈 중 하나인 소득재분배 문제를 주제로 논의한다. 자유무역론과 보호무역론 간 논쟁이 시장개방의 여부와 각각의 논리적 근거에 집중되어 있다면 소득재분배 문제는 일단 시장개방과 자유무역을 전제로 무역의 결과 발생한 무역의 이익을 어떠한 방식으로 누구에게 얼마만큼 '재분배'(redistribution)해야 하는지에 대한 논의이다. 일반적으로 자유시장경제에서 임금, 이자, 지대 등의 요소소득의 일차적 분배는 시장에서 결정된다. 하지만 시장실패, 양극화 등의 부작용이 발생하는 등 자유시장경제 메커니즘이 완벽하지 않기 때문에 재분배의 필요성이 등장한다. 자유시장경제를 전제로 하는 자유무역에 따른 재분배의 문제도 여기서 크게 다르지 않다.

이는 앞에서 이야기한 자유무역이냐 보호무역이냐를 선택해야 하는 논쟁과는 기본적으로 논의의 성격이 다르다고 할 수 있다. 현실에서 진행되는 무역은 완벽한 자유무역도 완벽한 보호무역도 아니다. 이는 시장개방 수준의 차이에 따라 수많은 자유무역과 보호무역의 스펙트럼이 존재한다는 측면에서 볼 때는 무역의 이익 재분배 문제는 자유무역을 주장하든, 보호무역을 주장하든 크게 상관없이 공통으로 고민해야만 하는 중요한 주제이다.

먼저 제1장에서 무역의 결과 어떤 형태로든 무역의 패턴과 특성에 따라 소득의 일차적 분배가 이루어짐을 이야기하였다. 예를 들어 비교우위론 또는 요소부존이론(헥셔·오린 이론)을 전제로 시장이 개방되면 비교우위 산업에 종사하는 노동자와 자본가의 소득, 그리고 상대적으로 풍부하게 부존되어있는 생산요소에 대한 보수(대가)는 증가한다. 반대로 비교열위 산업과 상대적으로 적게 부존되어있는 생산요소에 대한 보수(대가)는 줄어든다. 이에 따라 자유무역으로 손해를 보는 산업 또는 계층을 보호해야 한다는 주장이 제기될 수 있다. 소득(무역의 이익)재분배 논의가 등장하는 것이다.

우선 자유무역을 주장하는 측은 시장개방과 자유무역으로 인해 손해를 보는 산업 또는 계층에 대해서는 정부의 적절하고 간접적인 소득재분배 정책이 더 효과적이라고 주장한다. 왜냐하면 시장개방으로 인해 특정 산업이 어려워진다고 해서 이 산업 분야에 대해 보호무역 조치를 시행하는 경우 무역상대국의 반발과 무역분쟁을 초래할 소지가 크기 때문이다. 비교우위 분야로 경제적 자원이 효율적으로 배분되는데 장애가 되기 때문이다.

이러한 자유무역을 활용한 자원 배분의 효율성과 함께 이차적인 소득재분배 효과를 크게 하기 위해서는 재정정책을 통한 간접적 지원이 합리적이라고 주장한다. 하지만 만약 정부의 적절한 소득 재분배 정책이 시행되지 않거나 실패한다면 보호무역 조치를 시행해야 한다는 주장이 힘을 얻을 수 있다. 특히 무역으로 인해 손해를 보는 산업 또는 계층의 반발이 더욱 커질 수 있다. 이로 인해 정부에 대한 지지와 여론이 악화하면 시장개방, 자유무역 정책은 동력을 상실하게 될 가능성도 있다.

최근 미국, EU 등 선진국을 중심으로 반세계화의 여론이 증가하고 세계화로 상징되는 시장개방, 자유무역 질서에 대한 비판과 재편 요구가 거세지고 있다. 이는 자유무역의 결과 무역의 이익이 특정 산업과 계층에게만 집중되고 국민 대다수에게 제대로 재분배되지 않았다는 불만이 표출된 결과라고 할 수 있다. 예를 들어 2016년 미국 대선에서 예상을 깨고 공화당의 도널드 트럼프(Donald Trump)가 대통령으로 당선되었다. 트럼프는 기존 미국 주도의 세계화와 자유무역이 미국의 전통산업의 경쟁력을 상실하게 했고 노동자, 특히 단순노무직 등 소위 블루 칼러 노동자의 일자리를 빼앗았다고 주장하였다. 트럼프는 기존 다자주의에 입각한 자유무역 질서와 이에 상응하는 무역정책과는 상반되는 '미국 우선주의'(America first policy), 다자(WTO) 또는 양자(FTA) 자유무역 협정의 재협상 및 개정을 주장하였다. 이처럼 향후 세계화와 자유무역의 수혜를 경제주체 간에 어떻게 재분배할 것인가라는 문제는 가장 중요한 정치적 화두로 제기될 것으로 보인다.

앞에서 우리는 자유무역론과 보호무역론을 둘러싼 몇 가지 중요한 논쟁에 대해 살펴보았다. 보호무역론이 주장하는 논리와 이에 대한 자유무역론의 반론 등도 살펴보았다. 전체적으로 보면 이론뿐만 아니라 현실적인 측면에서도 자유무역론의 논리가 보호무역론의 논리를 앞서는 형국이다. 지난 한 세대 이상 신자유주의와 세계화의 큰 세계사적 흐름 속에 자유무역의 기조가 급속하게 확산하였다. 이러한 통상질서의 큰 흐름 속에서 보호무역은 그 정책의 정당성, 지속가능성, 정책의 효과 등의 차원에서 불분명한 측면이 클 수밖에 없었다.

하지만 2017년 신보호무역주의를 주창하는 미국 트럼프 정부의 등장과 2020년 코로나 팬데믹, 2022년 러시아·우크라이나 전쟁 등 지정학적, 지경학적 불확실성과 위기가 커지면서 반세계화 경향과 자유무역 질서에 대한 비판 등이 제기되기 시작하였다. 앞으로는 자유무역을 대체하는 보호무역의 흐름이 대세가 될 수 있다는 우려가 현실이 되어가고 있다. 이는 기존의 자유무역 질서가 국민 대다수의 삶을 위해 만족스럽게 작동하지 못하였음을 반증하는 것이기도 하다. 이렇듯 자유무역은 경제발전과 공정한 재분배를 위한 보증수표는 아니라는 점을 기억해야 한다.

따라서 자유무역의 단점을 최소화하면서 장점을 십분 활용하기 위해, 다시 말해 자유무역이 경제발전을 위한 선순환적인 역할을 위해서는 우선 시장이 효율적으로 작동되어야 하고 동시에 무역의 이익에서 소외된 산업과 계층에 대한 정교한 재분배 정책이 시행되어야 한다.

무역에 참여하는 다양한 경제주체가 합리적 경제적 의사결정을 할 수 있도록 법적, 제도적 제반 시스템이 갖추어져야 한다. 시장의 왜곡을 가져오는 불합리한 요소를 제거하고 예측가능하고 지속가능한 경제 환경과 사회적 인프라를 함께 구축해야 한다.

앞에서 이야기하였듯이 지나 한 세대 이상 자유무역이 거부할 수 없는 대세였다 하더라도 각 국가는 자국의 이익을 극대화하기 위한 선별적이면서 교묘한 보호무역정책을 시행하는 경우가 다반사였음을 부인할 수 없다. 예를 들어 1970년대의 석유파동 이후 선진공업 국가를 중심으로 채택되었던 신보호무역주의 경향은 자유무역을 주창하는 선진국이라도 국익을 위해서는 언제든 보호무역으로 회귀할 수 있음을 보여주었다. 이러한 보호무역의 움직임은 앞으로 더욱 강화되고 과감해질 것으로 예상한다.

특히 선진국을 중심으로 추진되고 있는 경제 안보와 친환경 정책 관련 무역장벽과 개도국을 중심으로 활용되는 비관세장벽은 자유무역에 큰 장애 요인으로 등장하고 있다. 현재 WTO를 중심으로 한 자유무역이 대세로 정립되어 가고 있음에도 불구하고 보호무역은 그 형태와 특성을 바꾸어가면서 무역 질서의 방향과 흐름에 적지 않은 영향을 주고 있다. 자유무역의 수혜를 누려온 우리나라로서는 우려스러운 점이 아닐 수 없다. 무역으로 먹고사는 우리나라로서는 이에 대한 지속적인 관심과 정교한 분석, 그리고 이에 따르는 시의적절한 대응 전략이 필요할 수밖에 없다.

CHAPTER

3

다자 무역 협정의 이점

1. 시장개방
2. 보복적 보호무역 조치 감소
3. 무역전환효과 감소
4. 투명성과 예측가능성 향상

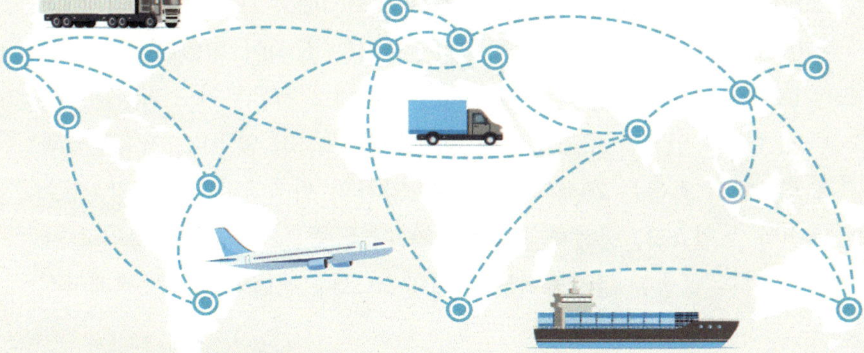

Chapter 3 다자 무역 협정의 이점

1. 시장개방

위 제1장과 제2장에서 무역의 기본 원리와 자유무역과 보호무역과 관련된 논쟁에 대해 살펴보았다. 논란의 여지는 있지만 미국 중심의 세계화와 자유무역 기조가 강화되면서 이론적 타당성이나 현실 부합성의 측면에서 자유무역론의 논리와 주장이 힘을 얻어왔음을 알 수 있다. 자유시장과 자유무역을 주창하는 논거로 사용되는 애덤 스미스(Adam Smith, 1723~1790)의 '보이지 않는 손'(invisible hand)이라든가 데이비드 리카도(David Ricardo, 1772~1823)의 '비교우위'(comparative advantage) 같은 용어는 상식이 되었다.

18세기 이후 자본주의가 발전하면서 대체로 자유무역도 확장되어왔다고 할 수 있지만 보호무역의 흐름도 사라지지 않았다. 자유무역과 보호무역의 흐름은 20세기에 들어서 양차의 세계대전과 대공황, 미소 냉전과 오일쇼크, 냉전체제의 붕괴와 미국 중심의 세계화, 그리고 새 천년 직후 발생한 글로벌 금융위기와 코로나 팬데믹 등 큰 세계사적 사건 속에서 부침을 겪어 왔다. 20세기 초중반 자유무역의 중심 국가였던 대영제국의 시대가 저물고 세계대전과 공황 등 위기가 고조될 때 보호무역은 강화되었다. 이후 20세기 중후반 냉전이 종식되고 미국의 단일패권이 공고화되면서 '팍스 아메리카'(Pax America)의 시기가 도래하였다. 이후 미국 중심의 자유무역이 다시 시대적 조류가 되었다.

지난 반세기, 좀 더 정확하게는 1980년대 이후 미국 중심의 신자유주의 확산과 이에 기초한 시장개방과 자유무역은 통상질서의 토대가 되는 기본 원리로 작동되어왔다. 예를 들어 위 제2장에서 보았듯이 이론적으로 보면 개별 국가는 독자적으로 관세 인하 등 자유무역을 통해서 무역의 이익을 누릴 수 있다. 하지만 제2차 세계대전 종전 직후인 1948년 출범한 'GATT'(General Agreement on Tariff and Trade, 관세 및 무역에 관한 일반협정) 체제에서 실제로 진행되어 온 관세 인하와 시장개방, 그리고 자유무역의 진전은 개별 국가의 '일방'(unilateral) 조치가 아니었다. 오히려 상대국과 주고받는 '양자'(bilateral) 또는 '다자'(multilateral) 협상의 성격이 강하고 실제 그러한 협상을 통해 GATT/WTO의 통상질서가 구축되어왔다.

그렇다면 왜 자유무역은 개별 국가 차원이 아닌 상대국과의 양자 또는 다자 협상을 통해 진전되어 왔을까? 그 이유를 알 수 있다면 협상을 통한 자유무역의 확대를 전제로 하는 FTA(Free Trade Agreement, 자유무역협정) 중심의 '지역주의'(regionalism)와 WTO 중심의 '다자주의'(multilateralism)의 필요성과 정당성에 대한 논의도 가능하다. 우선 글로벌 차원의 시장개방과 자유무역이 대부분 양자, 다자 협정을 통해 이루어져 온 이유에 대해 살펴보자. 기본적으로 시장개방과 자유무역이 양자 또는 다자 상호 무역 협정을 통해 이루어져 온 것은 무역 자체가 '상호성'(reciprocity)을 토대로 한 경제적 의사결정의 과정이자 결과이기 때문이다. 무역은 개인이나 기업의 차원을 넘어 국가 간에 일어나는 상거래를 통칭하기 때문에 시장개방과 자유무역을 위해서는 한 나라의 법률, 제도, 시스템이 이에 맞게 연동, 조정될 수밖에 없다.

자유무역 확대를 위해서는 이에 필요한 법·제도의 제정, 개선, 변경이 필요하다. 이는 국가의 개입과 역할이 필수적임을 의미한다. 이때 자유무역을 위한 정부 역할과 관련하여 정부 정책의 독립성, 자율성이라는 측면에서 보면 일방적이거나 독자적인 시장개방과 자유무역보다는 무역상대국과의 협상을 통한 쌍방향적 무역자유화가 효과적이다. 왜냐하면 일방적인 자유무역의 시행은 국제사회에 대한 공식적 약속이기 때문에 이를 다시 취소하거나 변경하는 것은 상당히 곤란한 일이기 때문이다. 쌍방향적 시장개방은 정부 정책의 자율성 제약이라는 우려에도 불구하고 그 정당성을 확보할 수 있다. 무역상대국의 시장개방은 국익의 확장이라는 측면에서 유리하기 때문이다.

만약 일방적으로 시장개방과 자유무역을 개시한다면 경제 여건의 변화나 정치적 목적 등에 따라 이를 취소하거나 변경할 수 있는 불확실성이 존재한다. 국내 정치, 경제적 여건이나 필요에 따라 자의적으로 보호무역정책으로 회귀할 수 있다. 따라서 정부 정책의 신뢰도를 유지하면서 지속적이고 예측가능한 시장개방과 자유무역을 원한다면 국제법적 구속력과 강제력이 있는 FTA, WTO 등 양자 또는 다자 무역협정을 통해 국가의 정책 자율성을 스스로 제한하는 것이 필요하다. 이를 '주권의 자발적 제한'(voluntary limitation of sovereignty)이라고 한다.

다음으로 양자 또는 다자 무역 협정을 통해 정책 시행의 예고와 시행 간의 시간적 차이로 인해 발생할 수 있는 정부 정책의 신뢰도 저하를 방지할 수 있다. 예를 들어 A국 정부가 시장개방을 위해 일방적으로 1년 후부터 수입신발에 부과하는 관세를 현재의 100%에서 50%로 인하한다고 발표하였다고 하자. 1년의 유예기간을 둔 것은 시장개방으로 인해 신발기업 등이 받는 충격을 완화하고 시장개방에 대비할 수 있는 시간을 주기 위함이다.

국내 신발기업은 1년의 유예기간 동안 구조조정, 생산성 제고, 비용 절감 등 경쟁력을 확보하기 위한 노력을 해야 한다. 하지만 관세 인하가 국내적 차원의 결정이라고 한다면 A국 신발기업은 일방적 관세 인하를 백지화하기 위해 시장개방 정책에 대한 반발과 로비에 집중할 수 있다. 신발기업은 관세 인하 정책이 국내 여론의 반대에 부딪힌다면 실제로 추진되기 어려울 것으로 판단할 수 있기 때문이다.

특히 정부 정책적 의지나 신뢰도가 낮은 상황에서는 1년 후 실제로 신발 관세율을 인하하는 것이 어렵게 될 수 있다. 왜냐하면 국내 신발기업이 충분한 사전 경쟁력을 확보하지 못한 상태에서 무리하게 시장개방을 하게 되면 국내 신발기업은 외국산 수입신발과의 경쟁에 밀려 퇴출당할 수 있다. 국내 신발기업의 퇴출은 이 산업 종사자의 실업 증가, 생산 활동 중지에 따른 경제성장률 하락, 달러 유출, 무역수지 적자 등 경제 전반에 부정적인 영향을 미칠 여지가 크다. 이러한 상황이 우려되면 A국 정부는 시장개방의 원래 목적을 이루지 못한 채 예고했던 관세 인하 정책을 철회하거나 다시 유예할 수밖에 없다.

그런데 만약 A국의 무역상대국인 B국도 자동차시장을 개방하려는 계획이 있다고 하자. 자동차시장의 개방과 관련하여 B국도 A국의 신발시장의 개방과 비슷한 상황에 놓여 있다. A국과 B국은 앞에서 이야기한 정책 예고와 시행의 시간적 격차로 인한 문제를 해결하기 위해 양자 협상을 통해 1년 후 A국은 신발 관세율, B국은 자동차 관세율을 동시에 인하하는 협정을 체결한다.

무역 협정은 국제법적 측면에서 협정 당사국을 구속하는 효과가 있다. 따라서 A국 신발기업과 B국 자동차기업은 1년 후 정부가 예고한 대로 관세율을 인하할 것으로 판단하게 된다. 시장개방에 대한 정책 신뢰도가 높아지면 국내기업은 반발과 로비를 지양하고 시장개방에 대비한 경쟁력 향상에 집중할 것이다. 정부 정책에 대한 신뢰도가 높아지고 기업이 경쟁력 향상을 위해 노력한다면 1년 후 A국과 B국은 큰 저항이나 논란 없이 관세 인하와 시장개방을 시행할 수 있다.

이에 따라 A국은 이전보다 저렴한 자동차가 수입되고 반대로 B국은 이전보다 저렴한 신발이 수입된다. 양국 모두 후생이 증가할 수 있음은 앞에서 이미 이야기하였다. 이처럼 다자(양자) 무역 협정은 예측가능성 및 정책 신뢰도를 높일 수 있다. 이를 힘입어 정부는 독자적인(일방적인) 시장개방에 비해 큰 어려움 없이 시장개방과 자유무역을 추진할 수 있게 된다. 무역 협정을 통해 손해를 입는 자국 내 관련 이익집단의 반발과 로비에 효과적으로 대응할 수 있다.

예를 들어 A국은 자동차를 수출하는 대신 B국에서 신발을 수입하고 있다. 만약 A국이 무역의 이익을 실현하기 위해 관세 인하 등 일방적인 자유무역정책을 시행한다고 하자. 신발가격은 하락하고 A국 소비자의 경제적 후생은 증가할 것이다. 하지만 신발가격 하락으로 국내 신발기업은 가격경쟁력 약화, 수익 감소 등 무역으로 인한 손실을 보게 된다. 당연히 국내 신발기업은 관세 인하에 반대할 것이다. 국내 신발기업과 관련 이익집단은 관세 인하 철회를 적극적으로 주장할 것이다. 소비자는 가격 인하로 이익을 보지만 그 이익은 그 상품 구매자인 불특정 다수(소비자)에게 무차별하게 부여된다. 현실적으로 소비자가 관세 인하에 적극적으로 찬성할 정도로 무역의 이익(가격 인하)이 크게 체감되지는 않는 경우가 대부분이다. 그리고 A국 수출기업은 신발 관세 인하와는 직접적으로 관련이 없으므로 관세 인하에 대해 중립적이다. 그러므로 A국 소비자와 수출기업은 관세 인하를 통한 시장개방에 대해 적극적인 지지를 표명할 유인이 크지 않다.

따라서 A국 정부는 정부 정책을 지지하는 우군 없이 시장개방으로 직접적으로 손실을 보는 국내 신발기업과 관련 이익집단의 적극적이고 강력한 반발과 로비에 부딪힐 수밖에 없다. 이 경우 정부는 여론 악화 등으로 인해 무역자유화를 일관되게 추진하기 어렵다. A국은 관세 인하를 통한 무역의 이익을 효과적으로 실현하기 어렵다. 한편 B국은 수입 자동차에 대한 관세를 인하하려고 한다. A국과 같은 논리로 B국 국내 자동차기업과 이익집단은 시장개방에 반대할 것이다. 소비자나 수출업자는 관세 인하에 적극적인 찬성보다는 미온적일 것이다. 따라서 B국도 자동차 관세 인하를 통한 무역의 이익을 실현하기 어렵게 된다.

이런 상황에서 A국과 B국이 상호 협상을 통해 무역 협정을 체결하고 A국은 수입신발 관세율을 인하하고 반대로 B국은 수입 자동차 관세율을 인하한다고 하자. 무역 협정에 따라 A국과 B국이 동시에 관세를 인하하면 A국 자동차기업은 B국으로의 수출이 늘어날 것이고 이에 파생되는 무역의 이익을 얻을 수 있다. A국 자동차기업은 적극적으로 자유무역을 지지할 유인이 생기는 것이다. 관세 인하에 대한 신발기업의 반대를 자동차기업의 찬성으로 만회할 수 있다. A국은 시장개방을 추진할 수 있는 동력을 확보할 수 있다. B국도 같은 논리로 시장개방을 추진할 수 있다.

이처럼 개별 국가 차원의 독자적이고 일방적인 시장개방과 자유무역정책은 국내외적 상황의 변화에 따라 취소, 변경되거나 심지어는 보호무역으로 다시 회귀할 가능성이 언제든 있다. 비교열위 산업 등 국내 이익집단의 반대로 시장개방을 일관되게 추진하기 어렵다. 하지만 양자 또는 다자 무역 협정을 통해 두 개 이상의 국가가 협상을 통해 FTA 등 무역 협정을 맺고 시장개방을 하게 되면 정부 정책에 대한 신뢰도가 향상되고 시장개방을 위한 유리한 여건 및 여론이 형성될 수 있다. 이를 통해 시장개방과 자유무역을 위한 정부 정책의 일관된 추진이 가능하고 무역자유화가 빠르게 진행될 수 있는 것이다. 대부분의 시장개방이 양자, 다자 협상을 통한 무역 협정의 방식으로 진행되는 이유가 여기에 있다고 할 수 있다.

2. 보복적 보호무역 조치 감소

앞에서 우리는 양자 또는 다자 무역 협정은 시장개방과 자유무역의 예측가능성과 정부 정책의 신뢰성 확보를 위해 활용될 수 있음을 살펴보았다. 이 논의를 다자 무역 협정으로 좁혀보자. 양자 무역 협정도 다자 무역 협정의 부분집합이라고 할 수 있다. 여기의 다자 무역 협정은 두 개 또는 복수의 국가가 아닌 전 세계 대부분 국가가 참여하는 무역 협정을 의미한다.

그 대표적인 것이 WTO 협정이다. WTO 협정은 무역 관련 다자 협정으로 세계 대부분 국가를 포함하는 사실상 유일무이한 무역 협정이다. WTO는 다자 무역 협상을 위한 국제무역기구로 2024년 6월 말 기준 총 166개 회원국으로 구성되어 있다. 이는 전 세계 대부분 국가가 WTO에 참여하고 있다는 의미이다. 회원국 166개국은 원칙적으로 WTO 협정에 '기속'(羈束, bounded)된다. 다시 말해 예외를 인정받지 않는 한 WTO 협정을 위반하지 않도록 국내 법률과 제도를 조정해야 하는 것이다.

앞에서 보았듯이 무역 관련 다자 무역 협정은 제2차 세계대전 종전 직후인 1948년 GATT 체제의 출범으로 시작되었다. 하지만 GATT는 법인격을 갖는 국제기구가 아닌 협약의 형태였다. GATT 체약당사국[1]은 GATT의 규정 중 무엇을 지킬지에 대해 자국의 이익에 맞도록 취사 선택할 수 있었다. 따라서 GATT는 실제로 국제법적 구속력 또는 강제력을 갖지 못하는 한계를 가지고 있었다. 반세기 가까이 유지되었던 GATT 체제는 8년간의 협상(우루과이라운드, 1986~1993년) 끝에 1995년 1월 1일 자로 명실상부한 법인격을 갖는 국제기구인 WTO를 중심으로 하는 WTO 체제로 탈바꿈하게 된다. 이후 다자 무역 협정은 WTO를 중심으로 확대 발전하였다. WTO 협정은 상품무역뿐만 아니라 서비스무

1) GATT는 체약당사국(contracting party)이라는 용어를 사용하고 있다.

역, 지식재산권, 분쟁해결절차 등 GATT에서 다루지 않았던 의제들도 포함하게 되었다. 상품무역을 다루는 GATT는 WTO 협정의 일부분(부속서 1A 5장, 1947년도 관세 및 무역에 관한 일반 협정)으로 포함되었다.

기본적으로 다자 무역 협정은 협정 당사국이 모든 회원국의 총의(總意, consensus)에 의해 결정된 시장개방 관련 양허 및 유예 조건 등에 대해 기속될 것을 수용하는 것을 전제로 이루어진다. '만장일치'(unanimity)가 모든 회원국의 명시적인 찬성을 의미하는 데 비해 총의는 회원국의 명시적인 반대나 이의(異意) 표시가 없다면 해당 안건이 채택(adopted)되는 의사결정 방식이다. 총의는 투표(voting) 없이도 의사결정이 가능하다는 장점이 있다. WTO는 회원국의 명시적인 반대가 없는 것을 전제로 한 합의를 선호하기 때문에 투표 절차 없는 총의 방식을 활용한 의사결정 방식을 선택했다고 할 수 있다. 총의로 결정된 WTO 협정은 유예를 인정받지 않는 한 회원국 모두에게 구속력을 갖는다. 회원국은 임의로 이를 위반, 회피할 수 없다. 만약 회원국이 협정을 위반하면 WTO는 분쟁해결절차를 통해 그에 상응하는 조치(제재)가 가능하다.

따라서 회원국은 WTO를 탈퇴하거나 제재를 감수하지 않는 한 WTO 협정을 '자의적'(arbitrarily)으로 위반하기는 현실적으로 어렵다. WTO는 예외적인 사항을 제외하면 완전한 자유무역을 지향한다는 점에서 WTO 회원국이라면 보호무역 조치를 시행하는 데 제약을 받을 수밖에 없음은 당연하다고 할 수 있다. WTO 협정을 위반하거나 자유무역에 배치되는 보호무역 조치에 대해서는 그에 상응하는 제재가 뒤따르기 때문에 회원국 입장에서는 과거와 같이 자의적으로 보호무역 조치를 시행하는 것은 어렵다. 이는 회원국의 협정 위반으로 발생하는 무역분쟁의 소지를 줄이는 역할을 한다.

자의적인 보호무역 조치는 단기간 무역의 이익을 누릴 수 있지만 장기적으로는 오히려 불리한 결과를 낳는 소위 '죄수의 딜레마'(prisoner's dilemma) 상황을 가져온다. 협정 위반에 대해 실질적인 제재와 구속력이 없다면 회원국은 무역의 이익 획득을 위해 협정을 위반하는 것이 '합리적 선택'(rational choice)이 될 수 있다. 하지만 특정 회원국의 보호무역 조치 시행은 다른 회원국에 불이익을 주게 된다. 불이익을 당하는 회원국은 다시 그에 상응하는 '무역 보복 조치'(retaliatory trade measures)를 시행할 것이다. 이로 인해 상호 보복의 악순환에 빠지게 되고 당사국 모두가 무역의 이익이 오히려 감소하는 최악의 결과를 가져올 수 있다.[2)]

이렇게 개별 회원국의 합리적 행동이 결국 죄수의 딜레마에 빠지는 오류를 방지하기 위해서는 다자 무역 협정을 통한 무역자유화, 그리고 이와 더불어 협정 위반에 대한 실질적인 제재가 이루어져야 효과적이다. 이처럼 다자 무역 협정은 개별 회원국이 자의적으로 협정을 위반하여 무역분쟁과 보복적 보호무역 조치의 악순환을 방지할 수 있는 효과적인 기제(mechanism)로 작동할 수 있다. WTO 협정은 이러한 다자 무역 협정의 대표적인 사례이다.

3. 무역전환효과 감소

앞에서 WTO 협정을 예로 삼아 시장개방을 위한 다자 무역 협정의

2) 이러한 대표적인 사례가 스무트·할리 관세법(Smoot·Hawley Tariff Act)이다. 이 법은 미국이 자국의 불황을 타개하기 위해 1930년에 제정한 관세법이다. 이 관세법의 제정 후 상황은 더욱 악화되었다. 1929년 10월 뉴욕증시의 대폭락으로 시작한 대공황으로 세계 각국의 생산은 급감하고 실업은 급증했다. 이처럼 내수 기반의 붕괴로 미국이나 유럽의 기업들은 수입품 규제에 눈을 돌렸고 각국 업계와 의회는 수입제한을 위해 고율 관세를 매기도록 정부에 압력을 가했다. 미국은 그 첫 조치로 스무트·할리 관세법을 제정하고 관세율을 대폭 인상하였다. 이 조치에 영향을 받은 영국, 프랑스 등 유럽의 국가들도 잇달아 경쟁적으로 수입 관세를 인상하였다. 1930년 통과된 스무트·할리 관세법은 관세율을 이전 100년 내 최고치인 59%로 인상해 전 세계에 보호무역주의의 연쇄효과를 일으켰다. 1929~1932년 무역은 그 이전에 비해 무려 63% 감소하였다. 이러한 세계경제와 무역의 붕괴는 이후 제2차 세계대전이 발발하는 주요한 요인으로 작동하였다.

의미를 살펴보았다. 현실에서는 다자 무역 협정 외에도 FTA 등과 같은 양자 또는 '복수국'(plurilateral) 무역 협정이 다수 존재한다. 양자 또는 셋 이상의 복수의 국가가 참여하는 복수국 무역 협정은 다자 무역 협정에 비해 제한적이지만 협정의 회원국에 대해서는 시장개방과 자유무역이 이루어진다는 점에서 자유무역 확대에 도움이 된다. 이때 회원국을 통칭하여 '역내'라고 한다.

하지만 회원국이 아닌 비회원국에 대해서는 회원국과는 다른 차별을 둔다는 점에서 오히려 자유무역을 저해하는 측면도 존재한다. 비회원국을 통칭하여 '역외'라고 한다. 양자 또는 복수국 무역 협정은 이렇게 역내와 역외가 구분된다. 이에 따라 역내에서는 자유무역이 확장되는 긍정성이 있지만 반대로 역외에 대해서는 무역 차별로 인해 자유무역이 위축되는 부정적인 효과가 발생하는 이중성이 존재한다.

양자 또는 복수국 무역 협정은 앞에서 살펴본 것과 같이 일방적인 무역자유화에 비해서는 무역의 이익을 담보하는 데 효과적이다. 하지만 역외국에 대한 차별적 조치로 인해 '무역전환효과'(trade diversion effects)가 발생할 가능성이 있다. 양자 또는 복수국 무역 협정이 체결되면 역내국에 적용되는 관세는 인하(철폐)되지만 역외국에 대한 관세 등 보호무역 조치는 변동이 없다. 이 자체로 역내국과 역외국 간 무역 차별이 발생하게 된다.

관세의 차이로 인해 역내국은 역외국에 비해 가격경쟁력을 갖게 될 여지가 커지게 된다. 무역 협정 체결 전 역외국에서 저렴한 가격으로 수입되던 상품이 협정체결 이후 역내국 관세 인하로 인해 역외국 대신 역내국에서 수입되는, 다시 말해 '수입처'(수입선, importer)가 바뀌는 현상이 발생할 수 있다. 이렇게 역내국으로의 수입처 변경으로 인해 나타나는 경제적 후생의 변화를 무역전환효과라고 한다. 역외국에서 역내국으로 수입처가 변경되는 무역전환이 이루어지면 무역 협정을 체결한 역내국 중 관세 인하로 수출경쟁력을 갖게 된 회원국은 유리하다. 하지만 무역 당사국 전체차원에서는 상대적으로 높은 비용으로 상품 생산과 수출이 이루어지므로 비효율이 발생한다. 세계경제 전체차원에서 자원의 효율적 배분이 왜곡되고 이에 따라 경제적 후생은 감소하게 된다.

무역전환효과가 발생하는 이유는 관세 인하로 가격 역전이 발생하기 때문이다. 예를 들어 세계에 A, B, C 3개국이 있다고 하자. 이제 A국과 B국이 양자 무역 협정을 체결한다. A국은 자동차를 수입하고 있다. B국은 자동차 1단위 생산에 2만 5천 달러의 비용이, C국은 2만 달러의 비용이 든다. A국 기존 자동차 관세율은 100%이다. A국은 무역 협정 체결 이전 B국과 C국 수입 자동차에 대해 동일한 100% 관세를 부과한다. 이제 B국에서 생산된 수입 자동차 가격은 5만 달러($25,000+$25,000×100%), C국에서 생산된 수입 자동차 가격은 4만 달러($20,000+$20,000×100%)가 된다. A국은 수입가격이 가장 낮은, 다시 말해 자원 배분 측면에서 자동차를 가장 효율적으로 생산하는 C국에서 자동차를 수입할 것이다. 이것은 세계 전체차원에서 효율적인 자원 배분을 가능하게 한다.

이제 A국과 B국이 무역 협정을 체결한다고 하자. 두 국가 간 관세가 철폐되면 B국에서 생산된 자동차 수입가격은 기존 5만 달러에서 관세 부과 이전 가격인 2만 5천 달러가 된다. C국에서 생산된 자동차의 수입가격인 4만 달러보다 훨씬 낮아지게 되는 것이다. 당연히 A국(소비자)은 자동차 수입을 C국에서 B국으로 변경할 것이다. 기존 자동차 수출국인 C국은 더 이상 수출을 할 수 없게 되고 A국 시장을 잃게 될 것이다. 이러한 상황이 계속되면 결국 C국은 수출을 위한 자동차생산을 포기할 수밖에 없다. 하지만 이는 세계 전체차원에서 볼 때 자동차를 효율적으로 생산할 수 없게 됨을 의미한다.

이렇게 C국을 배제한 무역 협정은 무역전환효과를 발생시킨다. 수입처의 전환 및 자원의 효율적 배분에 왜곡이 발생한다. 이는 세계 전체차원의 경제적 후생에 부정적인 영향을 주게 된다. A국과 B국의 무역 협정으로 A국 소비자는 이전에 비해 저렴한 가격으로 자동차를 구매할 수 있게 되고 B국은 자동차 수출 증가로 무역의 이익을 누리게 된다. 반면 A국 정부는 관세가 철폐됨으로 인해 관세수입이 감소하고 A국 자동차기업은 수입 자동차 가격 인하로 가격경쟁에 노출된다. C국은 수출시장 상실로 손해를 보게 된다.

이때 세계경제 전체로 보았을 때 새롭게 창출되는 무역의 이익이 무역의 손실을 상쇄하고도 남을 만큼 크다면 세계 후생 수준은 증가할 수 있다. 그렇지 않다면 후생 수준은 낮아지게 된다. B국은 수출 증가로 후생이 증가하기 때문에 A국과의 무역 협정에 찬성할 것이다. 하지만 A국은 무역의 이익과 손실의 상대적 크기가 불명확하다. 따라서 선불리 B국과의 무역 협정에 찬성하기 어렵다. C국의 후생은 감소한다. 세계경제 전체차원에서도 그 이익과 손실의 크기의 변화를 면밀하게 따져보기 전까지는 이익인지 손해인지 불명확하다.

이 내용을 요약하면 양자 또는 복수국 무역 협정은 무역전환으로 인한 자원의 비효율적 배분을 야기하고 무역의 이익과 손실의 크기가 불명확하다. 따라서 후생 수준의 변화가 명확하지 않을 수 있는 양자 또는 복수국 무역 협정보다는 무역전환효과가 원천적으로 제거되는 다자 무역 협정이 세계 후생 증대 측면에서 우월하다. 다시 말해 무역 당사국 모두가 시장개방과 자유무역에 참여하고 무역의 이익 증가가 명확한 다자 무역 협정이 자유무역 확대에 더 효과적이라고 할 수 있다. 더디더라도 WTO 협정과 같은 다자 무역 협정의 타결이 중요한 이유이다.

4. 투명성과 예측가능성 향상

다자 무역 협정의 장점 중 하나는 일방적 시장개방 또는 양자 및 복수국 무역 협정에 비해 투명성과 예측가능성이 좀 더 확실하게 보장된다는 것이다. 불확실성이 가득한 세계경제 속에서 무역이 질서 있고 원활하게 이루어지기 위해서는 무엇보다도 무역 관련 규정, 법률, 제도, 절차 등 관련 정보가 무역상대국에 정확하고 투명하게 제공되어야 한다. 정확하고 투명한 정보의 제공으로 경제주체는 자신의 의사결정에 따른 결과를 합리적으로 예측할 수 있다. 이러한 투명성과 예측가능성이 클 때 무역은 더욱 확대, 발전할 수 있다.

이는 다자 무역 협정에서 극대화될 수 있다. 왜냐하면 양자, 복수국 무역 협정의 경우에는 회원국 간 정보공유와 제공은 가능하더라도 비회원국에 대해서는 정보제공에 있어 제한과 차별이 있을 수 있다. 이를 '정보의 비대칭성'(asymmetry of information)이라고 한다. 정보의 비대칭성으로 인해 비회원국까지 포괄하는 진정한 의미의 자유무역은 제약된다. 이에 반해 다자 무역 협정은 회원국 모두의 무역 관련 정보가 투명하게 제공, 교환되도록 함으로써 무역에 참여하는 경제주체의 정보에 대한 접근성을 높일 수 있다.[3] 다자 무역 협정은 역외국에 대한 차별이 최소화된다는 점에서 투명성과 예측가능성 제고에 유리하다. 이러한 측면에서도 다자 무역 협정은 자유무역을 확대하는 데 더 효과적이다.

---

3) 대표적 사례로 WTO의 '무역정책검토제도'(Trade Policy Review Mechanism, TPRM)를 들 수 있다. WTO의 핵심 역할 중 하나는 회원국 무역정책에 대한 검토이다. 무역에 참여하고 있는 개인이나 기업은 당사자 간의 교역조건에 영향을 미칠 수 있는 사항에 대해서 가능한 많은 것을 알고 싶어 한다. 이러한 측면에서 무역에 영향을 미칠 수 있는 규정과 정책의 투명성은 중요한 부분이라고 하지 않을 수 없다. WTO는 회원국의 무역정책과 규범에 관한 투명성 문제를 두 가지 방법을 통해 해결되도록 하고 있다. 첫 번째는 해당국 정부가 자국의 특정 조치나 정책, 법규 등을 '통지'(notification)라는 절차를 통하여 WTO에 통보하도록 한 것이다. 두 번째로 WTO가 개별 국가가 통지한 무역정책을 검토하도록 한 것이다. 회원국의 무역정책이나 규범에 대한 투명성 문제는 관련 법, 제도, 규정, 조치 등에 대한 회원국의 자발적 통지와 이에 대한 WTO의 검토를 통해 어느 정도 달성된다고 볼 수 있다. 무역정책검토제도의 목적은 다음과 같다.
- 각국의 법, 제도, 규정, 조치 등에 대한 감시를 통하여 일국의 무역정책과 관행에 대한 이해와 투명성 증대
- 통상문제에 대한 공공 간 또는 정부 간 논의의 효율성 제고
- 전 세계에서 실시되는 각종 무역제도의 효과에 대한 정기적이고 집단적인 평가

Ⅱ WTO 기초

Chapter 4 WTO, 다자 무역 질서의 결정체

Chapter 5 WTO의 원칙

Chapter 6 WTO 원칙의 예외

Chapter 7 WTO의 의사결정 원리

INTERNATIONAL COMMERCE

INTERNATIONAL COMMERCE

CHAPTER

4

WTO, 다자 무역 질서의 결정체

1. WTO의 연원
2. WTO의 목적
3. WTO의 기능

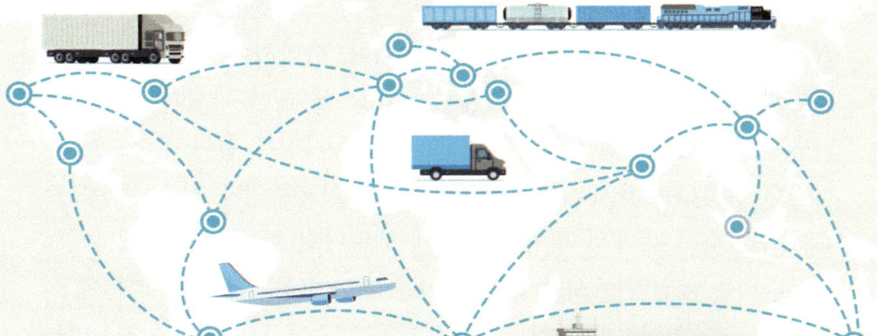

Chapter

4 WTO, 다자 무역 질서의 결정체

1. WTO의 연원

위 제3장에서 다자 무역 협정이 개별 국가 차원의 일방적인 시장개방과 양자 또는 복수국 무역 협정에 비해 자유무역에 유리한 조건과 환경을 제공한다는 것을 살펴보았다. 예를 들어 WTO 협정은 다자 무역 협정의 대표적인 사례이다. 현재 작동되고 있는 무역규범과 질서는 대부분 WTO(WTO 이전에는 GATT)에서 논의되고 결정되었다 해도 과언은 아니다. WTO 협정은 현존하는 사실상 유일하면서 동시에 가장 포괄적이고 강력한 다자 무역 협정이다. 따라서 다자 차원의 무역규범과 질서에 대한 이해를 위해서는 WTO에 대한 이해가 필요하다.

WTO는 1995년 출범하였지만 그 역사적 기원은 훨씬 이전으로 올라간다. WTO는 18세기 영국에서 시작된 자본주의가 전 지구적으로 확대되면서 그 존재의 필연성을 갖게 되었다고 할 수 있다. 왜냐하면 자본주의는 끊임없는 시장 확대와 이윤 추구의 동기를 갖기 때문에 상품을 비롯한 경제적 자원의 국가 간 이동에 들어가는 비용을 최소화하려는 노력이 동반되기 때문이다. WTO는 이러한 경제사적 과정을 통해 자유무역과 다자 무역 질서를 추구해온 인류가 이룬 인내와 노력의 산물이자 결정체라고 평가할 수 있다. 이 절에서는 우선 WTO의 연원(淵源), 즉 WTO가 어떻게 시작되었는지, 즉 그 기원에 대해 살펴본다. 이를 통해 과거와 현재, 그리고 미래를 관통하는 보편성의 측면에서 WTO가 갖는 의미에 대해 이해할 수 있을 것이라 기대한다.

WTO를 중심으로 하는 현재의 '다자 무역 체제'(multilateral trading system)는 하루아침에 이루어진 것이 아니다. 세계무역 질서를 관장하는 국제기구의 설립을 위한 노력과 시도는 지금부터 70여 년 전으로 거슬러 올라간다.[1] WTO의 청사진은 제2차 세계대전이 연합국의 승리로 기울어가던 1940년대 초로 거슬러 올라간다. 이 시기 연합국의 대표인 미국과 영국을 중심으로 전쟁으로 인해 무너진 세계경제, 무역 및 금융 질서를 어떻게 다시 복구, 구축할 것인가라는 논의가 시작되었다. 물론 그 중심에는 구 패권국가인 영국과 신 패권국가인 미국의 이해가 관철되고 있었음은 자명한 일이다.

당시 대다수 정책결정자와 경제학자는 대공황과 양차 세계대전의 원인이 자국의 이익을 위해 타국을 희생시키는 인근(근린)궁핍화정책에 있음을 지적하였다. 타국을 배제하는 제로섬 방식의 이익 추구로는 종국적으로 모두가 공멸할 수 있다는 교훈을 통감하게 된 것이다. 20세기 전반 두 번의 세계대전과 대공황의 뼈아픈 역사적 전철을 반복하지 않기 위해서는 패권국가의 일방적인 힘의 행사와 독주를 견제하는 것이 필요함을 인지한 것이다.

다시 말해 일부 국가의 국제질서와 상호성을 무시한 약탈적 일탈행위가 다시 다른 국가의 반발과 보복으로 이어져 결국 모든 국가가 손

1) 일반적으로 국제기구(international organization)란 둘 이상의 주권국이 회원이 되어 공동이익 추구를 목표로 당사국 간 협정에 따라 설립한 공식적이고 지속적인 조직으로 회원(membership), 목표(aim), 조직(structure)을 본질적 요소로 포함한다.

해를 보게 되는 죄수의 딜레마를 원천적으로 차단해야 한다는 인식이 퍼지게 되었다. 이러한 필요를 반영하는 방안이 바로 다수의 국가가 다수의 국가를 '집합적으로'(collectively) 감시, 견제할 수 있는 다자 협정이라고 할 수 있다. 여기에 더해 개별 또는 일부 국가의 일탈을 억제하기 위해서 국제법적 차원의 강제력 또는 구속력이 동반된다면 그 효과는 더욱 커질 것이다.

종전 후 새로운 국제통화금융 질서의 근간이 된 브레튼우즈(Bretton Woods) 협정은 미국의 주도로 이루어졌지만 영국, 프랑스 등 다른 연합국을 비롯한 세계 주요 국가들의 대표들이 한 테이블에 모여 협상을 통해 만들어낸 다자 협정이다. 브레튼우즈 협정을 기초로 창설된 국제통화기금(IMF)과 세계은행(World Bank)도 미국의 주도와 더불어 세계 다수 국가의 참여와 협력을 통해 가능하게 되었다. 브레튼우즈 협정은 1944년 7월 미국 뉴햄프셔주(New Hampshire)의 휴양도시인 브레튼우즈에 44개 연합국 대표가 모인 연합국 통화금융 회의에서 체결한 협정이다. 연합국은 이 협정을 통해 미국 달러화를 중심으로 한 금달러 본위제 및 고정환율제를 채택하였다. 국제수지 불균형 문제를 다루기 위한 '국제통화기금'(International Monetary Fund, IMF)과 전후 복구 및 지원을 위한 '국제부흥개발은행'(International Bank for Reconstruction and Development, IBRD, 이후 World Bank) 창설도 합의하였다.

이것은 연합국의 승리를 전제로 종전 후 국제금융 및 통화 질서에 대한 방침을 정한 것이다. 이후 1971년 8월 15일 달러의 금 태환(35달러당 금 1온스)을 정지하는 닉슨 선언으로 브레튼우즈 체제가 붕괴하기 전까지의 국제통화금융 체제를 브레튼우즈 체제라고 부른다. 브레튼우즈 협정에 따라 IMF는 1947년 3월, IBRD는 1946년 6월 출범하였다. 이후 IMF와 IBRD(World Bank)는 국제통화금융 질서의 중심적 역할을 하는 국제기구로 중요한 역할을 해오고 있다.

국제금융·통화 부문과 함께 세계경제 질서의 한 축을 이루는 무역

부문에서도 다자 협상과 협정을 통한 국제무역 질서의 구축을 위한 시도가 이루어졌다. 종전 후 패권국가로 부상한 미국은 "상품이 국경을 오가지 않으면 병사들이 건너게 된다"(If goods don't cross the borders, soldiers will)라는 격언을 앞세우고 자유무역을 통한 국제무역 질서와 이를 통한 평화의 필요성에 대해 적극적으로 선전하기 시작하였다.[2)] 미국은 1945년 종전 직후 다자 차원의 관세 인하협정을 제안하였다. 미국은 더 나아가 1946년에는 국제기구의 성격을 갖는 '국제무역기구'(International Trade Organization, ITO) 창설을 위한 헌장(Charter)의 초안까지 제시하였다. 이러한 미국의 적극적인 주도로 1947년 8월 쿠바의 수도 아바나(Havana)에서 자유무역을 근간으로 하는 국제무역 질서 구축과 ITO 창설을 위한 아바나 헌장(Havana Charter)이 53개국의 조인을 통해 채택되었다. 원래 ITO는 국제연합(UN) 산하 기구의 하나로서 무역 관련 업무를 포함하는 국가 간 경제협력을 총괄하는 명실상부한 국제무역의 중심 기구의 역할을 담당할 청사진 속에서 계획되었다.

ITO 창설을 위한 노력과 함께 ITO의 핵심 내용이 될 관세 인하 협상도 진행되었다. 협상 결과 1947년 10월, 23개 국가가 회원국으로 참여한 '관세와 무역에 관한 일반 협정'(General Agreement on Tariffs and Trade, GATT)이 타결되었다. 일반적으로 이때의 GATT를 1994년 WTO 출범 직전 최종적으로 개정된 'GATT 1994'와 구별하기 위해 'GATT 1947'이라고 명명한다.[3)] GATT는 각 회원국(체약당사국)의 국내 인준 절차를 거쳐 1948년 1월 1일부로 국제조약의 효력을 갖게 되었다. 형식적으로 보면 GATT는 법인격을 가진 국제기구로서 출범 예

2) 이 격언은 프랑스의 자유주의 경제학자인 바스티아(Frederic Bastiat, 1801~1850)가 처음 사용했다고 알려져 왔다. 이후 자유무역을 주창하는 문구로 활용되고 있다.

3) 실제로 GATT의 경우 회원국(member)이라는 용어가 아닌 협정의 체결을 의미하는 체약당사국(contracting party)이라는 용어를 사용하였다. 회원국이라는 용어는 WTO 협정에서 사용되고 있다.

정이었던 ITO 협정의 일부인 것처럼 보인다. 하지만 실제로는 ITO가 GATT를 뒷받침하기 위한 실체적 존재라고 할 수 있는 국제기구의 역할을 하는 것이라고 할 수 있다.

이렇게 ITO 설립 절차가 큰 어려움 없이 순조롭게 진행됨에 따라 자유무역 중심의 다자 무역 체제의 성립이 조만간 이루어질 듯 보였다. 그런데 순탄하게 추진되고 있었던 ITO 설립은 뜻밖의 난관에 봉착하게 되었다. ITO 설립을 주도하던 미국 행정부의 의사와는 정반대로 미국 의회가 ITO 헌장의 비준을 거부한 것이다. 당시 미국 의회는 ITO 설립이 미국의 대외정책 특히 무역정책과 관련된 의회의 고유한 권한을 제약할 수 있음을 우려하였다.[4] 또한 ITO 헌장의 내용이 현실에 비해 과도하게 이상적이고 미국의 국익을 침해할 수 있다고 비판하였다. 이러한 ITO에 대한 미국 의회의 부정적 의견의 이면에는 자유무역을 반대하는 미국 산업계와 노동계의 로비와 압력이 있었음은 부정할 수 없다.

미국 행정부는 의회를 설득하기 위해 노력하였으나 결국 무산되었다. 시간이 지체되면서 ITO 설립의 동력은 약화되어 갔다. 미국 행정부는 1950년 의회에 더 이상 ITO 헌장의 비준을 요구하지 않기로 발표하였다. 야심 차게 진행되던 ITO 설립은 시대적 상황과 현실의 벽을 넘어서지 못한 채 사실상 무산되었다. 이처럼 ITO 출범은 그 꿈은 원대하였으나 핵심적이었던 미국 의회의 비준이 무산되면서 구심력을 잃고 결국 폐기되었다. 당시 자유무역의 실현을 위한 꿈과 이상을 가지고 진행되었던 ITO 설립 노력은 현실의 벽에 부딪혀 실패하고 말았다.[5]

---

4) 미국은 다른 나라와는 달리 의회가 무역정책(통상정책)의 주요 권한을 갖고 있다. 이에 대해서는 제13장 2절 미국의 통상정책에서 논의한다.

5) 당시 미국 의회는 무역 관련 법안의 제정을 통해 미국 통상정책의 권한을 통제해 온 의회의 권한이 ITO에 의해 제한을 받을 수 있다는 우려 때문에 ITO 협정 비준을 반대하였다. 이러한 상황에서 ITO 협정에 포함된 경쟁정책, 국제투자정책, 긴급수입제한 조치

하지만 ITO 출범 실패가 원래 목표로 했던 다자 무역 체제의 실패라고 하기는 어렵다. 왜냐하면 ITO라는 법인격을 갖는 실체로서의 국제기구는 아니더라도 그 핵심 내용인 GATT는 이후에도 국제무역을 관장하는 협정(협의체)의 형태로 지속하였기 때문이다.[6] GATT는 1948년 발효 이후 1995년 ITO를 계승했다고 할 수 있는 WTO가 출범하기까지 반세기 가까운 시간 동안 다자 무역 체제의 토대를 이루는 협정으로 역할을 하게 된다. 1948년 23개국으로 시작되었던 GATT 회원국(체약국)은 1995년 WTO 출범 시 76개국으로 3배 이상 증가하였다. GATT 협정의 내용과 의제도 WTO 출범 이전 8차례의 다자 협상을 거치면서 기본적인 관세 인하 및 상품무역 관련 내용에서 비관세장벽, 서비스, 지식재산권, 환경, 노동 등 무역과 관련된 다양하고 광범위한 분야로 확장되었다.

이처럼 제2차 세계대전 후 기획되고 준비되었던 ITO 설립은 무산되었지만 이후 자유무역 중심의 다자 무역 체제의 발전은 GATT를 통해 이루어지게 되었다. GATT 체제 이후 반세기 동안 자유무역의 기조는 세계정치경제 환경의 변화에 따라 부침을 겪게 되지만 점차 국제무역 질서의 주류로 자리 잡게 되었다. 그리고 GATT 체제하에서 반세기에 걸

등에 대한 산업계의 불만이 커진 것도 ITO 비준 실패의 또 하나의 이유이다. ITO 설립에 대한 불만은 다른 나라에도 있었다. 영국은 영국령 국가에 대한 우대 조치 허용을 주장하였다. 다른 유럽 국가는 긴급수입제한 조치의 허용과 강화를 주장하였다. 이러한 상황에서 다수의 개도국은 ITO 협정 내에 존재하는 경제개발과 관련된 조항에 대해 개도국 예외 조항 허용을 주장하였다. ITO 협정의 비준은 미국 행정부의 비준 포기 선언 이후 다른 국가의 불만이 표출되면서 결국 무위로 돌아가게 되었다.

6) GATT는 국제기구가 아닌 그보다 느슨한 형태인 국제회의체의 성격을 갖는다. 국제회의체는 여러 나라가 동일한 목표를 가지고 국제협력의 차원에서 모임을 갖는다는 점에서 국제기구와 유사하나 국제기구와 다음과 같은 차이가 있다. 우선 국제회의체는 국제기구의 성립요건인 조약이나 조직 등이 없으므로 국제기구에 비해 구속력이 떨어진다. 국제기구가 공식적인 조직을 통해 구체적인 의사결정을 하고 이를 실행하는 단계까지 이르는 반면 국제회의체는 비공식, 비공개 모임을 통해 국가 간 의견을 교환하고 조정하는 것이 일반적이다.

친 지속적인 노력의 결과 1995년 WTO가 출범하게 되었다. 이렇게 볼 때 WTO는 ITO가 GATT라는 통로를 통해 나오게 된 것이라고 할 수 있다. WTO는 ITO의 두 번째 버전이라고 해도 틀린 말은 아니다.

그렇다면 현재 WTO는 GATT와 어떻게 연결되어 있을까? WTO와 GATT는 별개로 생각할 수 있지만 실제로 GATT는 WTO 협정의 일부로 엄연히 WTO 속에서 살아 숨 쉬고 있다. WTO 협정은 크게 '상품무역에 관한 다자 협정(부속서 1A)'(Multilateral Agreement on Trade in Goods, Annex 1A), '서비스무역에 관한 일반협정(부속서 1B)'(General Agreement on Trade in Services, Annex 1B), 그리고 '무역 관련 지식재산권에 관한 협정(부속서 1C)'(Trade-Related Aspects of Intellectual Property Rights, Annex 1C), '분쟁해결 규칙 및 절차에 관한 양해(부속서 2)'(Understanding on Rules and Procedures Governing the Settlement of Disputes(DSU), Annex 2), '무역정책검토제도(부속서 3)'(Trade Policy Review Mechanism(TPRM), Annex 3), 그리고 '복수국 무역 협정(부속서 4)'(Plurilateral Trade Agreements, Annex 4) 등 4개의 부문으로 구성되어 있다. 이 중 가장 중요하고 핵심적인 내용은 상품무역 및 서비스무역에 관한 부속서인 부속서 1A와 1B라고 할 수 있다.

여기서 부속서 1A 상품무역 협정이 바로 이전 GATT 협정의 최신판, 확장판이라고 할 수 있다. GATT 협정문은 1947년 최초로 체결된 GATT 협정문(GATT 1947) 이후 간헐적으로 개정된 내용을 포함하여 1993년 12월 우루과이라운드의 타결과 함께 최종적으로 개정되었다. 따라서 WTO의 상품무역 협정문은 일반적으로 최초의 협정문인 'GATT 1947'과 구별하기 위하여 'GATT 1994'로 불린다. 이렇듯 GATT는 ITO의 이상을 계승한 WTO 협정을 구성하는 개별 협정 중 가장 핵심적인 내용으로 현재까지도 남아 있다. ITO와 GATT, 그리고 이를 이은 WTO는 시대의 변화에 조응하며 다자 무역 체제를 통한 자유무역의 발전에 크게 이바지하였다고 평가받고 있다.

2. WTO의 목적

위 1절에서 이야기하였듯이 1995년 WTO의 출범은 반세기 이전 설립이 추진되었지만, 그 시대적 한계를 극복하지 못하고 무산되었던 ITO에 그 뿌리를 두고 있다. WTO는 이후 사실상 ITO를 대체한 GATT 체제를 거치면서 자유무역의 발전과 확대를 위한 오랜 인내와 지속적인 노력의 결과 맺어진 결실이라고 할 수 있다. ITO, GATT, WTO는 모두 자유무역 중심의 다자 무역 체제의 발전을 위한 노력의 산물이다. 현재의 WTO는 그 최신 버전이라고 볼 수 있는 것이다.

앞에서 논의한 WTO의 연원에 이어서 이 절에서는 WTO가 궁극적으로 무엇을 위해 존재하는지, 그 목적에 대해 살펴본다. WTO의 목적을 알아보기 위해서는 우선 WTO 이전 사실상 국제무역의 규범 역할을 했던 GATT의 목적을 살펴보는 것이 필요하다. GATT 1947의 협정 서문에는 다음과 같이 GATT의 목적이 기술되어 있다.

> "… **무역과 경제 활동 분야에서의 회원국의 관계가 국민의 생활수준을 향상시키고, 완전고용 및 지속해서 증가하는 실질소득과 유효수요를 확보하고, 세계자원의 완전한 이용을 확대하며, 재화의 생산과 교환의 확대를 위하여** 이루어져야 한다는 것을 인정하고, 관세 및 그 밖의 무역장벽을 실질적으로 감축하고 국제 상거래에 있어서 차별적 대우를 철폐할 것을 지향하는 상호적이고 호혜적인 약정을 체결함으로써 이러한 목적에 기여할 수 있기를 바라며 …"

강조 표시된 부분을 중심으로 GATT의 목적을 요약해보면 다음과 같다. GATT의 목적은 ① 국민 생활수준의 향상, ② 완전고용, ③ 실질소득과 유효수요의 증대, ④ 자원의 완전한 이용, ⑤ 재화의 생산 및 교환의 확대 등 다섯 가지라고 할 수 있다. 이러한 GATT의 목적은 WTO에도 큰 변동 없이 수용되었다. WTO의 목적은 'WTO 설립을 위한 마라케시 협정'의 서문에 기술되어 있다. 그 내용은 아래와 같다.

> "이 협정의 당사자들은 상이한 경제 발전 단계에서 각각의 필요와 관심과 일치하는 방법으로 환경을 보호하고 보존하며 이를 위한 수단의 강화를 모색하면서 지속가능한 개발이라는 목적에 부합하는 세계자원의 최적 사용을 고려하는 한편, **생활수준의 향상, 완전고용의 달성, 높은 수준의 실질소득과 유효수요의 지속적인 양적 증대 및 상품과 서비스의 생산 및 무역의 증대를 목적으로 무역 및 경제 활동 분야에서의 상호관계가 이루어져야 한다는 점을 인식하고**, 개발도상국, 특히 최빈개도국이 국제무역의 성장에서 자국의 경제를 발전시키는 데 필요한 몫을 확보하는 것을 보장하기 위하여 적극적인 노력을 기울여야 할 필요성이 있다는 점을 인식하고, 관세 및 그 밖의 무역장벽의 실질적인 삭감과 국제무역 관계에 있어서 차별대우의 폐지를 지향하는 상호 호혜적인 약정의 체결을 통하여 이러한 목적에 기여하기를 희망하며 …"

이 내용 중 강조 표시된 부분이 WTO의 목적을 서술한 것이라고 할 수 있는데 '자원의 완전한 이용'을 제외하면 GATT의 목적과 거의 같다. GATT의 네 번째 목적인 '자원의 완전한 이용'도 삭제된 것이 아니라 '지속가능한 개발이라는 목적에 부합하는 세계자원의 최적 사용'이라는 표현으로 수정된 것임을 알 수 있다. 지속가능한 개발을 위해서는 환경보호와 보전이 필요하다는 점에서 이 내용이 포함된 것은 당연하다. 이와 함께 기존 GATT에는 없었던 WTO의 목적 중 하나는 '개도국의 경제발전'이다. 위 내용에서 보듯이 WTO는 개발도상국, 특히 최빈개도국의 경제발전을 위한 국제무역의 기여를 강조하고 있다.

이는 성공적인 다자 무역 체제의 구축과 자유무역의 확대를 위해서는 WTO 회원국의 3/4 이상을 차지하는 개도국의 참여를 위한 지원과 배려가 필요하다는 현실적 판단에 따른 것이라고 할 수 있다. 이는 자유무역의 궁극적 목적은 자유무역 그 자체가 아니라 무역을 통해 개도국을 포함한 모든 회원국 국민의 생활수준 향상이라는 인류의 보편적 염원이 포함된 것이라고 할 수 있다. GATT가 WTO 협정의 한 부분으로 이미 포함되어 있다는 것을 생각해 보면 GATT의 목적이 WTO의 목적에 대부분 수용된 것은 자연스러운 일이다. 하지만 WTO의 목적은 GATT의 목적에 더해 '지속가능한 개발'과 '개도국의 경제발전'을 포함하고 있다는 점에서 진일보했다고 평가할 수 있다.

이처럼 WTO의 목적은 GATT 출범 후 50년 가까이 지나는 동안 변화된 세계경제 질서와 지속가능한 발전을 위한 환경문제를 반영한 것임을 알 수 있다. WTO는 선진국과 개도국을 모두 포함하는 인류의 공존공영이라는 보편가치를 그 목적으로 하고 있다는 점에서 그 의미가 크다고 할 수 있다.

3. WTO의 기능

WTO의 연원과 목적에 이어서 이 절에서는 WTO의 기능 또는 역할에 대해 살펴본다. WTO의 기능은 자유무역을 통한 삶의 수준 향상이라는 WTO의 목적을 달성하기 위한 다양한 의사결정과 행위의 조합이자 총체라고 할 수 있다.[7]

첫째, WTO의 핵심적인 기능은 무역규범 및 통상 관련 문제와 관련하여 회원국 간 크고 작은 다양한 협상의 장(場)을 마련하고 주관하는 것이다. WTO 협정을 비롯한 WTO의 모든 성과는 예외 없이 회원국 간 협상과 합의의 결실이다. 예를 들어 현재의 WTO 협정도 어느 날 갑자기 만들어진 것이 아니다. 1986년 9월부터 8년에 걸친 협상 끝에 1993년 12월 타결된 우루과이라운드(Uruguay Round, UR) 협상을 포함하여 1948년 GATT 발효 후 반세기 동안 이루어진 8번의 다자 협상과 그 외의 수많은 공식, 비공식 협상의 결과물이다. WTO는 2001년부

7) WTO는 무역자유화 및 규범 개선(입법), 협정 이행 및 개선(행정), 분쟁해결절차 운용(사법)의 3대 핵심 업무를 수행하고 있다고 할 수 있다.

터 2024년 현재까지 WTO 체제하의 첫 다자 협상인 '도하개발아젠다'(Doha Development Agenda, DDA)를 주관하고 있다. 협상 개시 후 무려 20여 년이 지나면서 최근에는 DDA의 타결 가능성에 대한 회의론 심지어 WTO 무용론이 커지는 상황까지 이르게 되었다. 하지만 WTO가 존속하는 한 DDA가 성사되든 그렇지 않든 상관없이 어떤 형태로든 다자 협상은 지속될 것임에는 의문의 여지가 없다.

둘째, WTO는 협상을 통해 만들어진 일련의 무역규범과 협정을 국제법적 차원에서 원활하게 운용되도록 일종의 감독관 또는 가이드의 역할을 한다. 다자 협상을 통해 아무리 유용한 규범과 협정을 만들더라도 제대로 운용이 이루어지지 않는다면 그 규범과 협정의 의미는 퇴색될 수밖에 없다. WTO의 목적인 자유무역 확대와 이를 통한 회원국 국민의 생활수준 향상을 위해서는 무역규범과 협정의 원활한 운용이 반드시 전제되어야 한다.[8)]

셋째, WTO의 중요한 기능 중 하나는 무역분쟁 해결을 위한 중재 및 조정이다. 자유무역의 확대에 따라 무역의 규모와 횟수는 확대되게 된다. 이에 따라 회원국 간 무역분쟁의 가능성도 커지기 마련이다. 무역분쟁에 대한 다자 차원의 사전적, 사후적 해결방안이 적절하게 마련되지 않고서는 WTO에 대한 신뢰와 회원국 간의 결속력은 떨어질 수밖에 없다. 만약 WTO의 분쟁해결 기능이 충분하지 않다면 개별 회원국은 국익을 지키기 위해 자구 차원에서 상대국에 대한 무역 제재 또는 보복을 가할 여지가 커지게 된다. 더 나아가 이에 대응한 상대국의 무역 제재와 보복이 이어질 수 있다. 이는 제재와 보복의 악순환을 가

---

8) WTO의 최고 의사결정기구인 각료회의(Ministerial Conference, MC)는 최소 2년에 한 번 개최된다. 일반이사회(General Council)는 각료회의 비회기 중 각료회의 기능을 수행하는데 스위스 제네바에서 분기 1회 정도 개최된다. 상품, 서비스, 지식재산권, 분쟁해결 등 WTO 소관 분야별 이사회(Council)와 이사회 산하의 분야별 위원회(Committee), 작업반(Working Group)이 정기적으로 개최되어 협정 이행 및 제도개선 등에 대해 협의하고 있다.

져오게 될 것이다. 결국 무역 당사국 모두가 손해를 보는 최악의 결과를 가져오게 된다.

따라서 무역분쟁에 대한 다자 차원의 합의된 해결방안과 절차의 선결 없이는 다자 무역 체제의 발전과 자유무역의 확대는 요원한 일이 될 수밖에 없다. 이를 방지하기 위해 WTO는 분쟁해결 관련 규정과 절차를 합의하였다. 이 내용은 앞에서 살펴보았지만 '분쟁해결 규칙 및 절차에 관한 양해(부속서 2)'(Understanding on Rules and Procedures Governing the Settlement of Disputes(DSU), Annex 2)에 규정되어 있다. WTO는 이를 토대로 무역분쟁 발생 시 분쟁의 쟁점 사항 및 관련 협정 또는 규정에 대한 해석을 포함하여 회원국 간 이견과 갈등을 조율하게 된다. 투명하고 합리적인 분쟁해결을 위해 노력하고 있다.

넷째, WTO는 각 회원국의 무역정책에 대한 검토와 평가를 통해 회원국의 무역정책이 다자 무역 질서와 협정에 부합하는지를 평가하고 이에 대해 권고한다. 회원국의 '무역정책보고서'(Trade Policy Report)를 정해진 기한에 맞추어 제출하도록 하고 있다.[9] 각 회원국이 제출한 무역정책보고서와 이에 대해 WTO가 검토, 평가한 리뷰(Trade Policy Review)를 공개하고 다른 회원국이 이를 자유롭게 열람할 수 있도록 하고 있다.

마지막으로 WTO는 개도국의 경제발전을 돕기 위한 무역과 관련된 인적, 기술적 교육과 훈련을 위한 지원을 제공하고 있다. 특히 이러한 교육과 훈련은 개도국에 집중된다. 개도국은 회원국 수로 보면 70% 이상을 차지하고 있고 세계경제 및 무역에서 차지하는 비중과 위상도 갈

9) 각 회원국의 무역정책 및 관행을 주기별로 종합 검토하는 무역정책검토(Trade Policy Review, TPR) 회의는 세계무역에서 차지하는 비중에 따라 3개 그룹(최상위 2년, 차상위 4년, 기타 6년)으로 구분하여 시행하고 있다. 최상위 2년은 선진국, 차상위 4년은 개도국, 기타 6년은 최빈개도국에게 적용된다. 현재 우리나라는 개도국 지위를 인정받아 4년 주기로 무역정책보고서를 제출하고 TPR 회의를 통해 무역정책을 평가받게 되어 있다.

수록 커지고 있다. 따라서 WTO가 추구하는 자유무역이 성공적으로 확대되기 위해서는 개도국의 참여와 역할이 중요할 수밖에 없다. 이러한 차원에서 자유무역 및 WTO 협정 관련 교육과 훈련을 위한 개도국 지원은 개도국이 스스로 자유무역에 참여할 수 있는 동기를 제공하는 역할을 한다.

이처럼 WTO는 자유무역의 확장과 이를 통한 생활수준 향상이라는 목적을 위해 다양한 기능과 역할을 하고 있다. 이 순간에도 스위스 제네바에 있는 WTO 본부의 크고 작은 여러 회의실에서는 무역과 관련된 다양한 주제와 이슈에 대해 회원국 대표들 간의 끊임없는 논의와 협상이 진행되고 있다.

CHAPTER

5

WTO의 원칙

1. 최혜국대우 원칙
2. 내국민대우 원칙
3. 양허관세 원칙
4. 수량제한금지 원칙
5. 개도국 배려 원칙

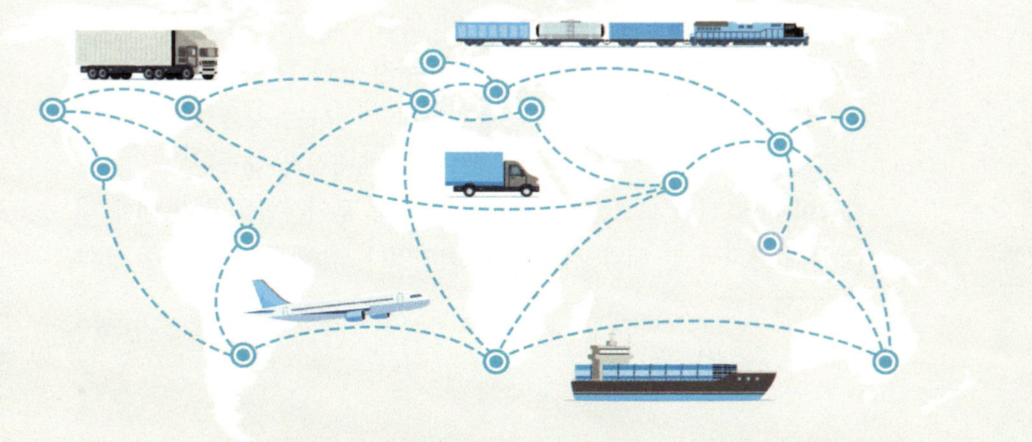

Chapter

5 WTO의 원칙

1. 최혜국대우 원칙

이 장에서는 WTO의 기본원칙에 대해 살펴본다. WTO의 기본원칙은 WTO 협정의 전 분야에 걸쳐 적용되고 회원국은 이를 준수해야 한다는 점에서 WTO를 이해하는 데 있어 중요한 주제이다.[1)] 우선 이 절에서는 WTO(협정)의 기본원칙 중 가장 핵심적인 것이라고 할 수 있는 '최혜국대우 원칙'(Most Favored National Treatment, MFN)에 대해 살펴본다. 최혜국대우는 통상·항해조약 등에서 한 나라가 특정 국가와 조약을 새로 체결 또는 갱신할 때 지금까지 다른 나라에 부여한 대우 중 최고의 대우를 그 나라에도 동일하게 부여하는 것을 의미한다.

최혜국대우는 1920~1930년대 제1차 세계대전과 대공황의 여파로 각국이 자국 산업 보호를 위해 고율 관세 등 무역장벽을 쌓자 이에 대한 무역 당사국 간 해결방안으로 도입되었다. 최혜국대우는 각종 조약

1) WTO의 기본원칙은 WTO 협정을 중심으로 적용된다는 점에서 WTO 협정의 기본원칙이라고 해도 무방하다.

이 맺어지고 이것이 새로 조약을 맺는 나라에도 확대 적용되면서 제도화되었다. 종전 후 등장한 GATT 체제는 회원국 간의 차별대우를 금지하고 있고 이에 따라 최혜국대우는 통상관계에서 보편적 원칙으로 자리 잡게 되었다.

최혜국대우 원칙은 기본적으로 상품무역을 다루고 있는 GATT 제1조(일반적 최혜국대우) 1항에 기술되어 있다.[2] 최혜국대우 원칙은 WTO 협정의 가장 중요한 기본원칙으로 상품무역 협정 분야뿐만 아니라 WTO 협정을 이루는 서비스무역 협정, 지식재산권 협정 등을 비롯한 대부분 분야에서 원칙적으로 적용된다. 최혜국대우 원칙은 WTO 협정의 토대가 되는 근본 원칙이라고 해도 과언이 아니다. 위 GATT 제1.1조에서 밝히고 있는 최혜국대우 원칙의 내용은 복잡해 보이지만 간단히 말하면 WTO 회원국은 상대국에 대한 무역 기회나 조건과 관련하여 다른 회원국과 차별을 두지 말고 평등하게 보장해야 한다는 것이다.

따라서 최혜국대우 원칙에 의하면 회원국은 특정 무역상대국에 대해 우대관세 등 어떤 형태이든 특별한 대우(소위 최혜국대우)를 부여하는 경우 동일 수준의 최혜국대우를 다른 회원국 모두에게 차별 없이 적용해야 한다. 예를 들어 상품의 수입을 제한하기 위해 관세와 같은 국경조치 등을 시행하는 경우 최혜국대우 원칙에 따라 이 국경조치가 모든 회원국에 차별 없이 동일하게 적용되어야 한다.

최혜국대우 원칙의 필요성이 대두된 배경은 제2차 세계대전의 원인을 통해 쉽게 알 수 있다. 전쟁의 원인으로는 유럽 국가 간의 경쟁적인

---

2) GATT 제1조 1항은 다음과 같다.

1. 수입 또는 수출에 대하여 또는 수입 또는 수출과 관련하여 부과되거나 수입 또는 수출에 대한 지급의 국제적 이전에 대하여 부과되는 관세 및 모든 종류의 과징금에 관하여, 관세 및 과징금의 부과 방법에 관하여, 수입 또는 수출과 관련된 모든 규칙 및 절차에 관하여, 그리고 제3조 2항 및 4항에 언급된 모든 사항에 관하여 체약당사자가 타국을 원산지로 하거나 행선지로 하는 상품에 대하여 부여하는 제반 편의, 호의, 특권 또는 면제는 다른 모든 체약당사자의 영토를 원산지로 하거나 행선지로 하는 동종 상품에 대하여 즉시 그리고 무조건적으로 부여되어야 한다.

식민지 경영과 이를 통한 무역의 이익을 일부 유럽 국가가 독점한 데 반해 독일, 이탈리아 등 후발국은 이에서 배제되었다는 점, 그리고 대공황 이후 미국이 차별적인 무역 행위를 지속함으로써 국가 간 격차가 심화되었다는 점 등을 들 수 있다. 무역, 그리고 무역의 이익을 둘러싼 국가 간 차별과 배제는 대공황 이후 세계경제의 침체를 더욱 악화시켰다.

이러한 세계적 경제위기와 정치적 혼란 속에서 독일에서는 히틀러, 이탈리아에서는 무솔리니와 같은 극우 정치인(세력)이 정권을 잡게 되었다. 무역상 차별과 배제가 결국 이들이 전체주의를 내세우며 전쟁이라는 극단적 선택을 하게 만들었다는 인식(뒤늦은 후회?)이 공감대를 얻게 되었다.[3] 이러한 공감대 속에서 GATT 회원국(체약국)은 무역 관련 차별을 원천적으로 차단하기 위해 최혜국대우 원칙을 다자 무역 체제의 첫 번째 기본원칙으로 채택하고 GATT 제1.1조에 명문화하였다고 할 수 있다.

이러한 역사적 배경과는 별개로 최혜국대우 원칙은 자유무역 확대에 기여한다. 최혜국대우를 통해 관세 인하 등 시장개방과 자유무역 조치를 특정국이 아닌 회원국 모두에게 동일하게 적용하면 자유무역의 혜택이 다자 무역 체제 전반으로 확산하는 효과가 있기 때문이다. 예를 들어 A국이 수입 자동차에 대해서는 예외 없이 100%의 최혜국대우 관세율을 부과하고 있다고 하자. 이제 A국이 자유무역 협상을 통해 B국 수입 자동차에 대해서 100%가 아닌 50%의 관세율을 부과하기로 하였다. 하지만 C국과 D국의 수입 자동차에 대해서는 기존 100% 관세율을 그대로 유지한다.

이 경우 C국과 D국은 B국에 비해 가격경쟁력 측면에서 불리하게 된다. B국 자동차 수출은 증가하고 C국과 D국의 자동차 수출은 감소한다. 그리고 여기에 더해 E국이 현재는 자동차를 생산하고 있지 않지

3) 그렇다 하더라도 독일과 이탈리아가 전쟁을 일으킨 것은 절대 합리화될 수 없다.

만 미래에 자동차생산을 추진하고 있다면 차별 관세의 문제로부터 자유로울 수 없다. 이러한 상황에 대해 C국과 D국은 A국에 대해 최혜국대우 원칙을 준용하여 관세율을 B국과 동일하게 50%로 인하할 것을 요구할 것이다. E국도 A국에 대해 향후 자동차를 생산해서 A국으로 수출을 개시할 경우 B국과 같은 50%의 관세율로 수출할 수 있도록 요구할 수 있다.

A국이 최혜국대우 원칙을 준수할 의무가 있다면 B국에 대한 50%의 관세율을 C국, D국, 더 나아가 미래 시점에서 E국에도 동일하게 적용해야 한다. 결국 A국의 B국에 대한 관세 인하는 B국에서 그치는 것이 아니라 다른 모든 회원국에도 적용되어 수입 자동차에 대한 관세율은 100%에서 50%로 인하될 것이다. 이는 무역의 확대를 가져올 뿐만 아니라 무역전환효과 등의 부작용을 줄이고 자원의 효율적 배분에 긍정적인 영향을 주게 될 것이다.

이처럼 최혜국대우 원칙은 무역 당사국이 양자 협상을 통한 자유무역의 혜택을 협정 당사국에만 한정하는 것이 아니라 다른 회원국 모두에게 무역의 이익을 확장하고 다자 무역 체제를 공고화할 수 있는 이점이 있다. 시간적으로도 그 혜택을 미래 시점으로 확장하여 미래의 시장참여자에 대해서도 다자 무역 체제를 통한 무역의 이익을 보장해 준다는 점에서 그 의미가 크다. E국이 그러한 예가 될 것이다.

미래 시점의 시장개방에 대해서도 최혜국대우를 적용하는 것을 '미래 최혜국대우'(future MFN treatment)라고 한다. 이는 향후 현재보다 더 높은 수준의 시장개방을 하는 경우 현재 회원국뿐만 아니라 미래 시점에서 협정에 참여하는 회원국에도 동일 수준의 시장개방을 약속하는 것을 포함한다. 이러한 미래 최혜국대우의 보장은 현재 비회원국이 향후 다자 무역 체제에 참여할 수 있도록 유인하는 동기부여의 역할을 한다.

하지만 양자 협상의 이익이 다자 차원으로 확산하는 최혜국대우 원칙의 특성으로 인해 '무임승차'(free rider problem)에 대한 우려가 있는 것도 사실이다. 왜냐하면 힘들게 이룬 양자 협상의 성과가 다른 회원국에도 자동으로 적용된다면 굳이 자발적으로 먼저 나서서 협상을 주도할 필요가 없기 때문이다. 따라서 시간과 비용이 드는 양자 협정에 대한 동기가 줄어들고 반대로 손쉽게 최혜국대우 혜택을 누리려는 무임승차 욕구가 증가할 수 있다. 이러한 무임승차문제를 적절히 해결하지 않는다면 회원국이 자발적으로 상호 무역자유화를 통해 무역의 이익을 창출하고자 하는 노력을 위축시키는 결과로 이어지게 될 것이다.

무임승차문제를 해결하는 방법의 하나는 양자 또는 복수국 협상을 통한 무역자유화를 '지역무역 협정'(Regional Trade Agreement, RTA)의 형태로 실행하는 것이다. 실제로 WTO 협정은 '관세동맹'(Customs Union), '자유무역지역'(Free Trade Area) 등을 위한 지역무역 협정의 경우 GATT 제24조에서 최혜국대우 원칙의 예외로 인정되고 있다.[4] 이는 무임승차문제를 해결하면서 양자, 복수국 자유무역 협정을 확대

4) 예를 들어 GATT 제24조(영토적 적용, 국경무역, 관세동맹 및 자유무역지역) 5항은 다음과 같다.

5. 따라서 협정의 규정은 체약당사자 영토 간에 관세동맹 또는 자유무역지역을 형성하거나 관세동맹 또는 자유무역지역의 형성을 위하여 필요한 잠정 협정을 채택하는 것을 방해하지 아니한다. 단,

(a) 관세동맹 또는 관세동맹의 형성으로 이어지는 잠정 협정에 관하여는, 동맹이나 협정의 당사자가 아닌 체약당사자와의 무역에 대하여 동맹 또는 잠정 협정의 창설 시에 부과되는 관세 및 그 밖의 상거래 규정은 동맹의 형성 또는 잠정 협정의 채택 이전에 구성 영토에서 적용 가능한 관세 및 그 밖의 상거래 규정의 일반적 수준보다 전반적으로 더 높거나 더 제한적이어서는 아니 된다.

(b) 자유무역지역 또는 자유무역지역의 형성으로 이어지는 잠정 협정에 관하여는 각 구성 영토에서 유지되고 자유무역지역의 형성 또는 잠정 협정의 채택 시에, 이 지역에 포함되지 않았거나 협정의 당사자가 아닌 체약당사자의 무역에 대하여 적용 가능한 관세 및 그 밖의 상거래 규정은 자유무역지역의 형성 또는 잠정 협정 이전에 동일한 구성 영토에서 존재하였던 상응하는 관세 또는 그 밖의 상거래 규정보다 더 높거나 더 제한적이어서는 아니 된다.

(c) (a) 및 (b)에 언급된 잠정 협정은 합리적인 기간 내에 관세동맹 또는 자유무역지역의 형성을 위한 계획 및 일정을 포함하여야 한다.

하기 위한 노력의 일환이라고 볼 수 있다. 지역무역 협정은 최혜국대우 원칙 위반으로 인한 분쟁 및 혼란의 염려 없이 양자, 복수국 협상을 통한 자유무역의 확대와 이에 따른 무역의 이익을 역내국만 향유할 수 있도록 한다. 따라서 지역무역 협정은 최혜국대우 원칙에서 발생할 수 있는 무임승차문제를 일정 부분 해소할 수 있다. 비록 지역무역 협정에 따른 무역의 이익이 역내국에만 돌아갈 수도 있지만 적어도 역내에서 자유무역은 확산할 것이다. WTO가 지역무역 협정을 최혜국대우 원칙의 예외로 인정되는 이유는 이러한 무임승차 등의 현실적 문제를 고려하는 한편, 지역 차원의 자유무역이더라도 세계무역 질서 전체의 구도에서 보면 자유무역 확장에 도움이 된다고 믿기 때문이다.

요약하면 최혜국대우 원칙은 무역상대국에 대해 호혜적이고 비차별적인 대우를 보장하는 WTO 협정의 가장 기본이 되는 원칙이다. 최혜국대우 원칙은 GATT 체제 이후 자유무역의 확대와 다자 무역 질서의 발전에 핵심적 역할을 해 왔다. 하지만 최혜국대우 원칙은 혜택의 무차별적 적용으로 인해 무임승차문제를 발생시켜 회원국의 자발적인 무역자유화의 노력을 저해할 수 있다는 단점이 있다. 이러한 이유로 WTO는 양자 또는 복수국 지역무역 협정의 경우 최혜국대우 원칙 적용의 예외를 허용함으로써 다자 차원의 자유무역이 정체된 상황이더라도 지역적으로 자유무역의 진전과 확장이 이루어지도록 하고 있다.

2. 내국민대우 원칙

최혜국대우 원칙과 더불어 WTO 협정의 또 하나의 핵심적인 기본원칙은 '내국민대우 원칙'(National Treatment, NT)이다. 최혜국대우와 내국민대우 모두 상대국에 대하여 호혜적이고 비차별적인 대우를 보장하는 것이다. 이러한 의미에서 최혜국대우 원칙과 내국민대우 원칙을 묶어서 '비(非)차별원칙' 또는 '무(無)차별원칙'(nondiscrimination)이라고 한다. 최혜국대우 원칙은 앞에서 본 바와 같이 물품의 국경 통과 시 동종 상품의 수입에 대해 회원국 간에 차별을 두지 않는다는 약속이다. 이에 비해 내국민대우 원칙은 일단 국경(관세선)을 통과하여 국내로 들어온 수입상품의 가공, 유통, 판매 및 내국세 부과 등 국내조치에 대해서 국내산상품과 동등하게 대우하겠다는 약속이다. 다시 말해 수입상품에 대해 국내산상품과 비교하여 적어도 같거나 그 이상의 호의적인 대우를 약속하는 것이다.

최혜국대우 원칙의 기준은 국경(border line) 또는 관세선(customs line)이다.[5] 국경(관세선)을 기준으로 했을 때 최혜국대우 원칙은 수입상품의 국경(관세선) 진입 시 회원국 간 차별을 두지 않는 것이다. 이에 비해 내국민대우 원칙의 기준은 국내이다. 일단 국경(관세선)을 통과해 국내로 수입된 상품에 대해서는 국내산상품과 차별적 조치를 하지 않겠다는 것이다. 이렇게 국경(관세선)을 기준으로 최혜국대우 원칙을 '외부적 비차별 원칙'(external nondiscrimination), 그리고 내국민대우 원칙을 '내부적 비차별 원칙'(internal nondiscrimination)이라고 부르기도 한다.

내국민대우 원칙은 최혜국대우 원칙과 같이 기본적으로 상품무역을 다루고 있는 GATT 제3조(내국 과세 및 규정에 관한 내국민대우)에서 구체적으로 기술하고 있다.[6] GATT 제3조는 간략히 말하면 회원국으

---

5) 관세선은 화물이 일정한 영토를 통과할 때 자국의 관세 법규가 적용되는 지역을 의미하는데 이는 물리적인 국경과는 일치하지 않는 경우도 있다. 예를 들어 국경 안에 있는 보세구역(bonded area)은 관세가 부과되지 않는다.

6) 예를 들어 GATT 제3조 1항은 다음과 같다.

1. 체약당사자들은 내국세 및 그 밖의 내국 과징금과 상품의 국내 판매, 판매를 위한 제공, 구매, 운송, 유통 또는 사용에 영향을 주는 법률·규정·요건과 특정 수량 또는 비율로 상품을 혼합하거나 가공 또는 사용하도록 요구하는 내국의 수량적 규정이 국내 생산을 보호하기 위하여 수입상품 또는 국내 상품에 적용되어서는 아니 된다는 것을 인정한다.

로부터 일단 국내로 수입된 상품은 국내산 동종 상품에 비교해 내국세(internal taxes) 및 국내 규정(internal regulations) 등에 의거하여 불리한 대우를 받아서는 안 된다는 것이다. 이러한 내국민대우 원칙은 최혜국대우 원칙과 마찬가지로 서비스무역 협정(제17조)[7]과 무역 관련 지식재산권 협정(제3조)[8]에도 적용된다.

예를 들어 A국이 국내에서 생산되는 자동차에 대해 10%의 판매세를 부과하고 있다. 반면 B국에서 수입되는 자동차에 대해 10% 이상의 판매세(예를 들어 20%)를 부과하게 되면 이는 내국민대우 원칙을 위반하는 것이다. 이 경우 B국은 내국민대우 원칙을 근거로 A국에 대해 수입 자동차의 판매세를 국내산 자동차의 판매세와 동일한 10%로 인하할 것을 요구할 수 있다. 이 문제가 당사국 차원에서 해결이 되지 않으면 B국은 WTO에 제소할 수 있다.

내국민대우 원칙은 무엇보다도 자유무역으로 위장된 보호무역 조치를 차단하는 역할을 한다. 왜냐하면 최혜국대우 원칙을 통해 수입상품의 국내 진입에 대해 비차별적 조치를 하더라도 수입상품에 대해 국내산 동종 상품과 비교하여 불리한 조건을 부여하면 최혜국대우 원칙을 통한 비차별적 조치는 실질적으로 무력화되기 때문이다. 최혜국대우

---

7) 예를 들어 서비스무역 협정 제17조 1항은 다음과 같다.

1. 자국의 양허표에 기재된 분야에 있어서 양허표에 명시된 조건 및 제한을 조건으로, 각 회원국은 그 밖의 회원국의 서비스 및 서비스 공급자에게 서비스의 공급에 영향을 미치는 모든 조치와 관련하여 자국의 동종 서비스와 서비스 공급자들에게 부여하는 대우보다 불리하지 아니한 대우를 부여한다.

8) 예를 들어 무역 관련 지식재산권 협정 제3조 1항은 다음과 같다.

1. 각 회원국은 파리협약(1967년), 베른협약(1971년), 로마협약 또는 집적회로에 관한 지식재산권조약이 각각 이미 규정하고 있는 예외의 조건에 따라, 지식재산권보호에 관하여 자국민보다 불리한 대우를 다른 회원국의 국민에게 부여하여서는 아니 된다. 실연자, 음반 제작자, 방송기관에 관하여 이러한 의무는 이 협정에 규정되어 있는 권리에 관해서만 적용된다. 베른협약(1971)의 제6조 또는 로마협약의 제16조 1항 (b)에 규정된 가능성을 원용하고자 하는 회원국은 동 조항에 규정된 바에 따라 무역 관련 지식재산권위원회에 통보한다.

원칙을 적용받아 국경을 넘어 국내시장으로 진입한 수입상품이더라도 국내적으로 차별적 조치를 받는다면 자유무역의 의미는 퇴색될 수밖에 없다. 내국민대우 원칙이 제대로 적용되지 않는다면 대외적으로는 자유무역을 표방하면서도 국내적으로는 국내산업을 보호하는 보호무역 조치를 적용하는 위선적, 이중적 행태가 발생할 수 있다. 그만큼 자유무역은 저해될 수밖에 없다.

예를 들어 A국이 최혜국대우 원칙에 따라 B국과 C국에서 수입되는 자동차에 대해 동일한 관세를 부과한다고 하자. B국과 C국의 자동차 기업은 A국으로의 수출 시 동일한 관세율을 부과받기 때문에 A국 자동차시장에서 충분한 가격경쟁력이 있을 것으로 예상하고 자동차생산 및 A국으로 수출을 결정한다. 그런데 A국은 내국민대우 원칙을 따르지 않고 있다. 국내산 자동차에는 10%의 판매세를 부과하지만 수입 자동차에는 20%의 판매세를 부과한다. 또한 수입 자동차의 경우에는 자동차 유통과 판매를 위한 대리점 개설을 제한하고 있다. B국과 C국은 A국 자동차시장에서 불리한 상황과 조건에 처할 수밖에 없다. 이처럼 A국이 B국과 C국에 적용하는 최혜국대우만으로는 자유무역 확장이라는 목적과 의미를 상실하게 된다. 따라서 실질적인 자유무역 확장을 위해서는 최혜국대우 원칙만으로는 부족하다. 최혜국대우 원칙과 함께 내국민대우 원칙이 적용되어야 하는 것이다.

여기서 한 가지 궁금해지는 것은 동종 상품의 '동종'(同種, like)의 의미가 무엇인가라는 점이다. 내국민대우 원칙의 전제가 되는 것이 바로 동종 상품이기 때문에 동종 상품의 정의가 무엇인지에 따라 내국민대우 원칙의 합치 여부가 달라질 수 있다. WTO 분쟁해결 최종 판결기구인 '상소기구'(Appellate Body)는 동종 상품을 규정하는 데 있어 가장 중요한 조건으로 수입상품과 국내산상품이 동일 시장에서 서로 경쟁관계가 있는가를 들고 있다. 상품을 구매하는 소비자의 입장에서 수입상품과 국내산상품이 직접적으로 대체 가능하다면 동종 상품으로 규정할 수 있다고 본다.

왜냐하면 수입상품과 국내산상품이 동일 시장에서 경쟁하는 관계가 있는 경우 수입국은 국내산상품을 보호하기 위해 최혜국대우 원칙은 준수하더라도 수입상품에 대해서 차별적 조치의 가능성이 커지기 때문이다. 동종 상품뿐 아니라 두 상품이 엄밀하게 동종 상품이 아니더라도 국내시장에서 경쟁 관계가 있는 경우에도 내국민대우 원칙이 필요할 수밖에 없음을 알 수 있다. 수입상품에 비해 국내산상품에 유리한 조건이 부여되면 소비자는 두 상품 간 대체가 가능하므로 국내산상품에 대한 수요가 증가하고 수입상품의 수요는 감소한다. 이러한 상품 간 대체 가능성은 무역에 영향을 주기 때문에 동종 상품 여부의 기준이 되는 것이다.

이렇게 동종 상품 여부의 기준이 중요하기 때문에 WTO 협정의 동종 상품을 규정하기 위해 ① 상품의 물리적 특성, ② 최종 사용용도, ③ 대체 가능성에 대한 소비자의 인식, ④ 상품의 관세 구분(HS코드) 등 네 가지의 구체적인 기준이 제시되고 있다.[9] 이러한 구체적인 기준을 통해 동종 상품의 여부 및 내국민대우 원칙의 적용 여부를 결정하게 된다. 하지만 앞에서도 이야기하였듯이 가장 중요한 판단기준이 되는 것은 상품 간 경쟁 관계의 여부라고 할 수 있다. 내국민대우 원칙의 가장 중요한 목적은 위장된 보호무역을 차단하기 위한 것이다. 수입상품과 국내산상품 간 경쟁 관계가 없다면 국내산상품에 대한 보호의 필요성도 없고 내국민대우 원칙의 여부를 따질 상황도 형성되지 않기 때문이다.

내국민대우 원칙과 동종 상품의 판단 여부는 최근 논쟁의 대상이

9) 이러한 기준은 WTO 협정에 명시되어 있는 것이 아니라 내국민대우 등 WTO 협정의 해석과 관련된 패널 및 상소기구의 판결 등을 통해 정리된 것이라고 할 수 있다. 예를 들어 상소기구는 일본-주세 사건(DS8, DS10, DS11)에서 동종성 개념은 아코디언과 같이 맥락(context) 및 상황(circumstances)에 따라 신축적으로 해석되어야 한다고 판시하였다.

되는 무역과 환경, 무역과 인권, 무역과 노동 등과 같은 분야에서도 중요한 이슈이다. 예를 들어 무역과 환경 분야에서 주요 의제로 논의되고 있는 '환경상품'(environmental goods)에 대한 사례를 생각해 볼 수 있다. 환경상품은 같은 용도의 다른 상품에 비하여 자원절약에 기여하고 탄소배출 등 환경오염을 줄일 수 있는 상품이다.

따라서 환경 관련 NGO 등 환경보호를 주장하는 입장에서는 기존의 기준으로 보았을 때 동종 상품인 경우라도 생산과정이 친환경적이고, 사용과정에서 환경을 보호하는 기능을 가진 환경상품의 경우에는 동종 상품의 예외를 인정해야 한다고 주장한다. 수입 환경상품에 대해서는 내국민대우 원칙의 적용에 있어 예외를 요구하고 있다. 그래야만 환경상품이 동종이 아닌 이종(異種) 상품으로 인정되고 국내 세제, 유통, 소비에서 유리한 대우를 받을 수 있기 때문이다.

이렇게 동종 상품의 적용 배제는 환경상품이 시장경쟁력을 확보하는 데 도움을 줄 수 있다. 예를 들어 A국이 친환경 자동차를 생산한다고 하자. 이 자동차는 에너지 효율이 높고 배기가스 배출이 적다. 폐차 후에도 재활용이 쉬운 소재로 만들어졌기 때문에 친환경적이다. 반면 B국에서는 종전 방식대로 내연기관 자동차를 생산하여 A국으로 수출한다고 하자. 이 경우 A국 친환경 자동차와 B국 내연기관 자동차가 과연 동종 상품인가에 대한 논쟁이 가능하다. 기존 기준에 따르면 두 자동차가 동일 시장에서 경쟁하는 동종 상품이기 때문에 A국은 B국의 수입 자동차에 대해 내국민대우 원칙을 보장해야 한다. 다시 말해 B국의 수입 자동차가 친환경 자동차이든 그렇지 않든 국내산 자동차와 비교해서 내국세라든지 판매 및 유통조건 등에서 차별을 두어서는 안 된다. 차별의 경우 내국민대우 원칙을 위반하게 되어 B국과의 무역분쟁이 발생할 수 있다.

A국의 입장에서는 친환경 자동차의 생산원가가 높기 때문에 B국 수입 자동차와 동종 상품으로 간주하게 되면 가격경쟁력을 잃게 될 가능

성이 크다. 이렇게 되면 A국 자동차회사는 친환경 자동차를 굳이 생산할 동기를 상실하게 된다. 결국 친환경 자동차에 대한 투자와 생산을 주저할 수밖에 없다. 친환경 산업 육성이 어려워지는 것이다. 따라서 환경보호를 위한 친환경 자동차산업 육성을 주장하는 입장에서는 수입 자동차가 동종 상품이더라도 환경에 미치는 영향을 고려하여 내국민대우 원칙의 예외를 적용해야 한다고 주장할 수 있다.

예를 들어 친환경 자동차의 생산과 판매를 유도하기 위해 보조금을 지급하는 대신 수입 내연기관 자동차에 대해서는 내국민대우 원칙의 예외를 적용하여 보조금을 지급하지 않는 것이다. 이는 우리나라에서도 현재 탄소중립 및 친환경 정책의 일환으로 일부 시행 중이다. 아니면 아예 두 종류의 자동차를 서로 다른 이종 상품으로 인정하여 서로 다른 대우를 해야 한다고 주장할 수 있을 것이다. 이러한 예는 비단 무역과 환경 분야뿐만 아니라 인권, 노동, 개발 등과 같은 최근 새롭게 제기되고 있는 통상 의제에도 동일하게 적용될 수 있다.

3. 양허관세 원칙

최혜국대우 원칙과 내국민대우 원칙에 이어서 이 절에서는 자유무역을 위한 기본원칙의 하나라고 할 수 있는 '양허관세 원칙'(bounded tariff)에 대해 살펴본다. 오랫동안 자유무역의 확대를 저해하는 가장 큰 난제이자 걸림돌 중 하나는 국내산업 또는 국내기업을 보호하기 위한 임의적이고 예측 불가능한 관세의 운용 및 부과였다. 역사적으로는 GATT 체제 이전 양차 세계대전과 대공황의 갈등과 혼란 속에 국내산업 보호를 위한 임의적이고 과도한 관세 부과를 통한 보호무역 조치가 난무했다. 영국이 패권을 상실하면서 19세기 이후 한 세기 이상 이어진 대영제국 중심의 기존 자유무역 질서는 심각하게 훼손되었다.

양허관세 원칙의 필요성을 알기 위해 예를 들어보자. A국은 B국으로부터 자동차를 수입한다. 기존에는 관세를 100% 부과하고 있었다. 그런데 어떤 이유로 A국의 경제 상황이 나빠졌거나, 두 국가 간에 외교적 갈등이 생겼다는 이유 등으로 A국이 갑자기 관세율을 200%로 두 배 인상한다고 하자. 이렇게 되면 B국 자동차기업은 A국 시장에서 가격경쟁력을 상실하고 수출에 큰 어려움을 겪게 될 것이다. 이러한 상황이 지속된다면 무역은 위축되고 B국도 A국에 대해 보복적 무역 조치를 하면 그 누구도 무역의 이익을 누릴 수 없다.

이러한 문제를 의식하고 GATT 체제 이후 회원국들은 지속적인 관세 인하와 관세 제도의 규범화를 통해 이러한 무분별한 관세 부과로 인한 부작용과 문제를 해소하기 위해 노력해 왔다. 양허관세는 그 대표적인 성과라고 할 수 있는데 이는 수입상품에 대한 최고율 관세율을 약속하는 것이다. 다시 말해 약속한 관세율 이상으로는 관세를 부과하지 않는 것이다. 관세율의 상한성(ceiling)을 설정하였기 때문에 그 이상의 관세율을 적용하는 것은 불가하다. 이는 수출국(기업)에게 관세율에 대한 예측을 가능케 하여 자유무역 확장에 도움이 된다.

하지만 이러한 양허관세 원칙은 그 당위성에도 불구하고 지속적인 도전을 받아왔다. 왜냐하면 관세는 역사적으로 오랫동안 가장 직접적이면서 효과적인 보호무역 조치 중 하나로 활용되었고 이는 지금도 마찬가지이기 때문이다. 정치적 이유로 양허관세 원칙을 준수하지 않는 사례가 적지 않다. 특히 최근 미·중 무역 갈등의 사례에서 보듯이 안보를 명분으로 한 보호무역 기조가 강화되면서 일방적인 고율의 관세 인상이 현실화되고 있음을 알 수 있다. 이에 대한 반작용으로 관세 인상에 대한 경각심이 높아지고 있다. 양허관세 원칙이 위협받는 상황과 함께 자유무역을 지켜내기 위한 원칙으로 양허관세 원칙은 더욱 중요해진다고 할 수 있다.

개별 국가는 국제사회에서 주권 국가(sovereign state)로서 수입상품에 대한 조세 권한을 가지고 있다. 다시 말해 주권 국가는 필요에 따라 독자적으로 관세를 획정, 부과할 수 있는 주권적 권리, 정책적 자율성을 가지고 있다. 하지만 이러한 주권적 권리 내지는 정책적 자율성을 상대국을 고려하지 않은 채 임의로 집행하게 되면 무역의 호혜성은 무력화되고 자유무역은 위축될 수밖에 없다. 이를 방지하기 위해서는 불가피하게 주권적 권리 내지는 정책적 자율성을 필요한 부분에 한해 일부 제한할 필요가 있다.

이를 위해 강제적이거나 물리적인 방법을 동원할 수는 없다. 왜냐하면 주권적 권리의 강제적 제한은 주권 침해의 소지가 있고 국가 간 분쟁 발생 등 현실적으로 선택하기 어렵기 때문이다. 주권의 강제적 제한은 선택지가 될 수 없다. 따라서 주권 국가의 자의적이고 예측하기 어려운 관세 운용과 부과를 억제할 수 있는 현실적이고 합리적인 방법은 주권 국가가 자발적으로 조세 권한을 제한하는 것이다. 국익을 위해 불가피하게 자발적으로 조세 주권 또는 정책 자율성을 제한하는 것은 가능하기 때문이다.

그렇다면 어떻게 자발적인 주권의 제한이 가능할까? 이를 위해서는 무역 당사국 간에 관세를 임의로 운용하지 않고 사전적으로 정해진 관세율을 초과하는 관세는 부과하지 않겠다고 약속하는 것이 필요하다. 무역 협정을 통해 회원국 간 사전적으로 획정된 관세율이 바로 '양허관세율'(bounded tariff rate)이다. 일반적으로 무역 협정은 당사국 행정부가 협상을 통해 체결하고 국회(의회)의 동의절차를 거쳐 그 효력을 갖게 된다. 이러한 국제법적 차원의 약속을 통해 양허관세율은 개별 국가의 주권적 권리를 자발적으로 제한하는 구속력을 갖게 된다.

GATT 제2조(양허표)에서는 '양허관세 원칙'에 대해 기술하고 있다.[10] 이 내용을 간략히 말하면 회원국은 상대국에 대해 양허표에 명기된 관세율보다 불리한, 다시 말해 양허관세율보다 높은 관세를 부과하지 않도록 하는 것이다. 이는 수입상품에 대해 양허관세율보다 낮은 관세율을 부과하는 것은 언제든 가능함을 의미한다. 실제 부과되는 관세율을 양허관세율과 대비하여 '실행관세율'(applied tariff rate)이라고 한다. 관세율의 상한, 즉 최고치가 되는 양허관세율과 상품수입 시 실제로 부과되는 실행관세율은 서로 다른 경우가 많다.[11)]

당연히 실행관세율은 양허관세율보다 낮은 것이 일반적이다. 이는 무역 협정을 맺을 당시 당사국이 관세율을 가능한 탄력적으로 운용할 수 있도록 양허관세율을 실행관세율보다 높게 획정했기 때문이다. 특히 개도국의 경우 양허관세율이 실행관세율보다 상당히 높은 경우가 많다. 이는 개도국의 경우 국내산업 보호를 위해 양허관세율, 즉 관세율의 상한을 높이 획정했기 때문으로 보인다. 이에 비해 선진국은 개도국에 비해 양허관세율과 실행관세율의 차이가 크지

---

10) 예를 들어 GATT 제2조 1항 (a)와 (b)는 다음과 같다.

1. (a) 각 체약당사자는 다른 체약당사자의 상거래에 대하여 이 협정에 부속된 해당 양허표의 해당 부에 제시된 대우보다 불리하지 아니한 대우를 부여한다.

(b) 어떤 체약당사자에 관한 양허표 제1부에 기재된 상품으로서, 다른 체약당사자 영토의 상품이 양허표에 관련된 영토로 수입되는 경우 양허표에 명시된 조건 또는 제한에 따라 양허표에 명시되고 제시된 관세를 초과하는 통상적인 관세로부터 면제된다. 이러한 상품은 협정일자에 부과되고 있거나 협정일자에 수입영토에서 유효한 법령에 의하여 이후 부과되도록 직접적이고 의무적으로 요구되는 한도를 초과하여 수입에 대하여 또는 수입과 관련하여 부과되는 모든 그 밖의 관세 및 모든 종류의 과징금으로부터 면제된다.

11) 흔한 경우는 아니지만 특정 상품의 수출을 제한하는 조치도 WTO 규범에 위반되는 무역왜곡 조치이다. WTO는 수출제한 조치를 수입제한 조치와 동일하게 취급해 양자 모두를 규제하고 있다. 예를 들어 어떤 수출국이 특정 상품의 수출을 억제하기 위해, 혹은 재정수입을 증가시키기 위해 해당 상품의 수출에 수출세를 부과했다고 가정하자. 수출세를 부과하면 대개는 해당 상품의 수출 가격은 인상되고 수입국 입장에서 수입가격이 올라간 것과 같게 된다. 마치 수입가격이 올라간 만큼 수입국이 해당 상품의 수입에 관세를 부과한 것과 같은 현상이 발생하게 되는 것이다. 따라서 수출세를 부과하여 수출을 제한하는 행위는 수입관세를 부과하여 수입을 억제하는 행위와 유사한 것이라고 할 수 있다. 수출세 부과는 수입관세 부과와 마찬가지로 해당 상품의 무역을 축소시킨다. 이런 이유에서 WTO는 수출 제한 조치를 수입제한 조치와 같이 엄격히 규제하고 있다.

않다.

이러한 실행관세율과 양허관세율의 차이는 협정체결 이후 자유무역 확대를 위한 회원국 간 추가 협상 및 조율을 통해 실행관세율이 기존에 비해 상당 폭 인하되었기 때문이기도 하다. 실제로 GATT 체제 출범 시 70%를 넘었던 평균 실행관세율은 이후 50여 년 동안 자유무역의 확대와 지속적인 관세 인하 노력에 힘입어 최근 선진국 기준 4% 이하로 하락하였다.

그렇다면 양허관세율 설정이 필요한 이유를 알아보자. 예를 들어 A국은 자동차를 생산하지 않는 대신 B국으로부터 자동차를 수입한다. A국은 수입 자동차에 100%의 관세율을 부과하고 있다. B국의 자동차 가격이 2만 달러라고 하면 A국에서의 수입 자동차 가격은 그 두 배인 4만 달러가 된다. 그런데 A국이 자국의 필요에 따라 관세율을 임의로 높이면 B국 자동차기업의 A국 수출은 감소한다. B국 자동차기업은 수출 감소로 손해를 보게 된다.

하지만 A국이 양허관세 원칙에 따라 관세율 최고 상한을 약속하면 B국 자동차기업은 A국 수출을 위해 비교적 안정되고 예측가능한 투자 및 생산 활동이 가능하다. 더 나아가 실행관세율이 양허관세율보다 낮아지게 되면 B국 자동차 가격 하락으로 수출은 증가하고 기업 이윤도 증가할 수 있다. 따라서 B국 자동차기업은 예측가능한 투자 및 생산, 그리고 수출증대를 위해 자국인 B국 정부에 A국 정부가 양허관세율, 즉 관세율의 최고 상한을 설정하도록 요구할 것이다. 양허관세율뿐만 아니라 실행관세율의 인하도 요구할 것이다.

B국 정부가 A국 정부에게 양허관세율과 실행관세율의 인하를 요구하더라도 A국은 이를 반드시 따를 이유는 없다. A국 국민이 자동차 가격이 비싸다고 가격 인하를 요구하지 않는 한, A국 정부는 세수 확보와 국내 자동차산업 보호를 위해 양허관세율과 실행관세율 인하를 약속하지 않을 것이다. 그렇다면 A국이 양허관세율과 실행관세율 인하

를 약속하도록 하는 방법은 오직 하나이다. 그에 상응하는 대가(보상)가 주어져야 한다. 일반적으로 무역은 상호성을 갖기 때문에 그 대가는 B국도 A국에서 수입되는 상품에 대해 그에 상응하는 양허관세율과 실행관세율 인하를 허용하는 것이 될 수 있다. 어떤 나라든 수입만 하거나 수출만 할 수는 없고 수출과 수입이 양방향에서 이루어지기 때문이다.

예를 들어 B국은 A국에 자동차를 수출하지만 A국으로부터는 신발을 수입한다고 하자. B국은 수입되는 신발에 대해 50%의 관세율을 부과하고 있다고 하자. 이제 B국은 A국에게 1년 안에 양허관세율과 실행관세율을 30%로 인하할 것을 제안한다. 동시에 A국은 B국에 대해서 그에 상응하는 조치로 자동차 양허관세율과 실행관세율 인하를 요구할 수 있다. B국으로 신발의 수출 확대를 바라고 있는 A국에게 이 제안은 수용할만한 조건이 될 수 있는 것이다.

협상을 통해 양국 모두 이를 받아들이게 되면 A국, B국 모두 수입상품에 대해 양허관세율과 관세 인하를 약속하는 협정을 체결하게 된다. 그리고 두 국가 중 누군가가 먼저 협정을 파기하지 않는 한, 협정은 두 국가의 조세 권한을 스스로 제한하는 국제법적, 국내법적 근거로 작동한다. 이것이 자유무역 확장을 위한 국가 간 무역 협정에서 왜 양허관세 원칙이 필요한지 알 수 있는 배경이다. 이를 '상호성의 원칙'(reciprocity)이라고 한다. 상호성의 원칙은 GATT 체제에서 관세 인하를 위한 기본 원리로 작동하였다. 상호성은 지난 50여 년에 가까운 기간 동안 거듭되는 다자 무역 협상에서 크고 작은 시행착오를 거치면서 보다 현실적이고 구체적인 방식으로 진화하였다.

양허관세는 초기에는 국가 간 상호성을 등가적 관계로 간주하는 단순하고 기계적인 방식으로 설정되었다. 하지만 점차 국민소득, 경제적 발전 단계 등과 같이 개별 국가마다 상이한 사회경제적 상황을 고려하여 관세양허를 허용하는, 즉 부등가적 관계도 인정하는 방식으로 변화하였다. 이러한 사례는 선진국과 개도국 간 양허에서 다수 나타나는데 개도국 경제발전 및 수출 촉진을 위해 '일반특혜관세'(Generalized System of Preferences, GSP)와 같이 선진국의 개도국 수입상품에 대해 특혜 관세율을 허용하는 것 등이 그러한 예이다.

이러한 부등가적 양허 방식은 1979년 소위 '권능 조항'(Enabling Clause)으로 처음 도입되었고 1994년 최종 개정된 GATT에 명시적으로 포함되었다. 권능 조항은 직접적으로는 선진국이 개도국에게 개도국 자신의 경제발전 정도, 재정 및 무역의 필요를 초과하는 무리한 등가적 기여를 하도록 요구해서는 안 된다는 취지로 도입되었다. 이는 개도국의 경제발전을 지원하기 위해 개도국에 부등가적 기여를 허용한 것이다.

이처럼 상호성의 원칙을 전제로 한 양허관세는 현재까지 다자 무역체제를 지탱하고 발전시켜 온 중요한 원칙 중 하나이다. 수출기업은 양허관세 원칙을 통해 비로소 세계시장을 향한 투자, 생산, 무역에서 예측가능한 의사결정을 할 수 있게 되었다. 이에 따라 비로소 무역은 본격적으로 발전할 수 있게 되었다고 할 수 있다.

4. 수량제한금지 원칙

앞에서 언급한 양허관세율과 실행관세율의 수준은 그 국가의 시장에 대한 진입 또는 접근이 쉬운지 그렇지 않은지를 결정한다. 이를 '시장접근'(market access)이라고 한다. 시장접근과 관련하여 양허관세 원칙과 더불어 쌍을 이루고 있는 원칙이 '수량제한금지 원칙'이다. 수량제한금지 원칙은 GATT 제11조(수량제한의 일반적 철폐)에 규정되어 있는데 이는 앞에서 살펴본 GATT 제2조에서 규정하고 있는 양허관세 원칙 관련 조항과 상호보완적 관계를 이루고 있다.[12] 이는 최혜국대우 원칙과 내국민대우 원칙이 함께 작동해야만 의미가 있는 것과 같다.

WTO는 상품 수입 시 양허관세를 통한 국경조치는 인정하지만 수량제한 등 비관세조치는 원칙적으로 금지하고 있다. 왜냐하면 수량제한 금지가 없다면 수입국이 상대국에 대해 양허관세를 약속하더라도 수입량(규모) 자체를 제한하는 비관세조치를 활용하여 임의로 수입을 제한할 수 있기 때문이다. 수입량 자체가 제한되면 양허관세 설정 등과 같은 자유무역을 위한 노력 자체가 무력화될 수 있다.

예를 들어 A국에 자동차를 수출하는 B국은 협상을 통해 50%의 양허관세율을 인정받았다. B국의 자동차기업은 A국이 50%를 넘는 관세율은 부과하지 않을 것으로 예상하게 된다. 이제 B국 자동차기업은 A국에 대한 수출 목적으로 자동차 생산량을 1만 대 증가시켰다고 하자. 그런데 A국이 갑자기 50%의 양허관세율은 그대로 유지하지만 자동차 수입량은 1년에 5천 대로 제한한다고 발표하였다. 이렇게 되면 B국은 아무리 잘해봤자 A국으로 5천 대 이상의 자동차 수출은 불가능하게 된다. 나머지 5천 대의 재고는 그대로 남게 되고 이로 인한 손실은 불가피하다. 이렇듯 양허관세 원칙과 관세인하를 통한 자유무역의 확대는 수량제한금지 원칙이 제대로 지켜지지 않는 경우 언제든 무력화될 수 있다.

이러한 이유로 WTO 협정은 원칙적으로 수량제한을 금지한다. 하지만 모든 법칙에는 예외가 있다는 말과 같이 그 예외를 허용하는 경우가 있다. 수량제한을 금지하는 GATT 제11.2조에서는 예외적인 사항을 열거하고 있다.[13] 예를 들어 이 조문 2항 (a)에서 가격 급등락, 병충해

12) 예를 들어 GATT 제11조 1항은 다음과 같다.

1. 다른 체약당사자 영토의 상품의 수입에 대하여 또는 다른 체약당사자 영토로 향하는 상품의 수출 또는 수출을 위한 판매에 대하여, 쿼터, 수입 또는 수출 허가 또는 그 밖의 조치 중 어느 것을 통하여 시행되는지를 불문하고, 관세, 조세 또는 그 밖의 과징금 이외의 어떠한 금지 또는 제한도 체약당사자에 의하여 설정되거나 유지되어서는 아니된다.

문제 등으로 피해가 클 수 있는 농산물이나 수산물 등의 수입에 있어서 수량제한을 허용하고 있다. 예외적으로 국내 수요를 위한 해당 상품의 공급이 부족할 경우 한시적으로 수출 제한을 허용하고 있는 것이다. 물론 농산물 경우도 원칙적으로는 관세 이외의 국경조치를 금지하고 있다. 하지만 농산물은 식량안보, 가격 불안정성 등의 특수성과 중요성을 고려하여 예외를 두는 것이라고 할 수 있다. 농산물의 수입 제한에 대한 상세한 내용은 WTO 협정 중 '농업 협정'(Agreement on Agriculture)에서 별도로 규정하고 있다.

GATT 제13조(수량제한의 무차별 시행)에서는 제11조에 해당하는

---

13) GATT 제11조 2항의 내용은 다음과 같다.

2. 이 조 1항의 규정은 다음에 대하여는 적용되지 아니한다.

(a) 식품 또는 수출체약당사자에게 불가결한 그 밖의 상품의 중대한 부족을 방지 또는 완화하기 위하여 일시적으로 적용되는 수출의 금지 또는 제한

(b) 국제무역에 있어서 산품의 분류, 등급부여 또는 판매를 위한 표준 또는 규정의 적용에 필요한 수입 및 수출의 금지 또는 제한

(c) 다음 목적을 위하여 운영되는 정부조치의 시행에 필요한 것으로서 어떤 형태로든 수입되는 농산물 또는 수산물에 대한 수입의 제한

(i) 판매 또는 생산되도록 허용된 동종 국내 상품의 수량, 또는 동종 상품의 실질적인 국내생산이 없는 경우에는 수입상품이 직접적으로 대체할 수 있는 국내 상품의 수량을 제한하기 위한 것 또는

(ii) 동종 국내 상품의 일시적인 과잉상태, 또는 동종 상품의 실질적인 국내생산이 없는 경우에는 수입상품이 직접적으로 대체할 수 있는 국내 상품의 일시적인 과잉상태를 무상 또는 당시의 시장수준보다 낮은 가격으로 일정한 국내소비자집단에 이용가능하게 함으로써 제거하기 위한 것 또는

(iii) 어떤 산품의 국내생산이 상대적으로 경미한 경우에 생산의 전부 또는 대부분을 그 수입상품에 직접적으로 의존하는 동물성 상품의 생산이 허용되는 물량을 제한하기 위한 것

이 항 (c)에 따라 상품의 수입에 대한 제한을 적용하는 체약당사자는 특정한 장래의 기간 중에 수입이 허용될 상품의 총량 또는 총액과 이러한 물량 또는 금액에 있어서의 변경을 공고하여야 한다. 위 (i)에 의하여 적용되는 제한은 제한이 없을 경우 양자 간에 성립될 것이 합리적으로 기대되는 총 국내생산에 대한 총수입의 비율과 비교하여 이 비율을 감소시키는 것이어서는 아니 된다. 체약당사자는 이 비율을 결정함에 있어서 과거의 대표적인 기간 동안 우세하였던 비율과 당해 상품의 무역에 영향을 주었을 수도 있거나 영향을 주고 있을 수도 있는 특별한 요소에 대하여 적절한 고려를 한다.

예외적인 상황으로 인한 수량제한 등의 비관세조치를 취하더라도 최혜국대우 원칙을 적용하도록 규정하고 있다.[14] 예를 들어 A국은 자동차 수입의 급증으로 인해 예상치 않게 자국 자동차산업에 심대한 피해가 발생할 수 있다. 이러한 경우 A국은 수량제한금지 원칙의 예외적인 상황으로 간주하고 일정 기간 자동차 수입을 제한하는 '긴급수입제한조치'(세이프가드, Safeguard)를 발동할 수 있다. 하지만 이런 경우라도 수량제한은 차별을 두지 말고 회원국 모두에게 동일하게 적용되어야 한다. 다시 말해 수량제한이 예외적으로 인정되더라도 특정 국가에 불리하게 적용되어서는 안 된다는 것이다.

구체적으로 GATT 제13.2조는 수량제한의 할당(allocation)과 관련된 기준(원칙)을 기술하고 있다. 현실적으로 상품이 수입될 때 개별 국가에서 동일 수량(1/N)이 수입되는 것이 아니라 국가마다 차이가 발생한다. 이러한 수입량의 차이를 반영해 수량제한의 경우에도 이를 고려할 것을 요구하고 있는 것이다. 예를 들어 A국은 자동차 수량을 제한하기 이전 B국에서 3천대, C국에서 2천대, D국에서 1천대 등 총 6천대의 자동차를 수입하고 있었다. A국이 수량제한을 실시하여 자동차를 3천대까지만 수입한다고 발표하였다. A국이 그 이상의 아무 조치를 하지 않는다면 B국, C국, D국은 3천대 내에서 수출량을 최대한 확보하고자 치열한 경쟁과 노력을 할 것이다.

만약 B국이 수량제한 이전대로 3천대를 수출한다면 C국과 D국은 단 한대도 수출하지 못하는 상황이 될 것이다. 반대로 C국이 2천대,

---

14) 예를 들어 GATT 제13조 1항과 2항의 내용은 다음과 같다.

1. 체약당사자는 모든 제3국의 동종 상품의 수입 또는 모든 제3국으로의 동종 상품의 수출이 유사하게 금지되거나 제한되는 경우가 아니면 다른 체약당사자 영토의 상품의 수입에 대하여 또는 다른 체약당사자 영토로 향하는 상품의 수출에 대하여 어떠한 금지나 제한도 적용하지 아니한다.
2. 상품에 대하여 수입제한을 적용함에 있어서 체약당사자는 이러한 제한이 없을 경우에 여러 체약당사자가 얻을 것으로 기대될 수 있는 몫에 가능한 한 근접하도록 상품의 무역량을 분배할 것을 목표로 하며 이를 위하여 다음의 규정을 준수한다.

D국이 1천대를 수출하면 B국은 단 한대도 수출하지 못하는 상황이 된다. A국의 수량제한 조치로 인해 자동차를 수출해왔던 B국, C국, D국은 수출량 확보를 위한 경쟁을 벌여야 하고 재고 발생 등 예상치 못한 손실을 보게 된다. 이는 결국 자유무역을 위축시키는 요인으로 작동할 수밖에 없다.

이러한 수량제한의 부정적 영향을 최소화하기 위해 GATT 제13.2조는 A국에 대해 수량제한 이전 수입량(금액) 등 여러 상황을 종합적으로 판단하여 수출국에 합리적인 수입량을 할당해 주도록 규정하고 있다. A국이 수량제한 조치 이전 B국에서 총수입량의 $\frac{3}{6}$, C국에서 $\frac{2}{6}$, D국에서 $\frac{1}{6}$의 비중으로 자동차를 수입하였다고 하자. 수량제한의 경우도 이에 비례하여 수량제한의 최대한도인 3천대 중 B국에 1천 5백대, C국에 1천대, D국에 5백대의 수입을 할당할 수 있다. 이렇게 되면 상대국 자동차기업은 그나마 예측가능한 생산과 수출이 가능해진다. A국 수량제한으로 인한 무역의 부정적 영향, 무역의 손실을 최소화할 수 있다.

이처럼 수량제한금지 원칙은 양허관세 원칙과 보완적 관계로서 다자 무역 체제와 자유무역의 실질적 확대를 위해 필수적인 원칙이다. 농수축산물 등 국가적으로 민감한 품목의 수량제한, 특정 상품의 수입량 폭증으로 국내기업에 심대한 피해가 발생하는 등의 예외적인 상황에서는 긴급수입제한 조치(세이프가드)를 발동할 수 있다. 하지만 이는 예외적인 것이다. 원칙적으로 수량제한금지 원칙은 준수되어야 하고 모든 회원국에 동일하게 적용되어야 한다.

5. 개도국 배려 원칙

GATT와 WTO 협정에는 개도국이 처하고 있는 여러 어려운 상황을 고려하여 개도국에 대한 '보다 유리한'(more favorable) 조치를 할 수 있게 하는 조항들이 포함되어 있다. 이는 앞에서 제시한 WTO의 기본 원칙에서 벗어나는 것이 되기 때문에 '개도국 배려'는 WTO의 기본원칙으로 보기는 어렵다는 반론도 존재한다. 하지만 개도국 배려는 WTO 원칙의 예외로 해석하는 것보다는 그 자체가 WTO 기본원칙 중 하나로 인정하는 것이 바람직하다.

왜냐하면 앞에서 이야기하였듯이 WTO의 설립목적에서

> " … 생활수준의 향상, 완전고용의 달성, 높은 수준의 실질소득과 유효수요의 지속적인 양적 증대 및 상품과 서비스의 생산 및 무역의 증대를 목적으로 무역 및 경제활동 분야에서의 상호관계가 이루어져야 한다는 점을 인식하고, **개발도상국, 특히 최빈개도국이 국제무역의 성장에서 자국의 경제를 발전시키는데 필요한 몫을 확보하는 것을 보장하기 위하여 적극적인 노력을 기울여야 할 필요성이 있다는 점을 인식하고,** … "

라고 하여 WTO의 목적과 함께 강조된 부분과 같이 개도국 배려에 대해 명문화하고 있기 때문이다. 따라서 개도국 배려는 WTO 원칙의 예외가 아니다. 그 자체로서 WTO의 중요한 기본원칙이라고 보아야 한다.

개도국 배려의 가장 대표적인 사례가 앞에서 언급한 권능 조항이다. 이는 선진국의 개도국에 대한 특혜무역 조치에 대해 GATT 제1조에서 규정하고 있는 최혜국대우 원칙의 예외를 허용하는 것이다. 예를 들어 A국은 선진국, B국은 개도국이라고 하자. A국은 B국으로부터 신발을 수입하는데 100%의 관세율을 부과하고 있다. 이제 A국은 B국이 개도국임을 고려하여 신발 관세율을 기존 100%에서 50%로 인하할 것을 결정하였다. 최혜국대우 원칙을 적용하면 A국은 B국 이외의 다른 회원국에서 수입한 신발에 대해서도 동일한 50%의 관세를 부과해야 한다. 그렇지 않는 경우 A국은 최혜국대우 원칙 위반으로 WTO 제소 등 무역분쟁에 휘말리게 된다.

하지만 최혜국대우 원칙의 예외를 인정하는 권능 조항으로 인해 A

국은 무역분쟁의 염려 없이 개도국인 B국의 신발 수입에 대해서 선별적으로 특혜관세 50%를 부과할 수 있다. 다른 수입신발에 대해서는 기존 100% 관세율을 유지할 수 있게 된다. 이러한 권능 조항을 적용한 특혜관세를 통해 선진국은 개도국 배려 원칙을 적용할 수 있는 것이다. 이는 실질적으로 개도국의 수출증대와 경제발전에 긍정적 역할을 한다.

다만 여기서 한 가지 기억해야 할 것은 권능 조항은 상품무역에만 적용이 되고 서비스무역과 지식재산권에는 적용되지 않는다는 점이다. 이는 권능 조항의 도입 당시 서비스무역 및 지식재산권에 대한 논의가 충분하지 않았고 그 필요성도 크지 않았기 때문이다. 향후 DDA의 진전에 따라 WTO 협정에 이미 포함된 서비스무역 협정과 무역 관련 지식재산권 협정에서도 권능 조항의 적용이 검토될 것으로 예상된다.

CHAPTER

6

WTO 원칙의 예외

1. 긴급수입제한 조치(세이프가드)
2. 지역무역 협정
3. GATT 제20조 일반적 예외 및 제21조 안보상의 예외

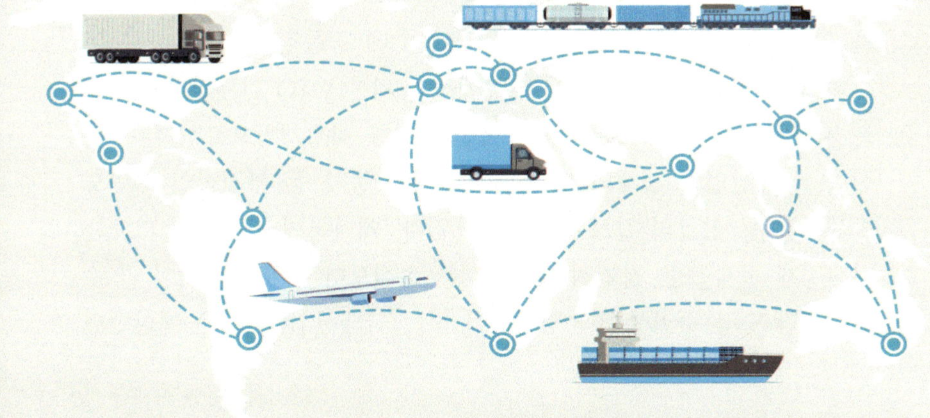

Chapter

6 WTO 원칙의 예외

1. 긴급수입제한 조치(세이프가드)

WTO 기본원칙에 이어 이 장에서는 그 예외에 대해 살펴본다. 먼저 이 절에서는 WTO 기본원칙의 예외 중 가장 대표적인 것이라고 할 수 있는 긴급수입제한 조치(세이프가드)에 대해 알아본다. 앞에서 살펴본 WTO 기본원칙은 서로 다른 목적과 이유가 있는 것처럼 보인다. 그렇더라도 이들 원칙은 다수의 다수에 대한 견제와 감시를 통해 부당한 보호무역 조치로 인한 부작용과 폐해를 막고 자유무역과 무역의 이익을 확대하는 데 초점이 맞추어져 있다는 데 공통점이 있다.

하지만 개별 국가 입장에서는 앞에서 살펴본 WTO 기본원칙의 준수는 자유무역의 확대라는 긍정적 측면과 함께 시장개방으로 인한 경쟁 심화, 국내산업과 경제의 위험과 불확실성 증가 등 부정적인 측면도 발생하는 등 양날의 칼로 작동할 수 있다. 왜냐하면 자유무역 확대는 거시경제 전체 또는 장기적 차원에서는 손실보다 무역의 이익이 클 수 있겠지만 당장 수입상품과 경쟁해야 하는 국내산업(기업)은 예상했던 것보다 더 큰 손해를 입을 수 있기 때문이다. 국내산업의 피해는 다시 경제성장률 하락, 실업 등으로 이어져 국내경제에 적지 않은 충격을 주게 된다.

예를 들어 A국은 자국의 자동차산업을 보호하기 위하여 100%의 관세율을 부과하는 동시에 수입량도 1년에 1만대로 제한하고 있다. 이제 A국은 무역 협정을 통해 양허관세율을 50%로 인하하고 수량제한도 철폐하기로 약속하였다. 이는 A국의 자동차시장 개방으로 자국 자동차기업은 불리할 수 있지만 국가 전체 차원에서는 무역의 이익이 손실을 상쇄할 만큼 크다고 판단하였기 때문이다. 그런데 양허관세율을 50%로 인하하고 수량제한을 철폐하자 A국의 예상과 달리 자동차 수입이 급격하게 늘어났다고 하자. 수입 자동차의 국내시장 잠식으로 A국 자동차기업은 기존 예상보다 훨씬 큰 손해를 입을 수 있다. 이러한 부정적 영향이 확산하면 외국 자동차기업의 독과점 형성, 국내 자동차기업의 도산, 실업 증가 등 그에 따른 부작용이 발생하게 된다.

하지만 이러한 상황이 되더라도 A국은 WTO 원칙을 준수해야 하므로 양허관세율을 임의로 인상할 수도 수량제한을 할 수도 없다. 진퇴양난에 빠지게 된다. 결국 A국 국내에서는 자유무역에 대한 비판과 자유무역 조치의 철폐를 요구하는 여론이 확산되고 정부에 대한 비난이 커질 것이다. A국은 이러한 상황을 염려할 수밖에 없고 시장개방과 자유무역에 소극적일 수밖에 없다. 이는 자유무역을 저해한다. 이러한 상황에서 A국의 대응 방안으로 아래 세 가지를 생각해 볼 수 있다.

첫 번째는 WTO를 탈퇴하는 것이고, 두 번째는 상대국과의 무역분쟁을 무릅쓰고 WTO 원칙을 어기면서 관세율을 인상(심지어 양허관세율 이상으로)하거나 수량제한을 하는 것이다. 마지막 세 번째는 회원국으로부터 양허관세 원칙 및 수량제한금지 원칙의 예외를 인정받는 것이다. 첫 번째와 두 번째 방안은 일방적이고 상대국이 받아들이기 어려운 해결책이다. 부작용과 비용도 많이 들뿐더러 무역상대국의 반발과 제소 등 무역분쟁, 더 나아가 보복이나 제재가 이어질 가능성이 크다. 따라서 상대국이 수용할 수 있는 현실적인 방안이 필요하다.

이러한 점들을 고려하여 세 번째 방안인 예외 인정을 활용할 수 있다. A국이 WTO 탈퇴와 일방적인 보호무역 조치, 그리고 이에 따르는 무역분쟁을 피하면서도 국내산업을 보호하기 위한 조치를 취할 수 있도록 WTO 원칙의 예외를 허용하는 것이다. 예를 들어 WTO는 GATT 제19조(특정 상품의 수입에 대한 긴급조치)에서 수입 물량이 급격하게 증가하는 경우 일정한 조건과 기간을 전제로 GATT 제2조의 양허관세 원칙과 GATT 제11조의 수량제한금지 원칙을 준수하지 않아도 됨을 규정하고 있다.[1)]

이를 '긴급수입제한 조치' 또는 '세이프가드'(safeguard)라고 부른다. A국은 세이프가드를 통하여 양허관세율보다 높은 관세율을 부과할 수 있다. 수량제한 등을 통해 일정 기간(일반적으로 최대 8년) 동안 수입 급증으로 인한 국내산업의 예상치 못한 피해를 막고 대응할 기회를 얻게 된다.[2)] 이처럼 세이프가드는 양허관세 원칙과 수량제한금지 원칙

---

1) 예를 들어 GATT 제19조 1항 (a)와 (b)는 다음과 같다.

1. (a) 예견하지 못한 사태의 발전과 관세양허를 포함하여 이 협정 하에서 체약당사자가 지는 의무의 효과의 결과로 상품이 그 영토에서 동종 또는 직접적으로 경쟁적인 상품의 그 영토 내에서의 국내 생산자에게 심각한 피해를 야기하거나 그 우려가 있을 정도로 증가된 물량과 조건하에서 체약당사자의 영토 내로 수입되고 있는 경우 체약당사자는 이 상품에 관하여, 그리고 이러한 피해를 방지하거나 구제하기 위하여 필요한 정도로 그리고 그 기간 동안 의무를 전부 또는 일부 정지하거나 양허를 철회하거나 수정할 자유가 있다.

   (b) 특혜에 관한 양허의 대상인 상품이 특혜를 받거나 받았던 체약당사자의 영토 내의 동종 또는 직접적으로 경쟁적인 상품의 국내 생산자에게 심각한 피해를 야기하거나 그 우려가 있을 정도로 이 항 (a)에 명시된 상황에서 체약당사자의 영토 내로 수입되고 있는 경우 수입 체약당사자는 그 다른 체약당사자가 요청하면 이러한 피해를 방지하거나 구제하기 위하여 필요한 정도로 그리고 그 기간 동안 관련 의무를 전부 또는 일부 정지하거나 양허를 철회하거나 수정할 자유가 있다.

2) 긴급수입제한 조치의 적용 기간에 대해서는 긴급수입제한 조치 협정 제7조 3항에서 다음과 같이 규정하고 있다.

3. 긴급수입제한 조치의 총 적용 기간은 잠정조치 적용 기간, 최초 적용 기간 및 그 연장을 포함하여 8년을 초과하지 아니한다.

의 예외를 허용하고 있다. 하지만 이러한 예외의 경우도 최혜국대우 원칙 및 내국민대우 원칙 등 비차별 원칙은 준수되어야 한다. 예를 들어 최혜국대우 원칙은 세이프가드의 경우도 그대로 적용되어야 한다. 다시 말해 불가피하게 세이프가드를 실시하더라도 그 관세율 및 수량 제한의 적용에 있어 모든 회원국에 대해 동일해야 하고 차별적이어서는 안 된다는 것이다.

개도국 배려를 위해 개도국으로부터의 수입에 대해서는 세이프가드 적용을 배제하도록 하고 있다. 예를 들어 개별 개도국의 수입상품 시장점유율이 3% 미만이고 개도국 전체의 시장점유율이 9% 미만일 경우 세이프가드를 적용하지 않도록 규정하고 있다.[3] 이러한 세이프가드에 대한 구체적인 내용은 '긴급수입제한 조치 협정'(Agreement on Safeguards)에서 따로 규정하고 있다.

한편 세이프가드는 수입 물량의 현저한 증가로 인해 국내산업에 심대한 피해가 발생하거나 그러한 위협이 있는 경우 발동될 수 있지만 국제수지 문제와 같은 거시경제 차원의 문제일 경우도 적용 가능하다. 예를 들어 A국이 지속적인 국제수지 적자 및 외화유동성 부족으로 원활한 수출입 결제가 어려워졌다고 하자. 이 경우 A국은 외화유동성 확보를 위해 불가피하게 수입제한을 실시할 수밖에 없는 상황에 이를 수 있다. GATT 제18조(경제개발에 대한 정부의 지원) 11항에서는 이러한 상황에서 A국이 국제수지 방어를 위해 세이프가드 발동을 허용하고 있다.[4]

---

3) 개도국 대상 긴급수입제한 조치의 조건에 대해서는 긴급수입제한 조치 협정 제9조 1항에서 다음과 같이 규정하고 있다.

1. 개발도상회원국이 원산지인 상품이 수입 회원국의 상품 수입에서 차지하는 점유율이 3%를 초과하지 않고 3% 미만인 수입 점유율을 가진 개발도상회원국이 차지하는 점유율의 합이 관련 상품의 총수입의 9%를 넘지 아니할 경우에 긴급수입제한 조치는 개발도상회원국이 원산지인 상품에 대하여 적용되지 아니한다.

4) GATT 제18조 11항은 다음과 같다.

11. 국내 정책을 수행함에 있어서 당해 체약당사자는 건전하고 지속적인 기초 위에서

다만 회원국은 A국 세이프가드에 대해 적절성 여부를 포함한 조건과 기간에 대해 협의가 가능하다.[5] 만약 당사국 간 합의에 이르지 못할 경우 A국의 세이프가드로 인해 피해를 입은 당사국은 WTO 제소 등 분쟁해결절차를 개시할 수 있다. GATT 제18조에서는 개도국의 경제발전을 위해 소위 유치산업을 육성하는데 필요한 관세 및 비관세 조치에 대한 폭넓은 예외 조치도 허용하고 있다.[6] 개도국의 경우 세이프가드는 이러한 조치에 포함되는 것으로 해석할 수 있다. 마지막으로 농업 협정에서는 일반적인 공산품보다 더 빈번하게 발생할 수 있는 농산물 수입 관련 세이프가드에 대한 내용을 별도로 규정하고 있다.

2. 지역무역 협정

위 1절에서 살펴본 세이프가드 외에 WTO 협정에서 비차별 원칙의 예외로서 허용되는 또 하나의 사례는 '특혜무역 협정'(preferential trade

---

자신의 국제수지의 균형을 회복할 필요성과 생산자원의 경제적 이용을 보장하는 것이 바람직하다는 것에 대하여 적절한 고려를 한다. 당해 체약당사자는 이 조 9항의 조건하에서 필요한 범위 내에서만 이 절하에서 적용되는 제한을 유지하되 여건이 개선됨에 따라 이를 점진적으로 완화하고 여건이 더 이상 이러한 유지를 정당화하지 못하는 때에는 이 제한을 철폐한다. 단, 어떠한 체약당사자도 자신의 개발정책의 변경이 이 절하에서 자신이 적용하고 있는 제한을 불필요하게 만들 것이라는 것을 근거로 제한을 철회하거나 수정하도록 요구받지 아니한다.

5) 긴급수입제한 조치 협정 제8조 1항은 다음과 같다.

1. 긴급수입제한 조치의 적용을 제안하거나 이 조치를 연장하고자 하는 회원국은 제12조 3항의 규정에 따라 그러한 조치에 의해 영향을 받는 수출 회원국과 자국 간에 1994년도 GATT에 따라 존재하는 양허와 다른 의무의 수준이 실질적으로 동일하게 유지되도록 노력한다. 이러한 목적을 달성하기 위하여 관련 회원국은 그들의 무역에 대한 긴급수입제한 조치의 부정적 효과에 대한 적절한 무역보상방법에 관하여 합의할 수 있다.

6) 예를 들어 GATT 제18조 4항 (a)는 다음과 같다.

4. (a) 따라서, 그 경제가 낮은 생활수준만을 지탱할 수 있고 개발의 초기 단계에 있는 체약당사자는 이 조 A절, B절 및 C절에 제시된 대로 이 협정의 다른 조의 규정으로부터 일시적으로 이탈할 수 있다.

agreements)과 '지역무역 협정'(regional trade agreements)이다. 특혜무역 협정과 지역무역 협정은 역내 당사국 간 관계에서 차이가 있다. 특혜무역 협정은 당사국 간 차별적(부등가적) 교환을 허용하는 데 반해, 지역무역 협정은 당사국 간 대등한 입장에서 동등한(등가적) 교환을 전제로 한다. 예를 들어 특혜무역 협정은 A국이 B국에 대해 허용하는 양허관세 및 수량제한금지의 수준과 비교하여 B국의 A국에 대한 무역자유화 수준이 다를 수 있다. 이에 반해 지역무역 협정은 A국과 B국이 상호 동등한 수준의 무역자유화 조치를 시행하는, 즉 등가적 교환과 자유무역 조치를 전제로 한다.

특혜무역 협정은 주로 선진국과 개도국 또는 과거 종주국과 식민지국 사이에서 이루어지는 경우가 많고 GATT가 시작되기 이전부터 존재했던 경우가 대다수이다. 왜냐하면 종주국이 식민지에 부여하였던 무역 관련 특혜조항은 이미 18세기 이후 유럽 국가가 세계를 제패하던 제국주의 시대부터 존재해 왔기 때문이다. 이러한 조항을 선대(先代)가 살던 시대부터 있었던 조항이라는 의미에서 '조부조항'(grandfather clause)이라고 한다. 이 조부조항을 근거로 특혜무역 협정은 GATT 체제와 WTO 원칙에서 예외로 인정되었다. GATT 체제하에서 특혜무역 협정의 대표적인 사례는 '일반특혜 협정'(General Preferential Agreement, GPA)이다. 일반특혜 협정은 선진국이 개도국에 대해서 특혜 관세율을 부여한다든지, 또는 개도국에 대해 일정한 수입할당을 통해 수입량을 보장해주는 것과 같은 일방적 특혜 협정을 의미한다. 이는 개도국을 자유무역 체제로 유인하는 방안 중 하나라고 할 수 있다.

조부조항 등을 비롯한 GATT 이전에 존재했던 특혜무역 협정의 경우는 어쩔 수 없다 하더라도 GATT 이후에 형성된 지역무역 협정에 대해서 WTO 원칙의 예외를 허용하는 이유는 무엇일까? 최근 자유무역의 확장과 함께 지역 내 국가 간 무역을 활성화하기 위한 지역무역 협정이 주류를 이루고 있다. 이에 비해 특혜무역 협정은 현재의 국제질서 속에서 더 이상 의미가 없다. 이러한 이유로 특혜무역 협정과 지역무역 협정을 구분하지 않고 통칭 '지역무역 협정'으로 부르는 것이 일반적인 추세이다. FTA를 대표로 하는 지역무역 협정은 GATT, WTO의 다자 무역 협정과 더불어 현재의 자유무역 질서를 이루고 있는 중심축의 하나로 자리 잡고 있다.

그렇다 하더라도 지역무역 협정은 역내와 역외의 차별을 전제로 하기 때문에 과연 자유무역 확대에 긍정적 영향을 주는지에 대한 논의와 연구가 이미 폭넓게 진행되어왔다. 다수의 연구 결과를 보면 시기와 지역에 따라 차이가 있지만 대체로 지역무역 협정은 자유무역의 확대에 긍정적인 영향을 주는 것으로 평가되고 있다. 하지만 지역무역 협정 그 자체로는 자유무역에 어떠한 영향을 주는지는 판단하기 어렵고, 지역무역 협정이 실제로 어떻게 적용되고 운용되는가에 따라 자유무역 확대를 위한 긍정적, 부정적 영향이 결정된다는 연구 결과도 무시하기 어렵다.

대다수의 경우 지역무역 협정은 역내 국가 간 강화된 자유무역의 여건 마련을 위해 현재의 다자 무역 체제에서 수용하지 못하고 있는 자유무역 관련 통상 의제를 포함한다. 예를 들어 FTA와 같은 양자, 복수국 자유무역 협정을 통해 이러한 의제를 당사국 간에 적용할 수 있다. 이를 WTO+(WTO 플러스) 방식이라고 한다. WTO+ 방식을 취하게 되면 협정 당사국 간에 현재 다자 무역 체제의 무역자유화 수준을 넘어서는 무역의 확대가 이루어질 수 있다. 이는 WTO의 목표인 자유무역의 확대에 부합한다. 하지만 지역무역 협정은 그 본질상 WTO의 기본 원칙을 위배하게 된다. 왜냐하면 지역무역 협정 자체가 역내 당사국에만 무역자유화의 내용이 적용되고 이는 WTO의 핵심 원칙이라고 할 수 있는 비차별 원칙을 위반하기 때문이다.

지역무역 협정은 자유무역 확대라는 긍정적 측면과 최혜국대우 원칙 등 비차별 원칙 위반이라는 부정적 측면을 동시에 포함한다. WTO

협정은 지역무역 협정이 가지고 있는 이 두 가지 상충하는 특성을 고려하는 동시에 지역무역 협정의 긍정적 측면을 최대한 반영하고 있다. 예를 들어 GATT 제24조(영토적 적용, 국경무역, 관세동맹 및 자유무역지역)에서 일정한 조건을 전제로 지역무역 협정의 최혜국대우 원칙 예외를 인정하고 있다.7)

---

7) GATT 제24조는 다음과 같다.

1. 이 협정의 규정은 체약당사자의 본토 관세영역에, 그리고 제26조하에서 이 협정이 수락되었거나 제33조하에서 또는 잠정 적용 의정서에 따라 이 협정이 적용되고 있는 그 밖의 관세영역에 적용된다. 이러한 각 관세영역은 오직 이 협정의 영토적 적용의 목적을 위하여서만 하나의 체약당사자인 것처럼 취급된다. 단, 이 항의 규정은 단일 체약당사자에 의하여 제26조하에서 이 협정이 수락되었거나 제33조하에서 또는 잠정 적용 의정서에 따라 이 협정이 적용되고 있는 둘 또는 그 이상의 관세영역 간에 권리 또는 의무를 창설하는 것으로 해석되지 아니한다.
2. 이 협정의 목적상 관세영역은 그 영토의 다른 영토와의 무역의 상당한 부분에 대하여 별도의 관세 또는 그 밖의 상거래 규정이 유지되는 영토를 의미하는 것으로 양해한다.
3. 이 협정의 규정은 다음을 방해하는 것으로 해석되지 아니한다.
   (a) 국경무역을 원활하게 하기 위하여 체약당사자가 인접 국가에 부여하는 혜택
   (b) 트리에스트 자유영토와의 무역에 대하여 그 영토에 인접한 국가가 부여하는 혜택. 단, 이러한 혜택이 제2차 세계대전의 결과로 체결된 평화조약에 저촉되어서는 아니 된다.
4. 체약당사자들은 자발적인 협정을 통하여 협정 당사국 경제 간의 보다 긴밀한 통합을 발전시킴으로써 무역의 자유를 증진하는 것이 바람직하다는 것을 인정한다. 체약당사자는 관세동맹 또는 자유무역지역의 목적이 구성 영토 간의 무역을 원활화하는 것이어야 하고 다른 체약당사자의 영토와의 무역에 대한 장벽을 세우는 것이어서는 아니 된다는 것을 인정한다.
5. 따라서 협정의 규정은 체약당사자 영토 간에 관세동맹 또는 자유무역지역을 형성하거나 관세동맹 또는 자유무역지역의 형성을 위하여 필요한 잠정 협정을 채택하는 것을 방해하지 아니한다. 단,
   (a) 관세동맹 또는 관세동맹의 형성으로 이어지는 잠정 협정에 관하여는 동맹이나 협정의 당사자가 아닌 체약당사자와의 무역에 대하여 동맹 또는 잠정 협정의 창설 시에 부과되는 관세 및 그 밖의 상거래 규정은 동맹의 형성 또는 동 잠정 협정의 채택 이전에 구성 영토에서 적용 가능한 관세 및 그 밖의 상거래 규정의 일반적 수준보다 전반적으로 더 높거나 더 제한적이어서는 아니 된다.
   (b) 자유무역지역 또는 자유무역지역의 형성으로 이어지는 잠정 협정에 관하여는 각 구성 영토에서 유지되고 자유무역지역의 형성 또는 잠정 협정의 채택 시에 지역에 포함되지 않았거나 협정의 당사자가 아닌 체약당사자의 무역에 대하여 적용 가능한 관세 및 그 밖의 상거래 규정은 자유무역지역의 형성 또는 잠정 협정 이전에 동일한 구성 영토에서 존재하였던 상응하는 관세 또는 그 밖의 상거래 규정보다 더 높거나 더 제한적이어서는 아니 된다.

(c) (a) 및 (b)에 언급된 잠정 협정은 합리적인 기간 내에 관세동맹 또는 자유무역지역의 형성을 위한 계획 및 일정을 포함하여야 한다.

6. 5항 (a)의 요건을 충족시키는 데 있어서 체약당사자가 제2조의 규정에 불합치 되게 관세율을 인상할 것을 제의하는 경우에는 제28조에 명시된 절차가 적용된다. 보상적 조정을 제시하는 데 있어서는 동맹의 나머지 구성 영토들의 상응하는 관세의 인하에 의하여 이미 제공된 보상에 대하여 적절히 고려한다.

7. (a) 관세동맹이나 자유무역지역, 또는 동맹이나 지역의 형성으로 이어지는 잠정 협정에 참가하기로 결정하는 체약당사자는 신속히 체약당사자단에 통보하고, 체약당사자단이 적절하다고 인정하는 보고 및 권고를 체약당사자에게 할 수 있게 할 제의된 동맹 또는 지역에 관한 정보를 체약당사자단에게 이용가능하게 한다.

(b) 체약당사자단이 5항에 언급된 잠정 협정에 포함된 계획 및 일정을 협정의 당사자와 협의하여 검토하고 (a)의 규정에 따라 이용가능하게 된 정보를 적절하게 고려한 후 협정의 당사자들이 의도한 기간 내에 협정이 관세동맹 또는 자유무역지역의 형성을 초래할 것 같지 아니하다거나 이 기간이 합리적인 기간이 아니라고 인정하는 경우 체약당사자단은 협정의 당사자들에게 권고를 한다. 당사자들은 이러한 권고에 따라 협정을 수정할 준비가 되어 있지 아니한 경우 협정을 유지하거나 시행하지 아니한다.

(c) 5항 (c)에 언급된 계획 또는 일정의 실질적인 변경은 체약당사자단에 전달되어야 하고 체약당사자단은 이 변경이 관세동맹 또는 자유무역지역의 형성을 부당하게 위협하거나 지연시킬 것으로 보이는 경우 당해 체약당사자들에게 체약당사자단과 협의하도록 요청할 수 있다.

8. 이 협정의 목적상

(a) 관세동맹은 다음의 결과가 되도록 둘 또는 그 이상의 관세영역을 단일관세 영역으로 대체한 것을 의미하는 것으로 양해한다.

(ⅰ) 동맹 구성 영토 간의 실질적으로 모든 무역에 관하여 또는 적어도 이 영토를 원산지로 하는 상품의 실질적으로 모든 무역에 관하여 관세 및 그 밖의 제한적인 상거래 규정(필요한 경우 제11조, 제12조, 제13조, 제14조, 제15조 및 제20조 하에서 허용되는 것은 제외한다)은 철폐된다.

(ⅱ) 9항의 규정에 따를 것을 조건으로, 실질적으로 동일한 관세 및 그 밖의 상거래 규정이 동맹의 각 회원국에 의하여 동맹에 포함되지 아니한 영토의 무역에 적용된다.

(b) 자유무역지역은 관세 및 그 밖의 제한적인 상거래 규정(필요한 경우 제11조, 제12조, 제13조, 제14조, 제15조 및 제20조 하에서 허용되는 것은 제외한다)이 구성 영토를 원산지로 하는 상품의 영토간의 실질적으로 모든 무역에 대하여 철폐되는 둘 또는 그 이상의 관세영역의 일군을 의미하는 것으로 양해한다.

9. 제1조 2항에 언급된 특혜는 관세동맹 또는 자유무역지역의 형성에 의하여 영향을 받지는 아니하나 영향을 받는 체약당사자와의 협상에 의하여 철폐 또는 조정될 수 있다. 영향을 받는 체약당사자와의 협상 절차는 제8항 (a)(i) 및 제8항 (b)의 규정에 합치되도록 요구되는 특혜의 철폐에 특히 적용된다.

10. 체약당사자단은 5항 내지 9항의 요건에 완전히 합치되지 않는 제의를 3분의 2의 다

GATT 제24조 4항과 8항에서는 외부적 조건과 내부적 조건을 제시하고 있다. 우선 4항에서 보듯이 먼저 외부적 조건은 지역무역 협정이 당사국 간 무역을 증진함과 더불어 비회원국에 대해서는 지역무역 협정이 체결되기 이전의 자유무역 조치보다 더 후퇴해서는 안 된다고 규정한다. 내부적 조건으로는 8항 (b)에서 지역무역 협정이 당사국 간 '실질적인 모든 무역'(substantially all the trade)에 적용되어야 한다고 규정하고 있다. 7항 (a)에서 지역무역 협정 체결 시 당사국은 WTO 회원국에 이를 알려야 한다고 규정하고 있다. WTO의 '지역무역 협정위원회'(Committee on Regional Trade Agreements)에서는 해당 지역무역 협정이 GATT 제24조의 규정과 합치되는지 검토한다. 그리고 회원국의 총의(consensus)를 통해 이에 대한 여부를 결정한다.

해당 지역무역 협정이 제24조에 위배된다고 판단하는 회원국이 있다면 총의는 무산된다. 만약 총의가 이루어지면 각 회원국의 의견을 담은 보고서가 채택된다. 지역무역 협정이 제24조를 위배한다고 판단하는 회원국(들)은 WTO에 제소할 수 있다. 제소국(들)은 지역무역 협정이 왜 제24조에 합치하지 않음을 밝혀야 하고 대응 방안도 설명해야 할 의무가 있다. 따라서 제소로 이어지기에는 적지 않은 애로가 존재한다. 이러한 이유로 지역무역 협정위원회의 역할에 대한 우려와 비판이 제기되어 왔다.

실제로 WTO에서 지역무역 협정에 대한 제소 및 분쟁해결절차가 진

수에 의하여 승인할 수 있다. 단, 이 제의는 이 조의 의미에서의 관세동맹 또는 자유무역지역의 형성으로 이어져야 한다.

11. 체약당사자들은 인도와 파키스탄이 독립 국가로서 수립된 데서 발생하는 예외적인 상황을 고려하고 양국이 오랫동안 하나의 경제단위를 구성하여 온 사실을 인정하여 그들 상호 간의 무역 관계가 확정적인 기초 위에 수립될 때까지는 이 협정의 규정은 양국이 양국의 무역에 관하여 특별한 약정을 체결하는 것을 방해하지 아니한다는 데 동의한다.

12. 각 체약당사자는 자신의 영토 내의 지역 및 지방정부와 당국에 의한 이 협정 규정의 준수를 확보하기 위하여 자신에게 이용 가능할 수 있는 합리적인 조치를 취한다.

행되는 예는 전무하다. 이처럼 지역무역 협정의 폭발적 증가와 WTO의 예외 인정 등으로 인해 지역무역 협정을 WTO 차원에서 제한하는 것은 사실상 어렵다. 이것은 지역무역 협정이 WTO+ 차원에서 자유무역의 확대와 다자 무역 체제의 발전에 도움이 될 것이라는 기대와 공감대가 병존하는 것과도 무관하지 않다고 할 수 있다.

3. GATT 제20조 일반적 예외 및 제21조 안보상의 예외

앞에서 세이프가드와 지역무역 협정이 WTO 원칙의 예외로 인정되고 있음을 살펴보았다. 이와 함께 GATT 제20조(일반적 예외)는 WTO 원칙에서 예외로 인정될 수 있는 일반적이고 포괄적인 사항들에 대해 나열하고 있다.[8] 예를 들어 공중도덕, 동식물과 인간의 보건, 천연자

---

8) GATT 제20조는 다음과 같다.
다음의 조치가 동일한 여건이 지배적인 국가 간에 자의적이거나 정당화할 수 없는 차별의 수단을 구성하거나 국제무역에 대한 위장된 제한을 구성하는 방식으로 적용되지 아니한다는 요건을 조건으로, 이 협정의 어떠한 규정도 체약당사자가 이러한 조치를 채택하거나 시행하는 것을 방해하는 것으로 해석되지 아니한다.
(a) 공중도덕을 보호하기 위하여 필요한 조치
(b) 인간, 동물 또는 식물의 생명 또는 건강을 보호하기 위하여 필요한 조치
(c) 금 또는 은의 수입 또는 수출과 관련된 조치
(d) 통관의 시행, 제2조 4항 및 제17조하에서 운영되는 독점의 시행, 특허권·상표권·저작권의 보호, 그리고 기만적 관행의 방지와 관련된 법률 또는 규정을 포함하여 이 협정의 규정에 불합치되지 아니하는 법률 또는 규정의 준수를 확보하기 위하여 필요한 조치
(e) 교도소 노동 상품과 관련된 조치
(f) 예술적, 역사적 또는 고고학적 가치가 있는 국보의 보호를 위하여 부과되는 조치
(g) 고갈될 수 있는 천연자원의 보존과 관련된 조치로서 국내 생산 또는 소비에 대한 제한과 결부되어 유효하게 되는 경우
(h) 체약당사자단에 제출되어 그에 의하여 불승인되지 아니한 기준에 합치되는 정부 간 상품협정 또는 그 자체가 체약당사자단에 제출되어 그에 의하여 불승인되지 아니한 정부 간 상품협정하의 의무에 따라 취하여지는 조치
(i) 정부의 안정화 계획의 일부로서 국내원료의 국내가격이 국제가격 미만으로 유지되는 기간 동안 국내 가공 산업에 필수적인 물량의 국내원료를 확보하기 위하여 필요

원의 보존 등과 같은 모든 회원국의 공통적 관심사가 될 수 있는 사항이다. GATT 제21조(안보상의 예외)는 국가 안보를 위한 무역 조치의 경우에도 WTO 원칙에서 예외로 인정될 수 있다고 규정하고 있다.[9)]

회원국은 WTO의 기본원칙을 위배하는 무역 조치의 시행을 원하는 경우 이에 대해 반드시 사전적으로 회원국의 승인을 받을 필요는 없다. 국내산업의 피해 등 사태의 심각성으로 인해 회원국의 승인을 받을 때까지 기다릴 시간적 여유가 없을 때를 배려한 것이다. 하지만 이러한 경우에도 이러한 보호무역 조치 시행으로 인해 다른 회원국(들)이 손해를 입는 경우 원칙적으로 이에 대해 보상해야 한다. 그렇지 않은 경우 손해를 입은 회원국은 WTO 제소 등 분쟁해결절차의 개시도 가능하다.

물론 당사국이 전 회원국으로부터의 승인을 얻어 일정한 조건과 기간

한 국내원료의 수출에 대한 제한을 수반하는 조치. 단, 이 제한은 이러한 국내산업의 수출 또는 이러한 국내산업에 부여되는 보호를 증가시키도록 운영되어서는 아니되며 무차별과 관련된 이 협정의 규정으로부터 이탈하여서는 아니 된다.

(j) 일반적 또는 지역적으로 공급이 부족한 상품의 획득 또는 분배에 필수적인 조치. 단, 이 조치는 모든 체약당사자가 이 상품의 국제적 공급의 공평한 몫에 대한 권리를 가진다는 원칙에 합치되어야 하고 이 협정의 다른 규정에 불합치되는 이 조치를 야기한 조건이 존재하지 아니하게 된 즉시 중단되어야 한다. 체약당사자단은 1960년 6월 30일 이전에 이 호의 필요성을 검토한다.

9) GATT 제21조는 다음과 같다.

이 협정의 어떠한 규정도 다음으로 해석되지 아니한다.

(a) 공개 시 자신의 필수적인 안보 이익에 반한다고 체약당사자가 간주하는 정보를 제공하도록 체약당사자에게 요구하는 것 또는

(b) 자신의 필수적인 안보 이익의 보호를 위하여 필요하다고 체약당사자가 간주하는 다음의 조치를 체약당사자가 취하는 것을 방해하는 것

(i) 핵분열성 물질 또는 그 원료가 되는 물질에 관련된 조치

(ii) 무기, 탄약 및 전쟁 도구의 거래에 관한 조치와 군사시설에 공급하기 위하여 직접적 또는 간접적으로 행하여지는 그 밖의 재화 및 물질의 거래에 관련된 조치

(iii) 전시 또는 국제 관계에 있어서의 그 밖의 비상시에 취하는 조치

(c) 국제 평화 및 안보의 유지를 위하여 국제연합헌장 하의 자신의 의무에 따라 체약당사자가 조치를 취하는 것을 방해하는 것

WTO 회원국의 의무에서 회피할 수 있다. 이러한 결정을 '유예'(waiver)라고 부른다. 당사국의 요청과 WTO 최고 의사결정기구인 '각료회의'(Ministerial Conference) 또는 그 권한을 위임받은 '일반이사회'(General Council)의 검토를 거쳐 유예 결정을 받게 되면 당사국은 일정한 조건 및 기간을 전제로 WTO 기본원칙의 준수 의무에서 벗어날 수 있게 된다. 이 경우라도 매년 그 유예의 타당성에 대한 검토가 이루어진다. 유예가 되더라도 그 기간은 일반적으로 2년을 넘지 않도록 하는 등 유예 조치는 엄격하게 운용되고 있다.

CHAPTER

7

WTO의 의사결정 원리

1. WTO의 의사결정 구조
2. 선진국과 개도국
3. WTO 의사결정 구조의 변화

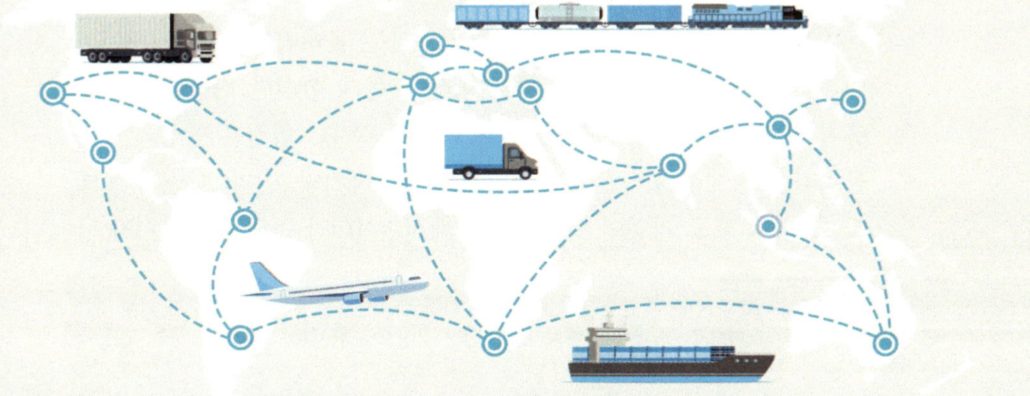

Chapter 7 WTO의 의사결정 원리

1. WTO의 의사결정 구조

이 장에서는 WTO 협상 과정에서 의사결정이 어떻게 이루어지는지 그 메커니즘과 특징에 대해 살펴본다. WTO 협정이 협상의 최종 결과물이라는 점을 놓고 볼 때 WTO의 의사결정에 대한 이해는 WTO와 WTO 협정을 이해하는 데 중요한 기초가 된다고 할 수 있다. 이러한 의미에서 우선 이 절에서는 WTO의 의사결정과 관련된 전반적인 구조(structure)에 대해 논의한다.

WTO는 국제법상 실존하는 국제기구라는 물리적인 성격도 가지고 있지만 동시에 다수 국가가 다자 협상을 통해 합의한 다양한 협정의 총합이라는 추상적인 측면도 있다. WTO와 WTO 협정은 협상의 결과물이라는 점에서 협상은 WTO의 시작이자 마지막, 알파(A)이자 오메가(Ω)라고 해도 과언이 아니다.[1] 그래서 WTO와 관련된 이야기가 나

1) 원칙적으로 WTO는 회원국 정부들이 다른 회원국과의 통상 문제를 해결하기 위해 찾는 곳이다. 그러므로 첫 단계는 대화다. WTO는 협상으로 탄생했고 WTO가 하는 모든 것

오면 관련된 협상이 어떻게 잘 진행되고 있는지에 대한 이야기도 따라오기 마련이다.

국제질서는 그 어떠한 가치와 명분보다 강대국의 이해와 논리가 우선된다. 개도국 등 대다수 국가가 이러한 냉엄한 국제현실에서 패권국가의 '힘의 지배'(rule of power)를 지양하고 국제적 규범과 합의를 통한 국가 간 무역의 이익 균형을 위해서는 '법의 지배'(rule of law)를 활용할 수 있어야 한다. 이러한 의미에서 WTO는 국제무역 질서가 힘의 지배가 아닌 법의 지배를 통해 움직일 수 있게 하는 기회를 제공하고 있다는 점에서 의의가 있다.

따라서 우선 WTO의 의사결정 원리를 이해하기 위해서는 무역의 이익을 극대화하기 위한 개별 회원국의 협상전략이 어떻게 WTO 의사결정 과정에 작용하는지에 대한 분석이 필요하다. 이러한 다자 차원의 협상 결과가 어떻게 경제적 후생을 증가시키는지에 대해서도 이해해야 한다. 어떤 조직이나 단체이든 의사결정 과정에서 구성원의 의사를 최대한 반영하기 위한 의사결정 구조가 존재한다. 구체적으로 의사결정 구조는 ① 의사결정 방식(method), ② 의사결정 절차(procedure), ③ 의사결정 기구(institution) 등 세 가지 요소로 나누어 분석해 볼 수 있다.

은 협상의 결과이다. 현재 WTO 업무의 상당 부분이 1986~1993년 우루과이라운드 협상과 그 이전 GATT 체제하에서 이루어진 일련의 협상 결과에서 비롯된 것이다. WTO는 지금도 2001년부터 시작된 도하개발아젠다(Doha Development Agenda, DDA)라는 협상을 주관하고 있다. 협상을 통한 무역 협정은 회원국이 직면한 무역장벽을 낮추어 무역자유화를 이루는 데 기여하였다. 하지만 WTO는 단순히 무역자유화만 추구하는 것은 아니다. 어떤 경우에는 WTO 규범이 무역장벽을 유지하는 데 도움을 주기도 한다. 소비자를 보호하기 위해서나 질병을 예방하고 환경을 보호하기 위해서가 그런 경우이다. WTO는 규범의 집합체이다. WTO의 핵심은 다수 국가가 협상을 통해 합의한 일련의 협정들이다. 이 문서들은 국제 상거래의 기본적인 법규범을 제공하며 각국의 무역정책을 회원국 간에 합의한 범위 내에 두기 위한 구속력 있는 계약의 집합이다. 각국 정부가 협상하고 서명했지만 그 목적은 상품과 서비스의 생산자들, 수출입 기업의 사업을 돕기 위한 것이다. 물론 다른 한편으로는 정부가 각자의 사회적 또는 환경적 목표를 달성하기 위해 노력하는 것을 허용하기도 한다.

WTO라는 특수한 국제기구의 의사결정 방식에 대한 이해를 위해 첫 번째 요소인 일반적인 의사결정 방식에 대해 살펴보자. 우선 의사결정 방식과 관련해서 두 가지 상반된 가치가 충돌하게 된다. 하나는 찬성이든 반대이든 전체 구성원의 의사가 적절히 반영될 수 있는, 다시 말해 구성원의 의사를 반영하는 정도를 나타내는 '포용성'(comprehensiveness)이다. 하지만 포용성을 확보하기 위해 구성원의 다양한 의사를 반영하려면 그만큼 의사결정을 위한 시간과 비용은 커지게 된다. 이에 따라 '효율성'(efficiency)은 저하된다. 결국 의사결정 방식은 '포용성'과 '효율성'이라는 상호 충돌하는 두 개의 가치 사이에 존재하는 다양한 스펙트럼의 어느 한 점에서 결정된다고 할 수 있다.

그리고 협상의제를 둘러싼 의사결정 방식은 크게 '개별협상 방식'(individual negotiation)과 '일괄타결 방식'(single undertaking 또는 package deal)로 나눌 수 있다. 개별협상 방식은 각 구성원의 다양한 의제에 대해 이해관계가 있는 당사자 간 상호성을 전제로 합의를 이루는 방식이다. 합의의 효력은 해당 구성원에게만 적용되며 다른 구성원은 그 효력에서 제외된다. 따라서 개별협상은 개별 구성원의 의사를 최대한 반영할 수 있다는 측면에서 포용성이 큰 협상 방식이라고 할 수 있다. 하지만 협상 의제에 대한 합의를 모든 구성원 간 개별협상을 통해 이루려면 그만큼 시간과 비용이 증가할 수밖에 없다. 그리고 협상 결과는 당사자에게만 적용되고 모든 구성원에게 적용되지 않는다. 효율성 측면에서는 불리한 것이다.

이에 반해 일괄타결 방식은 협상의 모든 의제를 동시에 상정하고 상호성을 바탕으로 구성원 간 '주고받기식'(give and take) 협상을 통해 일괄적으로 한꺼번에 타결하는 방식이다. 일괄타결 방식은 일단 합의된 사항에 대해서는 모든 구성원에게 그 효력이 발생한다. 원칙적으로 그 합의와 관련된 권리와 의무는 구성원 모두에게 동등하게 주어진다. 일괄타결 방식은 다양한 구성원의 복잡한 이해관계를 충분히 반영하는 데는 한계가 있고 협상이 타결되더라도 구성원 모두가 만족할 수 있는 그런 협상의 결과가 아닐 가능성이 있다. 하지만 일괄타결이 가능하기만 하다면 모든 구성원이 참여하는 다자 협상을 통해 비교적 빠르게 협상 의제를 타결할 수 있다. 따라서 효율성 측면에서 일괄타결 방식은 개별협상 방식에 비해 우월하다고 할 수 있다.

이러한 포용성과 효율성의 상충 문제는 ① 의사결정 방식에만 국한되는 것이 아니라 ② 의사결정 절차 및 ③ 의사결정 기구에도 적용할 수 있다. ② 의사결정 절차의 경우 포용성에 가장 부합하는 것은 '총의'(consensus)를 통한 의사결정이다. '만장일치'(unanimity)가 모든 구성원이 찬성하는 적극적 차원의 동의라고 한다면 총의는 의사결정에 있어 어떤 구성원도 반대하지는 않는 소극적 차원의 동의라고 할 수 있다. 만장일치는 투표를 통한 의사결정을 전제로 하지만 총의는 투표 없이 의사 표현만으로도 의사결정이 가능하다. 총의는 모든 구성원이 반대하지 않는 소극적인 동의를 전제하므로 포용성은 극대화될 수 있다. 하지만 한 명의 구성원이라도 적극적으로 '반대'(opposition) 의사를 표시하면 총의는 무산된다.

따라서 투표 없이 모든 구성원의 동의, 다시 말해 하나의 구성원이라도 적극적인 반대 의사를 표시하지 않으려면 모든 구성원이 만족할 수 있는 상당한 수준의 합의가 전제되어야 한다. 총의에 이를 정도의 높은 수준의 합의를 위해서는 그만큼 시간과 노력, 그리고 금전적 비용이 많이 들어가게 된다. 따라서 총의는 포용성은 보장되지만 효율성은 떨어진다고 할 수 있다. 이처럼 총의는 투표 없이도 의사결정을 하는 방식인 데 비해 투표의 경우는 투표라는 절차를 통해 의사결정이 이루어진다. 구성원의 일부가 반대하더라도 다수결에 따라 의사결정이 이루어지고 반대표를 던진 구성원도 그 의사결정을 따라야 한다. 총의에 비해 투표는 신속하게 진행할 수 있고 시간과 비용이 적게 든다. 따라서 투표는 모든 구성원의 합의를 전제로 하는 총의에 비해 포용성은 낮은 대신 효율성은 높다고 할 수 있다.

투표는 각 구성원이 동등한 권한을 갖는 1인 1표 방식, 구성원의 능력, 소득(부), 지위 등에 따라 가중치를 정하고 그 가중치를 투표 결과에 적용하는 방식 등 다양한 방식이 존재한다. 결정 기준도 과반수, $\frac{2}{3}$, $\frac{3}{4}$, 만장일치 등 다양한 기준을 둘 수 있다. 물론 일반적으로 활용되는 방식은 1인 1표와 과반수 방식이다. 투표방식과 의사결정 기준이 1인 1표, 만장일치 쪽으로 가까워질수록 포용성은 커지고 효율성은 낮아진다. 그러므로 기계적인 1인 1표보다는 구성원의 능력에 따라 가중치를 두고 동시에 과반수를 의사결정의 기준으로 하는 투표방식이 시간과 비용을 최소화하는 가장 효율적인 의사결정 절차라고 할 수 있다.

한편 ③ 의사결정 기구에 대해 생각해 보자. 모든 구성원이 동일한 권리와 의무를 부여받고 의사결정 기구에 동등한 자격으로 참여한다면 포용성은 극대화될 것이다. 하지만 구성원의 자격이 동등하다면 구성원의 의사가 다양할수록 의사결정에 필요한 시간과 비용은 증가한다. 이 경우 효율성은 저하될 수밖에 없다. 반대로 제한된 몇몇 구성원(극단적으로 오직 한 사람)만이 의사결정 기구에 참여하게 된다면 의사결정 시간과 비용이 줄어들기 때문에 효율성은 커질 것이다. 오직 한 사람만이 의사결정 기구에 참여할 수 있다면 이것이 이른바 독재(dictatorship)가 되는 것이다. 하지만 의사결정 참여에 제한이 있을수록 포용성은 저하된다.

아래 〈표 1〉은 앞에서 논의한 ① 의사결정 방식, ② 의사결정 절차, ③ 의사결정 기구 등의 의사결정 구조를 이루는 세 가지 요소와 의사결정의 가치인 포용성과 효율성의 두 가지 기준으로 분류해 정리한 것이다.

표 1 _ 의사결정 가치 및 구조

		의사결정 가치	
		포용성	효율성
의사 결정 구조	① 의사결정 방식	개별협상	일괄타결
	② 의사결정 절차	총의	과반수 기준 투표(가중치 부여)
	③ 의사결정 기구	모든 구성원이 참여	일부(단일) 구성원만 참여

이러한 의사결정 구조는 주권 국가를 회원으로 하는 WTO 경우에도 그대로 적용될 수 있다. 다만 이 경우 앞에서 언급한 의사결정의 두 가지 가치인 포용성과 효율성과 함께 한 가지 더 고려해야 할 요소가 있다. 그것은 개별 회원국이 가지고 있는 '주권'(soverignity)이다. 주권은 국민, 영토와 함께 국가를 구성하는 요소 중 하나로 불가침의 특성이 있다. 따라서 다자 협상을 통한 의사결정은 개별 회원국 입장에서는 주권을 침해할 수 있고 이에 따르는 정치, 경제적 문제가 발생할 소지가 있다.

WTO는 주권을 가지고 있는 국가가 회원이 되므로 일반적인 의사결정 구조의 경우와는 다른 성격을 갖는다.[2] WTO 원칙을 준수하기 위해서는 개별 회원국은 자신의 주권을 스스로 제한해야 할 필요가 있다. 따라서 WTO의 의사결정 구조를 이해하기 위해서는 포용성과 효율성의 가치를 주권이라는 요소와 연결하여 고려해야 한다. WTO는 국가를 대표하는 정부가 회원으로 참여하는 국제기구이다. 각 정부는 자국의 이익에 반하는 국제기구의 의사결정에 대해 적극적으로 반대할 수 있고 그 결정을 따르지 않거나 심지어는 그에 반하는 행위를 주권적 권리를 명분 삼아 행사할 수 있기 때문이다. 이러한 점을 고려하면 WTO의 의사결정 구조의 중요한 쟁점은 "어떻게 개별 회원국이 주권적 권리를 스스로 제한하면서 WTO의 의사결정 절차에 참여하고 그

2) WTO는 주권 국가뿐만 아니라 홍콩, 대만 등과 같이 국제적으로 인정된 국가는 아니지만 독립적인 관세 법규가 적용되는 관세영역도 회원으로 인정한다.

결정을 따르게 할 것인가?"라는 것으로 모여지게 된다.

주권적 권리를 포용성과 효율성 두 가지 가치와 접목해 보면 포용성이 커질수록 주권적 권리가 보장되는 반면 효율성이 증가할수록 주권적 권리는 침해된다고 할 수 있다. 왜냐하면 포용성은 구성원의 다양한 의사를 의사결정에 최대한 반영하는 것을 의미하기 때문이다. 포용성이 커지면 그만큼 개별 회원국의 주권적 권리에 대한 침해 소지는 작아질 것이다. 반대로 효율성이 커지면 의사결정에 들어가는 비용은 줄지만 개별 회원국의 이해를 반영하지 못하거나 주권 침해의 소지가 커지게 되는 문제가 발생한다. 따라서 〈표 1〉의 포용성과 효율성을 각각 주권적 권리의 인정, 주권적 권리의 침해로 바꾸면 아래 〈표 2〉처럼 다시 환원할 수 있다.

표 2_주권적 권리 기준 의사결정 구조

		의사결정 가치	
		(포용성) 주권적 권리 인정 (주권적 권리 침해가능성 小)	(효율성) 주권적 권리 침해 (주권적 권리 침해가능성 大)
의사결정구조	① 의사결정 방식	개별협상	일괄타결
	② 의사결정 절차	총의	과반수 기준 투표(가중치 부여)
	③ 의사결정 기구	모든 회원국이 참여	일부(단일) 회원국만 참여

실제로 WTO의 의사결정 구조는 포용성을 중시하는, 다시 말해 회원국의 주권적 권리를 최대한 인정하는 차원에서 이루어져 왔다. 예를 들어 WTO는 기본적으로 ② 의사결정 절차에 있어서는 '총의'를, ③ 의사결정 기구에 있어서는 '모든 회원국이 참여'하도록 하고 있다. 총의가 이루어지지 않는 경우 예외적으로 투표를 통한 의사결정도 허용하고 있기는 하지만 대부분 결정은 모든 회원국이 참여하는 협상을 통해 총의로 결정되어왔다.

이러한 총의를 통한 의사결정 절차의 내용은 WTO 설립을 위한 마라케시 협정 제9조(의사결정)와 제4조(WTO의 구조)에 명시되어 있다.

이 협정 제9.1조는 "WTO는 1947년도 GATT에서 지켜졌던 **총의(consensus)에 의한 결정의 관행을 계속 유지한다.(관련 기구는 결정**을 하는 회의에 참석한 회원국 중 **어느 회원국도 공식적으로 반대하지 않는 한 검토를 위하여 제출된 사항에 대하여 총의에 의하여 결정되었다고 간주된다)**"라고 규정하고 있다.

또한 WTO의 의사결정 기구와 관련하여 모든 회원국이 참여하도록 명시하고 있다. 마라케시 협정 제4.1조는 "**모든 회원국 대표로 구성되며 최소 2년에 1회 개최되는 각료회의가 설치된다**. 각료회의는 세계무역기구의 기능을 수행하며 이를 위하여 필요한 조치를 취한다. 각료회의는 회원국이 요청하는 경우 이 협정과 다자 무역 협정의 구체적인 의사결정 요건에 따라 **다자 무역 협정의 모든 사항에 대하여 결정을 내릴 권한을 갖는다**."라고 하고 있다.

이어서 제4.2조는 "**모든 회원국 대표로 구성되며 필요에 따라 개최되는 일반이사회가 설치된다**. 일반이사회는 각료회의 비회기 중에 각료회의의 기능을 수행한다. 일반이사회는 이 협정에 의하여 부여된 기능을 수행한다. 일반이사회는 자체적인 의사규칙을 제정하고 7항에 규정된 위원회의 의사규칙을 승인한다."라고 규정하고 있다. 이렇게 WTO는 개별 회원국의 주권적 권리를 인정하는 차원에서 포용성을 중시하는 의사결정 절차와 의사결정 기구를 채택하고 있다.

반면 ① 의사결정 방식에 있어서는 일괄타결 방식을 채택함으로써 포용성보다는 효율성에 무게를 두고 있다. 효율성을 담보하기 위해서는 어쩔 수 없이 주권적 권리 침해의 가능성을 열어둘 수밖에 없는 현실적 한계가 있음을 인정하는 것이다. GATT에는 일괄타결에 대해 의무화된 명문 규정은 없다. 일괄타결 방식은 1994년 GATT의 최종협상인 우루과이라운드부터 채택되었던 방식이다. 이후 일괄타결 방식은 WTO에서 이루어지고 있는 협상의 주된 의사결정 방식으로 활용되고 있다.

GATT 체제 출범 이후 초기에는 협상에 참여할 의사가 있는 회원국만 협상 결과인 GATT의 내용이 적용되도록 하였다. 이것은 그만큼 다자 무역 체제와 관련된 무역 관련 의제가 단순했고 현재에 비해 협상의 타결이 상대적으로 쉬웠다는 점이 반영된 것이다. 하지만 무역 규모와 무역 품목의 증가, 다자 무역 체제의 진전 등에 따라 무역과 관련된 다양한 의제를 둘러싼 의사결정이 효율적으로 이루어질 필요가 생기게 되었다. 이를 위해 기존 개별협상 방식보다는 협상 타결 시 그 효과가 회원국 모두에게 적용되는 일괄타결 방식이 채택되었다.

일괄타결 방식은 GATT 체제의 마지막 다자 협상인 우루과이라운드를 거치면서 비로소 공식적으로 채택되었다. 이러한 일괄타결 방식의 내용은 2001년 WTO 체제에서 시작된 첫 다자 협상인 DDA(도하개발아젠다)의 출범을 알리는 '도하 각료선언문'(Doha Ministerial Declaration)에 명시되어 있다. 이 선언문 제47항에서는 "**분쟁해결 협정의 개선 및 명료화를 제외한 협상 결과의 실행, 결정, 발효는 일괄타결(single undertaking)의 일부로 간주한다.**"라고 규정함으로써 DDA 협상이 일괄타결 방식으로 진행됨을 공식화하였다.

앞에서 보았듯이 WTO의 의사결정 구조는 ① 의사결정 방식에서는 효율성을, ② 의사결정 절차와 ③ 의사결정 기구에서는 포용성에 더 무게를 두고 있음을 알 수 있다. 이렇게 볼 때 현재 WTO의 의사결정 기구는 포용성만을 강조하면 비효율성이 발생하고, 그렇다고 효율성만 강조하면 회원국의 의사를 충분히 반영하지 못해 주권 침해의 가능성을 높여 결국 회원국의 반발을 가져올 수 있다는 두 가지 난점 또는 딜레마를 고려한 부득이한 의사결정 구조라고 할 수 있다. 한 마디로 포용성과 효율성을 절충한 것이다.

하지만 지금도 급변하고 있는 다자 무역 체제의 다양한 의제에 대한 의사결정에 있어 WTO가 채택하고 있는 이러한 의사결정 구조가 얼마나 적절하고 효과적인지에 대해 비판과 의문이 제기되고 있다. 특히 WTO의 첫 다자 협상인 DDA가 20여 년이 훨씬 지난 현재까지 뚜렷한 성과 없이 계속 공전하면서 WTO의 의사결정 구조의 문제점과 한계에 대한 비판과 이의 해결을 위한 대안이 제기되기 시작하였다.

예를 들어 2013년 12월 인도네시아 발리에서 개최된 제8차 WTO 각료회의에서는 그동안의 모든 의제에 대한 일괄타결 방식 대신 일부 의제에 대한 일괄타결 방식을 도입하였다. 이를 '조기 수확'(early harvest) 방식이라고 한다. 발리 각료회의는 조기수확 방식을 채택하였다. 이를 통해 소위 '발리 패키지'(Bali Package) 타결이라는 소기의 성과를 달성함으로써 WTO 의사결정 구조의 변화의 가능성을 보여주었다.[3)]

2. 선진국과 개도국

위 1절에서 일반적인 의사결정 구조의 원리에 대해 포용성과 효율성의 두 가지 가치를 활용하여 설명하고 이를 WTO의 의사결정 구조에 적용하여 논의하였다. 이와 더불어 WTO 회원국은 주권을 가진 국가라는 점을 고려하여 WTO의 의사결정 구조의 특성을 살펴보아야 함을 이야기하였다. WTO의 의사결정 구조는 ① 의사결정 방식은 효율성을, ② 의사결정 절차와 ③ 의사결정 기구는 포용성에 무게를 두고 있다는 것과 이는 포용성과 효율성을 절충한 의사결정 구조임을 살펴보았다.

이러한 내용과 함께 WTO의 의사결정 구조에서 고려해야 하는 또 하나의 중요한 특징이 있다. 그것은 현재의 WTO 의사결정 구조가 단

3) 발리 패키지는 조기수확 대상으로 협의해온 무역원활화, 농업, 최빈개도국 의제의 타결 및 그 협정 내용을 의미한다.

순한 회원국 간 합의가 아니라 크게 보면 '선진국과 개도국의 밀고 당기기의 결과'라는 점이다. 국제무역의 확대, 발전과정을 살펴보면 기본적으로는 미국, EU 등 선진국을 중심으로 다자 무역 체제가 형성되어 왔음을 알 수 있다. 일반적으로 자유무역에 적극적이고 공세적인 선진국에 비해 개도국은 국내산업 보호와 육성을 위해 보수적이고 수세적인 경향을 보인다. 개도국의 입장에서는 정치적, 경제적 영향력이 큰 일부 선진국이 협상을 주도하고 자기의 이익에 맞게 좌지우지할 가능성을 우려할 수밖에 없다. 개도국은 강대국의 이익만 관철되게 되면 적극적으로 협상에 응할 이유가 없다.

그러므로 다자 무역 체제에서 선진국의 역할도 중요하지만 상호성을 전제로 하는 국제무역에서는 개도국의 역할을 결코 무시할 수 없다. 세계경제에서 차지하는 개도국의 경제 규모는 이미 선진국을 넘어섰다. 개도국이 차지하는 경제적 위상과 영향력도 지속해서 커지고 있다. 특히 경제 규모와 지역 내 영향력과 위상이 큰 BRICS(브라질, 러시아, 인도, 중국, 남아프리카공화국), 아세안(동남아시아국가연합) 등 신흥개도국의 참여와 협력 없이는 다자 무역 체제의 지속적인 발전과 확대는 어려울 수밖에 없다.

무역은 국가 간 상호성을 전제로 이루어진다는 측면에서 선진국 또는 특정 국가의 일방적인 독주만으로는 한계가 있다. 따라서 선진국 입장에서도 다자 무역 체제의 발전뿐만 아니라 자유무역 확대를 통한 무역의 이익 확보를 위해서는 개도국을 다자 무역 체제로 포섭할 필요가 있다. 이를 위해 우선 개도국을 WTO라는 협상의 장으로 이끌기 위한 효과적인 방안을 제시해야 한다. 그중 하나가 개도국이 선호할 수 있는 의사결정 구조를 제시하는 것이다. 일반적으로 UN, IMF, World Bank 등과 같은 다른 국제기구는 '선진국은 지원, 개도국은 수혜'라는 성격이 강하고 의사결정 구조가 미국, 유럽 국가 등 일부 주요 선진국에 유리하게 되어 있다. 이 경우 모든 회원국의 의사를 충분히 반영하고자 하는 포용성의 가치는 배제될 수밖에 없을 것이다.

예를 들어 IMF, World Bank와 같은 국제금융기구의 경우 일반적으로 출자금과 운영자금의 공여자는 대부분 선진국이다. 반면 그 자금이 필요한 수요자 또는 수혜자는 개도국이다. 따라서 그 의사결정 구조에 있어 개도국과의 논의와 협상은 크게 필요하지 않다. 사실상 선진국의 주도로 일방적으로 결정된다. 개도국의 의사는 수용되지 않거나 선진국의 입장에 종속된다. 왜냐하면 이러한 일방적 의사결정의 경우라도 상시적인 자본 부족으로 어려움을 겪고 있는 개도국 입장에서는 선진국의 지원을 통해 자금 및 경제적 지원이 필요하다. 개도국이 자국의 의사가 반영되지 않는다고 국제기구에 참여하지 않는 것보다는 참여를 통해 경제개발 관련 재원과 지원을 크든 작든 공여받는 것이 유리하기 때문이다.

하지만 무역은 주고받기(수출과 수입)라는 상호성이 강하기 때문에 위와 같은 선진국의 일방적인 금융 지원이나 원조와는 다른 특성을 갖는다. 다시 말해 무역은 지원과 수혜라는 부등가적, 비대칭적 자원의 이동이 아니라 수출과 수입이라는 등가적 교환 또는 대칭적 자원 이동의 성격이 강하다. 따라서 개도국 입장에서는 선진국의 논리와 이익이 일방적으로 관철된다면 이에 국제기구나 협상에 적극적으로 참여할 동기가 적어진다. 개도국의 요구와 주장이 반영될 수 있는 상황이 되더라도 국내적인 이유로 시장개방에 보수적인 개도국은 개방의 이익이 손실을 만회하고도 남을 만큼 충분한 이익이 예상되거나 담보되지 않는다면 무역 협상에 참여할 유인이 크지 않다. 그러므로 개도국이 다자 무역 체제에 참여하기 위해서는 다음의 두 가지 조건이 전제되어야 한다.

첫째, 앞에서 이야기한 다자 무역 체제의 의사결정 구조와 관련된 것으로 정치, 경제적 영향력이 큰 일부 선진국 중심의 일방적인 의사결정 구조로 인한 문제가 개도국이 수용할 수 있을 만큼 해소되어야 한다. 둘째, 경쟁력 측면에서 열세에 있는 개도국의 국내시장과 산업을 고려하여 시장개방과 자유무역을 하더라도 시간을 두고 경쟁력을 확보할 수 있도록 의무의 예외, 유예기간 및 보호조치 등이 마련되어야 한다. 이러한 두 가지 전제조건이 만족 되면 개도국은 다자 무역체제에 참여할 수 있는 동기를 얻게 된다.

특히 1989년 동서독 분단의 상징이었던 베를린 장벽 붕괴에 이은 독일 통일, 소련의 해체, 동유럽 사회주의진영 국가의 시장경제로의 체제 전환 등으로 시작된 냉전체제의 종식은 자유시장경제를 중심으로 하는 다자 무역 체제의 발전이 가속화되는 계기가 되었다. 세계경제를 양분하던 냉전이 종식된 1990년대 이후 미국, EU 등 선진국 진영에게 세계경제 통합과 자유무역을 위해서는 이들 체제전환국을 비롯한 개도국의 참여와 협조가 필수적이었다.

이에 따라 냉전 종식의 시기 전후로 진행된 우루과이라운드(1986~1993년)과 1995년 WTO 출범을 거치면서 이 두 가지 전제조건이 중요한 의제로 부각 되었다. 이 두 가지 전제조건을 실현하기 위해 다양한 노력과 방안이 제시되었다. 예를 들어 2001년 11월 시작된 WTO 체제의 첫 다자 무역 협상(DDA)의 명칭을 이전의 '라운드'(round)라는 용어 대신 개도국의 개발 및 지원을 의미하는 '개발아젠다'(development agenda)로 변경한 것은 이러한 현실적 요구와 필요를 반영한 것으로 볼 수 있다. 이러한 세계경제 환경의 급격한 변화 속에서 출범한 WTO의 의사결정 구조는 앞에서 이야기한 것과 같이 첫 번째 전제조건인 일부 선진국에 의한 일방적인 의사결정을 배제하는 동시에 개도국의 의사가 충분히 반영될 수 있는 구조를 갖추게 되었다.

두 번째 전제조건인 개도국의 경제적 상황을 고려한 의무 예외 허용 및 개도국 국내산업 보호를 위한 배려 조치 등은 WTO의 첫 다자 협상인 DDA에서도 논의되어왔다. 예를 들어 DDA 협상은 기본적으로 개도국의 경우 협정 준수 의무에 있어 의무의 유예 및 예외 허용, 이행 기간 연장 등 탄력적인 운용이 가능하도록 배려하고 있다. WTO는 개도국에 대한 무역 관련 기술적인 지원과 협력을 제공하도록 하고 있다. 다자 무역 체제의 진정한 발전을 위해서는 선진국뿐만 아니라 개도국의 적극적인 참여와 협력이 필수적이기 때문이다.

이러한 차원에서 볼 때 WTO의 의사결정 구조는 개도국과 선진국 진영 간의 협상과 타협의 산물이기도 하다. WTO의 의사결정 구조는 선진국이 개도국의 참여를 유도하기 위한 노력과 이에 대응해서 자국의 이해를 다자 무역 체제 안에서 최대한 반영하고자 하는 개도국의 이해가 절충된 것이라고 할 수 있다. 지금도 WTO 협상장 안에서는 양 진영 간 밀고 당기기가 치열하게 진행되고 있다. 이러한 회원국 간 특히 선진국과 개도국 간 협의와 타협을 통해 WTO의 의사결정 구조는 앞으로도 시대의 흐름에 맞추어서 변화되어 갈 것으로 보인다.

3. WTO 의사결정 구조의 변화

1) 일괄타결 방식 개선

앞에서 우리는 WTO의 의사결정 구조가 어떻게 형성되어 왔는지에 대해 일반적인 의사결정 구조에 대한 논의를 기초로 주권 국가로 구성된 WTO의 특수성까지 고려하여 논의하였다. 단순한 협정 수준에서 유지된 GATT 체제에서 그 실효성이 의심받아 왔던 의사결정 구조는 우루과이라운드의 타결과 WTO 출범으로 그 타당성과 정당성을 일정 부분 확보할 수 있게 되었다. WTO의 의사결정 구조의 내용과 특성은 현재 진행 중인 DDA에도 그대로 적용되고 있다.

하지만 앞에서 언급하였듯이 2001년 11월에 시작하여 2005년까지 타결하기로 했던 DDA가 현재까지도 만족할만한 성과 없이 이어지면서 현재의 WTO 의사결정 구조에 대한 검토, 특히 일괄타결 방식이 갖는 한계가 부각되었다. 이 절에서는 그중 핵심적인 이슈라고 할 수 있는 일괄타결 방식의 채택과정에 대해 알아보고 그 문제점과 대안에 대해 살펴본다. 우선 일괄타결 방식은 협상당사자들이 모든 의제를 동시에 협상 테이블 위에 올려놓고 이해관계가 엇갈리는 사안들을 중심으로 상호 간 주고받기식 협상을 통해 타결을 짓는 방식이다. 일괄타결 방식의 경우 모든 협상당사자가 합의한 것이기 때문에 협상의 결과(협정)가 모든 당사자에게 예외 없이 적용된다.

일괄타결 방식은 다양한 협상 방식 중 하나이지만 현재 WTO 체제에서 주로 활용되고 있는 다자 협상 방식이다. 일반적으로 협상 방식은 크게 두 가지로 나눌 수 있다. 하나는 각각의 의제에 대해 개별적으로 협상하는 방안이고, 다른 하나는 모든 의제를 한꺼번에 동시적으로 협상하는 방안이다. 그 협상 결과의 적용방식을 기준으로 나누면 협상에 참여한 회원국에만 적용되는 경우와 그와는 상관없이 모든 회원국에 일괄 적용하는 경우로 나눌 수 있다. 이러한 기준으로 다자 협상 방식을 분석하면 아래 〈표 3〉의 네 가지 형태로 분류할 수 있다.

표 3_다자 협상 방식 분류

		협상 의제의 수	
		개별의제별 협상	패키지 협상
협상 결과의 적용	개별 협정	① 개별의제별 협상 결과가 협상에 참여한 회원국에만 적용(미 참여국에 최혜국대우 원칙 적용 가능): 정보기술 협정, 환경상품 협정 등	② 패키지 협상 결과에 대한 기속 여부를 회원국 스스로 결정: 케네디라운드, 동경라운드
	일괄 협정	③ 개별의제별 협상 결과를 모든 회원국이 조건 없이 수용: 사례 없음	④ 패키지 협상 결과를 모든 회원국이 조건 없이 수용: 우루과이라운드, DDA(진행 중)

위 네 가지의 다자 협상 방식 중 세 번째 방식인 개별의제별 협상 결과를 모든 회원국이 수용하는 방식은 현실적으로 실현 가능성이 없고 협상 방식으로도 활용하기 어렵다. 첫 번째 협상 방식은 개별의제

별로 당사국이 협상에 참여하고 그 협상 결과는 협상 참여국에만 적용하는 방식이다. 이러한 방식은 기본적으로 다양한 의제에 대해 다수 회원국이 협상을 진행해야 하는 다자 무역 체제 협상 방식으로는 적절하지 않다.

대신 첫 번째 협상 방식은 주로 FTA 등 지역무역 협정을 위한 양자 또는 복수국 협상에 적용될 수 있다. 또한 다자 무역 협상의 보완적 역할을 할 수 있다. 예를 들어 우루과이라운드 이후 진행되어 온 일부 회원국 간 복수국 무역 협정이 그 사례라고 할 수 있다. 복수국 무역 협정의 경우 특정한 협상의제에 대해 이해관계가 있는 일부 또는 소수 회원국이 참여하고 그 협상 결과는 참여한 회원국에만 적용된다. 현재 WTO의 복수국 무역 협정으로는 정부조달 협정, 민간항공기 협정, 정보기술 협정, 환경상품 협정, 복수국 서비스무역 협정 등을 들 수 있다.

여기서 한 가지 기억할 것은 FTA 등 지역무역 협정의 경우 역외국에 대한 차별, 즉 최혜국대우 원칙이 적용되지 않는 데 반해 WTO의 복수국 무역 협정은 당사국이 아니더라도 그 혜택이 적용될 수 있다는 점이다. 예를 들어 협정에서 포괄하고 있는 해당 품목에 있어 협정 참여국의 총 무역 비중이 일정 비율 이상(예를 들어 90% 이상)을 차지하는 경우 협정의 미(未) 참여 국가에도 최혜국대우와 같은 무역상의 혜택을 부여하는 것이다. 이를 '임계질량'(critical mass) 방식이라고 한다.[4] 협정 참여국의 총무역량이 일정 비율을 넘어가는 경우 복수국 무역 협정의 혜택이 협정 참여국에만이 아니라 다른 모든 회원국에 적용되게 한다는 의미에서 임계질량이라는 용어를 채택한 것이다. 이렇게 critical mass 방식을 활용하는 것은 협정에 참여하지 않은 국가에도 자유무역의 혜택이 돌아가게 함으로써 궁극적으로는 자유무역의 확대에 도움을 준다.

---

4) 임계질량은 물리학에서 핵폭발을 일으킬 수 있는 최소한의 질량을 가리키는 용어이다.

예를 들어 '정보기술 협정'(Information Technology Agreement, ITA)의 경우 현재 40여 개 회원국이 참여하고 있지만 정보, 통신 분야가 발전한 국가 대부분이 참여하고 있다. 정보기술 협정의 경우 critical mass의 수준을 80%로 설정하고 있다. 현재 협정 참여국의 정보, 통신 분야 상품의 무역 비중은 이미 전 세계의 80% 이상을 차지하고 있다. 따라서 이들의 정보, 통신 상품에 대한 관세 인하 등 협정에 따른 최혜국대우는 협정 참여국에만 적용되는 것이 아니라 협정 미 참여국에도 동일하게 적용되고 있다.

다음으로 두 번째 협상 방식은 협상 의제를 모두 상정하고 '패키지 딜'(package deal)을 통해 타결을 짓는 것이다. 하지만 이 경우에 협상이 타결되더라도 협상 결과의 채택 여부는 회원국 스스로가 결정한다. 이 방식은 GATT 체제의 다자 무역 협상이었던 케네디라운드(1962~1967)와 동경라운드(1973~1979)에서 채택한 방식이다. 이는 일부 회원국, 특히 개도국이 일괄타결 방식에 대한 부담으로 반대하고 있었던 것을 고려한 현실적인 타협안이었다. 이는 협상 결과가 모든 회원국에 자동으로 적용되지 않는 한계가 있다. 하지만 이러한 과정을 통해 꾸준한 노력의 결과 현재의 일괄타결 방식이 주요한 의사결정 방식으로 자리잡게 되었다고 할 수 있다. 이러한 측면에서 패키지 딜 협상 방식은 다자 무역 체제와 자유무역의 진전을 이루는 데 중요한 역할을 했다고 평가된다.

이후 협상 결과의 적용 여부를 개별 회원국이 자율적으로 결정할 수 있게 되면서 개도국이 자유무역의 권리(이익)은 누리면서 의무는 회피한다는 '무임승차문제'(free rider problem)가 제기되었다. 이에 따라 우루과이라운드부터는 무임승차 차단을 위한 방안이 고려되었고 이 패키지 딜 협상 방식은 우루과이라운드부터는 적용되지 않게 되었다. 그리고 앞에서 언급한 케네디라운드와 동경라운드 협상 방식의 문제점을 시정하기 위해 우루과이라운드에서는 두 번째 방식에서 한 걸음 더 나아갔다. 이후 모든 협상의제를 동시에 상정하고 패키지 딜을 통해 타결을 짓고 원칙적으로 그 협상 결과를 모든 회원국이 수용하는 네 번째 협상 방식을 채택하게 되었다. 이렇게 일괄타결 방식을 통해 우루과이라운드가 성공적으로 타결되고 WTO가 출범하면서 일괄타결 방식은 DDA를 비롯한 WTO에서 진행되는 다자 무역 협상의 주된 협상 방식이 되었다.

요약하면 WTO의 주된 협상 방식인 일괄타결 방식은 GATT 체제에서 오랫동안의 협상 과정과 시행착오를 겪으면서 만들어진 것이다. 이는 무임승차문제를 최소화하기 위한 노력의 산물이기도 하다. 이렇게 일괄타결 방식은 다양한 협상의제와 다수 회원국의 복잡한 매트릭스를 풀어야 하는 다자 협상에서 효과적인 협상 방식으로 채택된 것이다. 물론 이러한 일괄타결 방식에 대한 비판과 문제 제기가 전혀 없는 것은 아니다. 우루과이라운드에서는 선진국과 개도국 간에 지식재산권, 섬유·농업 부문 비관세장벽의 해소 등 서로 주고받을 수 있는 핵심 의제가 있었다. 협상 결과에 대한 신뢰성 제고가 필요하다는 공감대가 형성되었기 때문에 일괄타결 방식이 유효한 방식으로 인정되었다. 이를 힘입어 우루과이라운드는 성공적으로 타결되었다.

하지만 시간이 지나면서 협상의제가 광범위해지고 선진국과 개도국, 선진국과 선진국, 개도국과 개도국 등 회원국 간 이해관계가 복잡해지고 다층화되면서 협상 타결이 어려워지고 일괄타결 방식에 대한 비판과 우려도 증가하고 있다. 의제가 다양해질수록 회원국 입장에서는 그만큼 협상 결과로 인한 영향에 대한 불확실성이 증가한다. 일괄타결 방식을 통한 협상 타결에 적극적이지 못한 이유이다. 그리고 현재 우루과이라운드와 같이 선진국과 개도국 간 서로 협상을 통해 주고받을만한 주요한 의제가 뚜렷이 존재하지 않는다. 이러한 점도 현재 일괄타결 방식이 탄력을 받지 못하고 있는 이유 중 하나라고 할 수 있다.

이러한 일괄타결 방식과 관련된 문제의식을 바탕으로 최근 주목받고 있는 것이 조기수확 방식이라고 할 수 있다. 조기수확 방식은 앞에서 설명한 네 가지의 협상 방식 중 첫 번째인 복수국 무역 협정을 위한 협상 방식과 네 번째인 다자 협정을 위한 일괄타결 방식의 절충 형태라고 할 수 있다. 조기수확 방식은 일괄타결 협상을 위한 의제 중에서 타결 가능성이 크고 회원국 간 이해가 크게 엇갈리지 않는 일부 의제를 중심으로 협상을 벌여 타결하는 것이다. 이는 '부분적 일괄협상'(partial package deal)이라고도 할 수 있다. 이를 통해 먼저 가능한 일부 의제에 대해 타결을 짓고 조기에 회원국 전체에 그 협정이 발효되게 하는 방식이다.

조기에 타결된 의제는 이후 전체 의제에 대한 일괄타결이 이루어졌을 때 협정에 자동으로 귀속된다. 이러한 조기수확 방식은 오랫동안 정체되어있는 DDA의 숨통을 틔우고 협상의 끈을 계속 이어갈 수 있게 한다는 데서 의미를 부여할 수 있다. 하지만 조기수확 방식 경우도 그 협상의제의 선택에서부터 회원국 간 이견이 존재할 수 있다. 협상의제가 결정되더라도 이는 WTO의 DDA 협상의 여러 의제 중 중요하고 핵심적인 내용에서 많이 벗어나 있다는 비판이 있다.

따라서 조기수확 방식은 일괄타결 방식을 보완할 수 있는 역할은 할 수 있겠지만 완전히 대체하지는 못한다. 결국 지체되고 있는 WTO의 다자 무역 협상에 새로운 활력을 불어넣기 위해서는 기존 일괄타결 방식을 그대로 유지하되 조기수확 방식의 확대 적용 등 보완적인 역할을 할 수 있는 다른 방안을 적극적으로 활용할 필요가 있다. 다시 말해 기존의 일괄타결 방식에 기계적으로 얽매이기보다는 효과적인 협상 진행을 위해 유연하고 다층적인 협상 방식에 대한 고민이 필요하다. 이에 대한 회원국의 적극적인 참여와 노력이 필요한 시점이라고 할 수 있다.

2) 관세 인하 방식의 변화

앞에서 WTO의 의사결정 구조 및 일괄타결 방식, 조기수확 방식 등 관련한 다양한 협상 방식에 대해 살펴보았다. 우루과이라운드의 협상 방식이었던 일괄타결 방식은 DDA에도 적용되고 있다. 하지만 일괄타결 방식이라도 현실적으로 모든 회원국이 같은 수준의 권리와 의무를 부여받는 것은 아니다. 각 회원국에 부여되는 무역상의 권리와 의무는 개별 회원국의 경제발전 및 시장개방 수준 등에 따라 상당히 큰 편차를 갖는다. 일괄타결 방식은 그 협상 결과가 회원국 모두에게 적용된다. 하지만 이것이 회원국 모두가 기계적으로 같은 권리와 의무를 갖는다는 것을 의미하는 것은 아니다. 현재의 WTO 협상 방식은 오히려 협상을 통해 회원국의 상황에 따른 서로 다른 수준과 성격의 권리와 의무에 대해서 총의가 이루어지면 이를 각 회원국이 수용하는 방식이라고 할 수 있다.

이러한 WTO 협상 방식의 특성이 잘 반영되고 있는 분야가 관세 인하 분야라고 할 수 있다. GATT 체제뿐만 아니라 WTO 출범 이후 다자무역 협상의 의제 중 가장 기본적이면서도 중요한 것은 자유무역 확대를 위한 관세 인하 문제이다. 대부분 회원국은 무역 확대를 위한 관세 인하의 필요성에 대해서 큰 이견은 없다. 관세 인하의 당위성에 대해서는 의견의 일치를 보았다고 해도 과언은 아니다. 그렇다면 다음으로 고려되어야 할 이슈는 관세 인하(철폐)의 방식, 관세 인하의 폭, 관세 인하(철폐)의 이행 기간 등에 대한 것이다. 관세 인하의 변화 사례를 통해 일괄타결 방식이 다자 무역 체제 가운데 구체적으로 어떻게 실현되고 적용되었는지 살펴볼 수 있다.

우선 생각해 볼 수 있는 관세 인하의 방식으로는 회원국 간에 양자 또는 복수국 '요청·제안방식'(request·offer approach)을 통해 관세 인하 대상 품목, 인하 폭, 이행 기간 등에 대해 합의하는 방식을 들 수 있다. 요청·제안방식은 1948년 GATT 출범 이후 케네디라운드(1964~1967) 이전인 1960년대 초까지 GATT 협상에서 채택된 방식이다. 이 방식의 경우 관세 인하 협상은 주요 품목 간 이해관계가 엇갈리는 회원국을 중심으로 다수의 양자 또는 복수국 협상을 통해 이루어지게 된다. 이러한 양자 또는 복수국 협상을 통해 관세 인하의 내용이 결정되면 이는 최혜국대우 원칙에 의거 다른 회원국에도 적용되게 된다. 요청·제안방식은 앞에서 이야기한 협상 방식 중 첫 번째 방식인 복수국 협상 방식과 일맥상통한다고 할 수 있다.

요청·제안방식은 협상 대상 상품의 숫자와 회원국의 수가 많지 않은 경우 효과적인 관세 인하 방식이 될 수 있다. 하지만 시간이 지날수록 관세 인하 대상 품목 수와 이해 당사국이 빠르게 증가함에 따라 협상을 위한 시간과 비용도 증가하게 되었다. 양자 협상을 기본으로 한 요청·제안방식의 관세 인하는 그만큼 비효율성이 증가할 수밖에 없다. 이에 따라 케네디라운드부터는 요청·제안방식을 포기하고 사전에 합의된 '공식'(formula)을 활용한 관세 인하 방식을 채택하게 되었다.

회원국이 관세 인하를 위한 공통 공식을 채택하게 되면 모든 회원국은 채택된 공식에 따라 일률적으로 관세율을 인하한다. 공식에 따른 일률적인 관세 인하로 요청·제안방식에서 나타난 비효율성의 문제를 해결할 수 있다. 공식에 의한 관세 인하는 일단 모든 회원국이 그 공식에 대해 동의한다는 차원에서 앞에서 이야기한 협상 방식 중 일괄타결 방식과 맥을 같이 한다. 공식에 의한 관세 인하가 일괄타결 방식이었던 우루과이라운드와 현재 진행 중인 DDA에서 채택되고 있음은 우연의 일치가 아니라고 할 수 있다.

공식에 따른 관세 인하는 케네디라운드에서 처음 사용되었다. 당시 관세 인하를 위한 공식은 일률적인 인하 폭을 적용하는 '선형 인하 방식'(linear tariff reduction)이 사용되었다. 공산품에 대한 양허관세율을 일률적으로 50% 인하하는 것을 포함, 전체 무역 품목의 평균 관세율을 30% 감축하는 데 합의하였다. 선형 인하 방식은 적용하기 쉽고 간단하다는 장점이 있지만 기존에 차이가 컸던 국가 간, 품목 간 관세율의 차이를 좁히는 데는 한계가 있었다.

이러한 문제점을 해결하기 위해 케네디라운드 이후 동경라운드(1973~1979)에서는 높은 관세율의 인하 폭은 크게 하고 반면 낮은 관세율은 인하 폭을 작게 하는 '비선형 인하 방식'(non-linear tariff reduction)을 적용하였다. 여기서 사용된 공식을 스위스가 제안했다고 해서 '스위스 공식'(Swiss formula)이라고 한다. 이러한 비선형 인하 방식을 통해 상품 간, 국가 간 관세율의 격차를 좁히기 위한 노력이 진행되었다. 케네디라운드 이후 다자 무역 협상에서는 선형이든, 비선형이든 공식에 의한 일률적인 관세 인하가 기본적인 원칙을 작동하였다.

하지만 기존의 요청·제안방식도 완전히 폐기된 것이 아니라 보완적으로 활용할 수 있다. 예를 들어 평균 관세 인하 폭을 30%라고 한다면 개별 회원국은 해당 상품의 관세율을 일률적으로 30%씩 인하하는 것이 아니라 자국의 상품경쟁력에 따라 품목별로 관세율을 차등화하고 그 대신 전체 관세 인하 폭의 평균을 30%에 맞출 수 있다. 다시 말해 경쟁력이 떨어지는 상품의 경우 관세 인하 폭을 작게(예를 들어 20% 인하) 설정하는 대신 경쟁력이 높은 상품의 경우 관세 인하 폭은 크게(예를 들어 40%) 설정하면 평균 관세 인하 폭은 30%를 유지하면서 자국에 유리하게 관세 인하가 가능하다. 이때 개별 품목별 관세 인하 폭의 결정과 관련해서는 이해관계가 있는 다른 회원국과 요청·제안방식을 통해 관세 인하 폭의 조율이 가능하다.

이렇게 다자 무역 체제의 관세 인하는 공식을 이용한 방식을 기본으로 하고 요청·제안방식을 보완적으로 활용하는 방식으로 발전되었다. 이는 앞에서 논의한 DDA가 일괄타결 방식을 기본적인 의사결정 절차로 채택하면서도 필요에 따라서는 복수국 무역 협정, 조기수확 방식 등을 활용하는 것과 일맥상통한다고 할 수 있다. 일괄타결 방식은 협상 결과가 모든 회원국에 동등하게 적용되는 것이 원칙이지만 현실적으로는 회원국 별로 서로 다른 양허안이 제출되고 이를 근거로 세부 협상이 진행되기 때문에 최종협상 결과와 그 적용은 회원국 간 차이가 발생하게 된다. 물론 모든 회원국은 양허를 통해 자신에게 부여된 권리와 의무는 일률적으로 수용해야 한다.

마찬가지로 관세 인하의 궁극적 종착지는 관세 철폐 또는 모든 회원국이 동일 품목에 대해 최대한 저율의 동일 관세율을 부과하는 것이라고 할 수 있다. 하지만 국가별로, 품목별로 실행관세율이 서로 다른 것이 현실이다. 관세 인하를 개시하는 수준 자체도 다르므로 공식을 이용한 관세 인하 방식을 적용하더라도 국가 간, 특히 선진국과 개도국 간에 관세율의 차이는 존재할 수밖에 없다. 예를 들어 아래의 〈표 4〉는 선진국과 개도국의 양허관세율과 실행관세율을 나타낸 것이다. 먼저 EU, 미국 등 선진국 경우를 보면 농산물 양허관세율, 실행관세율 모두 각각 비농산물 및 전체품목 양허관세율 및 실행관세율에 비해 높다는 것을 알 수 있다. 이는 선진국의 경우 경쟁력이 높은 공산품 등 비농산물에 비해 경쟁력이 상대적으로 약한 농산물에 대한 보호 성향이 강하다는 것을 의미한다.

선진국은 실행관세율과 양허관세율에 차이가 크지 않다. 실행관세율과 양허관세율의 차이가 크지 않다는 것은 이미 실행관세율이 양허관세율이라는 허용된 최고 관세율 수준에 근접해 있다는 의미로 관세율을 그 이상 올리기 어렵다는 것을 의미한다. 따라서 선진국의 경우 관세를 활용해 보호무역 효과를 바라기란 어려운 일이 되었다. 하지만 개도국 경우를 보면 선진국과는 다르게 농산물 및 비농산물에 대한 관세율이 모두 상대적으로 높다는 것을 알 수 있다. 이는 개도국의 경우 농산물과 공산품 등 비농산물 모두에서 보호 성향이 강하다는 것을 의미한다.

한 가지 주목할 것은 개도국의 경우 실행관세율과 양허관세율의 차이가 크다는 것이다. 다시 말해 양허관세율이 실행관세율에 비해 높은 경우가 많은데 이는 농산물의 경우에서 현저하게 나타난다. 이러한 현상은 최빈개도국으로 갈수록 더 강하게 나타난다. 이처럼 실행관세율과 양허관세율의 차이가 큰 것은 현재 적용되고 있는 실행관세율에 비해 허용된 양허관세율이 상당히 높다는 것을 나타낸다. 이는 최빈개도국의 국내경제 상황과 필요에 따라 실행관세율을 인상하기가 그만큼 용이하다는 것을 의미한다. 대내외적 상황 변화에 따라 관세율을 탄력적으로 운용하려는 최빈개도국의 의도가 반영된 것이라고 할 수 있다.

표 4 _ 선진국과 개도국의 양허관세율 및 실행관세율

	농산물			비농산물			모든 상품		
	실행 관세율 (A)	양허 관세율 (B)	차이 (B−A)	실행 관세율 (A)	양허 관세율 (B)	차이 (B−A)	실행 관세율 (A)	양허 관세율 (B)	차이 (B−A)
선진국									
EU	12.3	12.8	0.5	3.9	4.0	0.1	5.0	4.9	0.1
미국	4.8	4.9	0.1	3.3	3.3	0.0	3.5	3.5	0.0
일본	17.3	20.9	3.6	2.5	2.5	0.0	4.4	4.9	0.5
스위스	27.2	48.2	21.0	1.9	2.0	0.1	5.2	8.1	2.9
캐나다	11.3	16.7	5.4	2.6	5.3	2.7	3.7	6.8	3.1
호주	1.3	3.4	2.1	3.0	11.0	8.0	2.8	10.0	7.2
뉴질랜드	49.4	131.0	81.6	0.5	3.1	2.6	7.0	20.1	13.1
개도국									
중국	15.6	15.7	0.1	8.7	9.2	0.5	9.6	10.0	0.4
남아프리카 공화국	9.0	39.5	30.5	7.5	15.8	8.3	7.7	19.0	11.3
브라질	10.3	35.4	25.1	14.2	30.7	16.5	13.7	31.4	17.7
멕시코	21.5	44.2	22.7	7.1	34.9	27.8	9.0	36.1	27.1
인도	31.8	113.1	81.3	10.1	34.6	24.5	13.0	48.7	35.7
최빈개도국									
아이티	8.0	21.1	13.1	4.2	18.2	14.0	4.7	18.7	14.0
네팔	14.1	41.1	27.0	12.0	23.7	11.7	12.3	26.0	13.7
앙골라	10.0	52.9	42.9	6.9	60.1	53.2	7.3	59.2	51.9
모잠비크	13.8	100.0	86.2	9.5	11.3	1.8	10.1	97.5	87.4
잠비아	16.5	104.3	87.8	13.7	57.6	43.9	14.0	102.6	88.6

자료: WTO Database. 양허관세율은 2011년 기준, 실행관세율은 2010년 기준.

이처럼 자유무역을 위한 다자 무역 체제는 GATT 출범 이후 50년 가까이 관세 인하를 위한 노력을 계속해 왔다. 이러한 노력의 결과 평균 관세율이 현저하게 낮아진 긍정적인 결과가 있었다. 하지만 아직도 국가 간, 상품 간 관세율의 격차는 존재한다. 이러한 관세율의 격차를 좁히기 위해 공식을 활용한 방식이 채택되었다. 공식을 활용한 방식 외에도 필요할 경우 요청·제안방식 등 다양한 관세 인하 방식이 활용될 수 있다.

관세 인하 방식의 변화는 앞에서 살펴본 WTO의 협상 방식 또는 의사결정 구조의 변화와 동일선상에서 찾아볼 수 있다. 다자 무역 체제의 관세 인하는 WTO의 협상 방식이 고정되어있지 않고 시대적 상황에 따라 변화, 발전되어 온 것과 마찬가지이다. 이는 선진국, 개도국 등 개별 회원국이 처한 상황과 이해관계에 따라 다양한 방식으로 적용되어왔다고 할 수 있다.

III WTO 심화

Chapter 8 WTO의 과제
Chapter 9 우리나라와 WTO
Chapter 10 WTO 무역분쟁
Chapter 11 WTO 개혁논의

INTERNATIONAL COMMERCE

INTERNATIONAL COMMERCE

CHAPTER

8

WTO의 과제

1. 경제적 왜곡
2. 서비스무역과 지식재산권보호
3. 무역분쟁
4. 신(新)통상 의제

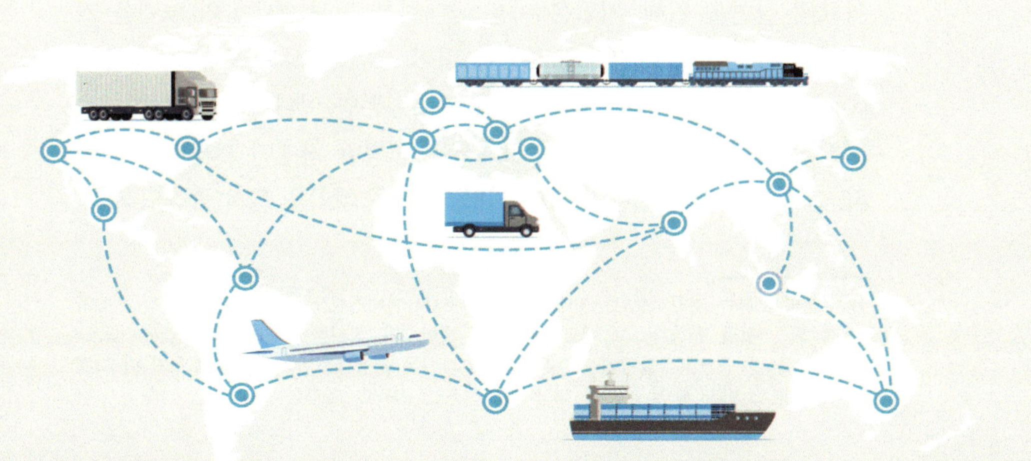

Chapter 8 WTO의 과제

1. 경제적 왜곡

1) 덤핑

앞에서 본 바와 같이 WTO를 중심으로 하는 현재의 다자 무역 체제는 자유무역 확대와 무역의 이익을 실현하기 위해 무수한 논의와 협상의 결과 만들어진 인내와 노력의 산물이다. 이 과정에서 국가는 정책 목표의 실현을 위해, 기업은 이윤 극대화를 위해 최대한의 노력을 기울이기 마련이다. 하지만 이러한 노력이 소위 '구성의 오류'(fallacy of composition)[1]를 최소화하고 개별 구성원뿐만 아니라 경제를 이루는 전체 구성원에게도 유익하기 위해서는 공정한 경쟁이 보장되어야 한다. 그렇지 않으면 일부 국가나 기업, 개인은 이익을 볼지 몰라도 사회,

1) 구성의 오류는 개인적으로는 타당한 행동이 사회 전체적으로는 부정적인 결과를 초래하게 되는 것을 말한다. 그 예로 경제학자 케인스가 제시한 '절약의 역설'(paradox of thrift)을 들 수 있다. 불황에 저축을 늘리면 개인은 안정감을 느끼겠지만 모두가 다 그렇게 하면 소비가 줄어 경기를 더욱 악화시키는 결과를 초래한다.

세계 전체적으로는 자원의 효율적 배분 및 활용에 왜곡이 발생하게 된다. 경제적 이익은 오히려 감소할 수 있다.

무역 분야에서도 무역의 이익을 극대화하기 위해서는 공정한 경쟁이 전제되어야 한다는 일반적인 경제원리가 적용된다. 따라서 공정한 경쟁을 저해하는 요인을 파악하고 이의 해소를 위한 노력과 방안이 필요하다. 무역에서 공정하고 경쟁적인 시장 메커니즘을 저해하는 주요한 요소 중 하나는 '가격의 왜곡'(distortion)이다. 가격의 왜곡이 발생하면 자원의 효율적 배분이 저해되고 이는 경제적 이익의 감소를 가져온다. 따라서 왜곡을 줄이거나 해소할 방안이 필요하다.

가격의 왜곡은 기업 측면에서 발생할 수도 있고 정부 측면에서 발생할 수도 있다. 전자의 대표적인 사례가 '덤핑'(dumping)이다. 후자의 사례는 '보조금'(subsidies)이다. 따라서 WTO에 있어서 경제적 효율성과 무역의 이익을 담보하기 위해서는 덤핑과 보조금으로 인한 경제적 왜곡을 줄이는 것이 해결해야 할 우선 과제가 된다. 아래에서는 이에 대한 논의에 집중한다.

먼저 덤핑에 대해 살펴보자. 덤핑은 무역을 포함한 일반적인 상거래에서 상품을 원가 이하의 가격으로 싸게 파는 것을 의미한다. 덤핑은 국내에서 일어나는 상거래보다는 무역에서 더 큰 이슈이다. 왜냐하면 덤핑으로 저렴한 수입상품이 대량 수입되어 국내시장을 잠식하고 더 나아가서 독점하게 되면 국내산업은 붕괴되고 심각한 경제문제에 봉착할 수 있기 때문이다. 이러한 이유로 WTO 협정은 덤핑을 규제하고 있다.

무역에서 덤핑은 자국의 '정상가격'(normal price) 이하의 가격으로 수출하는 행위를 의미한다. 정상가격은 일반적인 시장가격을 의미한다. 국가 간에 이루어지는 무역의 경우 덤핑 여부를 판단하는 것은 상당히 복잡하고 어려운 분석 과정이 필요하다. 먼저 수출 가격과 국내에서 판매되는 가격의 차이가 얼마나 되는지를 계산해야 한다. 국내 판매 가격이 지역마다 다를 경우 어떤 가격을 기준으로 삼고 어떻게 계산해야 하는지 결정해야 한다. 가격 변동이 심한 경우 어느 기간의 가격으로 비교해야 하는지도 어려운 문제이다. 이렇게 기준과 방법에 따라서 덤핑 산정의 결과가 달라질 수 있으므로 덤핑 여부에 대한 무역상대국 간에 갈등과 분쟁이 발생할 가능성이 있다. 이에 더해 과연 덤핑을 규제해야 하는지에 대해서도 의문의 여지가 있다. 가격은 판매자가 자율적으로 결정할 수 있고 소비자는 저렴한 수입상품을 소비할 수 있으므로 소비자잉여 증가로 오히려 유리할 수 있기 때문이다.

상대국의 덤핑으로 피해를 보았다고 판단한 회원국은 이에 대해 반덤핑조치를 취할 수 있다. 물론 수출국은 수입국의 반덤핑조치가 부당하다고 WTO에 제소할 수 있다. 만약 WTO가 수출국이 덤핑을 했고 그 결과 수입국에 피해를 준 것으로 판결하면 수입국은 반덤핑조치를 계속 유지할 수 있다. 따라서 반덤핑조치는 덤핑이라는 상대국의 불공정 무역행위에 대한 대응 조치의 하나이다. 미국, EU, 인도, 브라질 등 선진국, 개도국을 가리지 않고 다수의 회원국이 덤핑을 이유로 반덤핑조치를 취하고 수출국은 이의 부당함을 주장하며 수입국의 반덤핑조치에 대해 WTO에 제소하고 있는 것이 현실이다. 이처럼 덤핑에 대한 객관적인 판단이 어렵고 덤핑으로 인한 경제적 후생의 변화도 분명치 않으므로 반덤핑조치는 자국 산업을 보호하기 위한 보호무역 조치로 평가되고 있는 것도 사실이다.

앞에서 언급했듯이 덤핑은 수출기업이 수입국에서 적정한 가격에 비해 낮은 가격으로 판매(수출)하는 것을 의미한다. 일반적으로 적정한 가격은 수출국의 시장에서 형성되는 시장가격 또는 균형가격을 의미하는데 이를 덤핑가격에 대비하여 정상가격이라고 한다. 경제학에서 이야기하듯이 시장에서 형성되는 균형가격, 즉 정상가격에 비해 낮게 판매하는 경우 경제적 왜곡 및 자원의 비효율적 배분 현상이 발생한다. 덤핑을 통해 수입국 시장을 독점하게 되면 수입국의 국내산업은 심각한 피해를 보게 된다.

따라서 덤핑은 불공정 무역행위로 규정되고 수입국은 이에 대한 적절한 조치를 시행할 필요가 있다는 것이다. 더욱이 덤핑은 정부가 아닌 기업 활동의 차원에서 발생한다. WTO 협정이 정부 간의 권리와 의무에 대한 약속이라는 측면에서 볼 때 기업 차원에서 이루어지는 덤핑은 이 점에서 특수한 성격을 갖는다. 왜냐하면 양허관세 원칙 및 수량제한금지 원칙의 이탈 등은 정부 정책에 따라 결정되지만 덤핑은 기업의 영업전략 또는 해외시장 진출 전략에 의해 결정되는 경우가 대부분이기 때문이다.

이러한 배경을 놓고 볼 때 WTO가 예외적으로 기업의 덤핑에 대해 제재하고 규율하는 것은 덤핑이 정부의 행위는 아니지만 그만큼 자원의 효율적 배분을 왜곡하고 자유무역 확대에 부정적 영향을 줄 수 있다고 보기 때문이다. 수출국 입장에서는 덤핑으로 인한 이점이 있겠지만 대부분 회원국이 덤핑의 폐해에 대해 공감하기 때문에 '반덤핑 협정'(Agreement on Implementation of Article VI of GATT 1994)이 WTO 협정에 포함되었다고 할 수 있다.

그렇다면 덤핑이 어떤 부작용을 초래하는지 예를 들어보자. A국과 B국은 시장개방과 자유무역을 위해 양허관세 및 수량제한금지 원칙을 준수하기로 협정을 체결하였다. 이에 따라 양국 모두는 '신의성실(信義誠實)의 원칙'(principle of good faith)[2)]을 지켜가며 자유무역을 통한 무역의 이익을 실현하기 위해 노력을 다하고 있다. 그러면 이것만으로 자유무역을 위한 완벽한 조건이 형성되었다고 할 수 있을까?

정답은 '아니다'이다. 그 이유를 알아보자. 예를 들어 A국이 B국으로 신발을 수출하고 있다. B국에서 수입된 신발에 대한 양허관세율은

2) 신의성실의 원칙은 윤리적 규범에 있어 모든 사람은 사회 공동생활의 일원으로서 상대방의 신뢰를 헛되이 하지 않도록 성의 있게 행동하여야 한다는 원칙을 말한다. 신의성실의 원칙은 계약법뿐 아니라 모든 법률관계를 규제, 지배하는 법의 일반원칙으로서 계약법인 민법뿐만 아니라 모든 사법에 적용된다. 심지어 일부 공법 분야에도 적용된다.

20%이다. 무역은 두 국가 간에 이루어지지만 실제로 수출의 주체는 기업이다. A국 수출은 실제로는 A국의 a기업이 수출하는 것이다. A국의 국내 신발가격은 50달러, B국의 국내 신발가격은 55달러이다. a기업의 이윤은 판매가격 50달러의 20%인 10달러이다. 관세율이 20%이므로 a기업이 B국에 수출할 때 관세를 포함한 신발가격은 60달러(50+50×0.2)가 된다. B국 신발가격이 A국 신발가격보다 5달러 저렴하므로 B국의 b기업은 a기업에 비해 가격경쟁력을 갖는다. 국내시장점유율 측면에서 유리하다. a기업은 B국으로의 수출 확대 방안을 고민할 것이다. a기업 입장에서는 B국이 신발에 대한 관세를 철폐하면 수출 가격이 국내가격과 같은 50달러가 되고 b기업의 신발가격인 55달러에 비해 저렴하다. 이제 a기업은 B국으로의 수출이 증가할 것으로 기대할 수 있다.

이를 위해서는 국가 간 협상이 필요한데 단시일 내에 이를 기대하기란 쉽지 않다. 다른 방법으로는 비용 절감, 기술혁신 등 생산성 향상을 통한 생산비용의 감소로 판매가격을 인하할 수 있다. 하지만 생산성 향상을 위한 노력은 단기적으로 효과를 내기가 쉽지 않다. 이윤이 목적인 a기업이 단기간에 손쉽게 취할 수 있는 선택은 국내 정상가격(시장가격)보다 수출 가격을 낮게 하여 신발을 수출하는 것이다. 만약 a기업이 이윤율 20%를 포기하고 원가인 40달러에 수출하면 B국에서의 판매가격은 48달러(40+40×0.2)가 된다. 이제 수입된 a기업의 신발가격이 b기업의 신발가격보다 7달러만큼 싸게 되어 B국 소비자가 a기업의 수입신발을 구매할 유인이 생기게 된다. B국에서 a기업의 시장점유율은 높아지고 b기업은 가격경쟁력을 잃고 시장에서 퇴출될 수 있다. a기업이 B국의 신발시장을 독점하게 되는 상황까지도 가능한 것이다. a기업은 덤핑으로 인한 단기적인 이윤을 포기하는 대신 장기적으로 B국 시장점유율을 높이고 더 나아가 시장을 독점할 수 있는 전략적 우위를 점하게 된다.

그렇다면 이러한 a기업의 덤핑을 통한 판매행위는 자유무역의 확대라는 차원에서 어떻게 평가할 수 있을까? 이윤 극대화를 목표로 하는 기업이 자신이 생산한 상품의 판매가격을 자율적으로 결정하는 것은 당연하고 큰 문제가 아닐 수 있다. 하지만 자유무역 확대라는 차원에서 덤핑이 가져올 부작용을 고려하면 문제가 그리 간단치만은 않다. 앞의 예에서 a기업의 덤핑으로 인해 b기업이 퇴출되고 a기업이 B국 신발시장을 독점하게 되었다고 하자. 이제 a기업은 B국 시장에서 독점적 공급자의 위치를 갖는다. a기업은 다른 기업과의 경쟁 없이 독점적 이윤을 극대화하는 수준에서 신발가격을 결정할 것이다. 결국 B국에서의 신발가격은 경쟁시장 가격이 아닌 a기업의 이윤을 극대화하는 독점시장 가격으로 인상될 것이다. B국 소비자는 그만큼 높은 가격을 지불해야 한다. 독점시장에서는 자원 배분의 왜곡이 발생한다. 자원의 효율적 배분과 활용을 가져오는 경쟁시장에 비해 공급량(생산량)은 줄고 가격은 상승한다. 소비자의 후생은 감소할 수밖에 없다.

물론 a기업이 가격을 인상하면 B국 b기업이 가격경쟁력을 회복하여 시장에 재진입할 수도 있다. 이렇게 되면 a기업은 장기적으로 독점적 이윤을 누리지는 못할 수 있다. 이러한 이유로 장기적으로는 덤핑도 그렇게 염려할 것이 아니라고 주장할 수 있다. 덤핑을 통해 수입가격이 인하되면 수입국 소비자가 저렴한 가격에 상품(신발)을 구매할 수 있게 되어 유리한 측면이 있다고 주장할 수 있다. 하지만 이에 대한 반론도 존재한다. 일단 기업이 새롭게 시장으로 진입하기 위해서는 초기 투자에 드는 비용이 예상보다 많이 들 수 있다. 독점시장의 진입장벽으로 인해 시장진입이 예상보다 오랜 시간과 적지 않은 투자비용이 들 수 있다. 따라서 새로운 기업이 신발시장에 진입하여 독점기업과 경쟁을 시작하기는 결코 쉬운 일이 아니다.

이렇게 덤핑으로 인해 피해를 입었거나 입을 가능성이 큰 회원국은 덤핑으로 발생한 정상가격과의 차이를 메꾸기 위해 관세 인상, 수량제한 등 국내산업 보호조치를 시행할 가능성이 크다. 이는 자유무역을 저해하는 요인으로 작용한다. 앞에서 언급했듯이 무역 당사국 간 무역 분쟁을 일으켜 자유무역 확장에 걸림돌이 될 수 있다. 이러한 측면에서 덤핑을 개별기업의 이윤 극대화 또는 시장점유를 위한 마케팅 전략으로만 이해하는 것은 자유무역 질서 전체적 차원에서 보면 부족한 해석이라고 할 수 있다.

이러한 문제로 인해 WTO는 덤핑이 국가(정부)의 행위 또는 무역 관련 조치가 아님에도 불구하고 그 부작용과 폐해의 심각성을 인지하고 이에 대응하고자 노력하고 있다. WTO는 덤핑을 방지하기 위해 GATT 제6조(반덤핑 및 상계관세)[3]와 반덤핑 협정에 '반덤핑관세'(anti-dumping duty)를 부과할 수 있는 근거 조항을 두고 있다. 반덤핑관세는 양허관세와는 무관하게 독립적으로 부과할 수 있다. 물론 반덤핑관세는 보호무역 조치로 활용되고 무분별하게 부과되는 것을 방지하기 위해 덤핑으로 인해 피해를 입었거나 피해가 예상되는 부문에 한정하여 부과하도록 하고 있다. 그리고 부과되는 반덤핑관세도 정상가격과 수출 가격의 차이(덤핑마진)를 상쇄할 만큼만 부과하도록 하고 있다. 이를 '최소

---

3) 예를 들어 GATT 제6조 1항은 다음과 같다.

1. 체약당사자들은 덤핑, 즉 일국의 상품이 그 상품의 정상가격보다 낮게 타국의 상거래에 도입되는 것이 체약당사자 영토 내의 기존 산업에 실질적인 피해를 야기하거나 야기할 우려가 있는 경우 또는 국내산업의 설립을 실질적으로 지연시키는 경우 이러한 덤핑이 비난받아야 한다는 것을 인정한다. 이 조의 목적상 일국에서 타국으로 수출되는 상품의 가격이 다음의 어느 하나에 해당되는 경우 이 상품은 정상가격보다 낮게 수입국의 상거래에 도입되는 것으로 간주된다.

(a) 수출국에서 소비용인 때의 동종 상품에 대하여 정상적인 거래 과정에서의 비교 가능한 가격보다 낮은 경우 또는,

(b) 이러한 국내가격이 없는 경우에는 다음 둘 중 하나보다 낮은 경우

(i) 정상적인 거래 과정에서 제3국으로의 수출을 위한 동종 상품에 대한 최고의 비교 가능한 가격 또는

(ii) 원산국에서의 상품의 생산비용에 판매비용 및 이윤을 합리적으로 가산한 것 판매 조건의 차이, 과세의 차이 및 가격 비교 가능성에 영향을 미치는 그 밖의 차이점들에 대하여서도 각각의 경우에 적절한 고려를 한다.

부과원칙'(lesser duty rule)이라고 한다.

요약하면 덤핑은 기업의 불공정(정상가격보다 낮은) 가격 수출로 인해 국가 간에 인위적이고 자의적인 상품가격 차이를 초래한다. 이는 가격의 왜곡과 자원의 비효율적 배분과 활용을 가져온다. 수입국은 덤핑에 대응하기 위해 반덤핑관세 부과 등 보호무역 조치를 시행하게 된다. 이러한 상황의 반복은 결국 자유무역의 확장을 저해한다. 덤핑은 기업의 행위로 인해 발생하는 것이지만 WTO의 목표인 자유무역 발전에 걸림돌이 되는 것이다. WTO가 덤핑을 규제하고 있는 이유이다.

이러한 노력에도 불구하고 최근 덤핑은 관련 규정을 회피하기 위해 우회덤핑[4] 등 다양한 형태로 변화되고 있다. 이에 맞추어 WTO에서는 덤핑을 방지하기 위한 노력과 함께 덤핑 방지를 빙자하여 임의적 보호무역 조치를 시행하는 것을 제한하고자 하는 다자 차원의 논의와 협상이 활발하게 진행되고 있다.

2) 보조금

덤핑이 기업이 주체가 되는 가격 왜곡이라고 한다면 '보조금'(subsidies)은 정부가 주체가 되는 가격 왜곡이다. 보조금은 '역(逆)조세'(minus tax)의 성격을 갖는다. 따라서 보조금도 정부의 개입으로 시장가격에 변동(왜곡)을 가져온다. 일반적으로 보조금은 자국 산업의 보호와 육성이라는 목적이 있으므로 보호무역 조치로 활용되는 경우가 대다수이다.

예를 들어 A국 a기업은 B국에 신발을 수출한다. 덤핑의 사례와 같이 a기업의 수출 가격은 50달러, B국의 신발에 대한 양허관세율은 20%라고 하자. B국에서 a기업의 신발가격은 60달러가 된다. 반면 B국 b기업의 신발가격은 50달러이다. a기업의 신발가격이 10달러만큼 비

4) 우회덤핑은 반덤핑관세의 부과를 피하기 위해 제3국으로 수출하는 행위를 의미한다. 이는 주로 대상 품목을 완성하지 않은 상태로 제3국으로 수출한 후 그곳에서 조립하여 목표 국가에 다시 수출하는 형식이다.

싸므로 a기업은 B국 시장에서 가격경쟁력을 잃고 수출이 어렵게 된다. 경제성장을 위해 수출의 역할이 크다고 판단한 A국 정부는 B국으로의 수출증대를 위한 정책적 방안을 고려하기 시작한다. 그중 하나가 a기업에게 수출보조금을 지급하는 것이다. A국 정부가 a기업에 대해 신발 한 켤레 당 10달러의 수출보조금을 지급한다면 a기업은 보조금만큼 가격 인하의 여지가 생긴다. 보조금 덕분에 a기업은 B국에 40달러의 가격으로 수출할 수 있다. 이제 B국에서 a기업 신발가격은 48달러(40+40×0.2)가 된다. b기업 신발보다 2달러만큼 저렴하게 된다. 이에 따라 a기업은 B국에서 가격경쟁력을 갖게 되고 수출이 증가한다.

위 덤핑의 사례와 같이 B국의 b기업은 A국 정부의 보조금정책으로 인해 자국에서 경쟁력을 잃을 위험에 처하게 된다. B국은 자국 산업(기업) 보호를 위해 관세 인상, 수량 제한 등 보호무역 조치를 시행할 수 있다. 정부의 보조금은 덤핑과 같이 상품가격 왜곡을 가져온다. 이는 다시 효율적인 자원의 배분과 활용을 저해하고 자유무역의 확대에도 부정적인 영향을 주게 된다.

보조금은 정부의 행위라는 데서 기업이 주체가 되는 덤핑보다는 WTO 협정의 규제 대상으로 설정하는 데 큰 이견이 없다. WTO는 보조금으로 인한 경제적 왜곡 및 폐해를 방지하기 위해 '보조금 및 상계조치에 관한 협정'(Agreement on Subsidies and Countervailing Measures)에서 보조금에 대해 상세히 규정하고 있다. 여기서 중요한 것은 보조금을 정의하는 데 있어 '특정성'(specificity)을 핵심적 요소로 보고 있다는 점이다. 특정성이란 정부의 지원이 보편적이고 포괄적이지 않고 소수의 특정 기업 또는 산업에 부여되는 경우를 의미한다. WTO에서 문제 삼고 있는 보조금은 특정성의 성격이 있는 보조금이라고 할 수 있다. WTO 협정은 모든 보조금이 아닌 이러한 특정성을 가진 보조금을 규제하고자 하는 것이다.

WTO 협정상 보조금은 크게 '금지보조금'(prohibited subsidies)과

'조치가능보조금'(actionable subsidies)으로 나눌 수 있다. 금지보조금은 금지의 의미인 빨간색을 사용하여 '적색보조금'(red subsidies)이라고도 한다. 금지보조금은 수출성과에 따라 지급하는 '수출보조금'(export subsidies)과 수입상품을 대체하는 국산 상품의 사용을 조건으로 지급하는 '수입대체보조금'(import substitution subsidies) 이 대표적인 예이다. 금지보조금은 정부의 개입으로 인한 가격의 왜곡이 발생하고 이는 자유무역을 저해하는 요인이므로 WTO 협정은 이를 엄격하게 금지하고 있다. 금지보조금은 무역분쟁과 보복 조치가 뒤따라올 우려가 있으므로 실제로 금지보조금을 직접적으로 지급하는 행위는 줄어드는 추세이다. 하지만 최근 금지보조금을 피하면서 자국 산업의 보호와 육성을 위해 다양한 형태의 보조금을 지급하는 사례가 많아지고 있음도 부정할 수 없다.

조치가능보조금은 이전에는 '허용보조금'(permissible subsidy)이라고도 불렸다. 하지만 허용이라는 용어는 마치 얼마든지 보조금 지급이 가능하다는 의미로 오해될 수 있다. 따라서 금지보조금이 아니더라도 다른 성격, 형태의 보조금으로 인해 무역상대국의 피해가 발생하는 경우 이에 대해 WTO 제소 등 구제 조치가 가능하다는 의미에서 '조치가능'(actionable)이라는 용어를 대신 사용하게 되었다. 조치가능보조금의 대표적인 예로는 연구개발(R&D), 낙후지역에 대한 지원, 구조조정에 필요한 지원 등을 들 수 있는데 이는 경제개발이나 환경보호 등을 위한 정부의 일반적인 지원을 포함하는 것이라고 할 수 있다. 장기적으로 기업과 산업의 경쟁력 향상을 위한 '산업보조금'(industrial subsidies)도 이에 포함된다. 따라서 조치가능보조금의 경우는 직접적인 상품가격의 왜곡이 발생하지 않는다고 할 수 있다.

하지만 조치가능보조금이라도 아무 제한 없이 사용될 수 있는 것이 아니다. 앞에서 언급했듯이 조치가능보조금으로 인해 무역상대국이 무역상 불이익을 받았거나 그럴 가능성이 현저할 경우 '비위반제소'(non-violation complaint)의 형식을 활용하여 WTO 분쟁해결절차를 시작할 수 있다. 비위반제소란 무역 상대방 국가가 보조금 조치 등 WTO 협정을 위반하지 않았다 하더라도, 다시 말해 비(非)위반 상황에서도 자국이 무역의 결과 심대한 무역상 피해가 발생했거나 그 가능성이 현저할 때 WTO에 제소하고 분쟁해결절차를 활용할 수 있는 제도이다. 조치가능보조금과 같이 상대국의 조치가능보조금 지급으로 인해 피해를 입었거나 입을 가능성이 큰 경우 그 보조금 조치가 WTO 협정을 직접적으로 위반하지 않더라도 그 피해의 구제를 요구하는 것이다. 하지만 현실적으로는 비위반제소는 WTO 협정 위반이 아닌 조치를 대상으로 제소하는 것이고 그 부당성을 제소국이 입증해야 하는 등 제소의 실효성이 없기 때문에 거의 활용되지 않는다는 한계도 존재한다.

WTO 제소 외에 상대국의 보조금 지급으로 인해 무역상 불이익을 받은 회원국은 두 가지 방법으로 이에 대응할 수 있다. 첫째, 상대국에 대해 보조금 지급의 감축 또는 중단을 요구할 수 있다. 더 나아가 만약 서로 경쟁하고 있는 제3국의 시장에서 상대국의 보조금 지급으로 인해 경쟁에서 불리한 입장인 경우에도 보조금 지급의 감축 또는 중단을 요구할 수 있다. 둘째, 상대국의 보조금 정책으로 피해를 입은 회원국은 자국 산업을 보호하고 무역상 불이익을 보전하기 위해 보조금의 영향을 상쇄할 만큼의 '반보조금'(anti-subsidies) 또는 '상계관세'(countervailing duties)를 부과할 수 있다.

다만 이러한 보조금 관련 내용은 상품무역 중 공산품에만 적용된다. 아직 농산물 무역에는 적용되지 않는다. 농산물 보조금의 경우는 농업 협정에서 규정하고 있다. 대부분 국가는 다양한 이유로 농산물에 대해 보조금을 지급하고 있고 그 규모도 막대하다. 농산물 관련 보조금 문제를 개별적인 농업 협정을 통해 다루고 있는 것은 이러한 현실적 한계를 반영한 것이라고 할 수 있다. 특히 '보조금 및 상계조치에 관한 협정'에서 규정하고 있는 금지보조금인 수출보조금의 경우 농산물에 대해서도 공산품과 같이 동일하게 적용하게 되면 주요 농산물 생산국의 반발과 그 부작용이 클 것이다. 이러한 이유로 농산물 보조금 관련 내용은 일반 상품과 분리하여 농업 협정에서 따로 규정하고 있다고 할 수 있다. 농산물의 경우 공산품 무역에 비해 느슨하게 규정하고 있는 것이 현실이다.

간단하게 농업 협정에서 규정하고 있는 농산물 관련 보조금 규정을 살펴보자. 농업 협정에서는 회원국 필요에 따라 특정 농산물의 생산과 수출을 보조하기 위한 수출보조금, 생산보조금을 허용하고 있다. 하지만 우루과이라운드를 통해 농산물에 대해서도 수량제한금지, 예외 없는 관세화 등 WTO의 기본원칙이 관철되었다. 이는 농산물 분야에서 경쟁력이 없었던 다수의 개도국과 일부 선진국 등의 반대에도 불구하고 자유무역의 확대라는 대승적인 합의를 위한 노력으로 이루어진 것이다. 민감한 사안 중 하나였던 농산물에 대한 보조금도 점진적으로 감축해야 한다는 공감대가 형성되었다.

각 회원국은 보조금의 점진적 감축(그 최종목적은 보조금의 완전한 철폐)을 목표로 농산물의 품목별 수출보조금, 생산보조금 등의 규모를 정하도록 하였다. 이를 근거로 일정 기간 안에 일정 비율의 농산물 보조금을 점진적으로 감축하도록 하였다. 각 회원국은 이 의무를 이행하기 위해 정해진 보조금 한도 내에서 수출보조금, 생산보조금 등을 지급할 수 있다. 농산물 보조금 감축을 위한 이행 기간은 2000년까지로 한정하고 그 이후의 감축에 대해서는 추후 협상에 맡기도록 하였다.

2001년 11월 카타르 도하에서 WTO의 첫 다자 무역 협상인 DDA가 시작되어 농산물 보조금의 추가적 감축과 이행을 위한 협상이 시작되었다. 회원국은 수출보조금 추가 감축, 2004년 6월까지 완전 철폐를 원론적으로 합의하였다. 이외의 농산물 관련 보호무역 조치에 대한 협상도 계속 진행하기로 하였다. 하지만 이후 20여 년이 지난 현재까지도 DDA가 뚜렷한 성과를 내지 못하고 공전하고 있다. 농산물 보조금 관련 협상도 더 이상의 실질적인 진척이 이루어지지 않고 계속 답보 상태에 머무는 상황이다.

향후 DDA가 타결되면 농산물에 대한 보조금도 더 이상 허용되지 않을 가능성이 크다. 따라서 농업 분야 개방에 민감한 우리나라로서는 협상의 진행 상황을 예의주시하지 않을 수 없고 우리나라의 이익을 최대한 관철할 수 있도록 노력할 필요가 있다.

3) 정보의 비대칭성

덤핑과 보조금 외에 시장의 왜곡을 가져오는 또 하나의 요인은 '정보의 비대칭성'(asymmetric information)으로 인한 문제이다. 정보의 공유에 있어 정보를 소유한 자와 그렇지 못한 자 간에 정보의 비대칭이 발생하면 자원이 효율적으로 배분되지 못하게 된다. 정보의 비대칭성으로 인한 문제의 대표적인 예가 중고차시장(일명 레몬시장, Lemon market)이다. 판매되는 중고차와 관련해서 중고차 판매자와 구매자가 가지고 있는 중고차에 대한 정보는 차이가 있을 수밖에 없다. 일반적으로 구매자보다는 자동차를 사용했던 판매자가 그 중고차에 대한 정확한 정보를 가지고 있을 것이다.

이 경우 중고차시장에서 중고차에 대한 정보가 정확하게 고시되는 메커니즘이 마련되지 않는다면 중고차 판매자는 자신의 중고차를 적정가격에 비해 높이 판매할 유인이 커지게 된다. 결국 중고차 구매자는 적정가격에 비해 좋지 않은 중고차를 매입할 가능성이 커지게 된다. 이러한 상황이 반복되게 되면 중고차시장에서 구매자는 점점 이탈할 것이고 중고차의 적정가격도 제대로 인정받지 못하는 상황이 된다. 양질의 중고차 판매자도 제값을 못 받게 되므로 중고차시장에서 이탈하게 된다.

결국 중고차시장에는 소위 결함이 있는 자동차를 의미하는 '레몬'(lemon)과 같은 불량 중고차만 매물로 나오고 거래 자체가 성사되지 않는 상황이 된다. 이는 중고차시장의 시장 기능을 마비시켜 자원의 효율적 배분을 저해하는 결과를 가져오게 된다. 중고차시장이 효율적으로 운영되기 위해서는 중고차에 대한 정보가 판매자든 구매자든 동일하게 제공되어야 하고 그 정보에 대한 접근성에서도 제약이 없어야 한다.

무역에서도 무역 관련 법률, 제도, 정책 등에 대한 정확한 정보가 투명하게 공유되지 않는 경우 정보의 비대칭이 발생한다. 정보 접근에 제한이 있는 경우 경제주체의 합리적 의사결정이 어렵게 된다. 자유무역은 위축되고 무역의 이익을 충분히 실현하지 못할 가능성이 크다. WTO 협정은 무역 관련 정보의 비대칭성 문제를 해소하기 위해 회원국에 대해 무역에 영향을 끼칠 수 있는 국내 법률, 제도, 규칙, 정책 등의 상세한 내용을 누구든지 정확하게 인지할 수 있도록 '공표'(publication), '통지'(notification)하도록 규정하고 있다. 회원국이 제공하는 무역 관련 정보들은 WTO 웹 사이트에 등록되고 누구든지 언제든 자유롭게 그 내용을 열람할 수 있다.

이를 '투명성 원칙'(Transparency)이라고 한다. 그 내용은 GATT 제10조(무역규정의 공표 및 시행)에 규정되어 있다.[5] 투명성 원칙은 정보의 발표 및 통지에 머무르지 않는다. 분쟁해결절차가 진행되는 경우 그 적절성과 절차적 타당성에 대한 신속한 검토와 시정조치가 가능하

---

5) 예를 들어 GATT 제10조 1항은 다음과 같다.

1. 체약당사자가 시행하고 있는 법률, 규정, 사법 판결 및 일반적으로 적용되는 행정결정으로서 관세 목적을 위한 상품의 분류 또는 평가, 관세, 조세 또는 그 밖의 과징금의 비율, 수입 또는 수출, 이를 위한 지급 이전에 대한 요건, 제한 또는 금지에 관한 것이거나 상품의 판매, 유통, 운송, 보험, 창고보관, 검사, 전시, 가공, 혼합 또는 그 밖의 사용에 영향을 주는 것은 각 정부 및 무역업자가 알 수 있도록 하는 방식으로 신속히 공표되어야 한다. 체약당사자 정부 또는 정부 기관과 다른 체약당사자 정부 또는 정부 기관 간에 유효한, 국제무역 정책에 영향을 주는 협정도 공표되어야 한다. 이 항의 규정은 체약당사자가 법률의 시행을 방해하거나 달리 공익에 반하거나 공사를 불문한 특정 기업의 정당한 상업적 이익을 저해할 수 있는 비밀정보를 공개하도록 요구하는 것은 아니다.

도록 국내적으로 사법적, 중재적, 행정적 차원의 기구 또는 절차를 마련하도록 규정하고 있다.

이러한 기구나 절차는 정부의 영향에서 독립적이어야 한다. 특히 반덤핑 협정, 보조금 및 상계관세 협정 등 무역구제 관련 협정의 경우 민감한 사항이라는 점을 이유로 투명성 원칙을 보장하기 위한 엄격하고 세밀한 조건들을 규정하고 있다. 아울러 WTO는 정보의 투명성을 시스템적으로 보장하기 위해 '무역정책검토 메커니즘'(Trade Policy Review Mechanism, TPRM)을 도입하고 있다. TPRM은 각 회원국의 무역정책과 제도 등이 다자 무역 체제에 미치는 영향과 역할에 대해 WTO 차원의 정기적이고 집단적인 검토와 평가를 가능하게 한 것이다.

WTO는 개별 회원국의 무역정책이나 관행에 대해 2~6년 주기로 다자 평가, 검토한다. 세계 4대 무역국인 미국, EU, 중국, 일본 등은 2년 주기로, 우리나라를 포함한 5위부터 20위까지의 무역국은 4년 주기로 평가받는다. 나머지 국가에 대한 평가는 6년 주기로 이뤄진다. 하지만 이는 회원국에 어떤 강제조항을 이행하도록 하기 위한 것은 아니다. TPRM의 목적은 회원국의 무역과 관련된 법률, 제도, 관습, 정책 등에 대한 깊은 이해를 통해 높은 수준의 투명성을 확보하고 정보의 비대칭성 문제를 최소화하는 데 있다.

2. 서비스무역과 지식재산권보호

1) 배경

앞에서 살펴보았듯이 GATT를 시작으로 한 다자 무역 체제는 상품무역에 대한 논의와 국제적 차원의 무역규범을 제정하기 위한 회원국 간 협상에서 시작되었다. 시간이 지나면서 선진국을 중심으로 서비스무역과 지식재산권보호에 대한 중요성이 대두되면서 이에 대한 논의와 협상도 함께 이루어지기 시작하였다. 기존 상품무역을 관장하는 상품협정인 GATT만으로는 이를 포괄하는 데 한계가 있으므로 서비스무역, 지식재산권 등 새로운 통상 의제와 분야에 대한 무역규범이 필요하게 되었다. 이에 대한 다자 차원의 합의 필요성에 대한 공감대가 형성되었다.

이에 따라 WTO 협정에 GATT 1994를 포함한 '상품무역에 관한 다자협정'(부속서 1A, Annex 1A) 외에 '서비스무역에 관한 일반협정'(General Agreement on Trade in Services, GATS)이 부속서 1B(Annex 1B)로, '무역 관련 지식재산권에 관한 협정'(Trade-Related Aspects of Intellectual Property Rights, TRIPs)이 부속서 1C(Annex 1C)로 포함되었다. 서비스무역 협정 및 지식재산권 협정은 기본적으로는 기존 GATT의 주요한 기본원칙과 내용을 원용하였다. 하지만 현실적으로 서비스무역과 지식재산권보호의 경우 모든 회원국에 일반적인 상품무역과 동일한 수준의 원칙과 양허 조건을 강제하기에는 무리가 있었다.

상품무역의 자유화 조치의 경우 관세 인하 또는 수량제한금지 등은 단순하면서 명확한 기준설정이 가능하고 원칙의 적용 및 실현이 용이하다. 이에 비해 서비스는 눈에 보이지 않기 때문에 실체로서의 상품과 같이 관세를 부과하거나 수량을 제한하는 것은 쉽지 않다. 무역자유화를 위한 명확한 기준설정도 어렵다. 서비스산업의 세부 분야마다 그 특성 및 개방 수준이 다르다. 따라서 그 기준설정이 상당히 복잡할 수밖에 없고 있더라도 명확하지 않은 사례가 적지 않다.

서비스산업의 경우 유형의 제품을 생산하는 것이 아니라 사람이 직접 무형의 가치를 생산하는 특성이 있다. 서비스시장의 개방을 위해서는 무엇보다도 서비스를 제공하는 공급자의 자격이나 제한 등 '시장접근'(market access)과 관련한 조건이 중요하다. 따라서 서비스시장의 개방을 위해서는 서비스산업과 관련된 각종 법률의 개정 및 제정과 같은 제도의 개혁이 요구되는 경우가 많다. 하지만 시장접근의 완화는 이를 반대하는 국내 공급자를 비롯한 이익집단의 반발을 가져올 수밖에 없다. 이익집단의 반대와 입법 로비 등으로 인해 서비스산업의 개방과 개혁에는 상당한 시간과 고충이 따르게 마련이다. 이로 인해 서비스무역 협정은 국가 간 차이를 고려하여 일률적인 규범을 강제하지 않고 있다. 그것보다는 개별 국가의 상황과 특성에 맞추어 서비스시장의 개방을 유도하고 있다고 할 수 있다.

지식재산권의 경우에도 지식재산권보호를 위해서는 국내 법률의 제·개정 등을 포함한 제도의 전반적인 개혁과 변화가 필요하다. 하지만 관련 이해당사자 또는 이익집단의 반발이 불가피하다. 지식재산권보호를 위한 다자 차원의 일반적 규범 정립도 상당히 어려운 작업이 될 수밖에 없다. 국가마다 지식재산권보호의 수준과 상황이 차이가 있다. 특히 지식재산권보호를 강화하고자 하는 선진국과 이에 미온적이거나 반대인 개도국 간에 이해관계가 상반된다. 따라서 상품무역에 적용되는 원칙과 내용을 서비스무역 및 지식재산권 부문에 그대로 적용하기는 현실적으로 어려울 수밖에 없다.

이러한 차원에서 WTO의 '서비스무역에 관한 일반 협정'(GATS)과 '무역 관련 지식재산권 협정'(TRIPs)은 앞에서 언급한 현실적 제약조건을 고려한 결과물이라고 할 수 있다. 기존의 GATT를 포함한 상품무역 협정의 기본원칙을 최대한 반영하는 동시에 회원국 간 최대한 수용할 수 있는 공통분모를 찾아낸 협상의 결과라고 할 수 있다. 무역자유화의 측면에서 볼 때 서비스무역 협정, 지식재산권 협정의 내용 자체는 상품무역 협정에 비해 뒤떨어진다고 볼 수 있다. 하지만 서비스무역과 지식재산권 관련 내용이 다자 무역 체제 핵심인 WTO 협정에 포함되었다는 것만으로도 그 의미가 작지 않다. WTO는 향후 높은 수준의 서비스무역 자유화와 지식재산권보호를 위해 다자 차원의 합의를 이끌어가야 할 과제를 안고 있다고 할 수 있다. 아래 참고에서는 서비스무역과 지식재산권 관련 협정에 대해 좀 더 구체적으로 살펴보도록 한다.

2) 서비스무역 협정 원칙

'서비스무역 협정'(General Agreement on Trade in Services, GATS)은 서비스무역을 관장하는 최초의 다자 무역 협정으로 우루과이라운드 타결과 WTO 출범과 함께 WTO 협정에 포함되었다. 서비스무역은 무형의 가치재가 공급되는 것으로 일반 제조업 상품의 무역과는 다른 특성이 있다. 특히 개별 국가의 상황과 특성이 반영되는 경우가 많다. 따라서 GATS는 성공적인 서비스무역 자유화를 위해 지속적이고 점진적인 자유화 방식을 채택하였다. 서비스무역 자유화는 회원국의 경제적 이익을 증대하고 전체적으로 의무와 권리의 균형을 이루는 것을 목적으로 하였다. GATS 구조와 원칙은 기본적으로 GATT의 내용을 원용하였다.

예를 들어 GATS 협정에는 GATT 협정과 같이 최혜국대우 원칙, 내국민대우 원칙, 투명성 원칙 등 WTO 기본원칙과 관련된 규정이 포함되어 있다. 하지만 GATS의 경우 시장접근과 밀접하게 관련된 내국민대우 원칙이 중요한 의미가 있다. 이는 상품무역은 관세, 수량제한 등의 '국경조치'(border measures)가 주요 규범이 되는 데 비해 일반적인 유형의 상품과 같이 수량화하기 어려운 서비스무역은 이러한 국경조치보다 해당 '시장접근'(market access)이 중요한 관건이 되기 때문이다.

예를 들어 서비스무역에서는 시장접근과 관련된 비차별 원칙, 다시 말해 서비스를 공급하는 외국 서비스업체와 국내 서비스업체 간 유무형의 차별을 금지하는 것이 핵심적 내용이 된다. 따라서 국내 업체와 차별을 두지 않는 내국민대우를 실질적으로 보장하기 위한 국내 차원의 법적, 제도적 보장이 중요한 의미를 갖는 것이다. 이를 위해 GATS의 경우 각 회원국은 자국 서비스산업의 개방을 위한 자유화 조건과 이행 기간을 포함하는 '양허표'(schedule of concessions)를 제출한다.

각 회원국은 이 양허표를 통해 어떤 서비스 분야를 언제 얼마나 어떻게 개방할지에 대해 공식적으로 약속하는 것이다.

이는 시장접근과 내국민대우 원칙에 의거, 다른 회원국에 투명하게 제시되어야 한다. 각 회원국이 제시한 양허표는 각 국가가 처한 상황에서 서비스산업 각 하위분야의 개방 가능 정도와 개방 수준을 나타낸다고 할 수 있다. 이러한 의미에서 GATS 양허표는 GATT 관세양허와 대칭적 성격을 갖는다. GATT와 같이 GATS의 양허표는 일단 제출되면 다른 회원국의 총의 또는 철회에 상응하는 보상이 없는 한 철회할 수 없다. 다시 말해 이미 양허한 서비스무역 자유화 및 이행에 대한 조건과 기간은 철회할 수 없다. 서비스무역의 새로운 양허 수준은 기존 양허 수준보다 후퇴할 수 없다. 하지만 반대로 서비스무역 자유화 및 개방 수준을 높이는 양허와 조치는 언제든 가능하다. 이는 서비스무역 확대를 위해 시장개방에 역행하거나 시장개방의 후퇴를 가져오는 무역 조치를 방지하고 서비스무역의 발전과 확대를 유인하는 데 그 목표가 있다.

한편 GATS는 내국민대우 원칙 적용에 있어서 GATT 경우와 다른 측면이 있다. 예를 들어 GATS는 제17조(내국민대우)에서 '내국민대우 원칙'에 대해 규정하고 있다.[6] 하지만 GATS의 내국민대우 원칙은 당사국이 WTO에 제출한 양허표에 명기된 서비스 분야의 자유화 조건에만 적용된다. 그렇지 않은 경우는 내국민대우 원칙이 적용되지 않는다. GATS 제16조(시장접근)는 시장접근과 관련하여 당사국은 다른 회원국의 서비스 및 서비스 공급자에 대해 양허표에 명기된 조건에서 최혜국대우 원칙을 따르도록 하고 있다.[7] 시장접근과 관련하여 제16.2조에

---

6) 예를 들어 GATS 제17조 1항의 내용은 다음과 같다.

1. 자국의 양허표에 기재된 분야에 있어서 양허표에 명시된 조건 및 제한을 조건으로, 각 회원국은 그 밖의 회원국의 서비스 및 서비스 공급자에게 서비스의 공급에 영향을 미치는 모든 조치와 관련하여 자국의 동종 서비스와 서비스 공급자들에게 부여하는 대우보다 불리하지 아니한 대우를 부여한다.

서는 구체적으로 양허표에 명기한 경우에만 수량제한이나 외국인 투자에 대해 제한할 수 있도록 하고 있다.[8] 그리고 서비스무역과 관련하여 양허를 허용하지 않는 경우라도 다른 회원국의 동종 서비스와 서비스 공급자에게 부여하는 대우보다 불리하지 않은 대우를 즉시 그리고 무조건 부여하도록 하고 있다. 이처럼 최혜국대우 원칙은 서비스무역에서도 적용되고 있다.

아울러 투명성 원칙과 관련하여 GATS 제3조(투명성)에서 당사국은 서비스무역 협정에 영향을 미치는 모든 국내 조치에 대해 다른 회원국에 신속하게 공표하도록 하고 있다.[9] 서비스산업은 다른 산업에 비해

---

7) 예를 들어 GATS 제16조 1항의 내용은 다음과 같다.
 1. 제1조에 명시된 공급 형태를 통한 시장접근과 관련하여 각 회원국은 그 밖의 회원국의 서비스 및 서비스 공급자에 대해 자국의 양허표상에 합의되고 명시된 제한 및 조건하에서 규정된 대우보다 불리하지 아니한 대우를 부여한다.

8) GATS 제16조 2항의 내용은 다음과 같다.
 2. 시장접근 약속이 행해진 분야에서 자국의 양허표상에 달리 명시되어 있지 아니하는 한, 회원국이 자국의 일부 지역이나 혹은 전 영토에 걸쳐서 유지하거나 채택하지 아니하는 조치는 다음과 같이 정의된다.
  (a) 수량 쿼터, 독점, 배타적 서비스 공급자 또는 경제적 수요심사 요건의 형태 여부와 관계없이 서비스 공급자의 수에 대한 제한
  (b) 수량 쿼터 또는 경제적 수요심사 요건의 형태의 서비스 거래 또는 자산의 총액에 대한 제한
  (c) 쿼터나 경제적 수요심사 요건의 형태로 지정된 숫자 단위로 표시된 서비스 영업의 총수 또는 서비스의 총산출량에 대한 제한
  (d) 수량 쿼터 또는 경제적 수요심사 요건의 형태로 특정 서비스 분야에 고용되거나 혹은 한 서비스 공급자가 고용할 수 있는, 특정 서비스의 공급에 필요하고 직접 관련되는, 자연인의 총수에 대한 제한
  (e) 서비스 공급자가 서비스를 제공할 수 있는 수단인 법인체나 합작투자의 특정 형태를 제한하거나 요구하는 조치, 그리고
  (f) 외국인 지분 소유의 최대 비율 한도 또는 개인별 투자 또는 외국인 투자합계의 총액 한도에 의한 외국자본 참여에 대한 제한

9) 예를 들어 GATS 제3조 1항의 내용은 다음과 같다.
 1. 각 회원국은 이 협정의 운영에 관련되거나 영향을 미치는 일반적으로 적용되는 모든 관련 조치를 신속히 공표하며, 긴급 상황의 경우를 제외하고는 늦어도 발효 전까지 공표한다. 특정 회원국이 서명국인 서비스무역에 관련되거나 영향을 미치는 국제협정도 공표된다.

국내의 법률, 제도, 정책에 따라 영향을 많이 받는다. 서비스무역의 발전을 위해서는 이에 대한 정보가 원활히 제공되어야 한다. 서비스산업은 시장접근과 관련한 국내 규제에 민감하므로 GATS 제6조(국내 규제)에서는 서비스에 대한 규제가 합리적이고 객관적이며 공평한 방식으로 시행되도록 하고, 필요 이상의 부담을 지우지 않도록 규정하고 있다.[10] 물론 이러한 국내 규제에 대한 GATS의 규정은 개별 회원국

---

10) GATS 제6조의 내용은 다음과 같다.

1. 구체적 약속이 행하여진 분야에 있어 각 회원국은 서비스무역에 영향을 미치는 일반적으로 적용되는 모든 조치가 합리적이고 객관적이며 공평한 방식으로 시행되도록 보장한다.
2. (a) 각 회원국은 영향을 받는 서비스 공급자의 요청에 따라 서비스무역에 영향을 미치는 행정 결정을 신속하게 검토하고, 정당화되는 경우 행정 결정에 대한 적절한 구제를 제공할 사법, 중재, 또는 행정 재판소 또는 절차를 실행 가능한 한 조속히 유지하거나 설치한다. 이러한 절차가 관련 행정 결정을 위임받은 기관과 독립적이지 아니한 경우 회원국은 이 절차가 실제에 있어서 객관적이고 공평한 검토를 제공하도록 보장한다.
   (b) (a)의 규정은 자국의 헌법 구조나 법체계상의 성격과 일치하지 아니하는 경우 이러한 재판소나 절차를 설치할 것을 회원국에게 요구하는 것으로 해석되지 아니한다.
3. 구체적 약속이 행하여진 서비스의 공급을 위하여 승인이 요구되는 경우 회원국의 주무 당국은 국내법과 규정에 의하여 완전하다고 간주되는 신청서의 제출 이후 합리적인 기간 내에 신청자에게 이 신청과 관련된 결정을 통보한다. 신청자의 요청이 있는 경우 회원국의 주무 당국은 부당한 지연 없이 신청의 처리현황에 대한 정보를 제공한다.
4. 자격요건과 절차, 기술표준 및 면허요건과 관련된 조치가 서비스무역에 대한 불필요한 장벽이 되지 아니하도록 보장하기 위하여 서비스무역이사회는 자신이 설치할 수 있는 적절한 기관을 통하여 모든 필요한 규율을 정립한다. 이러한 규율은 이러한 요건이 특히 다음을 보장하는 것을 목적으로 한다.
   (a) 서비스를 공급할 자격 및 능력과 같은 객관적이고 투명한 기준에 기초할 것
   (b) 서비스의 질을 보장하기 위해 필요한 정도 이상의 부담을 지우는 것이 아닐 것
   (c) 허가 절차의 경우 그 자체가 서비스 공급을 제한하는 조치가 아닐 것
5. (a) 회원국이 구체적 약속을 한 분야에서는 4항에 따라 정립되는 각 분야별 규율이 발효할 때까지 회원국은 그러한 구체적 약속을 아래와 같은 방식으로 무효화하거나 침해하는 면허 및 자격요건과 기술표준을 적용하지 아니한다.
      (i) 4항 (a), (b) 또는 (c)에 규정된 기준과 합치하지 않는 방식 그리고
      (ii) 이 분야에서 구체적 약속이 이루어졌을 당시 그 회원국에 대하여 합리적으로 기대할 수 없었던 방식

차원의 정책목표를 존중한다는 기본적 원칙을 전제로 한다.

GATS도 GATT와 같이 기본원칙의 일반적 예외를 허용하고 있다. 지역무역 협정에 대한 예외, 개도국 배려를 위한 의무 유예 등이 그 예이다. 하지만 보조금, 세이프가드, 정부조달 등의 서비스 분야에 대한 적용에 대해서는 최종 합의를 유보한 채 향후 계속 협상할 것을 합의한 상태이다. 일반적인 상품무역 발전과 더불어 서비스무역 자유화를 위한 WTO의 여정과 도전은 이미 시작되었다. 서비스무역은 GATS를 통해 큰 도약을 위한 발판을 마련하였다고 할 수 있다.

하지만 앞에서 살펴보았듯이 서비스무역은 상품무역에 비해 국가 간, 산업 간 경쟁에 대한 민감도가 높고, 국내적으로도 법률, 제도, 정책의 조정과 변화가 필요하다. 그리고 이러한 조정과 변화에 따라 관련된 이해당사자, 이익집단과의 협의와 타협이 필요한 경우가 많다. 이러한 이유로 서비스무역의 자유화는 상품무역에 비해 진전 속도가 느리고 회원국 간 개방 속도와 수준의 차이가 큰 것이 현실이다.

이러한 현실을 고려하여 GATS는 포지티브 방식으로 서비스무역의 자유화를 허용하였고 회원국은 자국의 상황을 고려한 양허를 허용하였다. 회원국은 양허표를 통해 서비스산업 최대한의 개방 수준을 약속하는 대신 점진적으로 그 자유화의 폭을 넓혀나갈 수 있게 되었다. 무역에서 차지하는 서비스의 비중과 중요성이 커짐에 따라 향후 WTO에서 서비스무역의 자유화에 대한 필요성과 요구가 증대될 것으로 예상된다. WTO는 향후 더 높은 수준의 서비스무역 자유화를 위해 국가 간 개방 수준의 차이와 이해관계를 어떻게 조율해 나갈지 쉽지 않은 과제와 도전에 직면해 있다고 할 수 있다.

(b) 회원국이 5항 (a)의 의무와 합치하는지 여부를 결정하는 데 있어서 그 회원국이 적용하고 있는 관련 국제기구의 국제표준이 고려된다.

6. 전문직 서비스와 관련하여 구체적 약속이 행하여진 분야에 있어서 각 회원국은 그 밖의 회원국의 전문직업인의 자격을 검증할 적절한 절차를 제공한다.

3) 서비스무역 협정의 내용[11)]

상품무역의 경우에는 상품만 국경을 이동하면 되지만 서비스무역에 있어서는 경우에 따라 서비스뿐만 아니라 서비스 공급자나 서비스 소비자까지 국경을 이동한다는 점에서 더 많은 제약이 따른다. 세계 생산, 고용에서의 서비스 비중은 60%가 넘지만 세계 무역에서 서비스 비중은 20% 정도에 불과하다. WTO는 무역자유화를 위한 다자 무역규범을 마련하고 있는데 이 중 상품에 대한 무역규범이 '관세와 무역에 관한 일반협정'(GATT)이고 서비스무역에 대한 다자 무역규범이 '서비스무역에 관한 일반협정'(GATS)이다.

GATS는 서비스무역에 관한 최초의 다자 규범으로 금융, 통신, 유통 등 중요한 산업 분야의 안정적인 무역을 위한 기초토대를 마련했다는 점에서 의의가 있다. 1948년 GATT 체제 출범 이후 국가 간 상품거래가 빠르게 증가해 온 것과 달리 서비스 거래는 1970년 이전까지 주로 국내에서만 이루어져 왔다. 상품 분야에 있어서는 그동안 국제적으로 꾸준히 무역자유화가 추진되었지만, 서비스 분야에서는 대부분 국가 특히 개도국을 중심으로 상당한 무역장벽이 유지되어왔다. 1980년대 들어 서비스무역이 급격히 증가하는 추세를 보이자 서비스무역장벽을 둘러싸고 많은 논란이 일기 시작했다. 마침내 1986년 9월 우루과이라운드 출범 당시 선진국의 강력한 주장으로 서비스무역 자유화 문제를 협의키로 합의했다. 이후 1993년 12월까지 진행된 우루과이라운드 협상에서 서비스무역의 장벽을 제거하고 서비스무역 자유화를 가속하기 위한 다자 규범으로 GATS가 제정됐다.

GATS는 총 6부 29개 조항과 8개의 분야별 부속서, 그리고 각국의 양허표로 구성돼 있다. GATS는 양자 항공 분야와 '정부조달'(government procurement) 부문을 제외하고 모든 서비스 분야에 적용된다. 협정문

---

11) 산업통상자원부 발간 『함께하는 FTA』 2014. 8월호 내용을 저자 정리.

은 서비스 거래 방식을 크게 4가지 형태(Mode)로 구분하고 있다. 모드 1(Mode I)은 '국경 간 공급'(cross-border supply)을 의미한다. 서비스 공급자(수출자)와 서비스 소비자(수입자)가 각각 자국에 있으면서 인터넷이나 우편 등을 통해 서비스만 국경을 넘어 이동하는 방식이다. 예를 들어 인터넷을 통한 경영컨설팅, 법률 자문 서비스나, 국제화물운송, 통신서비스 등이 이에 해당한다.

모드 2(Mode II)는 '해외소비'(consumption abroad)로 서비스 소비자(수입자)가 서비스 공급자(수출자)가 있는 국가로 이동해 서비스를 구매하는 방식이다. 예를 들어 해외 유학, 해외 의료진료, 해외관광 등이 이에 해당한다. 모드 3(Mode III)는 '상업적 주재'(commercial presence)로 서비스 공급자(수출자)가 서비스 소비자(수입자)가 있는 국가로 자본을 가지고 이동해 서비스를 판매하는 방식이다. 예를 들어 외국 은행이 특정국에 법인이나 지사를 설립하고 그 나라에서 은행업을 수행하는 경우가 이에 해당한다. 마지막으로 모드 4(Mode IV)는 '자연인의 이동'(movement of natural persons)으로 서비스 공급자(수출자)가 서비스 소비자(수입자)가 있는 국가로 이동해 서비스를 제공하는 방식이다. 예를 들어 건설인력이 해외에 가서 건물이나 도로 등을 건설하는 경우나 K팝 스타들이 해외 공연을 하는 경우 등이 이에 해당한다.

회원국이 지켜야 할 GATS 의무로는 크게 '일반의무'(general obligation)와 '구체적 약속'(specific commitment)이 있다. 일반의무는 모든 회원국과 서비스 분야에 자동으로 적용되는데 최혜국대우, 투명성 조항 등이 이에 해당한다. 최혜국대우는 특정국에 부여하는 특혜를 모든 회원국에 동일하게 적용해야 한다는 규정이다. 최혜국대우를 엄격하게 준수하는 GATT와 다르게 GATS에서는 최혜국대우에 대한 예외를 상당히 광범위하게 인정하고 있다. 우루과이라운드에서 서비스무역이 논의되기 이전에는 서비스무역에 관한 국제적 협정이 없었기 때문에 각국은 각 서비스 분야별로 상호주의에 입각한 협정을 맺고 거래해 왔다. 이와 같은 기존 관행을 감안해서 GATS는 최혜국대우를 원칙으로 하면서도 최혜국대우에 대한 예외 조치를 광범위하게 인정하지 않을 수 없었다.

'구체적 약속'은 개별 회원국의 특정 서비스 분야에 대한 '시장접근'과 '내국민대우'에 관한 약속이다. 서비스무역에 있어서 시장접근과 내국민대우는 특히 중요한 의미를 지닌다. 예를 들어 유통 분야에 있어서 상대국 시장에 현지법인의 설립 가능 여부(시장접근), 시장접근 후 진출 국가의 유통업체와 비교해 차별 조치의 존재 여부(내국민대우)가 자유화의 여부를 결정한다. 이러한 구체적 약속 내용은 개별 회원국의 양허표에 명시되어 있는데 개별 회원국의 국내경제 및 대내 상황에 따라 상당한 편차를 보인다.

GATS는 서비스무역에 관한 최초의 다자 규범으로, 금융, 통신, 유통 등 중요한 산업 분야의 안정적인 무역을 위한 기초토대를 마련했다는 점에서 의의가 있다. 그러나 서비스무역에 있어서 최혜국대우의 광범위한 예외는 여전히 한계점으로 지적되고 있다. 원격 의료나 교육 등과 같이 새롭게 등장하고 있는 서비스무역 분야를 수용하지 못한다는 미비점도 제기되고 있다. 이러한 상황에서 WTO의 다자 협상이 장기간 정체 상태를 보이자 우리나라를 포함한 미국, EU, 일본 등 22개국은 '복수국 서비스 협정'(Trade in Services Agreement, TiSA)을 위한 협상을 진행하고 있다.

우리나라는 현재 고용 창출을 통한 내수 활성화, 산업의 고부가가치화를 통한 선진국 진입 등 여러 가지 이유에서 서비스산업의 경쟁력 강화가 절실히 요구되는 상황이다. 다자든 복수국이든 서비스 협정은 이미 경쟁력을 확보한 분야의 해외 진출을 촉진하고 경쟁력이 없는 분야는 외부 경쟁 요소의 도입을 통해 경쟁력을 구축할 수 있는 계기가 될 것이다.

4) 무역 관련 지식재산권 협정(TRIPs)

우루과이라운드에서 서비스무역과 함께 중요한 협상 의제로 떠오른 것이 지식재산권보호 관련 문제였다. '지식재산권'(intellectual property rights)이란 저작권, 특허, 상표, 의장 등 인간의 창의적 행위와 사고에 대해 법적 권리 또는 소유권을 인정해주는 것이다. 지식재산권에 대한 적절한 보호 없이는 기업과 개인의 혁신과 창의적 활동이 위축된다. 무역에서도 무역 당사국 간 생산한 상품과 서비스의 지식재산권이 적절하게 보호되지 않는다면 효율적이고 자유로운 상품과 서비스의 무역에 큰 걸림돌로 작용하게 된다.

예를 들어 A국 a기업이 혁신적인 기술개발을 통해 연비를 절반으로 줄일 수 있는 자동차를 개발하였다고 하자. a기업은 A국에서 이 기술에 대한 특허를 인정받았다. A국에서 이 기술을 a기업의 허락 없이 임의로 사용하여 자동차를 생산하게 되면 불법이고 법적 처벌을 받는다. 이제 a기업이 자동차를 B국에 수출한다고 하자. B국 자동차 소비자도 a기업 자동차 구매를 원한다. 그런데 B국은 A국과는 달리 a기업이 개발한 연비절감 특허 등 지식재산권 인정을 위한 법적 장치가 마련되어 있지 않다. 더욱이 연비절감 기술의 경우 최초로 기술을 개발하는 것에 비해 모방, 복제하기가 쉽다면 a기업은 B국 수출을 주저할 수밖에 없다.

왜냐하면 자동차 수출이 시작되면 경쟁 자동차업체인 B국 b기업이 연비절감 기술을 모방하여 비슷한 연비절감 기술을 가진 자동차를 쉽게 생산할 수 있기 때문이다. 이렇게 B국의 지식재산권 문제가 해결되기 전까지는 a기업 자동차 수출은 어렵게 되고 A국은 무역의 이익을 획득할 기회가 줄게 된다. 그만큼 자유무역의 확대는 저해되는 것이다. b기업이 a기업 기술을 모방하여 자국 내에서 동종의 자동차를 생산하게 되면 A국과 B국 간 지식재산권보호를 둘러싼 무역분쟁으로 비화할 수 있다. 지식재산권보호가 다자 차원에서 보장되지 않는다면 이는 자유무역에 부정적인 영향을 주게 된다. *a*기업은 B국 수출이 기술 유출로 이어진다면 수출을 위한 생산 확대에 주저하게 되고 이에 동반되는 연구개발은 필요 없게 될 것이다.

이와는 반대의 예도 생각해 볼 수 있다. A국과 B국 간 무역 관련 지식재산권에 대한 적절한 합의와 규정이 없다면 *b*기업이 A국으로 수출할 때 A국은 *b*기업 자동차가 *a*기업 기술을 도용한 것으로 판단, *b*기업 자동차 수입을 제한할 수 있다. B국은 자국의 국내법상 문제없이 생산된 자동차에 대해 A국이 수입제한을 실시한다고 주장하고 WTO에 분쟁을 제소할 수 있다. 이렇게 지식재산권보호를 위한 법적, 제도적 미비로 인한 A국과 B국의 무역분쟁은 자유무역 확대에 걸림돌이 될 것임은 자명하다.

이렇게 지식재산권보호를 둘러싼 무역분쟁 등 자유무역에 부정적인 영향을 주는 문제점이 대두됨에 따라 지식재산권보호와 관련된 다자차원의 합의와 규범이 필요하다는 공감대가 형성되었다. 이는 WTO의 '무역 관련 지식재산권에 관한 협정'(Agreement on Trade-Related Aspects of Intellectual Property Rights, TRIPs)의 타결로 이어졌다. TRIPs의 목적은 협정 전문에 나와 있듯이 지식재산권의 효과적이고 적절한 보호를 통해 국제무역에 대한 왜곡과 장애를 줄이고 지식재산권을 시행하는 것 자체가 무역에 대한 장벽이 되지 않도록 하는 것이다.

전문에 나오는 이러한 협정의 목적[12)]은 협정 제7조(목적)에 명시되어 있는 구체적인 목적과도 부합한다.[13)] 제7조에서는 지식재산권의

---

12) TRIPs의 전문은 다음과 같이 시작한다. "회원국들은, 국제무역에 대한 왜곡과 장애를 줄이는 것을 희망하며, 지식재산권의 효과적이고 적절한 보호를 증진할 필요성을 고려하여 지식재산권을 시행하는 조치 및 절차가 그 자체 정당한 무역에 대한 장벽이 되지 아니하도록 보장하기를 희망하며, … "

13) TRIPs 제7조는 다음과 같다.

7. 지식재산권의 보호와 시행은, 기술혁신의 증진과 기술의 이전 및 전파에 기여하고 기술지식의 생산자와 사용자에게 상호이익이 되고 사회 및 경제복지에 기여하는 방법으로 권리와 의무의 균형에 기여하여야 한다.

보호와 시행이 기술혁신과 기술이전 및 전파에 기여하고 기술지식의 생산자와 사용자에게 상호 이익이 되며 사회 및 경제복지에 기여하는 방법으로 권리와 의무의 균형에 공헌하여야 한다고 규정하고 있다. 이에 상응하는 규정으로 제8조(원칙)[14]에서는 지식재산권의 보호와 함께 지식재산권의 권리자에 의한 남용과 무역에 미치는 부정적 영향을 최소화하기 위해 회원국이 공중보건 및 다른 공공의 이익을 이유로 필요한 조치를 시행할 수 있는 권리를 인정하고 있다. 지식재산권의 남용을 방지하기 위해 협정 내에서의 필요한 조치를 시행할 수 있도록 규정하고 있다.

TRIPs는 기존 지식재산권 국제기구인 세계지식재산권기구(World Intellectual Property Organization, WIPO)의 협조하에 무역과 관련된 지식재산권보호를 위해 회원국이 지켜야 할 최소한의 규범을 포함하고 있다. 여기에는 협정의 위반 및 분쟁이 발생했을 때 그 해결 절차에 대한 최소한의 기준을 포함한다. TRIPs는 개도국 배려를 위해 개도국에 대해서는 협정의 이행을 위한 경과조치를 허용하고 있다. TRIPs는 제3조(내국민대우)[15]와 제4조(최혜국대우)[16]에서 상품무역 협정과 같

---

14) TRIPs 제8조는 다음과 같다.

1. 회원국은 자국의 법 및 규정을 제정 또는 개정함에 있어, 이 협정의 규정과 일치하는 범위 내에서 공중보건 및 영양상태를 보호하고, 자국의 사회경제적 및 기술적인 발전에 중요한 분야의 공공이익을 증진하기 위해 필요한 조치를 취할 수 있다.
2. 이 협정의 규정과 일치하는 범위 내에서 권리자에 의한 지식재산권의 남용 또는 불합리하게 무역을 제한하거나 국가 간 기술이전에 부정적 영향을 미치는 관행을 방지하기 위하여 적절한 조치가 필요할 수 있다.

15) TRIPs 제3조는 다음과 같다.

1. 각 회원국은 파리협약(1967년), 베른협약(1971년), 로마협약 또는 집적회로에 관한 지식재산권 조약이 각각 이미 규정하고 있는 예외의 조건에 따라, 지식재산권보호에 관하여 자국의 국민보다 불리한 대우를 다른 회원국의 국민에게 부여하여서는 아니 된다. 실연자, 음반 제작자, 방송기관에 관하여는 이러한 의무는 이 협정에 규정되어 있는 권리에 관해서만 적용된다. 베른협약(1971)의 제6조 또는 로마협약의 제16조 1항 (b)에 규정된 가능성을 원용하고자 하는 회원국은 이 조항에 규정된 바에 따라 무역 관련 지식재산권 위원회에 통보한다.
2. 회원국은 다른 회원국의 관할권 내에 있는 주소지 지정 또는 대리인의 임명을 포함

이 내국민대우 원칙 및 최혜국대우 원칙 등을 원용하고 있다. 사전적으로 존재하던 WIPO의 지식재산권 협약에서 예외로 인정받은 사항에 대해서는 TRIPs도 예외를 인정하고 있다. 하지만 TRIPs에는 상품무역 협정에서 예외를 인정하고 있는 세이프가드, 지역무역 협정, 일반적 예외 사항 등의 내용은 포함되어 있지 않다. 이는 향후 보완해야 할 사안이라고 할 수 있다.

지식재산권의 보호는 자유무역의 확대를 위해 필수 불가결한 사항이다. 하지만 지식재산권의 남용과 불합리한 적용도 국가 간 기술이전과 경제발전, 더 나아가 국제무역에 부정적 영향을 미치는 요인으로 작용한다. 따라서 지식재산권이 가지고 있는 이 두 가지 상충하는 측면을 균형 있게 조율하는 것이 중요하다. TRIPs는 이러한 점을 고려하여 지식재산권의 보호와 동시에 활용의 경제적 이익을 극대화하기 위한 다자 협상의 결과라고 볼 수 있다. 향후 국제무역에서 지식재산권

한 사법 및 행정절차와 관련하여, 1항에서 허용되는 예외를 이용할 수 있다. 단, 그러한 예외가 이 협정의 규정과 불일치하지 아니하는 법과 규정의 준수를 확보하기 위해 필요한 경우 및 이러한 관행이 무역에 대해 위장된 제한을 구성하지 아니하는 방법으로 적용되는 경우에 한한다.

16) TRIPs 제4조는 다음과 같다.

4. 지식재산권의 보호와 관련 일방 회원국에 의해 다른 회원국의 국민에게 부여되는 이익, 혜택, 특권 또는 면제는 즉시, 그리고 무조건적으로 다른 모든 회원국의 국민에게 부여된다. 일방 회원국에 의해 부여되는 다음 경우의 이익, 혜택, 특권 또는 면제는 이 의무에서 제외된다.

(a) 사법공조에 관한 국제협정 또는 특별히 지식재산권의 보호에 한정되지 아니하는 일반적 성격의 법률 집행에서 비롯되는 경우

(b) 내국민대우에 따라서가 아니라 다른 나라에서 부여되는 대우에 따라서 대우를 부여하는 것을 허용하는 로마협약 또는 베른협약(1971년)의 규정에 따라 부여되는 경우

(c) 이 협정에서 규정되지 아니하는 실연자, 음반 제작자 및 방송기관의 권리에 관한 경우

(d) WTO 협정의 발효 이전에 발효된 지식재산권보호 관련 국제협정으로부터 비롯되는 경우. 단, 이러한 협정은 무역 관련 지식재산권위원회에 통보되어야 하며 다른 회원국 국민에 대하여 자의적이거나 부당한 차별을 구성하지 아니하여야 한다.

관련 의제에 대한 논의 필요성이 더욱 커질 것으로 보인다. 이에 대응하는 다자 차원의 논의와 조율이 필요할 것으로 예상된다.

3. 무역분쟁[17]

1) GATT 체제의 무역분쟁해결제도

자유무역의 확대와 더불어 무역 규모와 상품이 증가하고 새로운 무역 이슈가 등장하면 국가 간 무역분쟁의 발생 가능성은 커지게 된다. 무역분쟁(아래 분쟁)의 분야도 기존 공산품에서 벗어나 농수산업, 서비스, 지식재산권, 비관세장벽 등으로 다양해지고 복잡해지고 있다. 따라서 분쟁해결을 위한 적절한 절차와 제도가 마련되어 있지 않다면 자유무역은 저해될 수밖에 없다. 왜냐하면 분쟁해결절차가 투명하고 공정하지 않는다면 분쟁 당사국은 자구 차원에서 자의적인 보호무역 조치 또는 무역 보복을 시행할 수 있기 때문이다. 이러한 조치는 불확실성을 증대시켜 자유무역을 위축시킨다. 자유무역을 추구하는 다자 무역 체제에서 분쟁해결제도가 필수적인 이유이다.

1948년 GATT 발효와 함께 분쟁해결을 위한 절차가 도입되었다. 하지만 그것은 단순하고 강제적인 구속력이 없는 한계를 가지고 있었다. 먼저 GATT 제22조(협의)[18]는 회원국이 상대국의 GATT 규정 위반으로 피해를 본 경우 당사국은 이 문제에 대해 상대국과 협의하도

---

17) WTO 무역분쟁해결제도에 대해서는 제10장. 'WTO 무역분쟁'에서 구체적으로 살펴본다.

18) GATT 제22조는 다음과 같다.

1. 각 체약당사자는 이 협정의 운영에 영향을 주는 문제에 관하여 다른 체약당사자가 제시할 수도 있는 의견에 대하여 호의적인 고려를 하며 이 의견에 관한 협의를 위하여 충분한 기회를 부여한다.
2. 체약당사자단은 체약당사자의 요청에 따라 1항하의 협의를 통하여 만족할만한 해결책을 찾는 것이 가능하지 아니하였던 문제에 관하여 체약당사자 또는 체약당사자들과 협의할 수 있다.

록 규정하고 있다. 제23조(무효화 또는 침해)[19]는 만약 이러한 조정 절차가 성공적이지 않을 경우 당사국은 상대국이 GATT 조항을 위반했는지에 대해 상대국 외 다른 회원국들이 결정하도록 요구할 수 있다고 규정하고 있다. 하지만 GATT 체제의 분쟁해결제도는 결정적인 문제점을 가지고 있었다. 왜냐하면 분쟁해결절차가 일단 진행되더라도 상대국이 GATT 조항을 위반했다고 결정하기 위해서는 회원국 모두의 지지 또는 총의가 있어야 했기 때문이다. 이 경우에만 비로소 분쟁해결을 위한 GATT의 공식 '패널보고서'(panel reports)을 채택할 수 있었다.

앞에서 언급했듯이 총의는 GATT 체제의 대표적인 의사결정 방식으로 모든 회원국의 찬성 또는 동의를 통해 결정되는 방식이다. 이는 어느 한 회원국이라도 명시적으로 반대하면 결정이 유보됨을 의미한다. 현실적으로 회원국 모두의 지지 또는 총의를 얻기는 쉽지 않은 일이

---

19) GATT 제23조는 다음과 같다.

1. 체약당사자가 다음의 결과로 이 협정 하에서 직접적 또는 간접적으로 자신에게 발생되는 이익이 무효화되거나 침해되고 있거나 이 협정의 목적 달성이 방해되고 있다고 인정하는 경우
   (a) 다른 체약당사자의 이 협정 의무의 불이행 또는
   (b) 이 협정 규정과의 저촉 여부를 불문하고 다른 체약당사자에 의한 조치의 적용 또는
   (c) 그 밖의 상황의 존재

   체약당사자는 이 문제의 만족스러운 조정을 목적으로 관련이 있다고 체약당사자가 간주하는 다른 체약당사자 또는 체약당사자들에게 서면으로 의견을 제시하거나 제의를 할 수 있다. 이렇게 의견을 제시받거나 제의를 받은 체약당사자는 자신에게 행하여진 이 의견 또는 제의에 대하여 호의적인 고려를 한다.
2. 합리적인 기간 내에 당해 체약당사자 간에 어떠한 만족스러운 조정도 이루어지지 아니하는 경우 또는 그 어려움이 이 조 1항 (c)에 기재된 형태인 경우 이 문제는 체약당사자단에 회부될 수 있다. 체약당사자단은 자신에게 회부된 문제를 신속히 조사하고, 경우에 따라 체약당사자단이 관련이 있다고 인정하는 체약당사자에게 적절한 권고를 하거나 이 문제에 관하여 판결한다. 체약당사자단은 협의가 필요하다고 인정하는 경우 체약당사자, 국제연합 경제사회이사회 및 적절한 정부 간 기구와 협의할 수 있다. 체약당사자단은 상황이 그러한 조치를 정당화할 만큼 충분히 심각하다고 간주하는 경우 체약당사자단이 이 상황하에서 적절하다고 결정하는, 이 협정 하의 양허 또는 그 밖의 의무의 다른 체약당사자 또는 체약당사자들에 대한 적용을 체약당사자 또는 체약당사자들이 정지하는 것을 승인할 수 있다.

다. 더욱이 분쟁의 원인이 되는 사안에 대해 회원국 간 이해관계가 엇갈리거나 정치, 경제적으로 민감한 이슈의 경우 GATT 체제의 분쟁해결절차를 통한 패널보고서 채택은 어려울 수밖에 없다. 따라서 GATT 규정에 근거하여 무역구제를 받는 것은 사실상 무력화될 가능성이 크다.

아니나 다를까 이러한 문제점으로 인해 GATT 체제의 분쟁해결절차는 실질적으로 활용되지 못하였다. GATT 체제에서는 국가 간 분쟁이 발생하면 피해 당사국은 GATT의 분쟁해결절차에 호소하기보다는 개별 국가 차원에서 상대국에 대한 무역 제재 또는 무역 보복을 시행하는 일이 빈번하게 일어났다. 이러한 개별 국가 차원의 무역 제재 또는 보복은 상대국의 반발을 일으키고 이는 다시 상대국의 무역 보복을 초래하여 제재와 보복의 악순환에 빠지게 되는 상황을 가져오게 되었다.

이러한 상황에서 회원국들은 GATT 체제의 분쟁해결제도에 대한 한계와 문제점을 인식하고 실효성 있는 새로운 규정에 근거한 분쟁해결제도의 필요성을 공감하게 되었다. 이에 따라 우루과이라운드의 타결로 출범한 WTO는 GATT 체제의 문제점을 극복할 수 있는 분쟁해결절차 및 제도에 대한 합의를 이끌어낼 수 있었다. WTO의 무역분쟁과 관련된 절차와 사항은 협정 부속서 2(Annex II)인 '분쟁해결 규칙 및 절차에 관한 양해'(Understanding on Rules and Procedures Governing the Settlement of Disputes, DSU)에 규정되어 있다.

2) WTO의 무역분쟁해결제도

앞에서 살펴보았듯이 GATT 체제에서는 분쟁 관련 패널보고서 채택을 위해 총의가 필요하였다. 총의는 모든 회원국의 명시적 반대가 없음을 전제하기 때문에 총의를 통한 패널보고서 채택은 사실상 쉬운 일이 아니었다. GATT 체제의 분쟁해결제도는 유명무실해지게 되었다. WTO는 이러한 한계를 극복하고 실질적이고 구속력 있는 분쟁해결절차 마련을 위해 소위 '역총의'(reverse consensus 또는 negative consensus)

방식의 패널보고서 채택을 도입하였다. '역총의'는 말 그대로 '총의'의 반대이다. 역총의는 모든 회원국이 패널보고서 채택을 명시적으로 반대하지 않으면 패널보고서는 자동으로 채택되도록 하는 것이다. 역총의를 따르게 되면 일부 회원국(들)이 분쟁과 관련된 패널보고서 채택을 반대하더라도 모든 회원국이 반대하지 않는 한 패널보고서는 자동으로 채택된다.

채택된 패널보고서는 법적 강제력을 갖는다. 이행 당사국이 패널보고서 판결을 이행하지 않으면 이에 상응하는 조치를 받게 된다. 이렇게 역총의 방식으로 WTO는 비로소 GATT 체제의 분쟁해결제도의 한계와 문제점을 극복하고 분쟁해결을 위한 실효적인 방안을 확보하게 되었다. 예상대로 역총의 방식에 따른 분쟁해결절차의 도입에 따라 분쟁해결을 위한 패널 판결(패널보고서)이 실질적인 구속력을 갖게 되었다. 예를 들어 패널 판결을 이행하지 않는 당사국에 대해 피해 당사국은 피해에 상응하는 무역상의 제재를 취할 수 있는 권한을 부여받게 되었다. 이에 따라 WTO 분쟁해결제도는 GATT 체제와는 달리 실질적이고 구속력 있는 제도로 자리 잡게 되었다.

3) WTO의 무역분쟁해결기구

제4장 3절 WTO의 기능에서 살펴본 바와 같이 회원국 간 분쟁해결은 WTO가 수행하는 핵심 기능 가운데 하나이다. WTO에서 분쟁해결은 '분쟁해결기구'(Dispute Settlements Body, DSB)에서 다루어진다. 분쟁해결기구는 제소된 사건을 검토하기 위해 전문가 패널(법정)을 구성하는 권한과 패널의 최종 판결을 채택 또는 거부할 수 있는 권한을 가지고 있다. 분쟁해결절차는 상소하지 않는 경우 보통은 약 1년이 소요된다. 그 과정은 다음과 같다. WTO에서 분쟁이 발생하면 패널이 설치되기 이전 분쟁 당사국 간 합의를 통해 해결할 수 있도록 최대 60일간의 '협의'(consultation) 절차가 진행된다. 협의 노력에도 불구하고

만약 양국이 상호 만족할만한 합의에 이르지 못하면 분쟁 당사국(제소국)은 패널 설치를 요청한다.

제소국이 패널 설치를 요청하면 최대 45일 이내에 패널이 설치되고 일반적으로 3인의 패널위원이 임명된다. 이를 패널 구성이라고 한다. 패널의 최종 결과인 패널보고서는 패널 구성된 후 6개월 이내에 제출된다. 이후 WTO 전제 회원국에 최종 패널보고서가 회람되고 이후 60일 이내 분쟁해결기구에서 최종 패널보고서의 채택 여부가 결정된다. 최종 패널보고서의 핵심 내용은 분쟁이 된 조치가 WTO 규정 위반인지 아닌지를 가리는 판결 결과를 담고 있다. 판결문에는 규정 위반 여부의 내용뿐만 아니라 위반조치를 어떻게 WTO 협정에 합치시킬 수 있는지에 대한 제안도 포함된다. 하지만 판결 이후 분쟁 당사국 중 어느 한쪽이라도 최종 패널보고서에 대해 불만이 있으면 상소할 수 있다.

회원국은 다른 회원국의 조치가 WTO 협정이 보장하는 자국 이익을 침해한다고 판단하는 경우 이를 WTO에 제소할 수 있다. 제소는 분쟁 당사국 간의 대화를 통해 양자적 해결방안을 모색하는 협의 절차에서 시작한다. 하지만 현실적으로 협의 단계에서 그간의 누적된 이견과 분쟁이 해소되는 것을 기대하기는 어렵다. 양자 협의가 실패하는 경우 제소국은 1심인 패널 절차 개시를 요청할 수 있다. 그리고 패널의 판결에 대하여 일방 또는 쌍방이 불복하는 경우 2심이자 최종심인 상소 절차가 진행된다.

패널심과 상소심에서 패소한 국가는 판결 결과를 충실히 이행해야 한다. 만약 그렇지 않을 경우 상대국은 이행을 위한 분쟁절차를 다시 개시할 수 있다. 제소국은 상대국에 대해 WTO의 승인하에 양허 의무의 정지 등 소위 보복 조치를 시행할 수 있다. 이는 보복 그 자체에 목적이 있다기보다는 상대국의 무역 조치가 WTO 협정에 합치되도록 유인하는 데 주목적이 있다. WTO 분쟁해결제도의 궁극적인 목적은 WTO 회원국 간 무역분쟁이 무역전쟁으로 비화되고 상호 보복의 악순환으로 빠지지 않도록 관리, 조정하면서 적법절차와 제도에 따른 국제법적 해결을 모색하는 것이라고 할 수 있다. 이는 앞에서 언급했듯이 자유무역의 확장과 발전에 핵심적인 전제조건이 된다.

4. 신(新)통상 의제

1) 개요

앞에서 살펴본 의제들 외에도 WTO에 주어진 의제들은 다양하다. 예를 들어 우루과이라운드를 거치면서 대다수 회원국은 새로운 의제로서 환경, 노동, 기술, 경쟁정책을 무역에 연계시킨 4R(Green, Blue, Technology, Competition Round) 등 신통상 의제와 관련한 협상 필요성을 공감하였다. 이를 '뉴라운드'(New Round)라고 부른다. 이에 따라 1996년 WTO의 첫 각료회의인 싱가포르 각료회의에서 위 4R 이외에 '투자'(Investment Round), '부정부패'(Corruption Round)를 추가하여 WTO 공식 의제로 채택할지에 대해 논의하였다.

이 중에서 '무역과 환경' 의제를 제외하면 회원국 간 이견이 존재하고 기존 논의에 대한 부담이 있다는 이유로 공식 채택되지 않았다. 기존 우루과이라운드는 상호성과 이해의 균형을 전제로 보호무역 조치인 관세, 비관세장벽 축소 및 철폐를 통한 무역자유화를 도모하는 데 그 목적이 있으므로 다자 협상을 통한 합의가 가능하였다고 할 수 있다. 이에 반해 뉴라운드의 경우 환경, 노동, 경쟁정책, 부정부패 등의 분야에서 회원국 간 이해의 균형이 쉽지 않다.

특히 선진국에 비해 개도국은 이 분야에서 경쟁력이 낮고 선진국이 제시하는 기준을 따르기에는 현실적으로 여러 어려움이 있었다. 개도국은 불이익을 받을 가능성이 크기 때문에 이로 인한 우려와 반발이 컸다. 그렇다 하더라도 향후 DDA 진전 및 기존 통상 의제에 대한 협상이 마무리되면 신통상 의제에 대한 관심과 협상 필요성은 증가할 것으로 보인다. 〈표 5〉는 신통상 의제의 주요 내용을 정리한 것이다. 이중 '무역과 환경'은 제9장 2.6절과 3.5절에서, '무역과 기술'은 제12장 2절에서 각각 다룰 예정이다. 아래에서는 이를 제외한 '무역과 노동', '무역과 경쟁정책', '무역과 투자', '무역과 부정부패'에 대해 좀 더 구체적으로 논의한다.

표 5 _ 신통상 의제 개요

의제	주요 내용
무역과 환경	환경과 무역을 연계시키는 무역규범
무역과 노동	노조 활동 제한 등 무역에 영향을 주는 노동조건과 연계
무역과 기술	기술 인증, 표준, 적합성 검사 등의 기술 조건과 무역과의 연계
무역과 경쟁정책	수출카르텔, 배타적 기업 관행, 유통망 제한 등 각종 경쟁제한 요소의 철폐와 경쟁 조건의 형평성과 무역을 연계
무역과 투자	공정한 국제투자 여건 조성
무역과 부정부패	다자 무역 체제 내의 공정한 경쟁을 왜곡시키는 정부의 부정부패 및 관행 제거

2) 무역과 노동

'무역과 노동'은 국제적으로 인정된 노동기준을 정하고 이러한 기준보다 낮은 기준의 노동조건 하에서 생산된 상품에 대하여 무역상 차별이나 제재를 가할 수 있도록 하는 것이다. 쉽게 예상할 수 있듯이 무역과 노동기준의 연계 논의는 주로 미국, EU 등 높은 수준의 노동기준이나 노동권이 인정되고 있는 일부 선진국 주도로 시작되었다. 선진국을 중심으로 노동기준을 무역과 연계시키려는 이유는 단순히 노동권 강화라는 선진국의 일반적 추세를 따르게 하는 것에서 머무는 것이 아니다. 그 이면에는 자유무역이 확대될수록 중국, 인도, 아세안 등 주요 개도국의 비교우위에 근거한 산업 특화와 경쟁력 향상으로 인해 선진국의 전통적 주요 산업이 사양화되고 있다는 문제가 존재한다. 이는 실업률 증가와 경기침체 그리고 정치적 불안으로 이어질 수 있다.

노동집약적 산업뿐만 아니라 중국을 비롯한 개도국이 축적된 자본 활용과 낮은 노동조건을 활용하여 선진국이 비교우위를 가지고 있던 자본집약적 산업으로의 진출도 가능하게 되었다. 노동집약적 산업뿐만 아니라 자본집약적 산업 부문에서도 선진국이 경쟁력을 잃고 실업이 증가하고 있다는 위기의식이 이러한 논의의 근거가 되고 있다. 미국의 중국 때리기, 미·중 간 분쟁은 이에서 시작했다고 할 수 있다.

노동조건과 관련된 이야기로 돌아오면 예를 들어 미국은 오래전부터 무역과 노동기준의 연계를 주장하고 있다. 미국은 이미 한 세기 전 1890년 죄수 노동력을 이용한 상품 수입을 금지하는 무역 조치를 입법화하였다. 1919년 미국의 주도로 국제노동기구(ILO)가 창설되었다. 이를 근거로 1948년 출범한 GATT에도 노동기준에 관한 조항이 포함되었다. GATT 제20조 (e)[20]에서 죄수 노동으로 생산된 제품에 대해서는 수입 규제가 가능하도록 규정하고 있다.

미국은 1994년 4월 GATT 체제의 마지막 각료회의였던 마라케시 각료회의에서 노동권 보호 문제를 향후 WTO에서 다룰 수 있도록 하는 근거를 마련하고자 하였다. 하지만 앞에서 언급하였듯이 이는 개도국의 반대로 정식의제로 채택되지는 못하였다. 하지만 무역과 노동 연계에 대한 체계적인 분석이 필요하다는 것이 인정되어 무역과 노동기준에 관한 주요 내용이 도출되었다. 우선 핵심 노동기준으로는 아동노동 금지, 강제노동 금지, 노동자의 권리와 관련된 결사의 자유, 단체교섭권, 고용상의 무차별 등을 들 수 있다.

낮은 노동기준을 적용하는 국가가 높은 노동기준을 적용하는 국가에 비해 수출경쟁력이 높다는 실증적 증거는 없는 것으로 분석되었다. 하지만 일부 개도국은 수출자유지역 등에서 낮은 노동기준을 적용하여 수출경쟁력 향상을 꾀하고 있음은 확인되었다. 이 외에 핵심 노동

20) (e) 교도소 노동 상품과 관련된 조치

기준 준수를 위해 ILO 역할의 중요성이 강조되었고 노동기준 위반 국가에 대해서는 제재보다는 개발 원조 및 일반특혜관세를 활용한 인센티브 부여가 효과적이라는 의견이 제시되었다.

개도국 입장에서는 당연히 무역과 노동기준 연계는 반대한다. 현재의 기준에 비해 높은 노동기준을 적용하기 위해서는 기업은 추가적인 비용이 들어갈 수밖에 없기 때문이다. 이는 상품가격에 전가될 가능성이 크고 이에 따라 개도국의 가격경쟁력 즉 비교우위는 낮아지게 된다. 하지만 대부분 국가는 핵심 노동기준에 아동노동 금지, 강제노동 금지 등이 포함되는 것에 대해서는 큰 이견이 없다. 무역과 노동기준 간 상관관계에 대해서도 좀 더 엄밀한 실증적 분석과 논의가 필요하다는 점에서 공감대가 형성되었다. 이에 따라 1996년 12월 WTO 싱가포르 각료회의와 이어진 1998년 6월 ILO 총회 이후 아동노동 금지를 비롯한 핵심 노동기준 보호를 위한 지역별 협력 및 논의가 활발히 이루어지게 되었다.

이처럼 무역과 노동기준 연계에 대한 논의는 노동자 권익의 보호라는 원칙에는 동의하지만, 그 구체적 방안에 대한 무역과 노동기준의 연계에 있어서는 선진국과 개도국 간 입장의 차이가 크다. 무역과 노동기준의 상관관계도 확실하지 않다. OECD, ILO 등과의 협력을 통해 이에 대한 논의가 지속되어 오고 있지만 '무역과 노동'이 WTO의 새로운 의제로 채택되기에는 아직 더 많은 시간과 논의가 필요할 것으로 보인다.

3) 무역과 경쟁정책

무역과 경쟁정책의 연계는 기본적으로 각 국가의 경쟁정책이 기업의 영업활동에 미치는 영향이 크고 무역의 왜곡이 발생할 가능성이 있다는 우려에서 시작되었다. 구체적으로 무역과 경쟁정책의 연계는 다음과 같은 배경이 있다. 첫째, 세계시장 통합이 가속화되면서 기존 국내기업 간 경쟁이 해외기업과의 경쟁으로 확대되었다. 기업의 영업활동이 국제화되고 다국적기업이 등장하면서 경제적 차원에서는 국경의 의미가 약화하였다. 세계시장에서는 상품의 가격과 질이 국적보다 중요해지면서 가격경쟁력을 바탕으로 한 무한 경쟁이 심화하고 있다.

둘째, 국제 카르텔, 국제적 기업결합 등의 독과점 현상이 세계시장에 적지 않은 영향을 미치고 있다. 자유무역을 위한 각국의 노력이 이와 같은 기업들의 반경쟁적 행위로 인해 위협받을 가능성이 있다. 이로 인해 안정적이고 경쟁적인 기업환경을 만들기 위해 각 국가의 경쟁정책에 관한 다자 차원의 협력이 필요하게 되었다.

셋째, 무역자유화 개념이 과거에는 주로 제조업 공산품의 무역에 해당하는 것이었지만 현재는 독과점의 폐해를 방지하기 위한 공정한 경쟁이라는 시장 여건까지 포함하게 되었다. 시장가격과 자원 배분의 왜곡을 가져오는 독과점은 자유무역의 발전을 저해하기 때문이다. 특히 기업의 규모가 커지면서 다국적기업 간 초대형 기업결합(M&A)이 가능해지게 되었다. 개별 국가 차원을 넘어 세계시장의 독과점이 염려됨에 따라 이에 대한 대응 논의가 필요하게 되었다.

넷째, 경쟁정책과 무역정책의 상호작용에 대해 국제적 관심이 증대되고 있다. 각 국가의 경쟁정책과 무역정책은 서로 영향을 미친다. 두 정책이 상호보완적으로 작동하면 무역자유화에 도움이 된다. 하지만 반대로 경쟁을 제한하는 경쟁정책은 국내시장의 독과점 구조를 형성시키고 이는 외국기업의 국내시장접근에 부정적인 영향을 주고 자유무역을 저해한다.

이러한 배경 속에서 WTO 대다수 회원국은 자유무역의 확대를 위해서 개별 국가뿐만 아니라 세계시장 차원에서도 독과점을 막는 것이 필요하다는 데 공감하였다. 이를 위해서는 다자 차원의 협력과 공조가 필요할 수밖에 없다. 이러한 공감대 속에 1947년 출범 예정이었던

WTO의 전신이라고 할 수 있는 ITO는 경쟁 관련 규정을 포함하고자 하였다. 하지만 ITO 출범이 무산되면서 경쟁 분야에 대한 합의는 무산되었다.

이후 GATT 체제에서 경쟁시장을 보장하기 위한 노력이 진행되었고 이는 WTO 협정에도 반영되었다. 예를 들어 WTO 서비스무역 협정(GATS)에서는 독점 공급자의 독점적 지위 남용 금지, 정보제공 의무 등에 관해 규정하고 있다. 지식재산권 협정에서는 불합리하게 자유로운 경쟁과 무역을 제한하는 지식재산권의 남용을 금지하고 있다. 선진국은 무역자유화를 위해 효과적인 경쟁정책이 필요하다고 본다. 이렇게 선진국을 중심으로 무역자유화 개념이 공정한 경쟁시장으로 확대됨에 따라 다자 차원에서 경쟁정책을 다루자고 주장하고 있다. 선진국은 개도국의 반경쟁적 행위와 이를 규제하지 않는 개도국 정부로 인해 자국 기업이 피해를 보고 있다고 주장한다.

반면 개도국은 경쟁정책에 기본적으로 부정적이고 보수적인 태도를 보인다. 경쟁정책에 대한 다자 차원의 규범이 마련되는 경우 개도국의 경제성장 등을 위해 그동안 묵인되어 온 기업의 반경쟁적 행위가 공식적이고 엄격하게 규제될 것이기 때문이다. 향후 WTO에서 선진국을 중심으로 무역과 경쟁정책에 대한 논의가 지속해서 이루어질 것으로 보인다. 특히 중국, 베트남 등 사회주의국가의 국영기업에 대한 경쟁정책 도입 필요성을 둘러싸고 적지 않은 논쟁이 이어질 것으로 예상된다.

4) 무역과 투자

세계화와 자유무역의 확대에 따라 외국자본의 국내 유입 및 기업 활동이 증가하고 있다. 외국자본(기업)의 유입은 국내 생산과 고용, 그리고 경제성장에 긍정적 영향을 준다. 따라서 외국기업의 투자활동에 대해 공정한 대우를 보장하는 것은 자유무역의 확대에 필요하다. 이를 위해 WTO는 '무역 관련 투자 조치 협정'(Agreement on Trade-Related

Investment Measures, TRIMs)을 통해 외국기업의 투자활동을 위한 최소한의 조건을 제공하고자 하고 있다. TRIMs은 국내에 직접 투자한 외국기업에 대해 국내 상품(부품) 구매 의무, 생산품 중 일정량의 수출 의무 부과 등 외국인 투자와 관련하여 무역의 흐름을 제한시키거나 왜곡시키는 무역 조치를 금지한다.

예를 들어 우리나라 *a*기업이 중국에 진출한다고 하자. *a*기업은 의류업체이다. *a*기업은 중국에 의류생산을 위한 공장과 시설을 건설하고자 한다. 그런데 만약 중국 정부가 *a*기업에 대해 필요한 원재료의 일정 부분(예를 들어 50% 이상)의 중국 국내산 재료의 구매나 생산량 중 일정량(예를 들어 30%)은 반드시 수출 또는 반대로 내수로 판매해야 한다는 의무를 부과한다고 하자. 이는 *a*기업의 중국진출에 큰 부담이 될 수밖에 없고 자유무역을 제한하는 요인으로 작용할 것이다. 이러한 조치는 TRIMs에 위반될 것이다.

무역과 투자 조치의 연계는 주요 자본투자국인 미국 등 서구 선진국이 투자 보호와 무역 확대를 위하여 투자 조치와 관련된 무역제한 조치를 방지하기 위해 시작되었다고 할 수 있다. TRIMs의 주요 내용은 내국민대우와 수량제한금지이다. 원칙적으로 WTO 회원국은 GATT의 내국민대우 원칙과 수량제한금지 원칙에 위반되는 무역 관련 투자 조치를 취할 수 없다.

내국민대우 원칙에 위반되는 투자 관련 조치로 국산 상품이나 국내에서 조달된 제품의 사용이나 구매 강요, 수입품의 구매나 사용을 국산 상품의 수출과 연계하는 조치, 수입품의 구매 허용량을 수출실적에 비례시키는 조치 등이다. 수량제한금지 원칙에 위반되는 조치에는 국내 생산에 필요한 제품 수입의 제한, 또는 최종재의 수출실적과의 연계, 국내 생산에 필요한 제품 수입제한을 위한 외화사용액 규제, 그리고 수출량 제한 등이다.

현재 TRIMs는 자국의 해외 투자기업을 보호해야 하는 선진국과 외국인 기업 유치를 통해 자국 이익을 증대시키려는 개도국 간 타협의 산물이라고 할 수 있다. 현재의 무역 관련 투자 조치 협정은 국제투자를 완벽하게 보호할 수 있는 수준까지는 이르지 못하였다. 다만 투자 제한적 조치가 GATT의 내국민대우 원칙과 수량제한금지 원칙에 위반되는 경우에만 문제가 되는 정도라고 할 수 있다.

무역 관련 투자 조치 협정은 세계화의 진전과 소위 다국적기업 공급사슬의 세계화가 가속화되면서 중요한 의미를 갖게 되었다. 특히 2000년대 이후 해외투자의 급격한 증가에 따라 현재 WTO에서는 투자국의 무역상 불이익 없이 해외투자를 촉진하고 공정한 투자활동을 보장하기 위한 논의가 이루어지고 있다. 하지만 각 국가는 국내적으로 기업 및 투자활동과 관련된 서로 다른 제도와 환경을 가지고 있다. 이러한 차이에 따른 이해관계를 어떻게 조율해갈지가 TRIMs를 넘어 더 높은 수준의 협상 타결의 관건이라고 할 수 있다.[21]

5) 무역과 부정부패

'무역과 부정부패'의 연계는 기업의 수출, 수입, 투자 등 국제적 영업활동이 증가함에 따라 각 국가의 부패 관행이 무역에 필요한 비용을 증가시키고 국가 간 공정한 경쟁을 저해하고 시장가격의 왜곡을 가져올 수 있다는 우려를 전제로 한다. 예를 들어 UN, OECD와 같은 국제기구를 중심으로 기업이 국제적인 영업활동 시 정부에 대한 뇌물 공여를 금지하기 위한 논의가 추진되고 있다.

특히 WTO는 정부조달 관련 무역과 투자 시 부패 관행이 무역을 왜곡시키는 것으로 판단하고 정부조달의 투명성을 담보하기 위한 논의를 진행하고 있다. 이를 위해 1996년 12월 싱가포르에서 개최된 제2차

21) 이와 관련하여 최근 2024.2월 아부다비에서 개최된 제13차 각료회의에서 '개발을 위한 투자원활화 협정'(Investment Facilitation for Development Agreement, IFD)이 타결되었다. 이에 대한 논의는 제11장. '주요 통상이슈'의 11절 WTO 제12차, 제13차 각료회의 성과 및 전망에서 살펴본다.

각료회의에서는 이와 관련한 '실무 작업반'(working group) 설치에 합의하였다. 하지만 WTO 회원국의 다수를 차지하고 있는 개도국 대부분이 관련 논의에 소극적인 입장이다. '무역과 부정부패' 의제는 그 필요성에도 불구하고 다자 차원으로 확대 적용하는 현실적으로 어려운 실정이다.

CHAPTER

9

우리나라와 WTO

1. 우리나라와 WTO의 관계
2. 도하개발아젠다
3. 복수국 무역 협정

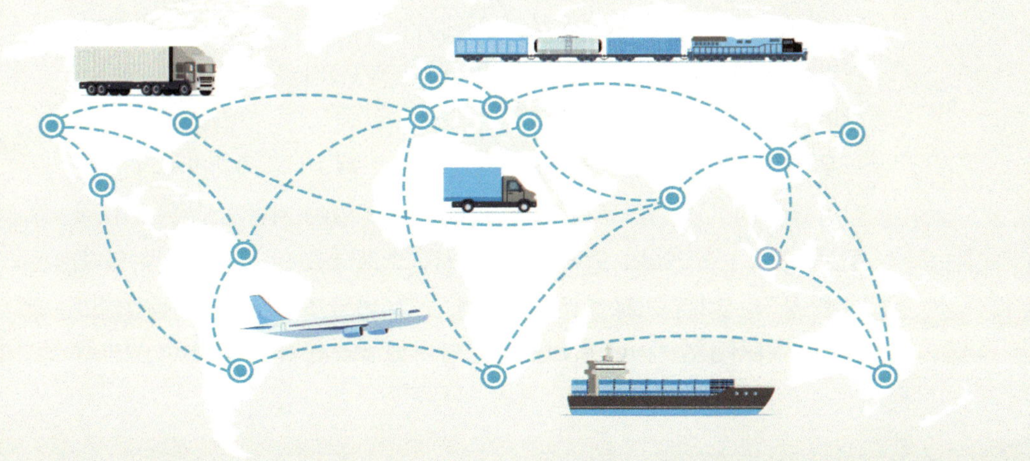

Chapter 9 우리나라와 WTO

1. 우리나라와 WTO의 관계

우리나라는 무역 규모에서 세계 7, 8위권, 수출 규모는 5, 6위권의 무역 대국이자 무역으로 먹고사는 나라라고 해도 과언이 아니다. 그만큼 우리나라 경제에서 무역이 차지하는 비중과 위상은 절대적으로 중요하다. 따라서 WTO 중심의 다자 무역 체제의 발전은 우리나라 수출과 경제성장에 유리한 환경과 여건을 조성한다. 실제로 우리나라 무역과 경제성장의 경로는 자유무역 체제의 발전과 그 궤적을 같이 한다. 이러한 배경에서 이 절에서는 우리나라와 WTO의 관계에 대해 간략히 살펴본다.

우리나라는 2008년 글로벌 경제위기로 인해 이후 세계경제의 전반적인 침체와 무역 규모의 축소에도 불구하고 얼마 지나지 않은 2011년 무역 규모 1조 796억 달러로 사상 처음으로 1조 달러를 돌파하였다. 이후 중국 부채위기로 인해 2015년, 2016년 1조 달러를 밑돌았지만 2017년 다시 1조 519억 달러로 1조 달러를 회복하였다. 2020년 코로나 팬데믹으로 인한 세계적 국경봉쇄와 공급망 마비 등으로 다시 1조 달러가 붕괴하였다. 하지만 다시 1년 만인 2021년 1조 2,000억 달러, 2022년 1조 2,500억 달러, 2023년 1조 2,000억 달러로 3년 이상 1조 달러를 넉넉히 달성함으로써 2020년 발생한 코로나 팬데믹 위기를 극복하고 명실상부한 무역 규모 1조 달러 클럽에 대한민국의 이름을 올리고 있다.

무역 규모가 1조 달러 이상이 되는 국가는 미국, 독일, 일본, 프랑스, 네덜란드, 영국, 이탈리아 등 주요 선진국, 그리고 경제 규모가 큰 중국을 포함하여 8개국 정도밖에 없다. 1조 달러 클럽 가입은 우리나라가 세계적으로도 무시할 수 없는 무역 대국임을 의미한다. 우리나라가 세계 유수의 선진국 반열로 발돋움할 수 있었던 원동력도 바로 무역, 특히 수출을 통한 빠른 경제성장에 있었다고 할 수 있다. 수출은 2023년 5,739억 달러를 달성하여 이탈리아와 프랑스를 제치고 세계 6위로 올라섰다. 그리고 곧 일본을 제치고 5위로 올라설 것으로 예상되고 있다. 국내총생산에서 무역이 차지하는 비중(무역의존도, 대외의존도)도 평균 80% 내외에 이르는 등 무역이 우리나라 경제에서 차지하는 위상과 그 영향은 실로 지대하다. 우리나라가 이룬 물질적 풍요와 사회 인프라는 수출을 통해 획득한 달러로 건설된 것이라고 해도 과언이 아니다. 그만큼 수출은 우리나라 경제에 절대적인 영향을 미친다.

우리나라는 소규모 개방경제(small open economy)와 무역 대국이라는 어떻게 보면 잘 어울리지 않는 이중적 특성을 보인다고 할 수 있다. 삼성전자와 하이닉스가 독점적 위치를 차지하고 있는 메모리 반도체 부분 등 특정 상품군의 경우는 공급이 세계시장가격에 영향을 미칠 수 있다는 점에서는 우리나라가 대국이라고 할 수 있지만 이는 특정 상품에만 적용된다. 무역으로 먹고사는 우리나라로서는 자유무역 확대가 절대 필요하다. 따라서 국제무역 질서를 주도하는 GATT 및 WTO의 가입과 우리나라 국익에 부합하도록 하기 위한 협상 참여는 필수적이라 할 수 있다.

이러한 협상 참여와 국익 확보를 위한 노력을 통해 빠르게 변화하는 국제무역 질서와 국제경제 환경에 선제적으로 대처하는 것이 필요하다. 그렇지 않으면 대내외적 환경이 악화하는 경우 언제든 우리나라 수출은 둔화하고 이에 따라 국내경제는 어려움을 겪게 된다. 대내외적 환경의 변화에도 불구하고 지속가능한 수출증대를 위해서는 산업구조의 고도화, 수출상품의 고부가가치화, 안정적인 수출처 확보 및 다변화, 합리적이고 선제적인 무역(통상)정책 등이 무엇보다 중요하다고 할 수 있다.

아울러 우리나라와 유사한 이해관계를 가진 나라와의 공조와 협력을 통해 우리나라 위상과 협상력을 강화할 수 있다. 양자 협상이 아닌 다자 협상의 상황에서는 미국, EU, 중국 등 일부 개별 국가나 진영의 일방적인 독주를 견제할 수 있다. 더 나아가 우리나라에 유리한 무역 규범의 모색 및 수립을 위한 다양한 회원국과의 협력과 연대의 기회를 얻을 수 있다.

우리나라는 한창 경제개발을 시작하던 1967년 케네디라운드의 종료와 함께 GATT에 가입하였다. 이후 1995년 WTO가 출범함에 따라 같은 해 1월 1일부로 WTO 창립 회원국이 되었다. 우리나라는 GATT 체제 참여, WTO 가입과 더불어 적극적인 협상 및 활동을 통해 우리나라에 유리하고 안정적인 무역환경 조성을 위해 노력해왔다. 다자 무역체제의 발전과 더불어 우리나라는 시장개방과 무역자유화를 통해 세계시장에서 경제영토를 확대할 좋은 기회를 제공받게 되었다.

앞에서 이야기하였듯이 WTO는 회원국 간 무역에 관한 다자 협상의 장을 제공하고 그 협상 결과를 적용, 이행하기 위한 국제법적, 제도적 틀(시스템)을 제공한다. WTO는 협정의 준수와 이행과 관련된 회원국 간 분쟁이 발생하는 경우 분쟁해결을 위한 절차와 제도를 위해 특화된 주체라 할 수 있는 분쟁해결기구(DSB)를 구성한다. 이처럼 WTO의 특별하면서 중요한 역할은 다른 국제기구와는 달리 일부 국가의 독주를 막는 데 있다고 할 수 있다.

WTO는 다자 협상 결과를 근거로 협정 이행 및 분쟁해결 과정을 통해 회원국 모두가 개별적인 국내법과 제도를 다자 무역규범에 부합하도록 유도함으로써 특정국의 이해에 따라 국제무역 질서가 주도되는 힘의 지배를 억제할 수 있도록 한다. 이렇게 다자 차원의 협상 및 규범에 기초하는 국제무역 질서가 확립되면 미국, EU, 중국 등 일부 선진국이나 거대 개도국의 일방적인 무역 보복 또는 자국에 유리한 편향적인 무역규범을 강제하기 어렵다. 이를 힘입어 대다수 회원국을 위한 예측가능하고 안정적인 무역환경이 조성되게 된다.

우리나라도 이러한 다자 무역 체제의 이점을 십분 활용하고 이의 중심이 되는 WTO의 역할 강화와 우리나라의 위상과 지위를 강화하기 위해 노력해왔다. 하지만 현실의 무역에서는 언제든 분쟁이 발생하고 이로 인한 불이익과 손해가 발생한다. 그러므로 무역이 경제에 큰 비중을 차지하는 우리나라는 다른 회원국과의 무역분쟁 등의 갈등을 최소화하는 것이 유리하다. 하지만 불가피하게 WTO 제소 및 피소의 상황이 되는 경우를 대비한 철저한 준비와 대응도 필요하다. 이를 위해 국내 법률, 규칙, 제도 등 기존 무역 관련 규정을 검토하고 다자 무역규범에 부합하지 않는 또는 위반될 수 있는 법과 제도를 개선해야 한다. 이러한 검토와 개선을 통해 회원국과의 불필요한 무역분쟁 및 그로 인한 비용과 손실을 선제적으로 줄여갈 필요가 있다.

우리나라는 WTO에 인적인 참여와 재정적인 지원도 제공하고 있다. 우선 우리나라는 WTO에 분담금을 출연하고 있다. WTO 설립을 위한 마라케시 협정 제7조(예산 및 분담금)에 따라 각 회원국은 분담금(contribution)을 출연해야 한다.[1)] WTO는 연간 예산에 필요한 재원의

1) 마라케시 협정의 제7조는 다음과 같다.

1. 사무총장은 예산·재정·관리위원회에 세계무역기구의 연간예산안 및 재정보고서를

대부분을 회원국이 갹출한 분담금을 통해 마련하고 있다. 개별 회원국의 분담금은 전 세계무역에서 각국의 무역량이 차지하는 비중을 고려하여 결정된다. 무역량 비중에 따라 우리나라는 2022년 기준 WTO 총예산 1억 9,720만 스위스 프랑 중 2.8%인 543만 스위스 프랑을 분담하고 있다.2)

2001년 11월 제4차 WTO 각료회의를 통해 개시된 DDA는 개도국 지원사업 확대를 주요 목표 중 하나로 설정하였다. 이에 따라 2001년 12월 WTO 일반이사회는 개도국 지원사업에 필요한 재원 확보를 위해 'DDA 세계신탁기금'(DDA Global Trust Fund) 설립을 결정하였다. 우리나라는 이후 이 세계신탁기금에도 매년 20만 달러 이상을 기여해 왔다.

우리나라 다수의 국제통상 분야의 전문 인력도 WTO에서 주요한 역할을 하고 있다. 1995년에 김철수 전 산업통상자원부 장관이 WTO 사무차장(1995~1999)을 역임하였다. 최근 2012년부터 2016년까지 장승화 서울대학교 법학대학원 교수가, 그리고 2017년 김현종 전 통상교섭본부장이 연이어 WTO 상소기구 위원으로 활약하였다. 이를 대표로 다수의 한국인이 WTO 분야별 위원회의 의장, 그리고 패널위원으로 선정되어 활약해 오고 있다.

제출한다. 예산·재정·관리위원회는 사무총장이 제출하는 연간예산안 및 재정보고서를 검토하고 이에 대하여 일반이사회에 권고한다. 연간예산안은 일반이사회의 승인을 받아야 한다.

2. 예산·재정·관리위원회는 아래 사항을 포함하는 재정 규정을 일반이사회에 제안한다.
   (a) 세계무역기구의 지출경비를 회원국 간 배분하는 분담금의 비율, 그리고
   (b) 분담금 체납회원국에 대하여 취하여야 할 조치
   재정 규정은 실행 가능한 한 1947년도 GATT의 규정 및 관행에 기초한다.
3. 일반이사회는 재정 규정 및 연간예산안을 세계무역기구 회원국의 반 이상을 포함하는 3분의 2 다수결에 의하여 채택한다.
4. 회원국은 일반이사회에서 채택되는 재정 규정에 따라 세계무역기구의 지출경비 중 자국의 분담금을 세계무역기구에 신속하게 납부한다.

2) 참고로 2022년 기준 주요국의 분담금과 비중을 살펴보면 미국은 11.8%인 2,315만 스위스 프랑스, 중국은 10.5%인 2,095만 스위스 프랑, 독일은 7.2%인 1,400만 스위스 프랑, 일본 3.8%인 749만 스위스 프랑 등이다.

2. 도하개발아젠다

1) 도하개발아젠다의 전개 과정

WTO의 '도하개발아젠다'(Doha Development Agenda, 이하 DDA)는 2001년 11월 카타르 수도 도하에서 개최된 제4차 WTO 각료회의를 기점으로 시작되었다. DDA는 GATT 체제에서 진행되었던 8번의 다자 무역 협상을 포함하면 9번째 다자 무역 협상이다. WTO 체제에서는 첫 번째 다자 무역 협상이다. WTO에서는 GATT 체제에서 사용했던 '라운드'(Round)라는 용어 대신 '아젠다'(Agenda)라는 용어를 채택하였다.

이는 WTO 회원국의 대다수를 차지하는 개도국 개발의제의 중요성이 반영된 것이다. 앞으로의 다자 무역 협상은 개도국 개발에 중점을 두어야 한다는 개도국 주장이 반영된 결과이다. 그만큼 개도국의 영향력이 커졌다고 볼 수 있다. 다자 무역의 지속적인 발전을 위해서는 개도국의 경제개발과 성장이 필요하다는 주장이 힘을 얻게 되었다. 이러한 주장이 우루과이라운드 과정에서 논의, 수용되었다. 이를 반영하여 WTO 출범 이후 다자 협상의 명칭을 기존 라운드가 아닌 개발아젠다(development agenda)라는 이름으로 변경하게 되었다고 할 수 있다.

DDA는 우루과이라운드를 통해 이미 타결된 분야의 무역자유화 수준을 한 층 더 높이기 위한 것과 동시에 새롭게 제기되는 다양한 무역 관련 의제에 대한 논의를 진행하기 위해 시작되었다. 따라서 이전 다자 협상보다 무역자유화를 위한 논의 대상과 범위가 넓어지고 요구되는 그 개방 수준도 높아지게 되었다. DDA는 원래 2004년 말까지 일괄타결 방식을 통한 타결을 목표로 하였다. 앞에서 논의했듯이 일괄타결 방식이란 이해가 엇갈리는 모든 의제를 협상 테이블에 올려놓고 이해 당사국 간 주고받기를 통해 한 번에 합의를 이끌어 타결 짓는 방식이다. 이는 하나라도 타결에 실패하면 모든 것이 타결되지 않음을 의미한다(Nothing is agreed, until everything is agreed).

예를 들어 농업 협상에서 합의에 실패하면 상품, 서비스, 그 밖의 모든 협상에서 합의가 이루어진다고 해도 DDA는 타결되지 않는 것이다. 이런 점에서 일괄타결 방식은 협상의 기본원칙에 충실하다고 할 수 있다. 하지만 그만큼 협상의 타결도 어려워진다고 할 수 있다. 이처럼 일괄타결 방식은 양날의 검이 되는 것이다. DDA가 향후 타결되면 이는 WTO의 166개 회원국 모두에 획일적으로 적용되는 다자 차원의 자유무역 협상이라는 점에서 그 의미가 크다고 할 수 있다. 하지만 현실은 그리 호의적이지 않다. 예를 들어 농산물에 대한 수입국과 수출국 간 대립, 공산품 시장개방에 대한 선진국과 개도국 간 갈등 등 핵심적인 의제에 대한 합의를 이루지 못하면서 DDA는 난항을 겪게 되었다. 이러한 과정이 지지부진하게 지속되었다. DDA 개시 후 20여 년 지난 2024년 현재 발리 패키지, ITA II의 타결, 수산보조금 협상 타결 등 작은 성과들은 있었지만, 목표로 했던 일괄타결 방식의 완전 타결은 이루지 못한 상황이다.

DDA는 농산물 분야, 공산품 및 임·수산물 등 비농산물 분야, 서비스시장 개방, 반덤핑, 보조금, 지역무역 협정, 분쟁해결절차 개혁, 관세 행정 개선 등 무역원활화, 환경, 개발, 지식재산권보호 등 다양하고 광범위한 의제를 포함한다. 이러한 다양한 의제에 대한 효율적인 협상을 위해 분야별 '협상 그룹'(working group)이 설치되어 협상을 진행해왔다. 이 중 가장 핵심적인 의제는 농산물 시장개방과 비농산물 관세 인하 관련 분야라고 할 수 있다. 농산물과 비농산물에 대해서는 우선 관세 인하와 보조금 감축 등 시장개방 수준을 정하는 자유화 '세부 원칙'(modalities)에 합의하였다. 이에 따라 각 회원국은 구체적인 관세 인하 및 보조금 감축 수준을 제시하는 '이행계획서'(country schedule, C/S)를 제출하였다. 이를 바탕으로 다른 회원국과의 협상을 통해 최종 합의안을 도출하는 방식으로 협상이 진행되었다.

DDA는 상품무역뿐 아니라 서비스무역, 지식재산권, 반덤핑, 보조금, 분쟁해결 등 시장개방은 물론 광범위한 무역규범을 대상으로 협상하고 있다. 어떤 품목의 관세를 얼마나 인하할지, 무역을 왜곡시키는 보조금을 어디까지 인정하고 언제까지 중단할지 등을 포함한다. 어떤 서비스 분야를 자유화할 것인지, 지식재산권보호는 어떻게, 어느 수준까지 할지 등도 협상 과제로 다룬다. 최근 주목받고 있는 '무역과 환경' 등에 대한 논의도 포함한다. 이와 같이 DDA는 농업, 비농산물, 서비스, 규범, 무역원활화, 환경, 개발 등 9개 협상 분야를 설정하였다. 그야말로 무역의 대상이 되는 유·무형의 상품을 포함하여 관련 제도까지 모두 협상의 대상으로 설정하고 있다.

DDA의 자유화 세부 원칙의 대강은 결정되었지만 이를 기초로 세부적인 내용의 합의 도출이 계속 미루어지면서 2003년 멕시코 칸쿤에서 개최된 제5차 WTO 각료회의도 성과 없이 종료되었다. 하지만 2004년 8월 자유화 세부 원칙의 윤곽을 결정하는 '기본골격 합의'(framework agreement)가 타결되면서 협상이 활기를 되찾았다. 소위 '싱가포르 이슈'(Singapore Issues)라고 불리던 '투자'(investment), '경쟁'(competition), '정부조달'(government procurement), '무역원활화'(trade facilitation)의 네 가지 이슈에 대해서는 개도국의 반발을 수용하여 무역원활화를 제외한 나머지 이슈에 대한 논의는 중단하고 무역원활화만을 협상 의제로 남기기로 합의하였다. 이에 따라 2005년 12월 홍콩에서 제6차 WTO 각료회의가 개최되어 다시 협상 타결을 시도하였지만 안타깝게 세부 원칙 타결에 이르지 못하였다.

이후 2008년 7월 개최된 소규모 각료회의에서는 농산물 및 비농산물 부문의 관세 인하와 농업보조금 감축 수준을 포함한 잠정 타협안이 도출될 수 있을 것으로 기대되었다. 하지만 개도국이 농산물의 수입 급증 시 긴급관세를 부과하는 메커니즘의 도입을 주장하면서 농업 분야 쟁점 사항에 대한 이견을 해소하지 못해 합의에 실패하였다. 2009

년 12월 제네바에서 개최된 제7차 WTO 각료회의에서는 2010년까지 협상 타결을 목표로 DDA 협상의 현황을 점검키로 하였다. 하지만 이후에도 뚜렷한 진전이 없는 상황이 지속되었다.

이렇게 DDA가 성과 없이 계속 공전하면서 DDA 무용론이 대두되기 시작하였다. 더 나아가 2008년 글로벌 금융위기로 인한 보호무역의 강화 등 국제적인 혼란 가운데 다자 무역 체제 자체에 대한 회의와 우려가 증가하였다. 이에 협상이 완전히 결렬될 수 있다는 위험을 느낀 회원국들은 2011년 5월 APEC 통상장관회의 및 OECD 각료회의를 계기로 우선 타결 가능성이 큰 분야를 중심으로 조기수확 방식을 위한 '소규모 패키지'의 구성 협의를 추진하였다.

2011년 12월 스위스 제네바에서 개최된 제8차 WTO 각료회의에서는 조기수확 방식의 도입을 재차 확인하고 차기 제9차 각료회의에서 가시적인 성과 도출을 위해 노력할 것을 합의하였다. 그 결과 2013년 12월 인도네시아 발리에서 개최된 제9차 WTO 각료회의에서 조기수확 방식을 통해 소위 '발리 패키지'(무역원활화, TRQ 관리방식 개선 농업 일부, 개도국 및 최빈개도국에 대한 우대를 위한 관련 조항 이행 개선 및 모니터링 메커니즘 설치)의 타결에 성공하였다. 그간 WTO가 견지해 왔던 일괄타결 방식을 고수하는 대신 일부 분야에서 가능한 성과를 조기 수확한 것이다.

한편 우리나라는 무역원활화 분야에서 '싱글윈도우'(Single Window) 등 핵심적인 조항을 제안하여 협상 타결에 기여하였다.[3] 무역원활화 조치가 실현되면 향후 각국의 통관절차 개선을 통해 우리나라 기업의 수출입 여건이 개선되고 수출이 증대될 것으로 기대되었다. 실제로 무역원활화 협정은 2017년 2월 발효되었고 WTO 협정으로 포함되었다.

---

3) 싱글윈도우는 무역업체가 수입 관련 제반 요구 사항을 단일창구를 통하여 일괄 제출할 수 있도록 하는 통관단일창구 시스템을 의미한다. 무역업체는 통관단일창구를 통하여 수입신고는 물론 검사, 검역 등 각종 요건 확인 자료를 One-Stop으로 처리할 수 있다.

무역원활화 협정은 구체적인 무역원활화 조치와 개도국 특별대우 등의 내용으로 구성되는데, 무역원활화 조치 부분에서는 통관절차를 간소화하고 투명성을 강화하기 위한 각종 조치를 규정하고 있다. 대표적인 예로 우리나라가 제안한 싱글윈도우 조항을 들 수 있다. 이는 수출입 관련 서류를 한 번에 한 기관에 제출할 수 있는 통관단일창구를 의미한다.

개도국이 싱글윈도우를 도입하게 되면 수출입 신고를 위해 여러 기관을 방문할 필요가 없어져 무역업자의 편의가 크게 증대되고 물류비용도 절감될 것이다. 이 외에도 세관 당국의 결정에 대한 불복 절차 보장, 통관 규정 및 절차의 인터넷 등 온라인을 통한 공표 등을 통해 투명성이 강화되는 효과가 있다. 무역원활화 협정은 개도국에 대한 특별대우로 이행 기간의 연장뿐 아니라 선진국의 지원을 규정하고 있다. 이는 현실적으로 협정상 의무를 감당하기 어려운 개도국에 대한 배려인 동시에, 개도국이 협정 이행에 적극적으로 참여하여 무역원활화의 긍정적 효과를 발생시키기 위한 것이기도 하다. 예를 들어 우리나라는 세계 최고 수준의 통관 시스템을 갖추고 있는 만큼 우리나라의 경험 공유 및 관세행정 기법 전수 등을 통해 여타 개도국의 협정 이행을 도울 수 있다.

이후 DDA 타결을 위해 2015년 케냐 나이로비에서 제10차 각료회의, 2017년 아르헨티나 부에노스아이레스에서 제11차 각료회의, 2022년 제네바에서 제12차 각료회의, 그리고 2024년 2월 아랍에미리트 수도 아부다비에서 제13차 각료회의가 진행되었다. 이 각료회의를 통해 수산보조금, 투자원활화 협정 타결 등의 성과가 있었지만, DDA의 타결에 이를 정도의 큰 성과 없이 종료되었다. 이는 2020년 이후 코로나 팬데믹 위기로 인한 글로벌 공급망 붕괴, 미·중 무역분쟁, 러·우 전쟁, 자국 우선주의 및 탈세계화 현상, 세계적 경기침체로 인한 보호무역 강화 등으로 DDA의 추진 동력이 약화하고 있는 것과 무관치 않아 보인다. WTO는 현재 DDA의 활로를 놓고 깊은 고민에 빠져있다고 할 수 있다.

DDA 협상은 과거의 어떤 다자 무역 협상보다 폭넓은 의제를 다루고 있다. DDA 개시 시 협상의제는 크게 ① 농산물, 농산물을 제외한 나머지 상품(공산품 및 임·수산물), 서비스시장 개방, ② 반덤핑, 보조금, 지역무역 협정, 분쟁해결절차 개선, ③ 무역원활화, 환경, 개발, 지식재산권 등 크게 세 분야로 나눌 수 있었다. 특히 DDA에서는 무역 차원에서 개도국의 경제개발을 지원하는 방법을 중요한 주제로 논의하고 있는데 이를 위해 개도국에 대한 우대 조치를 강화하고, 기술협력 사업을 확대하는 방안 등을 모색하고 있다.

이처럼 DDA는 다수의 무역규범 관련 문제를 다루고 있는 동시에 개도국의 경제개발 지원에 초점을 두고 있다는 점에서 과거의 다자 무역 협상과 뚜렷하게 구별된다. 이후 2002년부터는 방대한 협상 의제를 효율적으로 다루기 위해① 농산물, ② 비농산물(non-agricultural market access, NAMA), ③ 서비스, ④ 규범(반덤핑, 보조금, 지역무역 협정), ⑤ 환경, ⑥ 지식재산권, ⑦ 분쟁해결, ⑧ 무역원활화, ⑨ 개발 분야 등에 대한 협상 그룹이 각각 설치되어 본격적인 협상을 진행해왔다.

농산물과 비농산물에 대해서는 우선 관세와 보조금의 감축 정도 등 시장개방의 정도를 정하는 자유화 세부 원칙에 합의하였다. 이에 따라 각국이 구체적인 품목과 보조금 프로그램별 감축 수준을 제시하는 이행계획서를 제출해 이에 최종 합의안을 도출하는 방식으로 협상을 진행했다. 그러나 농산물에 대한 수입국과 수출국의 대립, 공산품 시장 개방에 대한 선진국과 개도국 간 대립 등으로 인해 DDA 협상은 출범 이후 장기간 정체 상태를 보였다. DDA 협상이 지지부진해지자 세계 각국은 무역자유화 수단으로 양자, 복수국 FTA와 같은 지역무역 협정에 크게 의존하였다.

우리나라도 DDA 협상 참여와 동시에 2004년 한·칠레 FTA를 시작으로 한·아세안, 한·미 FTA, 한·EU FTA, 한·중 FTA 등을 체결하는 등 자유무역의 확대와 기업의 무역 환경 개선을 위해 지역주의도 적극적으로 활용해 왔다. 그렇지만 우리나라는 DDA의 성공적인 타결이 범세계적인 시장개방 확대, 다자 무역규범 강화, 자유롭고 예측가능한 무역환경 조성 등에 기여할 것으로 기대한다. 이에 따라 DDA의 조속한 타결을 위해 양자 및 다자 차원의 노력을 경주하고 있다.

DDA가 타결되면 전 세계의 무역장벽이 낮아져 그만큼 자유무역이 활성화되고 이는 세계경제 성장으로 이어질 것이다. 자유무역과 경제성장으로 소비자는 구매력 향상과 다양한 상품을 선택할 수 있게 되어 후생이 증가한다. 생산자도 경쟁력 있는 상품에 특화함으로써 생산 효율성을 높일 수 있다. 이러한 이유로 DDA 타결은 최근의 글로벌 경제위기 발생에 따라 침체한 세계경제에 활력을 불어넣을 수 있는 해결책 내지는 부양책이 될 수 있다.

우리나라 입장에서도 DDA 타결이 늦어질수록 그만큼 세계시장을 확보할 기회를 잃게 된다. 물론 경쟁력이 약한 산업 부문의 시장개방 속도를 늦춰 국내산업을 보호하는 측면도 있지만 무역의존도가 높고 그 경제적 영향이 절대적으로 큰 우리나라는 무역자유화를 통한 안정적인 해외시장 확보가 중요할 수밖에 없다. 우리나라가 세계 7, 8위권의 무역 대국으로 성장한 배경에는 지속적이고 안정적인 해외시장으로의 수출 확대가 가능했기 때문이다. 이는 우리의 능력과 의지만으로 되는 것이 아니라 세계화와 자유무역이라는 전 지구적이고 시대적인 대세가 뒷받침되어 가능했음을 의미한다.

DDA가 타결되면 166개 회원국의 상품 및 서비스시장이 동시에 개방된다. 이에 따라 우리나라는 DDA의 타결로 가장 많은 수혜를 입을 수 있는 국가로 평가된다. 예를 들어 반도체, 자동차, 조선, 전자, 석유화학, 철강 등 우리나라의 주력 수출상품의 수출 확대가 기대된다. 물론 경쟁력이 약한 농업 분야 등은 확대되는 시장개방으로 인해 손해를 입을 수 있을 것이다. 그러나 전체적인 측면에서 DDA의 타결과 이에 따른 전 세계적 시장개방과 자유무역의 확대는 우리나라에 큰 이익이 됨은 분명하다.

DDA가 타결되면 무역규범이 명확해져 분쟁이나 무역 거래비용이 감소한다. 예를 들어 우리나라의 경우 미국 등 주요 무역상대국의 빈번한 반덤핑조치로 피해를 보았기 때문에 반덤핑 협정이 개정되어 자의적인 반덤핑조치가 제한된다면 우리 기업들의 수출 환경이 상당히 개선될 것으로 보인다. 반면 그동안 우리가 상대적으로 소홀히 해왔던 지식재산권보호 분야에서도 명확한 국제 규범이 만들어질 것이기 때문에 그동안 상대적으로 신경을 쓰지 않았던 저작권이나 특허에 대해서 주의할 필요가 있을 것이다. 어찌 됐든 DDA 타결은 우리나라 경제와 무역에 큰 도움이 될 수 있는 세계사적 차원의 큰 변화라고 할 수 있다.

앞에서도 언급했듯이 DDA 주요 쟁점은 농산물과 비농산물 분야 협상이지만 우리나라는 이외에도 서비스, 규범, 무역원활화 등 협상 전반에 걸쳐 높은 수준의 시장개방과 자유무역 발전의 결과가 도출될 수 있도록 노력하고 있다. 다음 절에서는 우리나라가 제시하고 있는 협상 내용을 중심으로 주요 협상 분야별 이슈에 대해 살펴본다.

2) DDA 농산물 협상

농산물 협상은 DDA 중 선진국과 개도국 간 이해가 엇갈리는 민감 분야 중 하나이다. 심지어 농업 분야에서의 협상 결과는 DDA 전체에 영향을 미칠 정도로 핵심적인 의제라고 이야기되고 있다. 농산물 협상은 2001년 도하 각료회의가 개최되기 이전인 2000년부터 시작되었다. 이는 우루과이라운드 당시 농산물 무역의 자유화를 지속해서 추진하기로 합의한 내용에 따른 것이다. 이를 '기설정 의제'(Built-in Agenda)라고 한다. 2001년 도하 각료선언문에 따라 기설정 의제였던 농산물 협상은 정식으로 DDA 협상 분야에 포함되었다.

원래 농산물 협상을 위해 농산물 관세 인하와 보조금 감축 수준 및 그 방식을 결정하는 자유화 세부 원칙을 2003년 3월까지 합의, 이 세부 원칙에 따라 품목별 또는 보조금별 감축 이행계획서를 제출할 계획이었다. 그리고 이를 다자적으로 검증한 뒤 전체협상을 2005년 이전까지 종결하도록 할 예정이었다. 그러나 농산물 무역을 둘러싼 이해 수출 수입 당사국 간의 이해관계가 첨예하게 엇갈리면서 협상의 진전은 늦어졌다. 세부 원칙 합의 도출을 위한 노력은 2003년 9월 멕시코 칸쿤의 제5차 각료회의와 2005년 12월 홍콩의 제6차 각료회의에서도 지속되었지만 아쉽게도 합의에 실패하였다.

2007년 다시 협상을 재개하여 각종 비공식 회의를 운용하면서 세부 원칙 합의를 위한 기술적인 진전이 이루어졌다. 이러한 진전을 바탕으로 2008년 7월 소규모 각료회의에서 세부 원칙 합의 도출을 위한 논의가 집중적으로 이루어졌다. 하지만 아쉽게도 농산물 분야 개도국의 '특별 긴급수입제한'(special safeguard, SSG) 등의 쟁점 이슈의 벽을 넘지 못하였다. 특별 긴급수입제한은 농산물 시장개방 시 급격한 수입 증가를 막기 위해 추가적인 관세 인상을 허용하는 수입국 농업 보호 장치이다. 특히 인도는 특별 긴급수입제한의 강화를 주장했지만, 미국이 이에 반대하면서 최종 합의에 실패하였다.

2009년 9월 이후 의장 주재 소규모 회의를 통해 세부 원칙 관련 쟁점 논의를 진행하고 양허표 작성 등 기술적 논의를 병행 추진하였다. 하지만 아직도 개도국 긴급 수입 관세, 면화 보조금 감축 등 쟁점이 되는 사안의 경우 선진국, 개도국 간 이견이 상존한다. 특히 인도는 면화 등 국내 농업 보호를 위해 시장개방에 소극적인 입장이다. 이처럼 농산물 협상이 난항을 겪고 있는 것은 그만큼 농산물을 둘러싼 이해 당사국 간 입장의 차이가 크기 때문이다. 수입국과 수출국 간 입장의 차이가 있을 뿐만 아니라 기본골격 합의와 이후 각종 의장 문서를 통한 개도국에 대한 특혜 대우의 확대를 계기로 그 입장의 차이는 더욱 크게 되었다. 현재까지도 세부 원칙에 대한 합의는 더 이상 진전되지 않고 있다.

농산물 협상 그룹은 수입 선진국 그룹, 수출 선진국 그룹, 수출 개도국 그룹, 수입 개도국 그룹 등 네 개 그룹으로 나눌 수 있다. 협상 그룹이 네 개가 되면 협상을 위한 경우의 수가 6개 조합으로 늘어나게 된다. 당연히 모든 협상 그룹 간 타협점을 찾아내는 것이 산술적으로는 몇 배로 어려워지게 된다. 협상에 필요한 경우의 수가 늘어남은 물론, 각국은 자국의 상황에 따라 실제 협상 이슈별로 이러한 대강의 분류와는 다른 입장을 갖기 때문에 타협점을 찾기가 더욱 어려워지게 되는 것이다.

실제로 EU, 일본, 스위스, 노르웨이 등 농업 분야 수입 선진국 그룹은 점진적인 자유화를 원하고 동시에 자국의 일부 민감한 농산물을 보호하기 위해 일반적인 관세 인하 공식과는 다른 방식을 적용할 것을 주장하고 있다. 이에 비해 호주, 뉴질랜드 등 수출 선진국은 대폭적인 관세 감축과 보조금 감축을 주장한다. 예를 들어 미국은 자신들의 보조금 프로그램을 유지하기를 희망하면서도 관세 감축에 있어서는 공세적인 입장이다.

반면 개도국은 선진국이 보조금을 대폭 감축할 것을 요구하면서 개도국에는 상당 수준의 특혜가 필요하다고 주장한다. 그러나 개도국 가운데서도 브라질, 아르헨티나, 태국과 같은 수출 개도국은 선진국이나 개도국 모두 상당 수준의 시장개방이 필요하다고 주장한다. 이에 비해 우리나라를 포함한 인도와 중국 등 수입 개도국은 자국 농업과 농민 보호를 위해 쌀, 면화 등 민감 품목에 대해서는 특별히 예외적인 대우가 필요하다고 주장한다.

자국 입장을 효과적으로 협상에 반영하기 위해 EU나 미국과 같은 선진국을 제외한 여타 국가는 동조그룹을 형성하기도 한다. 예를 들어 G10[4)]은 농산물 수입국 그룹으로서 수입 선진국을 포함 우리나라, 대만, 이스라엘과 같은 수입 개도국이 참여하고 있다. 반대로 수출국 그룹인 케언즈(Cairns) 그룹[5]은 기본적으로 수출국의 이익을 대변하고 있다. 하지만 내부적으로는 선진국과 개도국 간 입장의 차이가 발생하고 개도국 중에도 일부 품목에 대한 민감성을 중요시하는 국가가 생겨 상당수 이슈에서 보조를 맞추기 힘든 부분이 있는 것이 현실이다. 이외에도 G20이라는 개도국 그룹이 생겨 선진국 농업보조금 철폐와 시장개방을 주장하고 있다. 더 나아가 G33이라는 개도국 그룹은 개도국의 특별한 농산물에 대해서 관세 감축의 예외를 주장하고 있다. 우리나라는 이해관계를 같이하고 있는 G10, G33 그룹의 일원으로 참여하고 있다. 이들 국가와의 공조를 통해 농산물 분야에서 우리나라의 국익을 극대화하고자 노력하고 있다.

우리나라는 농산물 분야에서만큼은 각국의 민감성을 보호할 수 있는 점진적인 시장개방이 바람직하다는 기본적인 입장이다. 국내 취약분야에 대한 보호 장치의 마련을 위해 적극적으로 협상에 참여하고 있다. 관세 감축 폭에 있어 예외가 인정되는 '민감 품목'(sensitive product) 및 '특별 품목'(special product)을 최대한 확보하기 위해 노력하고 있다. 농업개혁에 필요한 보조금 제도를 유지할 수 있도록 수입국 그룹 및 개도국 그룹들과 긴밀한 공조를 모색하고 WTO에 이와 관련된 제안서를 제출하는 등 적극적인 협상을 펼치고 있다.

우리나라는 WTO 기본원칙에 부합하는 공정하고 시장 지향적인 농산물 무역 체제 수립이라는 목표 달성을 위해 노력하고 있다. 다만 농업개방은 취약부문에 미치는 부정적 효과를 최소화하기 위해 점진적으로 진행되어야 하고 각 회원국의 특수한 사정과 비교역적 관심 사항

---

4) G10은 우리나라를 비롯해 일본, 스위스, 노르웨이, 불가리아, 대만, 이스라엘, 아이슬란드, 리히텐슈타인, 모리셔스 등이다.

5) 케언즈 그룹은 세계 주요 농업생산 및 수출 14개국(아르헨티나, 호주, 브라질, 캐나다, 칠레, 콜롬비아, 피지, 헝가리, 인도네시아, 말레이시아, 뉴질랜드, 필리핀, 태국, 우루과이)으로 구성되어 있다. 케언즈 그룹은 농업보조금 삭감을 주장하고 있다.

이 고려되어야 한다는 입장이다. 우리나라는 DDA 농산물 협상이 수입국이나 수출국을 비롯한 회원국 전체의 이해를 균형 있게 반영해야 하고, 특히 큰 이해가 걸린 시장접근과 국내 보조금 감축의 경우 각국의 상황을 고려하여 탄력적으로 진행되어야 한다는 입장을 견지하고 있다.

국내 보조와 관련하여 일부 개도국은 우루과이라운드 협상 당시 국내 보조를 지급할 여력이 없어 '감축대상 농업보조총액'(Aggregate Measurement of Support, AMS) 상한을 부여받지 못하고 농업생산액의 10% 수준에 해당하는 '최소허용보조'(de minimis)만을 부여받았다. 반면 선진국은 당시 지급하고 있던 국내 보조를 감축대상보조 상한으로 부여받음으로써, 비록 단계적 감축의무를 지기는 하였지만 상당 규모의 국내 보조를 합법적으로 활용할 수 있게 되었다. 우리나라의 경우 AMS 지급 상한인 1조 4,900억 원에 이르지만 실제로 AMS 지급액은 이에 미치지 못하고 있다. 예를 들어 2020년 기준 우리나라의 AMS 지급액은 허용한도의 17.3%대에 머무르고 있고 최소허용보조도 1% 대로 선진국 기준인 5%에 한참 미치지 못하고 있다.

선진국은 사실상 감축 대상 보조의 상당 부분을 생산비 연계 직접지불제 등 허용 보조 형태로 전환하여 국내적으로 보조를 지속하고 있다. 이에 대해 개도국은 지속해서 이러한 불균형을 시정해야 한다고 주장해 왔다. 선진국은 개도국의 무역 왜곡적인 국내 보조가 최근 증가하고 있다고 지적하고 이에 대한 규율이 필요하다고 강조하고 있다. 시장접근에 있어서 현 농업 협정은 시장개방에 따른 수입 급증이나 가격 폭락에 대비한 구제 조치로서 특별 세이프가드(SSG)를 활용할 수 있도록 규정하고 있다. 하지만 농업 협정상 발동기준이 까다로워 개도국은 실질적으로 발동요건을 충족하기 쉽지 않고 열악한 인프라로 인해 필요한 데이터를 실시간으로 수집하기도 어려워 시의적절한 대응이 불가능하다고 주장하고 있다.

오히려 현행 특별 세이프가드는 선진국에 의해 대부분 활용되고 있고 개도국은 실제 활용가능하고 효과적인 '특별 세이프가드 메커니즘'(SSM)을 마련할 것을 요구하고 있다. 하지만 주요 농산물 수출국 및 선진국은 현 농업 협정에서 특별 세이프가드를 점진적으로 폐지하도록 규정하고 있고 개도국이 제시한 특별 세이프가드 메커니즘은 발동기준이 완화되어 정상 무역을 저해하고 빈번한 발동으로 시장접근의 예측가능성을 떨어뜨릴 수 있다고 지적하며 특별 세이프가드 확대에 반대하고 있다.

이와 같이 DDA 농산물 협상의 광범위한 이슈와 복잡한 국가별 이해관계로 인해 협상 타결에 어려움을 겪고 있는 것이 사실이다. 이는 앞으로 농산물 협상의 타결 여부에 따라 DDA의 성공 여부가 결정될 수 있다고 말할 수 있을 정도로 그 협상 타결의 중요성이 크다는 것을 반증하고 있다고 할 수 있다.

3) DDA 비농산물 협상

농산물 협상과 함께 '비농산물 협상'(Non-Agricultural Market Access, NAMA)도 DDA 타결을 위한 핵심적 의제 중 하나이다. NAMA의 세부 의제는 ① 관세 인하, ② 개도국 신축성 부여, ③ 비관세장벽 해소 등 세 가지로 분류할 수 있다. 우선 ① 관세 인하는 관세 인하 공식을 적용할 때 실제 감축되는 관세 수준, 특정 분야의 관세를 완전히 철폐하는 분야별 시장 자유화 등으로 나눌 수 있다. 관세 인하 공식에 의한 관세 감축 수준에 대해서는 선진국과 개도국의 차이를 얼마나 좁히는가가 협상의 관건이다. 선진국은 수출시장 확대를 위해 개도국 비농산물 시장에 대한 대폭적인 개방을 요구하고 있다.

반면 개도국은 선진국에 비해 열악한 경제 여건과 열세인 경쟁력 등을 고려하고 국내 유치산업 보호를 위한 소폭의 시장개방을 주장하고 있다. 한편, 분야별 자유화 협상도 진행되고 있는데 관세 인하 공식에 의한 관세 인하가 이루어진 후 특정 분야에 대한 추가적인 시장개방은 회원국의 자발적인 참여를 원칙으로 하고 있다. 이와 함께 전 세계 무역량 또는 생산량의 일정 비율(임계질량, critical mass)에 해당하는 국가가 협상에 참여하는 경우 무관세화(관세 철폐) 등의 협상 결과의 효력이 협상에 참여하지 않은 다른 모든 회원국에도 적용되도록 하기 위한 노력이 진행되고 있다.

특히 비농산물 협상에서는 전기·전자, 자동차, 화학, 의약품·의료기기, 자전거, 산업용 기계, 스포츠용품, 임산물, 수산물, 완구 용품, 원자재, 공구, 섬유, 보석 등 총 14개 분야에 대한 논의가 이루어지고 있지만 개도국의 소극적 입장으로 활발히 진행되지 못하고 있다. 이 중에서 앞으로 살펴보겠지만 정보통신상품, 친환경상품의 경우 각각 '정보기술 협정'(Information Technology Agreement, ITA), '환경상품 협정'(Environmental Goods Agreement, EGA)과 같은 WTO 내 복수국 무역 협정 방식으로 추진되었다. 의미가 있는 것은 이 경우 critical mass 방식으로 미(未) 참여국에도 협정의 혜택이 동일하게 적용되도록 하고 있다는 점이다.

다음으로 ② 개도국에 대한 신축성 부여 관련 이슈는 개도국이 관세 인하 공식을 적용하는 경우 선진국에 비해 덜 감축하는 방안과 관세 인하 공식 적용 시 일정 분야에 대해 예외를 인정해주는 방안 등을 중심으로 논의가 이루어지고 있다. 이외에도 역외 공통관세를 적용하는 관세동맹 및 추가적인 신축성 부여를 요구하는 개도국에 대해 별도의 신축성 부여가 필요한지에 대한 논의도 진행되고 있다.

③ 비관세장벽 해소는 현재까지 시행되어온 비관세장벽에 대한 다자 차원의 해소방안과 향후 새롭게 대두될 수 있는 비관세장벽을 선제적으로 방지하기 위한 메커니즘 마련 등의 이슈로 나누어 볼 수 있다. 비관세장벽 관련 논의는 회원국의 제안서를 바탕으로 회원국 간 의견 교환의 기회를 마련하고 있다. 이를 토대로 전기·전자, 자동차 분야의 비관세장벽 신속 해결 메커니즘, 수출 허가 투명성, 재(再)제조품 및

화학제품의 비관세장벽 해소 등에 대한 협상이 진행되고 있다.

비농산물 협상의 경우 이러한 이슈를 중심으로 농산물 협상 방식과 동일하게 자유화 세부 원칙의 기본골격을 도출하고 주요 사안별 협상을 통해 전체협상을 타결 짓는 과정으로 진행되어왔다. 2004년 7월 '기본골격 합의'(Framework Agreement)가 도출되어 협상 추진의 동력을 얻게 되었다. 기본골격 합의의 주요 사항은 현행 관세율이 높을수록 인하 폭이 커지는 관세 인하 공식, 공식의 적용 시 개도국에 대한 대우, 분야별 자유화 협상 및 비관세장벽 해소 등의 내용이다.

2005년 12월 제6차 홍콩 각료회의에서는 선진국과 개도국에 각각의 서로 다른 계수를 부여하는 관세 인하 공식, 다시 말해 스위스 공식을 바탕으로 모든 비농산물에 대한 일괄감축 방식을 채택하게 되어 협상 추진의 동력을 마련하게 되었다. 스위스 공식이란 일정한 계수가 관세 상한의 역할을 하면서 관세가 높을수록 감축 비율이 커지는 공식이다. 스위스 공식은 GATT 체제의 제7차 다자 협상인 도쿄라운드(1973~1979년)에서 스위스가 제안하여 공산품 관세 인하에 적용된 방식이다. 이후 논의가 지속되었지만 주요 이슈에 대해 기존 입장이 되풀이되면서 지금까지도 여전히 그 이상의 진전을 이루지 못하고 있다.

우리나라는 비농산물(사실상 제조업) 분야에서 상당한 수준의 경쟁력을 가지고 있다. 따라서 비농산물 협상이 타결되면 시장 확대와 비관세장벽 등의 완화로 상당한 수혜를 입을 것으로 예상한다. 우리나라는 제조업 공산품의 주요 수출국으로서 비농산물 협상을 통해 비농산물 분야의 관세, 비관세장벽이 감축 또는 철폐되고 시장개방이 대폭 확대되면 비농산물 분야에서 획기적인 수출 확대를 기대할 수 있다. 이러한 차원에서 우리나라는 각국의 평균 양허세율을 고려하지 않고 높은 관세일수록 더 많이 감축하는 이중 계수를 활용하는 스위스 공식과 같은 과감한 관세 감축 방식을 지지하고 있다. 미(未) 양허품목에 대해서는 DDA 개시 시점의 실행세율에 일정한 숫자(markup)를 더하여 기준세율을 책정하고 이를 관세 인하 공식을 통해 감축할 것을 주장하고 있다.

아울러 우리나라의 수출전략 및 경제성장 동력 창출에 중요한 역할을 하는 산업을 중심으로 시장개방과 무역자유화 논의에 적극적으로 참여하고 우리나라와 비슷한 입장을 가진 국가와 공조그룹을 형성하여 국익의 확보를 위해 노력하고 있다. 비관세장벽 해소가 도하 각료선언의 중요한 '지침'(mandate)일 뿐 아니라 시간이 지날수록 자유무역에 적지 않은 걸림돌로 작용한다는 판단하에 주요 비관세장벽 해소를 위한 논의에도 적극적으로 참여하고 있다.

한편, 취약한 산업 분야에 대해서는 시장개방의 충격이 최소화되도록 협상전략을 모색 중이고 다양한 경로를 통해 우리나라의 입장을 관철하기 위해 노력하고 있다. 예를 들어 우리나라는 비농산물 분야에 속하지만 민감 품목 중 하나인 수산물에 대해서 개별 회원국의 민감성이 충분히 고려되어야 함을 주장하고 있다. 아울러 WTO의 개도국과 최빈개도국 우대라는 기본원칙을 지지하면서 동시에 개도국도 비관세장벽 해소를 위해 적극적으로 동참할 것을 주장하고 있다.

4) DDA 서비스무역 협상

앞에서 이야기하였듯이 자유무역이 확장되면서 상품무역뿐만 아니라 서비스무역의 비중과 중요성이 높아지고 이에 따라 서비스무역에 대한 다자 차원의 무역규범의 필요성이 커지게 되었다. 우루과이라운드를 거치면서 서비스무역은 농산물 분야와 함께 시장개방 협상 분야로 기설정되었다. '서비스무역에 관한 일반협정'(General Agreement on Trade in Services, GATS)은 서비스무역과 관련된 현존하는 최초이자 유일한 다자 무역규범이다. 이는 우루과이라운드의 중요한 성과 중 하나이다.

서비스무역 협상은 앞에서 이야기하였듯이 DDA 개시 이전에 이미 GATT 차원에서 협상이 진행되고 있었다. DDA와 관계없이 이미 GATS

에 의거, 주기적으로 협상하도록 규정되어 있는 소위 기설정 의제이다. DDA 개시에 따라 기존 서비스무역 협상보다 폭넓고 자유로운 서비스무역을 위한 서비스무역 협상이 DDA 협상의 한 분야로 포함되었다. DDA 서비스무역 협상은 기본적으로 전체 12개 분야 155개 세부 업종을 대상으로 진행되는데 크게 두 가지 면에서 농업, 비농산물 등 다른 협상 분야와 차이점이 있다.

첫째, 서비스무역 협상은 회원국이 자국의 현실적 상황을 고려하여 원하는 분야만을 선택하여 개방할 수 있도록 하고 있다. 그 개방의 내용과 일정 등도 회원국의 상황에 따라 신축적으로 추진할 수 있도록 하는 '포지티브 방식'(positive system)을 취하고 있다. 둘째, 서비스무역 협상은 각국이 스스로 개방할 서비스 업종과 그 폭과 일정에 대한 양허안을 제출하고 이를 근거로 상대국에 대해 동일한 수준의 시장개방을 요구하는 절차로 협상을 반복하는 양자 간의 '요청 · 제안방식'(request · offer approach)을 채택하고 있다. 이러한 서비스무역 협상 방식은 대다수 상품에 대한 관세 인하율을 정하고 일률적으로 적용하는 공식을 활용하는 방식의 상품무역 협상과는 적지 않은 차이를 보인다.

이러한 원칙하에서 각 회원국은 2002년 7월 '시장개방요청서'(request)를 상대국에 제출하였다. 그리고 이에 대해서 상대국은 2003년 1차 '시장개방계획안'(offer)을, 2005년 다시 2차 '수정시장개방계획안'(revised offer)을 제출하면서 회원국 간 양자 협상이 진행되었다. 2005년 홍콩 각료회의에서는 기존의 양자 차원의 요청 · 제안 방식을 보완하기 위해 복수국 요청 · 제안 방식이 도입되었다. 이는 같은 서비스 분야에 관심이 높은 회원국 간에 진행되는 복수국 협상으로 분야별로 타 회원국의 시장개방을 요청하는 회원국의 그룹과 이들로부터 시장개방요청을 받는 회원국의 그룹 간 협상을 의미한다.

이후 2008년 7월 소규모 각료회의 시 농산물, 비농산물 협상 타결 실패로 DDA 서비스무역 협상도 국내 규제, 서비스 규범 등 기술적 이슈에 대한 논의만 진행되었다. 2009년 9월 뉴델리 비공식 각료회의 협의를 계기로 2009년 11월 서비스시장 접근에 대한 협상이 재개되었지만 이후 현재까지 각국의 서비스시장 개방안에 대한 협상은 지지부진한 상태이다.

이는 서비스무역 협상 자체가 어려운 것도 있지만 각 회원국이 이미 두 차례에 걸쳐 자국의 시장개방계획안을 제출한 상태이기 때문에 농산물 협상과 비농산물 협상이 진전되지 않고 있는 상황에서는 서비스무역 협상도 더 진전되기는 사실상 한계가 있다고 보기 때문이다. 이런 상황에서는 서비스무역 협상을 진행하더라도 각국의 수정안 제출이 부진하거나 제출하더라도 낮은 수준의 개방안이 제출될 우려가 있다. 따라서 본격적인 서비스무역 협상을 위해서는 결국 농산물과 비농산물 분야 협상에서 가시적인 성과가 전제되어야 할 것으로 보인다.

GATS에서는 서비스무역을 ① '국경 간 공급'(cross-border), ② '해외소비' (consumption abroad), ③ '상업적 주재'(commercial presence), ④ '자연인의 이동'(temporary presence of natural persons) 등 네 가지 형태(Mode I~IV)로 규정하고 있다.[6] 예를 들어 우리나라의 온라인 게임업체가 자체 개발한 게임을 국내에 게임 서버를 두고 인터넷을 통하여 중국의 네티즌에게 공급해 이용요금을 받는 경우를 생각해 볼 수 있다.

이처럼 서비스가 한 국가의 국경을 넘어 다른 국가로 공급되는 것을 서비스의 '국경 간 공급'(Mode I)이라고 한다. 인터넷을 통한 원격 진료도 서비스의 국경 간 공급의 대표적인 사례가 될 것이다. '해외소

---

6) GATS 제1조(범위 및 정의) 2항의 내용은 다음과 같다.

2. 이 협정의 목적상, 서비스무역은 다음과 같은 서비스의 공급으로 정의된다.
   (a) 한 회원국의 영토로부터 그 밖의 회원국의 영토 내로의 서비스 공급
   (b) 한 회원국의 영토 내에서 그 밖의 회원국의 서비스 소비자에 대한 서비스 공급
   (c) 한 회원국의 서비스 공급자에 의한 그 밖의 회원국의 영토 내에서의 상업적 주재를 통한 서비스 공급
   (d) 한 회원국의 서비스 공급자에 의한 그 밖의 회원국 영토 내에서의 자연인의 주재를 통한 서비스 공급

비'(Mode II)는 교육, 의료, 여행 등 서비스를 소비하는 주체인 개인이나 기업이 이를 공급하는 국가에 직접 가서 현지에서 서비스를 소비하는 형태를 의미한다. 일반 해외관광이나 해외 유학 또는 어학연수 등이 서비스 해외소비의 대표적인 예이다.

그런데 서비스의 국경 간 공급이 원활하지 않거나 기업의 경영 전략상 소비자가 소재하는 국가에 직접 진출해서 기업을 설립한 후 현지에서 직접 서비스를 제공하는 경우가 있다. 이렇게 한 국가의 기업이 다른 국가에 들어가 자회사나 지사 등을 설립하여 서비스를 제공하는 것을 서비스의 '상업적 주재'(Mode III)라고 한다. 상업적 주재의 대표적인 예는 우리 주위에서 쉽게 볼 수 있는 외국 대형 할인점이나 외국 은행의 국내 지점 등이 있다. 마지막으로 개인이 다른 국가로 가서 직접 서비스를 제공하고 그에 대한 대가를 받는 것을 '자연인의 이동'(Mode IV)이라고 한다. 외국에 나가서 일하고 있는 운동선수, 패션 모델, 컨설턴트 등은 자연인 이동의 예가 된다.

이 중 서비스무역의 제한은 보통 '국경 간 공급'과 '상업적 주재', 그리고 '자연인의 이동'에 집중되어 있다. 해외소비는 대개의 국가에서 제한을 두고 있지 않다. 왜냐하면 서비스의 해외소비를 제한한다고 해도 이를 막기가 어렵기 때문이다. 반면 해외소비 외의 다른 세 가지 서비스무역은 자국 내로 들어오는 서비스 또는 서비스 인력에 관한 것이기 때문에 국내산업과 고용 등에 영향을 줄 수 있다. 따라서 각국은 자국의 여건을 고려하여 일정한 제한을 두게 된다.

서비스시장을 개방한다는 것은 이러한 제한을 부분적으로 없애거나 아니면 완전히 철폐하는 것을 의미한다. 예를 들어 외국인은 우리나라에 신문사를 설립할 수는 있지만 투자 지분이 30% 미만까지 투자할 수 있다. 이는 서비스의 부분 개방이다. 반면 외국인이 국내에서 호텔이나 음식점을 설립하는 데 아무런 제한이 없다. 우리 국민이든 외국인이든 국내에서 마음대로 호텔이나 음식점을 설립할 수 있다. 외국인은 우리 국민과 비교하여 어떠한 차별도 받지 않는다. 이 경우는 서비스의 완전 개방에 해당한다.

다른 분야와 마찬가지로 서비스시장 개방도 국가 전체의 사회적 후생을 증진하거나 국내 서비스산업 발전을 위해 필요한 경우에 이루어진다. 서비스시장이 개방됨으로써 외국의 서비스 기업이 국내로 많이 들어오게 되면 소비자들은 우수한 품질의 서비스를 저렴하게 이용할 수 있고 사회적 후생도 증가한다. 외국의 우수 서비스 기업이 국내로 들어오게 되면 국내 서비스 기업은 이들과 경쟁하는 과정에서 서비스 경쟁력을 높이기 위해 노력할 것이다. 결과적으로 서비스시장 개방은 국내 서비스산업이 한 단계 더 발전할 수 있는 계기가 될 수 있다.

물론 공공성이 강조되는 서비스 분야에 대해서는 개방하지 않고 정부가 서비스 공급을 규제하는 경우가 많다. 예를 들어 우리나라의 교육, 교통, 방송, 법률, 우편, 의료 등의 서비스는 공공성을 확보하기 위해 시장을 개방하지 않은 대표적인 분야이다. WTO 전체 회원국에 자국의 시장개방을 약속하는 것을 '양허'(commitment)라고 한다. 시장개방과 마찬가지 뜻이지만 여기서 그치지 않고 양허는 개방 결정을 돌이키지 않겠다는 뜻까지 포함한다. 반대로 이미 양허한 서비스를 취소하는 것을 '철회'(withdrawal)라고 한다. GATS 제21조(양허표의 수정) 양허표 수정 관련 조항에 따르면 각국은 양허의 발효일로부터 3년 경과 후 언제라도 양허표를 수정하거나 철회할 수 있도록 하고 있다.[7]

---

7) GATS 제21조는 다음과 같다.

1. (a) 회원국(이 조에서는 '수정회원국'이라 한다)은 약속의 발효일로부터 3년이 경과한 후에는 언제라도 이 조의 규정에 따라 자국의 양허표상의 어떠한 약속도 수정 또는 철회할 수 있다.

   (b) 수정회원국은 이 수정 또는 철회를 이행하고자 하는 날로부터 늦어도 3개월 이내에 이 조에 따라 서비스무역이사회에 그 의사를 통보한다.

2. (a) 1항 (b)에 따라 통보되는 제안된 수정 또는 철회로 인하여 이 협정상의 자국의 혜택이 영향을 받을 수 있는 회원국(이 조에서는 '영향을 받는 회원국'이라 한다)의 요청이 있는 경우 수정회원국은 필요한 보상 조정에 대한 합의를 도출하기 위하여 협상을 개시한다. 이러한 협상과 합의에 있어서 관련 회원국은 이러한

그러나 실제 양허를 수정하거나 철회하기는 매우 어렵다.

왜냐하면 양허를 수정하거나 철회하는 경우 이로 인해 부정적인 영향이나 피해를 보는 회원국에 필요한 보상을 해주는 협상을 반드시 해야 하기 때문이다. WTO 회원국은 166개국이 되기 때문에 보상은 큰 부담이 아닐 수 없다. 그러므로 아주 예외적인 중대한 사안이 아닌 이상 보상을 동반하는 양허의 수정 또는 철회를 선택할 가능성은 희박하다고 할 수 있다.

서비스무역 협상과 관련하여 우리나라는 미국, EU, 일본, 호주 등 총 36개국에 대해 '시장개방요청서'(request)를 제출하였고, 25개국에서 '양허요청서'(offer)를 접수하였다. 우리나라는 주요 무역상대국 및 우리 기업의 진출 가능성이 큰 개도국에 대해서는 우리나라의 시장개방 정도가 높고 경쟁력이 충분하다고 판단되는 건설, 유통, 금융, 통신, 해운 분야에 대한 시장개방요청서를 제출하였다. 반면에 다른 회원국은 우리나라가 개방하지 않고 있거나 개방 수준이 비교적 낮은 보건,

---

협상 이전의 구체적 약속에 관한 양허표에 규정된 것에 비하여 무역에 더 불리하지 아니한 호혜적 약속의 일반적 수준을 유지하도록 노력한다.

(b) 보상조정은 최혜국대우에 기초하여 이루어진다.

3. (a) 협상을 위해 마련된 기간이 종료되기 이전에 수정회원국과 영향을 받는 회원국 간에 합의가 이루어지지 아니하는 경우 그러한 영향을 받는 회원국은 사안을 중재에 회부할 수 있다. 보상에 대한 권리를 행사하기를 원하는 모든 영향을 받는 회원국은 중재에 참여하여야 한다.

(b) 영향을 받는 회원국이 중재를 요청하지 아니한 경우 수정회원국은 제안된 수정 또는 철회를 자유로이 이행한다.

4. (a) 수정회원국은 중재 판정에 합치하여 보상조정을 완료하기 전까지는 자국의 약속을 수정 또는 철회할 수 없다.

(b) 수정회원국이 자국이 제안한 수정 또는 철회를 시행하고 중재 판정을 준수하지 않는 경우 중재에 참여한 모든 영향을 받는 회원국은 그 판정에 따라 실질적으로 동등한 혜택을 수정하거나 철회할 수 있다. 제2조에도 불구하고 이러한 수정 또는 철회는 오직 수정회원국에 대하여만 이행될 수 있다.

5. 서비스무역이사회는 양허표의 정정 또는 수정 절차를 마련한다. 이 조의 규정에 따라 양허표상의 약속을 수정 또는 철회한 모든 회원국은 이러한 절차에 따라 자국의 양허표를 수정한다.

의료, 교육, 우편 서비스 등에 대해 추가적인 시장개방을 요청하였다. 특히 개도국을 중심으로 서비스산업 관련 인력이동 분야의 제한 완화 및 추가 개방을 요청하였다.

우리나라는 서비스산업이 국민경제에서 차지하는 중요도와 그동안의 무역자유화 정책 등을 고려하여 서비스무역 협상에 적극적으로 참여한다는 원칙적 입장이다. 구체적으로 통신, 유통, 해운 등 경쟁력이 있는 분야에서는 해외 진출 기반을 확보하기 위해 적극적으로 해외 시장개방을 요청하고, 대신 의료, 법률, 교육 등 분야에서는 중장기 경쟁력을 강화할 수 있도록 현실에 맞게 개방의 폭과 속도를 조절하는 방안을 추진하고 있다.

우리나라는 농산물, 비농산물 협상에서 돌파구가 찾아져 DDA가 진전되고 서비스무역 협상에서도 양허안 협상이 진행될 경우를 대비하여 추가적인 시장개방계획안 작성을 준비하고 있다. 또한 우리나라가 이미 FTA 차원에서 개방을 추진하고 있는 분야 및 국내법상 실제 개방된 분야 등을 중심으로 이를 다자적으로 개방할지에 대해 검토하고 있다. 다자 차원의 개방은 WTO 전체 회원국에 대한 약속이고 향후 이 양허를 철회하기 어렵기 때문에 신중한 고려가 필요하다.

아울러 우리나라는 상업적으로 의미가 큰 서비스 분야에 대해 타 회원국의 시장개방 요구를 강화할 계획이다. 예를 들어 우리나라는 그동안 해운, 건설, 통신, 금융, 유통 등 소위 5대 '인프라 서비스'(infrastructure service)에 대한 타 회원국의 시장개방을 지속해서 요구해 왔다. 현 단계에서 우리와 FTA를 체결하고 있지 않으면서 상업적 이해관계가 높은 국가에 우선순위를 두어 우리 관심 분야에 대한 시장개방 요구를 앞으로 계속 강화해 나갈 계획이다.

한편 DDA의 서비스무역 협상이 지체되면서 그 대안으로 복수국 서비스무역(Trade in Services Agreement, TiSA) 협상의 중요성과 가능성이 커지고 있다. 우리나라는 TiSA 협상에도 적극 참여하는 등 복수국 서비스무역 협상에도 대비하고 있다. 예를 들어 2013년 6월 제네바에서 개최된 복수국 서비스무역 관련 회의에서 우리나라를 포함한 22개국(일본, 호주, 뉴질랜드, 미국, 캐나다, EU, 스위스, 노르웨이, 아이슬란드, 대만, 홍콩, 파키스탄, 멕시코, 코스타리카, 파나마, 콜롬비아, 페루, 칠레, 파라과이, 터키, 이스라엘 등 전 세계 서비스무역의 70% 이상을 차지)은 본격적인 협상을 진행해 나가기로 합의하였다. 참여국은 향후 협상 진행 과정에서 여타 WTO 회원국의 참여도 독려해 나갈 것을 합의하였다.

TiSA의 주요 쟁점은 적정한 자유화 수준 설정과 다자화 추진방식이다. 우선 WTO 출범 이후 각국의 FTA 체결로 인해 높아진 서비스시장의 개방 수준을 어느 정도 반영할 것인지가 주요 쟁점이다. 현행 최선의 FTA 개방 수준 내에서 하고 민감한 부분은 예외로 인정하자는 데에 공감대가 형성되고 있다. 향후 양허협상을 통해 자유화 수준이 구체화할 전망이다. 다자화 추진 방식과 관련하여 TiSA는 WTO 체제를 보완하기 위한 것으로, 궁극적으로는 회원국을 WTO 전체로 확대하는 다자화가 주요 목표로 하고 있다. 이와 관련하여 신규 회원국의 참여 절차, TiSA를 WTO 체제로 편입시키기 위한 절차 등이 논의 중이다. 아울러 TiSA는 신규 및 개선된 규범의 도입을 모색하고 있다. GATS의 골격과 주요 조항을 유지하면서도 투명성, 자연인의 이동, 정보통신, 해운 등 신규 또는 개선된 규범 도입을 위한 논의가 진행 중이다.

우리나라는 협상의 준비단계에서부터 지속해서 참여해 왔고 협상에 참여하기 위한 통상절차법상 국내 절차를 완료하였다. 정부는 향후 관계부처 간 긴밀한 협의 및 업계의 의견수렴을 통해 협상에 참여할 계획이며, 우리나라 서비스산업의 경쟁력 강화와 해외 진출을 활성화하는 방향으로 협상에 참여할 예정이다.

5) DDA 규범 협상

2001년 11월 도하 각료회의에서 현행 ① 반덤핑 협정, ② 상계관세 및 보조금 협정, ③ 지역무역 협정에 대한 기본원칙과 개념을 유지하면서 관련 규정을 명료화하고 개선하도록 하는 협상 지침을 합의하는 데서 시작하였다. 이는 '규범'(rules)과 관련된 논의이기 때문에 DDA 규범 협상이라고 한다. DDA 규범 협상은 이 세 가지 분야별로 협상이 시작되었다.

이 중에서도 반덤핑 관련 의제는 비교적 활발하게 논의가 이루어져 온 분야로 개정 필요가 있는 항목을 검토하고 있다. 반덤핑에 대한 입장은 크게 두 개의 대립하는 의견으로 나뉜다. 첫 번째는 반덤핑 조치의 남용을 방지하기 위해 반덤핑 협정의 실질적 개정을 통해 규정을 강화해야 한다는 것으로 이러한 주장을 하는 회원국을 '반덤핑프렌즈'(anti-dumping friends) 그룹이라고 한다.

반덤핑프렌즈 그룹은 주로 수출을 많이 하고 그만큼 반덤핑 조치의 대상이 되는 수출 회원국이 참여한다. 이와 상반되게 현행 반덤핑 협정의 기본 틀을 유지하는 것을 선호면서 절차적 문제 이외에 협정의 실질적 개정에는 소극적인 입장이 있다. 수출보다 수입이 많은 미국 등이 그 대표적인 회원국이다. 우리나라는 주요 수출국으로 반덤핑 조치의 피해 가능성이 큰 상황이기 때문에 반덤핑프렌즈 그룹에 참여하여 다른 회원국과 공조하고 있다.

반덤핑 이슈와 관련하여 오랫동안 쟁점이 되었던 사안은 '제로잉'(zeroing) 이슈라고 할 수 있다. 제로잉이란 반덤핑마진율 산정 시 마이너스(−)의 마진율을 '0'(제로)으로 계산하여 결과적으로 평균 마진율을 높이게 되는 방식이다. 특히 제로잉을 관행적으로 사용해 왔던 미국은 제로잉을 인정해야 한다고 주장한다. 반면 우리나라를 포함한 주요 수출국은 제로잉이 덤핑을 위한 수단으로 악용되었음을 주장하며 반덤핑 협정의 명문화를 통한 제로잉 금지를 주장하고 있다.

우리나라는 반덤핑 조치의 남용을 방지하기 위해 반덤핑 협정을 강화하는 방향으로 협정이 개정되어야 한다는 입장을 견지하고 있다. 왜냐하면 반덤핑 협정의 내용이 모호하고 일부 자의적 해석의 가능성이 남아 있어 반덤핑 조치의 남용을 막을 수 없다고 보기 때문이다. 반덤핑 조치에 있어 수출업자(수출국)에게 불리한 규정 등이 여전히 포함되어 있다고 본다. 우리나라의 주요 관심 사항으로는 앞에서 언급한 제로잉 금지, 임의적인 재심절차로 인한 수출기업의 불이익을 막기 위한 규정의 제·개정, 일몰조항(반덤핑 조치 후 일정 기간 경과 시 자동 종료)의 의무화, 덤핑마진을 상쇄하기 위해 부과하는 반덤핑관세의 최소부과 원칙의 의무 적용 등이 있다.

이어서 ② 상계관세 및 보조금 분야는 반덤핑 이슈에 비해 협상의 주도그룹이 없어 협상이 지지부진한 상태였다. 하지만 2003년 '수산보조금'(fishery subsidies)은 일반보조금과 다른 별도 규율체계가 필요하다는 점에 합의가 이루어졌다. 이후 보조금 협상의 일환으로 수산보조금의 규율 문제가 논의되었다. 이후 수산보조금 관련 논의가 꾸준히 진행되어 2022년 6월 제네바에서 열린 제12차 각료회의에서 '수산보조금 협정'(Fishery Subsidies Agreement)이 타결되었다.

수산보조금 협정을 구체적으로 살펴보면 다음과 같다. 2003년 협상 개시 이후 21년 만에 타결된 수산보조금 협상은 타결 그 자체로 DDA의 협상에 희망의 불씨를 살린다는 측면에서 의미가 있다. 수산보조금 협정을 통해 불법, 비보고, 비규제 어업 및 과잉 어획 어업에 대한 보조금 금지에 합의하였다. 이를 IUU라고 하는데 이는 'Illegal'(불법), 'Unreported'(비보고), 'Unregulated'(비규제)의 앞 약자를 딴 것으로 불법조업을 뜻하는 국제규정이다. 불법조업의 기준은 무분별한 남획과 허락되지 않은 수역에서의 조업, 해양 환경 파괴, 조업 인근 국가에 대한 피해 등이다.

수산보조금 협정은 2013년 발리 각료회의 무역원활화 협상 타결 이후 사실상 처음 다자 차원에서 협상이 타결된 성과라는 점에서 그 의미가 작지 않다. 수산보조금 협정은 WTO 모든 회원국이 해양생태계를 보전하고 수산자원의 고갈을 막기 위한 목적으로 강제성 있는 다자 규범을 만들었다는 점에서도 WTO에서 독특한 위치를 차지한다. 최근 환경 관련 논의가 활발하게 진행되고는 있으나 자원 고갈 방지를 위한 다자 무역 협정의 타결은 수산보조금 협정이 WTO 역사상 첫 번째 사례라고 할 수 있다.

수산보조금 협정은 앞에서 언급했듯이 크게 세 가지 분야에 지급되는 보조금을 금지하고 있다. 첫째는 '불법, 비보고, 비규제'(Illegal, Unreported, Unregulated, IUU) 어업 관련 보조금, 둘째는 '과잉 어획된 어족자원'(Overfished Stocks, OFS) 어업 관련 보조금, 셋째는 기타 보조금이다. 기존 수산보조금 협상에서는 IUU, OFS 이외에도 '과잉 어획 및 과잉능력'(Overcapacity Overfishing, OCOF)에 기여하는 보조금을 규율하는 내용까지도 포함되어 있었다. 하지만 이에 대한 협상은 선진국과 개도국 간의 입장의 차이가 커서 합의에 이르지는 못하였다.

예를 들어 인도를 중심으로 한 개도국은 과잉 어획이 선진국의 대규모 기업형 어업에서 비롯되므로 수산보조금 금지를 개도국의 빈곤퇴치, 식량안보를 위한 수단인 소규모 영세어업에 일률적으로 적용해서는 안 된다고 주장한다. 개도국은 현재의 고갈된 수산자원과 해양생태계 오염에 대한 책임과 부담은 실제로 개도국이 아닌 거대한 원양어선을 운영하면서 수십 년간 대규모 어획 활동을 했던 선진국이 부담해야 한다는 '오염자 부담 원칙'(polluter-pays principle, PPP)하에 상당 기간의 협정 적용 유예 및 영세어민 면제조항 등의 개도국 특별대우를 강력하게 주장했다.

반면 미국 등 선진국 진영에서는 과도한 협정 적용 면제는 수용할 수 없다는 견해이다. 해당 협상이 수산자원 고갈의 악화를 막기 위한 것이라는 점에서 이전의 통상협상과 다르다는 점을 강조하면서 개도국과 선진국을 구분할 것이 아니라 회원국 모두가 수산자원 보존을 위해 노력할 의무가 있다고 주장했다. 과도한 협정 적용 면제 또는 유예기간이 합의된다면 협정이 적용되기 이전에 수산자원이 고갈될 것이라고 우려를 나타냈다.

UN의 '지속가능개발목표'(Sustainable Development Goals, SDGs)[8]에서 설정된 2020년이라는 협상 시한을 이미 놓친 상황에서 추가로 오랜 기간의 협정 적용 면제조항을 수용할 여유가 없다는 점을 강조하기도 했다. 무엇보다 명목상 개도국이지만 실질적으로 선진국보다 더 큰 규모의 원양어업과 어획 능력이 있는 중국 등 일부 개도국이 개도국 특혜를 누리게 되면 수산보조금 협정의 실효성이 크게 떨어질 것이라는 점을 가장 우려한 것으로 보인다.

결국 OCOF 관련 수산보조금 규정은 전체 협정에서 빠지게 되었다. 하지만 회원국은 협정 발효 4년 이내 OCOF 관련 규범이 합의되지 않는다면, 일반이사회가 달리 결정하지 않는 한 이번에 타결된 수산보조금 협정 자체도 즉시 폐기된다는 조항을 포함하였다. 수산보조금 협상도 다른 협상과 마찬가지로 합의 도출에 난항을 겪었지만, 다수 회원국의 지속적인 노력과 협정 발효 이후 4년 이내 추가 합의라는 접근방식을 통해 일부라도 합의할 수 있었다.

수산보조금을 제외한 일반보조금 분야는 반덤핑 협상에 비해 회원국 간 첨예한 대립이 없고 협상 주도그룹도 없어 이렇다 할 협상의 진

8) UN이 설정한 '지속가능개발목표' 또는 '지속가능발전목표'(Sustainable Development Goals, SDGs)는 2000년부터 2015년까지 시행된 '밀레니엄개발목표'(MDGs)를 종료하고 2016년부터 2030년까지 새로 시행되는 유엔과 국제사회의 최대 공동목표다. 인류의 보편적 문제(빈곤 종식, 질병, 교육, 성평등, 난민, 분쟁 등)와 지구 환경문제(기후변화, 에너지, 환경오염, 물, 생물다양성 등), 경제사회 문제(기술, 주거, 노사, 고용, 생산, 소비, 사회구조, 법, 대내외 경제)를 2030년까지 17가지 주목표와 169개 세부 목표로 해결하고자 이행하는 국제사회 최대 공동목표다. UN에서는 이를 공식적으로 'Global Goals'라는 이름으로도 명명하고 있다.

전은 없는 상황이다. 다만 보조금의 정의, 특정성, 심각한 피해 등 현행 협정상 불명확하거나 모호한 부분을 좀 더 명확하게 하는 협상이 진행되어왔다. 일반보조금과 관련하여 우리나라는 상계관세 조치가 수입 규제 조치로 활용되지 않도록 관련 조항의 강화를 지지하고 있다. 개도국에 대한 허용보조금 범위 확대에 대해서는 우리나라와의 경쟁 관계를 고려하여 선진국과 함께 유보적인 입장을 견지하고 있다.

특히 수산보조금 협상에서는 규율방식과 관련하여 미국, 뉴질랜드, 호주, 칠레 등 수산 선진국은 수산보조금을 원칙적으로 금지하자는 포괄적 금지방식을 주장하였다. 하지만 우리나라는 개별 보조금이 자원에 미치는 영향을 검토하여 금지하자는 개별적 금지방식을 주장하였다. 우리나라는 수산자원 고갈과 직접적으로 관련이 있는 보조금만을 금지하도록 하여 수산보조금 금지범위의 최소화를 도모하고자 하였다. 이후 수산보조금 협정의 타결로 IUU, OFS 분야의 보조금은 포괄적으로 금지되었다. 하지만 유류 보조금이나 유류 면세와 관련된 논의는 제외되어 우리나라 어업이 받는 타격은 실제로 크지는 않을 것으로 보인다.

마지막으로 ③ 지역무역 협정 분야는 구체적인 기준(실체적 요건)보다는 투명성 증진(절차적 요건) 방안에 치중하여 협상이 진행되어왔다. 2006년 12월 지역무역 협정 투명성에 대한 잠정규정이 일반이사회에서 채택되었다. 지역무역 협정 분야는 회원국 간 반덤핑, 보조금 협상에 비해 큰 이견이 없는 것으로 보인다. 우리나라는 WTO 차원의 지역무역 협정에 대한 규율을 강화한다는 차원에서 관련 규정 개선을 지지하고 있다. 특히 지역무역 협정의 체결 시 이에 대한 통보 및 정보제공 등 절차 규정, '실질적인 모든 무역 거래'(substantially all the trade)[9] 요

---

9) GATT 제24조(영토적 적용, 국경무역, 관세동맹 및 자유무역지역) 8항의 내용은 다음과 같다.

8. 이 협정의 목적상

(a) 관세동맹은 다음의 결과가 되도록 둘 또는 그 이상의 관세영역을 단일관세 영역

건의 명확화, 무역구제 조치의 역내국 면제, 특혜 원산지 기준 등에 관심을 보이고 있다

이렇듯 우리나라는 DDA 규범 협상과 관련하여 반덤핑 분야에서는 반덤핑프렌즈, 수산보조금 분야에서는 일본, 대만 등 우리나라와 이해관계가 비슷한 국가와 공조하고 있다. 우리나라 입장이 최대한 관철되도록 노력하기 위해 다수의 제안서를 제출하는 등 적극적으로 우리나라의 입장을 개진해 왔다. DDA의 전반적 부진으로 최근에는 논의가 활발하지 않았지만 향후 DDA 협상 재개에 대비하여 우리의 입장을 재점검하고 적절한 협상전략을 지속적으로 마련할 필요가 있다.

6) DDA 환경 협상

DDA 환경협상은 환경 이슈에 대해 적극적인 EU 주도로 DDA 협상 의제에 포함되었고 2002년 1월 협상이 개시되었다. DDA 환경 관련 이슈는 크게 협상 의제와 검토 의제가 있다. 협상 의제는 주로 '무역환경위원회 특별회의'(Committee on Trade and Environment Special Session)에서 다루어지고 있다. 협상 의제로는 ① 'WTO 협정과 다자환경 협약'(Multilateral Environmental Agreement, MEA)상의 '특정 무역 의무'(Specific Trade Obligation, STO)와의 관계 설정, ② WTO와 MEA 사무국 간 정보교환 정례화 및 옵서버(observer) 지위 부여 기준

으로 대체한 것을 의미하는 것으로 양해한다.

(i) 동맹 구성 영토 간의 실질적으로 모든 무역에 관하여 또는 적어도 이 영토를 원산지로 하는 상품의 실질적으로 모든 무역에 관하여 관세 및 그 밖의 제한적인 상거래 규정(필요한 경우 제11조, 제12조, 제13조, 제14조, 제15조 및 제20조하에서 허용되는 것은 제외한다)은 철폐된다.

(ii) 9항의 규정에 따를 것을 조건으로, 실질적으로 동일한 관세 및 그 밖의 상거래 규정이 동맹의 각 회원국에 의하여 동맹에 포함되지 아니한 영토의 무역에 적용된다.

(b) 자유무역지역은 관세 및 그 밖의 제한적인 상거래 규정(필요한 경우 제11조, 제12조, 제13조, 제14조, 제15조 및 제20조하에서 허용되는 것은 제외한다)이 구성 영토를 원산지로 하는 상품의 이 영토 간의 실질적으로 모든 무역에 대하여 철폐되는 둘 또는 그 이상의 관세영역의 일군을 의미하는 것으로 양해한다.

마련, ③ 환경상품 및 서비스에 대한 관세 및 비관세장벽의 감축 또는 철폐 등 크게 세 가지로 나뉜다. 이 중 가장 관심을 받는 것은 세 번째인 환경상품 및 서비스 자유화 이슈이다. 이 이슈와 관련하여 환경상품 자유화 협상은 2002년 3월 협상 대상 환경상품을 어떻게 정의할 것인가에 대한 논의에서 출발하였다. 이후 환경상품으로 인정될 만한 상품의 환경상품의 여부를 확인하는 방식으로 논의가 진행되었다.

2003년 7월 미국이 환경상품목록 제출방식에 관한 제안서를 제출한 이후 관련 논의가 본격화되었다. 협상 대상 환경상품 범위에 대한 접근법과 관련하여 미국은 각국이 제출한 환경상품 리스트를 기초로 합의 리스트를 도출하는 리스트 방식을 제안하였다. 이에 반해 인도 등을 비롯한 개도국은 환경 프로젝트 수요에 따라 환경상품을 일시적으로 자유화할 수 있게 하는 프로젝트 방식을 제안하였다. 예를 들어 브라질은 특정 회원국이 자국의 리스트를 바탕으로 제안하면 다른 회원국이 이를 검토 후 수락 여부를 결정하고 만약 수락이 이루어지면 최혜국대우 원칙에 기초해 여타 회원국에도 동일하게 적용되는 요청·제안방식을 제안하였다.

하지만 선진국과 개도국 간 의견대립으로 합의 도출에 실패하였고 최근 기존의 접근법을 결합한 절충적 접근법이 대안으로 제시되어 논의가 진행 중이다. 우리나라의 경우 환경상품 및 서비스의 자유화 의제에 대해서는 국내기업의 경쟁력이 취약한 부분까지 환경상품의 범위가 확장되는 것은 지양하고 있다. 우리나라는 환경상품의 정의와 관련하여서는 환경상품 범위가 과도하게 확대되는 경우 환경상품 및 서비스무역 자유화 시 무역수지에 부정적 영향을 줄 수 있을 것을 우려하고 있다. 이를 방지하기 위해 단일 최종환경용도 등 합리적 기준에 따라 환경상품 범위를 제한해야 한다는 입장을 견지하고 있다.

하지만 동시에 장기적으로는 국내 환경기준 및 수준 개선 및 환경상품의 해외시장 확대 등 수출 기회 활용을 위해 환경상품 자유화 논의에 적극적으로 참여하고 있다. 예를 들어 우리나라는 2005년 2월 '최종 용도'와 '실질적 적용 가능성'을 기준으로 환경상품 리스트를 제안한 바 있다. 2007년 4월에는 미국, EU, 일본, 대만, 스위스, 노르웨이, 캐나다, 뉴질랜드와 공동으로 기제안된 리스트를 바탕으로 153개 상품군의 리스트를 제출하는 등 환경협상에 적극적으로 입장을 개진하고 있다.

특히 2014년부터는 환경상품의 자유로운 무역에 관심이 높은 EU를 포함한 17개국(한국, 미국, EU, 일본, 호주, 캐나다, 뉴질랜드, 노르웨이, 스위스, 중국, 대만, 싱가포르, 홍콩, 코스타리카, 이스라엘, 터키, 아이슬란드) 등이 우선 협상을 시작하였고 현재 '복수국 환경상품 협정'(EGA) 타결을 위해 협상을 진행하고 있다. 하지만 회원국 간 이견이 존재하여 타결에까지는 이르지 못하고 있다. 우리나라도 복수국 환경상품 협상에 참여하여 환경상품시장 선점을 위해 노력하고 있다.

EGA 협상은 기후변화 대응 및 환경보호를 위해 2014년 7월 출범 후 여러 차례 협상을 통해 논의 대상을 304개 품목으로 축소하였다. 하지만 참가국 간 관심 품목 및 민감 품목에 대한 입장 차이가 커서 관세 철폐 대상 품목 리스트에도 합의에 이르지 못했다. 환경상품의 예로는 태양광, 풍력, 수력, 지열, 바이오매스 등 신재생에너지 제품, 펌프, 밸브, 파이프 등 수처리 제품, 미네랄 울, 유리섬유 등 단열재, LED 조명, 콘덴싱 보일러, 고효율 전동기 등 에너지 효율 제품, 목재, 자전거 등 친환경 제품, 검사, 측정기기 등이 포함된다.

현재 최종 합의에는 이르지 못했으나 참가국들은 EGA 협상의 중요성에 대해 인식을 같이하고 있다는 점에서 우리나라는 앞으로도 EGA 협상의 향방 및 주요국 동향을 점검하면서 우리나라의 입장을 적극적으로 반영할 수 있도록 노력할 필요가 있다.

7) DDA 지식재산권 협상

DDA 지식재산권 분야는 가장 논란이 많은 분야 중 하나이다. 주요 의제로는 포도주와 증류주의 '지리적 표시'(Geographical Indication, GI) 통보 및 등록을 위한 다자 등록처 설립 문제, 지리적 표시 특별 보호 대상 확대 문제, '무역 관련 지식재산권 협정'(Trade Related Intellectual Property Rights, TRIPs)과 '생물다양성협약'(Convention on Biological Diversity, CBD)과의 관계 등이다. 하지만 이런 주요 의제에 있어서 이론적이고 원칙적인 문제에서부터 선진국과 개도국, EU와 미국 간 의견의 대립이 지속되고 있다.

특히 논란이 되는 '지리적 표시'는 상품의 품질, 명성 등이 특정한 지리적 근원에서 비롯하는 경우 생산자와 소비자를 보호하기 위해 그 생산지를 지리적 표시로 알리는 것을 의미한다. 지리적 표시를 위한 다자 등록처 설립 문제는 지식재산권 협정 제23조(포도주와 주류의 지리적 표시에 관한 추가 보호) 4항[10]에서 협상 개시를 명시하고 있는 기설정 의제로 DDA 협상 의제에 포함되었다.

EU, 스위스 등 유럽 국가는 회원국의 참여를 의무화하고 법적 구속력이 있는 다자 등록처의 설립을 통해 지리적 표시를 보다 강력히 보호할 것을 주장하고 있다. EU 주요국들은 식민지 개척 과정에서 여타 국가의 지명과 상품 이름 등에 적지 않은 영향을 끼쳐왔기 때문이다. 이에 반해 미국, 호주 등은 과도한 행정적 부담과 국내 지식재산권보호 체계와 상충하는 문제점을 들어 비구속적, 자발적인 다자 등록처의 설립을 주장하고 있다.

지리적 표시 특별 보호 대상 확대 문제는 현행 지식재산권 협정상 포도주와 증류주 등 지리적 표시 품목에 부여되고 있는 수준보다 높은 수준의 보호를 낙농업 제품 등 여타 품목에도 확대할 것인지에 대한

10) TRIPs 제23조 4항은 다음과 같다.

4. 포도주에 관한 지리적 표시의 보호를 용이하게 하기 위해 이 체제에 참여하고 있는 회원국 내에서 보호 대상이 되는 포도주의 지리적 표시의 통보와 등록을 위한 다자 체제의 수립에 관한 협상이 무역 관련 지식재산권위원회에서 추진된다.

논의와 관련되어 있다. EU, 스위스 등 유럽 국가는 앞에서와 마찬가지로 특별 보호 대상을 모든 품목에 대해 확대할 것을 주장하고 있다. 이에 대해 역시 같은 논리로 미국, 호주 등 회원국은 이에 반대하고 있다.

지식재산권 협정과 생물다양성협약과의 관계 문제 역시 '유전자원'(genetic resources) 보유국의 주권적 권리를 인정하는 '생물 다양성 협약'(Convention on Biological Diversity, CBD)[11] 내용의 반영을 위해 지식재산권 협정 개정을 주장하는 개도국과 협정 개정이 불필요하다는 선진국 입장이 대립하고 있다. 유전자원 부국인 인도, 페루, 브라질 등 개도국은 특허 개발에 사용된 유전자원의 출처 공개를 특허의 요건으로 추가해야 한다고 주장한다. 하지만 유전자원을 활용한 생명공학 기술이 발달

---

11) 생물 다양성 협약(Convention on Biological Diversity)은 생물다양성에 대한 국제적인 협약이다. 유엔환경계획(UNEP)의 1992년 보고 자료에 따르면 현재 지구상의 총생물종은 약 3천만 종으로 추정되고 있으나, 인구 증가와 야생동식물의 남획, 각종 개발 및 환경오염 등으로 인한 자연 서식지의 파괴에 따라 매년 2만 5천~5만 종의 생물이 멸종되고 있다고 한다. 이러한 생물종의 감소는 이용가능한 생물자원의 감소뿐만 아니라 먹이사슬(food chain)을 단절시켜 생태계의 파괴를 가속화하고 있고 이것은 곧 인류가 인류 자신을 위험에 빠뜨리는 반인도주의적인 행동이며 이러한 맥락(context)은 인류가 생태계를 파괴하지 않는 행동을 통해 자연보호의 보장이라는 인류 책임의 천부권의 반증이기도 하다. 1970년대부터 국제사회에서는 생물종 보호의 중요성을 인식하고 멸종위기에 처한 야생 동식물종의 국제 거래에 관한 협약(CITES) 등 여러 국제협약을 체결하여 생물종 보전 노력을 기울여 왔다. 그러나 이러한 노력에도 불구하고 1980년대를 전후해서 녹지를 보호해야 할 사회의 주체들이 경제개발을 이유로 다량의 산림을 훼손하기 시작함에 따라 생물종의 멸종 속도는 가속화하게 되었다. 이에 따라 기존의 협약으로는 달성하기 힘든 구체적인 노력과 실행을 위해 1987년 6월 유엔환경계획(UNEP)은 생물 다양성 보전에 관한 국제적 행동계획을 수립하기로 결정하고 관련 전문가 회의를 개최하여 '생물다양성 보호를 위한 국제협약'의 초안을 작성하였다. 초안에는 기존의 환경 협약의 취약 분야가 보완되어야 하는 방향으로 협약이 체결되어야 하되, 생물다양성의 보전과 지속가능한 이용을 위하여 생명공학 기술의 이전과 이를 필요로 하는 나라에 대한 재정지원이 필수적이라는 점이 포함되었다. 그 후 7차례의 국제적 정부 간 협상을 거쳐 생물다양성의 보전과 지속가능한 이용 및 유전자원의 이용을 통하여 얻어지는 이익의 공평한 분배를 목적으로 하는 최종 협약안을 작성하였고, 1992년 6월 유엔환경개발회의(UNCED)에서 158개국 정부 대표가 서명함에 따라 채택되었고 1993년 12월 29일부터 국제적으로 발효되었다. 우리나라는 1994년 10월 3일 가입하였고 1995년 1월 1일부터 발효되었다. 우리나라는 개별법으로 생물다양성 보전 및 이용에 관한 법률을 2019년부터 제정 시행하고 있다.

한 선진국은 출처 공개 의무화에 반대하고 있다.

우리나라는 지리적 표시 보호 대상 확대와 관련하여 보호 대상 확대에 따른 실익이 없으므로 찬성할 명분이 없다. 지리적 표시 관련 다자등록처 설립과 관련하여 포도주 및 증류주의 지리적 표시 보호에 따른 실익이 없다. 그리고 구속적 다자 등록처 설립에 대한 행정적 부담이 크므로 비구속적이고 자발적인 성격의 다자 등록처 설립을 지지하고 있다. 미국, 일본 등 14개국과 함께 비구속적 다자 등록처 설립을 지지하는 공동제안서를 제출하는 등 이해관계를 같이 하는 국가와의 공조를 통해 우리나라의 입장을 반영하기 위해 노력하고 있다.

향후 우리나라 기업의 부담을 최소화하는 방향으로 합의가 도출될 수 있도록 협상에 적극적으로 대응해 나갈 예정이다. 우리나라는 생물다양성 이슈와 관련하여서는 축적된 생명공학 기술 수준에 비해 유전자원이 부족하므로 지식재산권 협정의 개정보다는 국내법과 제도 등을 보완하여 이 문제를 해결하자는 입장이다. 전통 지식 및 민간 전승물의 독자적 보호 체계 설립과 관련해서는 중립적인 입장을 견지하고 있다.

8) DDA 무역원활화 협상

'무역원활화'(trade facilitation)는 무역 관련 불필요하고 복잡한 절차, 관행, 인프라 등을 제거 또는 간소화함으로써 거래비용을 줄이고 효율성을 증대시켜 무역을 확대하는 모든 조치를 포함한다. DDA 무역원활화 협상은 통관절차를 개선하여 무역 거래비용을 줄이고 무역을 촉진하는 무역원활화 규범을 수립하는 것을 목표로 하고 있다. 이와 더불어 개도국 특별대우, 기술지원 및 능력배양 등 개도국의 무역원활화를 위한 논의도 무역원활화 협상의 다른 한 축을 형성하고 있다. 무역원활화 협상은 특히 무역 관련 통관 및 절차 등과 관련 있는 GATT 제5조(통과의 자유)[12], 제8조(수출입 절차 및 수수료)[13], 제10조(무역

규정의 공표 및 시행)[14] 등의 내용을 중심으로 진행되고 있다.

무역원활화에 따른 경제적 효과는 상당할 것으로 예상되었다. 2013년 국제상의(ICC)와 피터슨연구소(PIIE)가 발표한 따르면 무역원활화 협정 발효 시 전 세계적으로 1조 달러 이상의 수출 증가와 이천만 개 이상의 고용 창출이 기대되었다. 2015년 경제협력개발기구(OECD)는

---

12) GATT 제5조 1항과 2항은 다음과 같다.

1. 재화(수하물을 포함)와 선박 및 그 밖의 운송 수단이 체약당사자의 영토를 지나가는 경우 환적, 입고, 적하의 분할 또는 운송 형태의 변경 여부를 불문하고 교통이 그 영토를 지나가는 당해 체약당사자의 국경 밖에서 시작하여 국경 밖에서 끝나는 전체 여정의 일부에 불과할 때에는 체약당사자의 영토를 통과하는 것으로 본다. 이와 같은 성격의 교통을 이 조에서는 "통과교통"이라 칭한다.
2. 다른 체약당사자의 영토로 향하거나 이 영토로부터 나오는 통과교통에 대하여는 국제 통과에 가장 편리한 경로를 통하여 각 체약당사자의 영토를 통과할 자유가 있다. 어떠한 구별도 선박의 국적, 원산지, 출발지, 입국지, 출국지 또는 행선지에 기초하거나 재화, 선박 또는 그 밖의 운송수단의 소유권과 관련된 상황에 기초하여 이루어져서는 아니 된다.

13) GATT 제8조 1항은 다음과 같다.

1. (a) 수입 또는 수출, 또는 수입 또는 수출과 관련하여 체약당사자에 의하여 부과되는, 성격 여하를 불문한 모든 수수료 및 과징금(수입 및 수출 관세와 제3조의 범위 내에 있는 조세는 제외한다)은 제공된 용역의 대략적 비용에 그 액수가 한정되며, 국내 상품에 대한 간접적인 보호나 재정상의 목적을 위한 수입 또는 수출에 대한 과세가 되지 아니한다.
   (b) 체약당사자들은 (a)에 언급된 수수료 및 과징금의 수와 다양성을 줄일 필요성을 인정한다.
   (c) 체약당사자들은 수입 및 수출 절차의 수준과 복잡성을 최소화할 필요성과 수입 및 수출 문서작성 요건을 감축하고 간소화할 필요성을 인정한다.

14) GATT 제10조 1항은 다음과 같다.

1. 체약당사자가 시행하고 있는 법률·규정·사법 판결 및 일반적으로 적용되는 행정결정으로서 관세 목적을 위한 상품의 분류 또는 평가, 관세, 조세 또는 그 밖의 과징금의 율, 수입 또는 수출, 또는 이를 위한 지급 이전에 대한 요건, 제한 또는 금지에 관한 것이거나 상품의 판매, 유통, 운송, 보험, 창고보관, 검사, 전시, 가공, 혼합 또는 그 밖의 사용에 영향을 주는 것은 각 정부 및 무역업자가 알 수 있도록 하는 방식으로 신속히 공표되어야 한다. 체약당사자 정부 또는 정부 기관과 다른 체약당사자 정부 또는 정부 기관 간에 유효한, 무역정책에 영향을 주는 협정도 공표되어야 한다. 이 항의 규정은 체약당사자가 법률의 시행을 방해하거나 달리 공익에 반하거나 공사를 불문한 특정기업의 정당한 상업적 이익을 저해할 수 있는 비밀정보를 공개하도록 요구하는 것은 아니다.

무역원활화 조치를 통해 저소득 국가는 14.5%, 중하위 소득 국가는 15.5%, 중상위 소득 국가는 13.7%, OECD 국가는 11.1%의 잠재적인 무역 비용 감소 효과를 거둘 것으로 예상하였다.

무역원활화 이슈는 이미 도쿄라운드(1973~1979년)에서부터 협상 의제로 논의되기 시작하였다. 이후 1996년 WTO 제1차 싱가포르 각료회의에서 투자, 경쟁, 정부조달의 투명성과 함께 무역원활화에 대한 분석 작업을 진행하기로 합의하였다. 2004년 8월 기본골격 합의문에서 싱가포르 이슈 중 무역원활화 부문만이 DDA 정식의제로 포함되었다. 무역원활화 협상의 세부 원칙을 담고 있는 기본골격 합의문 부속서에는 GATT 제5조, 제8조, 제10조의 명료화 및 개선, 그리고 개도국 특별대우를 위한 내용이 대폭 포함되었다. 이에 따라 2005년부터 본격적인 협상이 시작되어 GATT 제5조, 제8조, 제10조 및 개도국 지원방안에 대한 전반적인 논의가 진행되었다.

우리나라를 비롯한 미국, EU, 일본, 캐나다 등 무역원활화 규범의 제정을 지지하는 소위 '콜로라도 그룹'(Colorado group)이 GATT 제5조, 제8조, 제10조 관련 제안서를 제출하면서 회의를 주도해 나갔다. 한편 아세안 및 아프리카 개도국은 '핵심그룹'(Core Group)을 형성하여 개도국 지원방안에 대한 논의가 중심이 되어야 한다고 주장했다. 우리나라는 2006년 조문화 협상을 위한 준비작업 차원에서 '통관 단일창구'(Single Window), '반출 시간 측정'(Time Release Study), '위험관리'(Risk Management) 등 3개 분야에 대한 제안서를 제출하였다. 이를 바탕으로 협상에서 제기되는 회원국의 의견을 수렴하여 제안서를 수정해 나갔다. 이 밖에도 수수료 및 요금 등 5개 분야에서 공동 제안자로 참여하였다.

이와 같이 우리나라는 통관절차 개선 등 무역원활화 협상을 촉진하기 위해 각 분야 무역원활화 관련 논의에 우리나라의 입장을 적극적으로 반영하였다. 또한 유사한 입장을 가진 콜로라도그룹을 중심으로 지지기반의 확대를 위해 다양한 활동을 전개하였다. 아울러 무역원활화의 실질적 진전의 열쇠를 쥐고 있는 개도국의 협상 참여를 제고하기 위해 노력하였다.

이러한 노력 끝에 2013년 12월 인도네시아 발리에서 개최된 제9차 각료회의에서 '무역원활화 협정'(Trade Facilitation Agreement, TFA)이 타결되었고 이는 발리 패키지에 포함되었다. 이후 WTO 회원국 2/3가 인준하면 자동으로 발효되게 되었다. 우리나라는 2015년 5월 WTO 협정 편입을 위한 무역원활화 협정 개정 의정서 수락서를 WTO에 기탁하였다. 이후 2017년 2월 WTO 164개 회원국 중 2/3에 해당하는 112개국이 수락하여 무역원활화 협정이 발효되게 되었다. 무역원활화 협정의 발효에 따라 개별 회원국은 무역원활화 협정의 내용을 이행하기 위한 절차를 진행하고 있다.

9) DDA 무역분쟁해결 협상

WTO의 무역분쟁을 위한 절차 및 해결과 관련해서는 1995년 WTO 출범 당시 4년 이내에 '분쟁해결 규칙 및 절차에 관한 양해'(Understanding on Rules and Procedures Governing the Settlement of Disputes, DSU)에 대한 재검토를 규정하였다. 이에 따라 1998년부터 DSU에 대한 재검토 작업이 시작되었다. 다만 DSU가 WTO 출범 이후 큰 문제없이 운용되어 온 것으로 평가되고 있다. 이러한 인식을 바탕으로 협상의 범위를 현행 분쟁해결제도의 근본적 개혁이 아닌 개선 및 명료화로 한정하였다. 분쟁해결 협상의 주요 쟁점은 '분쟁해결기구'(Dispute Settlement Body, DBS) 결정의 이행 및 이행이 미흡할 때의 보복 조치에 적용되는 규정의 명료화, 분쟁해결절차의 신속성 제고, 패널심사 과정의 공개 등이 포함된다.

우리나라는 무역의존도가 높고 따라서 무역분쟁의 결과에 따른 경제적 여파가 큰 현실적 상황을 고려하여 DSU의 개선·명료화를 통한 다자 차원의 분쟁해결 강화가 중요하다는 입장이다. 특히 무역장벽에 대한 규율을 강화하고 분쟁해결제도의 정당성 및 효율성을 제고하고 패널 판결의 신속한 이행확보에 중점을 두어 DSU의 개정이 이루어질 수 있도록 노력하고 있다.

우리나라는 DSU의 개선 및 명료화를 통한 다자 차원의 분쟁해결제도를 강화하는 것이 WTO 회원국의 전반적인 이해를 제고한다는 입장이다. 우리나라를 포함하여 대부분의 회원국은 현행 분쟁해결제도의 전반적인 개정보다는 부분적인 절차의 개선을 추진하고 있다. 반면 EU는 개정안 패키지의 확대를 요구하고 있다. 미국도 개도국이 반대하고 있는 패널·상소기구 심의과정 공개 등과 같은 분쟁해결절차상의 투명성 강화와 패널·상소기구 심의과정에서의 유연성 제고를 위한 협정 개정을 주장하고 있다. 이러한 개도국과 EU 및 미국 등 선진국 간 의견대립으로 협상의 진전에 어려움을 겪고 있다.

특히 미국 트럼프 행정부 이후 상소기구 상소위원의 선임이 계속 미루어져 현재는 상소위원 7명 전원이 공석이다. 상소기구는 사실상 개점휴업 상태이다. 이로 인해 WTO의 분쟁해결제도에 대한 신뢰도는 크게 하락하였다. WTO의 가장 중요한 기능인 분쟁해결 기능이 무력화됨으로 인해 WTO의 역할과 위상도 약화하였다. 향후 상소기구 상소위원이 다시 선임되고 상소기구의 기능이 회복되기 위해서는 미국의 전향적인 태도 변화와 적지 않은 시간과 노력이 필요할 것으로 보인다.

10) DDA 개도국 및 개발 협상

앞에서 언급했듯이 WTO 협정에는 개도국이 국제무역 체제의 일원으로 참여하고 무역의 이익을 통한 경제성장이 가능하도록 개도국에 특권 또는 특혜를 부여하는 '특별조항', 또는 개도국 '우대조항'(Special and Differential Treatment)이 산재 되어 있다. 예를 들어 이러한 개도국 우대조항에는 협정이나 약속의 이행 기간 연장, 개도국의 무역 기회

증진을 위한 조치 등이 포함된다.

2001년 11월 도하 각료회의에서 회원국은 개도국 우대조항을 좀 더 정확하고 실효적으로 운용하도록 하기 위한 검토 작업의 개시에 합의하였다. 도하 선언문은 이행 관련 이슈 및 관심 사항에 관한 결정과 함께 '무역개발위원회'(Trade Development Committee, TDC)가 개도국 우대조항 중 어떤 것이 강제조항인지를 확인하고 현재 구속성이 없는 조항들을 강제조항으로 규정하는 경우 어떤 영향이 있을지를 검토하도록 하였다.

이행 관련 이슈 및 관심 사항에 관한 결정은 무역개발위원회가 2002년 7월 전까지 위원회의 권고안을 일반이사회에 보고하도록 하였으나 회원국의 요구로 시한이 2005년 7월 말로 연기되었다. 이후에도 수차례 협상 시한을 연장하면서 '무역개발위원회 특별회의'(Committee on Trade and Development Special Session, CTDSS)에서 협상을 진행하고 있다. CTDSS에서 주로 논의되고 있는 이슈는 개별 협정 및 결정의 개도국 우대조항과 관련된 총 88개의 협정 별 제안과 특정 협정 또는 결정에 국한되지 않고 개도국 우대 전반에 걸쳐 '공통으로 관련되는 이슈'(cross-cutting issues)인 모니터링 메커니즘으로 구분된다.

88개 제안 중 2003년 9월 칸쿤 각료회의에서 원칙적 합의가 이루어진 28개 제안 및 2005년 12월 홍콩에서 합의된 개도국 관련 5개 제안과 섬유 의류 협정 종료로 논의가 불필요해진 2개 제안, 해당 협상 그룹과 위원회로 이관된 37개 제안을 제외한 16개 제안에 대해 논의가 진행 중이나 선진국과 개도국 간 입장의 차이로 인하여 뚜렷한 진전은 없는 상황이 지속되었다.

이후 2013년 12월 제9차 발리 각료회의에서 각료 결정을 통하여 개발·최빈개도국 이슈와 관련 모니터링 메커니즘의 설치 근거가 마련되었다. 최빈개도국의 시장접근 지원을 위한 개도국 특혜원산지규정, 개도국 서비스무역 협상 유예 운영방안, 개도국에 대한 관세 및 쿼터의 철폐 등 우대 패키지도 마련되었다. 하지만 이 경우에도 회원국에 구체적 권리, 의무를 부여하기보다는 개도국 지원을 위한 회원국의 노력을 촉구하는 내용으로 합의되었다. 우리나라는 DDA 개도국 및 개발 문제의 중요성을 인식하여 가능한 범위 내에서 기여 방안을 적극적으로 모색하고 있다.

3. 복수국 무역 협정

1) 개요

WTO 협정 내의 기존 '복수국 무역 협정'(Plurilateral Trade Agreement, PTA)은 부속서 4(Annex IV)에 포함되어 있다. 복수국 무역 협정이란 WTO 협정에 포함된 GATT, GATS, TRIPs 등 다자 차원의 무역 협정과 달리 해당 협정에 가입한 회원국에 대해서만 그 협정이 적용되는 협정을 의미한다. 복수국 무역 협정은 1995년 WTO 출범 당시 민간항공기 협정, 정부조달 협정, 국제낙농 협정, 국제우육 협정 등 네 가지 협정이 있었지만, 국제낙농 협정 및 국제우육 협정은 1997년 종료되었다. 현재 남아 있는 복수국 무역 협정은 민간항공기 협정과 정부조달 협정이다. 이중 우리나라는 정부조달 협정에만 참여하고 있다.

정부조달 협정의 경우 협정 참여국에만 협정 내용이 적용되는 복수국 무역 협정이다. WTO 출범과 함께 기협정에 포함되었지만 1997년부터 진행된 개정 협상을 통해 2011년 개정된 정부조달 협정이 타결되었다. 이후 2014년부터 일부 회원국에만 개정 정부조달 협정이 공식 발효되었다. 우리나라는 우루과이라운드 타결 직후인 1994년에 정부조달 협정의 24번째 국가로 가입하였다. 우리나라는 1997년 개정 협상에 적극적으로 참여하였고 개정 정부조달 협정의 타결 이후 국내법적 문제 정비 후 2016년 1월 발효를 완료하였다.

이 외에도 우루과이라운드 당시에는 없었지만, WTO 출범 이후 특정 상품 및 서비스 분야에서 일부 회원국 간에 복수국 무역 협정 협상이 진행되고 있다. 예를 들어 WTO는 기존 복수국 무역 협정인 정부조달 협정, 민간항공기 협정 외에 1996년 체결된 '정보기술 협정'(Information Technology Agreement I, ITA I)과 같이 일부 회원국(체결 당시 29개국)만이 참여하는 복수국 무역 협정을 인정하고 있다. 정보기술 협정은 기존 복수국 무역 협정과는 다른 측면이 있다. 예를 들어 정보기술 협정은 기존 복수국 무역 협정과 달리 정보기술 관련 상품의 관세 철폐 혜택이 복수국 무역 협정에 참여하지 않은 다른 WTO 회원국에도 예외 없이 제공하도록 규정하고 있다.

최근에는 우리나라를 포함 서비스무역 자유화에 관심이 많은 일부 회원국을 중심으로 복수국 서비스무역 협정(TiSA)이 추진되고 있다. 복수국 서비스무역 협정은 엄밀히 말하면 FTA와 같은 특혜무역 협정의 일종으로 볼 수 있다. 다만 복수국 서비스무역 협정은 추후 더 많은 참여국을 확보하고 궁극적으로는 복수국 서비스무역 협정에서 합의된 내용이 향후 다자 무역규범으로 확장되는 것을 목표로 추진 중이다. 이외 다른 복수국 무역 협정 협상으로는 2014년 7월 협상 출범 선언으로 시작된 '환경상품 협정'(Environmental Goods Agreement, EGA)을 들 수 있다.

요약하면 최근까지 진행되고 있는 복수국 무역 협정은 WTO 출범 당시 존재했던 민간항공기 협정, 정부조달 협정과 WTO 출범 이후 복수국 무역 협정으로 새롭게 타결되거나 협상 진행 중인 정보기술 협정, 서비스무역 협정, 환경상품 협정이 있다. 이중 정보기술 협정은 1996년 이미 타결(ITA I)을 이루었고 2015년 12월 제10차 나이로비 각료회의에서 관련 상품을 201개 추가하는 데 합의하였다(ITA II). 이에 따라 우리나라를 포함한 미국, EU, 일본, 중국 등 53개 참가국은 국내 절차 완료를 전제로 2016년 7월 1일부터 매년 단계적으로 관세를 인하하기 시작해 이르면 2016년부터 2023년까지 관세를 단계적으로 철폐해 나갔다. 이에 따라 반도체뿐만 아니라 정보통신제품인 스마트 폰, 노트북, 컴퓨터, 광학기구 등의 관세는 완전히 철폐되었다. 서비스무역협정과 환경상품 협정은 타결을 짓기 위한 관련 회원국의 협상이 진행중으로 향후 이 분야의 무역 확대가 기대된다.

우리나라의 경우 위 다섯 개의 복수국 무역 협정(협상) 중 실익이 없는 민간항공기 협정을 제외한 정부조달 협정, 정보기술 협정, 서비스무역 협정(협상), 환경상품 협정(협상) 등 네 가지 협정(협상)에 회원국(정부조달 협정, 정보기술 협정) 또는 협상국(서비스무역 협정, 환경상품 협정)으로 참여하고 있다.

2) 정부조달 협정

앞에서 살펴본 복수국 무역 협정 중 WTO의 출범과 함께 시작된 '정부조달 협정'(Agreement on Government Procurement I, GPA I)은 정부조달 시장의 개방을 목적으로 한다. 정부조달 협정은 WTO 일부 회원국 간 체결된 복수국 무역 협정으로 1996년 1월 발효되었다. 정부조달 협정은 각국의 중앙정부, 지방정부, 공기업, 공공기관 등 공공 조달시장을 협정 참여국 간 개방하는 협정이다. 우리나라는 국내 절차를 거쳐 1997년 1월 발효하였다.

정부조달 협정 개정 의정서는 제24.7조(b)에 의거 협정 발효 후 3년 이내 협정개선을 위한 협상 개시를 규정하였다.[15] 이에 따라 1997년 기존 정부조달 협정 개정을 위한 논의가 개시되었다. 이후 2004년 7월

15) 정부조달 협정 제24조 7항 (b)는 다음과 같다.

7. (b) 1994년 12월 31일 채택된 정부조달에 관한 협정 의정서의 발효일로부터 3년이 끝나는 날 이전에, 그리고 그 후에는 주기적으로 당사자는 이 협정을 개선하고 차별적 조치를 점진적으로 줄이고 제거하고 개발도상국의 소요를 고려하면서 모든 당사자 사이에서 호혜주의에 근거하여 협정 적용 범위를 가능한 한 최대한 확장을 위해 추가 협상한다.

양허 확대를 위한 협상이 본격적으로 진행되어 2011년 12월 개정 정부조달 협상이 타결되었다. 그리고 2012년 3월 WTO 정부조달 위원회에서 개정 정부조달 협정(GPA II)을 최종 채택하였다. 개정 정부조달 협정의 참여국은 우리나라를 포함하여 미국, EU 및 EU 28개 회원국, 일본, 캐나다, 홍콩, 대만, 싱가포르, 스위스, 노르웨이, 이스라엘, 아루바(네덜란드령), 아이슬란드, 리히텐슈타인, 아르메니아 등 49개국이다. 주요 선진국의 정부조달 시장이 개방됨에 따라 우리나라 기업에도 중요한 기회로 다가오고 있다.

WTO 이전 정부조달 부문은 최혜국대우, 내국민대우 등 비차별 원칙의 대표적인 예외 중 하나로서 각국이 자국 중소기업 및 국내산업 보호, 전략산업 육성 등 정부 정책 수행을 위해 개방하지 않은 대표적 분야이다. 하지만 정부조달 시장은 GDP의 10~15% 비중을 차지할 만큼 크기 때문에 각국 정부조달 시장개방 필요성과 요구는 이미 제기되었다. 정부조달 협정은 정부조달의 효율성과 투명성을 증가시키기 위해 체결되었고 회원국은 협정 부록 상의 자국 양허표를 통해 개방범위를 결정하도록 하였다.

정부조달 협정의 주요 쟁점은 중국의 가입 협상과 민영화 기준 및 중재절차에 대한 이슈였다. 현재까지 중국의 미온적 태도로 인해 중국의 정부조달 협정 가입은 이루어지지 않고 있다. 공기업이 민영화되면 정부조달 협정이 적용되지 않게 되는데 각국이 협정 적용을 회피하기 위한 목적으로 민영화를 남용하는 것을 방지할 필요가 있다. 민영화 여부 판단의 기준 및 관련 분쟁 발생 시 적용되는 중재절차 규정에 대한 논의를 중심으로 협상이 진행되었다.

개정 정부조달 협정은 전체 회원국 중 2/3가 비준 수락서를 기탁 후 30일이 지나면 발효되게 되어 있다. 우리나라는 2015년 12월 15일 개정 정부조달 협정 발효를 위한 수락서를 WTO에 기탁, 2016년 1월 14일부터 발효되었다.

3) 정보기술 협정

다음은 '정보기술 협정'(Information Technology Agreement, ITA)이다. 정보기술 협정은 1997년의 정보기술 협정(ITA I) 이후 2015년의 정보기술 협정(ITA II)으로 확대되었다. 정보기술 협정은 컴퓨터, 통신장비, 반도체 등 주요 IT 제품과 관련 부품에 대한 관세를 철폐하기 위한 협정이다. 기존 정보기술 협정(ITA I)은 반도체, 컴퓨터, 전화기 등에 집중되었으나 지속적인 협상을 통해 확대된 정보기술 협정(ITA II)에서는 디스플레이, 음향기기, 영상기기, 전기기기 등으로 그 적용 품목의 범위를 확대하였다.

기존 정보기술 협정(ITA I)은 1996년 12월 싱가포르 각료회의에서 각료선언 형식으로 채택, 1997년 7월 발효되었다. 정보기술 협정은 WTO 일부 회원국 간 협정이지만 관세 철폐 효과는 최혜국대우 방식을 적용하여 협정 참여국은 물론 WTO 모든 회원국에 협정 품목에 대한 무관세 혜택을 제공하도록 하고 있다. 현재 정보기술 협정에는 우리나라를 포함하여 미국, EU, 일본, 캐나다, 호주, 스위스, 중국, 대만 등 총 80개국이 참여 중이다. 참여국들은 전 세계 정보기술 협정에서 규정하고 있는 IT 제품 무역의 97% 이상 포괄하고 있어 이 분야의 실질적인 다자 무역 협상으로 자리매김하고 있다.

정보기술 협정의 주요 쟁점으로는 무관세 대상 품목의 선정 문제인데 참가국별로 무관세화를 희망하는 품목의 범위가 달라, 최종 무관세화 품목 대상 결정이 협상의 주요 쟁점이었다. 관세 철폐 기간도 주요 의제로 논의되었는데, 무관세화 대상으로 확정된 품목에 대한 관세 철폐 방식 등이 그 주요 의제라고 할 수 있다. 기존 정보기술 협정(ITA I)에서는 3년간, 4차례에 걸쳐 단계적으로 관세를 균등하게 감축하도록 하였다. 국가별 민감 품목, 관세 철폐 기간 연장에 대해서도 논의하였는데, 특히 무관세화 대상으로 결정된 품목이라 하더라도 참가국별 민감 품목에 대해서는 관세 철폐 기간을 연장하는 방안에 대해 논의가 진행되었다.

이후 기술 발전과 신제품의 등장으로 기존 정보기술 협정(1996년)을 보완하기 위해 정보기술 협정의 확대 협상이 2012년 5월부터 미국, 중국, EU, 일본 등 53개국을 중심으로 시작되었다. 이후 2015년 12월 제10차 각료회의에서 최종 타결되었다. 이로써 반도체 제조 장비, 정보기술 소재(디스플레이용 필름·접착제 등), 현미경·렌즈 등 광학·영상기기, 심전계·자기공명영상(MRI) 등 의료기기 등 총 834개 정보기술 상품(HS 10단위 기준)의 관세가 철폐 또는 인하되게 되었다. 총 834개 품목 중 381개 품목(전체품목의 46%)은 2016년 12월부터 즉시 관세가 철폐하고, 365개 품목은 3년간, 기타 품목은 5년 또는 7년간 단계적으로 관세를 철폐되게 되었다.

향후 정보통신기술의 지속적인 발전과 새로운 상품의 개발이 이어질 것으로 예상됨에 따라 정보기술 협정의 지속적인 개정과 확대가 이루어질 것으로 전망되고 있다. 특히 우리나라의 경우 정보통신상품의 수출에서 차지하는 비중이 크고 경쟁력에서 우위를 유지하고 있다는 점에서 정보기술 협정은 그 의미와 활용 필요성이 크다고 할 수 있다.

4) 복수국 서비스무역 협정

'복수국 서비스무역 협정'(Trade in Services Agreement, TiSA)은 WTO의 다자 서비스무역 협정의 내용을 넘어 서비스시장의 추가적 개방에 동의하는 일부 회원국 간에 진행되고 있는 서비스 분야 무역자유화를 위한 협정으로 현재 협상이 진행되고 있다. 앞에서 언급했듯이 DDA 협상의 교착상태가 지속됨에 따라 복수국 서비스무역 협상은 미국과 호주의 주도로 서비스무역 자유화에 관심이 많은 회원국을 중심으로 추진되었다. 참여국은 우리나라를 포함하여 미국, EU, 일본, 캐나다, 호주, 대만, 홍콩, 뉴질랜드, 스위스, 노르웨이, 아이슬란드, 터키, 이스라엘, 파라과이, 리히텐슈타인, 멕시코, 코스타리카, 파나마, 콜롬비아, 페루, 칠레, 파키스탄 등 23개국으로 전 세계 서비스무역의 70% 이상을 차지하고 있다.

복수국 서비스무역 협상의 주요 이슈는 적정한 자유화 수준의 설정 문제로 WTO 출범 이후 양자, 복수국 FTA 등 지역무역 협정의 체결로 인해 높아진 서비스시장 개방 수준을 어느 정도 반영할 것인지가 주요 쟁점으로 떠오르고 있다. 이와 관련하여 서비스시장 개방을 현행 FTA에서 설정하고 있는 개방 수준에 맞추고 대신 민감한 부분은 유예나 예외를 인정하자는 데에 공감대가 형성되고 있다. 향후 양허협상을 통해 서비스무역의 자유화 수준이 구체화 될 것이다.

다자화 추진방식도 쟁점으로 떠오르고 있는데 복수국 서비스무역 협정은 WTO 체제를 보완하기 위한 것으로, 궁극적으로는 회원국을 WTO 전체로 확대하는 다자화가 주요 목표이다. 이와 관련하여 신규 회원국의 참여 절차, 복수국 서비스무역 협정을 WTO 체제로 편입시키기 위한 절차 등이 논의되고 있다. 예를 들어 복수국 서비스무역 협상에서는 WTO의 다자 서비스무역 협정의 골격과 주요 조항을 공유하면서도 투명성, 자연인의 이동, 정보통신, 해운 등 신규 또는 개선된 규범 도입을 위한 논의가 진행 중이다.

우리나라는 복수국 서비스무역 협상과 관련하여 2012년 2월부터 진행된 협의 차원의 준비단계에서부터 지속해서 참여해 왔다. 협상 참여를 위한 통상절차법상 국내 절차도 완료하였다. 우리나라는 향후 관계부처 간 긴밀한 협의 및 업계의 의견수렴을 통해 복수국 서비스무역 협상에 적극적으로 참여할 계획이다. 이를 통해 우리나라 서비스산업의 경쟁력 강화와 서비스 분야의 해외 진출을 활성화하는 데 도움을 줄 수 있을 것으로 예상된다.

5) 환경상품 협정

마지막으로 '환경상품 협정'(Environmental Goods Agreement, EGA)

은 환경상품의 무역자유화를 목표로 관세 및 비관세장벽 철폐를 위해 출범한 협상으로 2014년 7월 협상 출범 선언 이후 2015년 5월까지 6차례 협상이 완료되었다. 하지만 2017년 친환경 재생에너지, 저(탈)탄소 정책에 반대하는 미국 트럼프 행정부의 등장 이후 이렇다 할 진전을 보지 못하고 있다.

환경상품뿐만 아니라 관련 환경 관련 서비스 분야도 DDA의 협상의제로서 다자 차원에서 논의되고 있으나 협상이 뚜렷한 진전을 보이지 않고 있다. 다만 선진국을 중심으로 WTO, OECD, APEC 등 주요 국제기구에서 관세 인하 대상 품목의 선정 작업이 지속되었다. APEC은 환경상품이 WTO 협상의제로 채택되기 이전인 1990년대부터 논의를 진행하여 2012년 정상 선언을 통해 54개 품목에 대한 관세율을 2015년까지 5% 이하로 내리기로 합의한 바 있다.

2013년 미국 오바마 행정부가 '기후변화 행동계획'(Climate Change Action Plan)을 통해 환경상품에 대한 WTO 복수국 무역 협정을 제안하면서 WTO 차원의 논의가 본격화되었다. 기존 DDA 협상에서는 환경상품과 서비스가 동시에 논의되었으나 환경상품 협정은 일단 상품 분야에만 한정된 협정으로 서비스에 대한 협상은 추후 별도 논의될 것으로 예정된다. 2013년 11월 중국, 대만, 싱가포르, 홍콩, 코스타리카 등 5개국이 협상 참여 의사를 표명하여 환경프렌즈 그룹 9개국(한국, 미국, EU, 일본, 호주, 뉴질랜드, 스위스, 캐나다, 노르웨이)과 함께 2014년 7월 협상이 개시되었다. 이후 2015년 이스라엘, 터키, 아이슬란드가 가입하였다. 협상 참여국은 WTO 환경프렌즈 그룹+8개국(중국, 대만, 싱가포르, 홍콩, 코스타리카, 이스라엘, 터키, 아이슬란드) 등 17개국이다.

환경상품 협정 협상은 1단계 사전협상, 2단계 본협상의 단계로 진행되며 최근 6차 협상까지 655개의 품목이 검토되었다. 우리나라는 통상절차법에 규정된 협상 전 절차를 완료한 이후 3차 사전협상부터 공식 참여하여 관심 품목 리스트 제출하고 민관 TF를 통해 업계와 함께 공동 대응 중이다. 우리나라는 2014년 12월 환경 편익성이 인정되는 품목 43개를 선정하여 제안하였다. 세계은행에 따르면 2020년 기준 환경상품 무역량은 약 6조 달러로 전 세계 상품 무역량의 18.6%를 차지하고 있다. 특히 2017~2020년 전 세계 무역량은 약 2% 증가한 데 반해 환경상품의 증가율은 연평균 6.5%에 달하였다.

환경상품의 주요 수출입국인 미국, EU, 중국 등으로 전 세계 환경상품 무역량의 50% 이상을 차지하고 있다. 최근 중국의 환경상품 수출이 급격히 증가하여 수출시장 점유율도 2005년 5.9%, 2013년 13.8%, 2022년 15.7%로 상승하였다. 우리나라는 세계 환경상품 수출시장의 약 3.8%(약 1,100억 달러)를 차지하였고 2017~2022년 동안 연평균 8.5%의 성장률을 기록하는 등 급성장하였다. 환경상품 협정 참여국의 환경상품 무역량은 세계 환경상품 무역량의 80% 이상을 차지하고 있어 환경상품 협정의 관세 인하 효과가 미치는 영향이 클 것으로 기대되고 있다.

환경상품 협정에 참여하고 있는 국가가 세계 환경상품 시장에서 차지하는 비중은 82.6%(약 2조 6,500억 달러)에 달하고 협상 개시 이후에도 참여국이 늘고 있어 협정 발효를 위한 기준선(critical mass)에도 긍정적 영향을 미칠 전망이다. 우리나라의 환경상품 수출은 총수출의 30% 이상이 중국 시장에 집중되어 있고 그 외 신흥국으로의 수출도 활발하다. 최근 우리나라의 환경상품무역은 수출 증가율이 수입 증가율을 상회하고 적자 폭이 줄어들고 있는 것으로 나타나고 있다. 주요 수출국은 중국, 중남미, 아세안 등 신흥개도국이지만 수입처는 선진국에 집중된 구조이다.

환경상품 협정은 1단계 협상에서 각국의 관심 품목을 제출해 이를 통합한 리스트를 회람하였고 우리나라도 환경 편익성이 인정되고 우리 산업경쟁력과 기술 수준 제고에 기여할 수 있는 43개 품목 리스트를 제출하였다. 주요 수출시장인 중국에서 높은 관세율을 부과하고 있어 해당 품목에 대한 환경상품 협정 차원의 양허가 이루어지는 경우 우리 기업의 수출 확대가 기대된다. 세계 수출 100억 달러 이상의 품목 분석 결과 우리나라의 수출 1위 시장인 중국은 태양광 셀 등 일부 품목을 제외하고는 5% 이상의 높은 관세를 부과하고 있다. 이들 품목은 한·중 FTA에서 장기 또는 부분 철폐 부문에 속한다. 반면 對 미국 수출은 한·미 FTA로 현재 무관세가 적용되고 있는 품목이 다수를 차지하고 있다.

환경상품 협정은 WTO 일부 회원국만 참여하는 복수국 무역 협정이지만 환경상품 및 참여국의 특성에서 비롯되는 쟁점 사항이 존재한다. 환경상품은 특성상 환경용도 표기(Ex-out)를 수반하므로 품목 선정과 더불어 용도 표기에 대한 사전 분석이 필요하다. 환경산업 및 환경상품에 대한 국제기준이 없으므로 협상 참여국은 2단계 본격 협상을 통해 EGA의 대상 품목을 선정하게 되는데 이때 품목 분류의 기준으로 사용되는 HS코드는 상품의 용도를 정확히 반영하지 못하는 한계가 있다.

환경상품은 품목의 특성상 중간재인 경우가 많고 환경 목적 이외의 용도를 지니는 다용도 상품일 가능성이 크기 때문에 각국의 HS 최종 단위 식별이 가능하도록 용도를 명확히 표기해야 한다. 용도가 명확히 규정되지 않는 경우 수출업자에게 혼란을 초래할 수 있고 일관된 세관 행정에 문제가 발생해 협정 실효성이 떨어질 수 있다. 용도 표기에 따라 관세 혜택이 달라지므로 품목 선정과 더불어 용도 표기가 주요 쟁점이 될 가능성이 크다. 발효 기준(critical mass)을 위해 협상 참여국, 특히 신흥국의 신규참여가 이루어질 가능성이 있으므로 협상 장기화에 대비해야 한다.

환경상품 협정은 관세 인하의 혜택이 WTO 전체 회원국에 돌아가는 협정이므로 협정 미 참여국의 무임승차를 방지하기 위해 참여국의 무역량이 전 세계무역에서 차지하는 비중이 특정 수준(임계질량 방식)에 도달해야만 협정이 발효된다. 예를 들어 정보기술 협정은 무역량 기준을 90%로 설정하였는데 현재 환경상품 협정 참여국의 무역량 비중은 약 80% 수준이므로 발효를 위해 인도, 브라질, 멕시코 등 신흥국의 참여가 필요할 수 있다.

신흥국 참여가 확대되는 경우 협상에서 범용 상품군 포함을 두고 선진국과 신흥국의 의견 차이로 협상이 장기화할 가능성이 크다. 한편 신흥국의 참여 확대는 환경상품 협정의 실효성을 높이는 계기로 작용할 것이다. 우리나라는 미국, EU와의 FTA를 체결하여 이미 대부분 품목이 무관세로 거래되고 있는 만큼 멕시코, 브라질 등 우리나라가 아직 FTA를 체결하지 않은 신흥국의 참여는 환경상품 수출에 긍정적 영향을 미칠 것으로 기대된다.

다만 환경상품 협정은 최혜국대우 관세를 인하, 철폐하는 협정인 만큼 최대 수출, 수입 상대인 중국과 협상에서 한·중 FTA에서 철폐가 이루어지지 않았던 품목에 대해 중국과 원만한 합의에 도달하기에는 어려울 전망이다. 환경상품 협정이 1단계 사전협상을 거쳐 2단계 본격협상에 접어든 만큼 우리나라도 민관 TF 등을 활용해 업계 의견을 적극적으로 반영하고 협상 참여국과의 유대를 통한 최선의 양허 확보가 필요할 것으로 보인다.

환경상품 협정 협상 참가국들은 환경상품 협정 장관회의를 통해 협상 타결을 시도하였으나 참가국 간 관심 품목 및 민감 품목 입장의 차이가 커서 관세 철폐 대상 품목 리스트를 확정하지 못했다. 우리나라는 기후변화 대응 등을 위한 국제사회 노력에 기여하고, 나아가 환경상품 기업의 경쟁력 및 수출 여건 개선을 위해 환경상품 협정 협상에 적극적으로 참여해왔다. 아직 최종 합의에는 이르지 못했으나 참가국들은 환경상품 협정 협상의 중요성에 대해 인식을 같이하고 향후 성공적인 결과 도출을 위해 지속해서 노력해야 할 것으로 보인다.

CHAPTER

10

WTO 무역분쟁

1. GATT 및 WTO 무역분쟁해결제도 개요
2. 우리나라 WTO 무역분쟁 사례

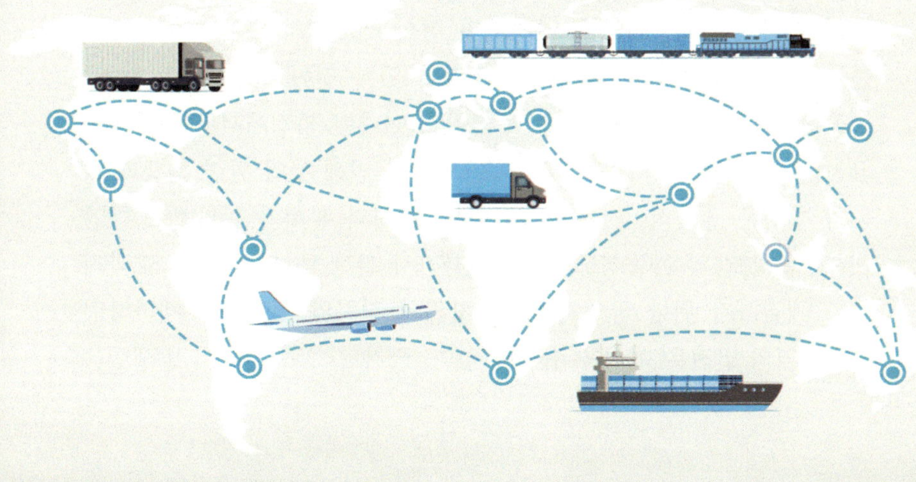

Chapter

10 WTO 무역분쟁

1. GATT 및 WTO 무역분쟁해결제도 개요

1) GATT 무역분쟁해결제도

이 장에서는 WTO 무역분쟁의 현황과 분쟁해결제도의 주요 내용에 대해 살펴보고자 한다. 앞에서 보았듯이 무역은 국가 간에 이루어지는 경제적 자원의 이동을 의미한다. 무역은 국가 간에 일어나는 주문, 결제, 생산, 이송, 유통, 소비 등의 복잡다기한 경제적 활동의 총체이다. 무역이 이루어지는 과정을 따져보면 현실 세계에서 일어나는 경제적 현상으로 수학 공식처럼 정해진 정답이 있는 것이 아니다.

울퉁불퉁하고 거친 현실 속 무역이 일어나는 과정에서는 불확실하고 예상치 못한 여러 가지 변수와 요인으로 인해 무역 관련 분쟁과 갈등의 발생은 필연적이다. 무역의 규모, 대상과 분야가 증가하고 다양해질수록 분쟁의 가능성도 커진다. 따라서 분쟁 발생 시 이를 효과적으로 해결하기 위한 국제적(다자) 차원의 절차와 제도가 부재하다면 자유무역의 발전은 어려울 수밖에 없다. 국가 간 무역분쟁이 발생했을 때 이를 원만하게 해결하기 위한 분쟁해결제도의 구축은 자유무역의 발전을 위한 선결 조건이 되는 것이다.

분쟁 해결을 위해 많은 시간과 비용이 들어간다면, 다시 말해 분쟁 해결절차가 비효율적이고 오랜 시간이 걸린다면 분쟁 당사국(특히 피해 당사국)은 분쟁으로 인한 경제적 피해를 분쟁이 해결될 때까지 기다릴 수만은 없을 것이다. 분쟁의 원인이 되는 상대국의 무역 조치를 그대로 용인하기가 어려울 것이다. 따라서 이에 대한 적절한 관리 및 통제가 없다면 무역은 보복의 악순환에 빠져들 수밖에 없다. 따라서 분쟁의 적절하고 효율적인 해결을 위해서는 다자 차원의 협력이 필요하다. WTO 분쟁해결제도는 이러한 필요에 따라 만들어졌다고 할 수 있다.

분쟁해결절차는 투명하고 공정해야 한다. 왜냐하면 분쟁해결이 효율적이고 신속하게 이루어져도 그 분쟁해결절차가 투명하거나 공정하지 않다면 분쟁 당사국은 그 판결을 수용하지 않기 때문이다. 분쟁해결절차가 효율적이고 신속하게, 동시에 투명하고 공정하게 진행되지 않는다면 분쟁 당사국, 특히 피해 당사국은 자위적 차원에서 자의적인 보호무역 조치 또는 상대국에 대한 보복 조치를 시행할 가능성이 커진다. 이러한 보호무역, 보복 조치는 자유무역의 확대를 저해할 뿐만 아니라, 경제적 불확실성을 증대시켜 자유무역 그 자체를 위축시킨다.

이는 1930년 미국의 '스무트·할리 관세법'(Smoot·Hawley Tariff Act) 사례에서 잘 알 수 있다. 스무트·할리 관세법은 미국이 자국의 불황을 타개하기 위해 제정한 관세법으로 세계적 경기침체를 더욱 심화시켰다. 1929년 10월 뉴욕 증시의 대폭락으로 시작된 대공황은 유럽 등 전 세계로 확산하였다. 대공황의 여파는 1930년대 내내 지속되었고 미국뿐만 아니라 세계 각국의 생산, 소비는 급감하고 실업은 급증하였다. 이처럼 내수 기반이 붕괴하자 미국, 유럽의 기업은 수입품 규제에 눈을 돌렸고 각국 의회와 산업계는 수입 제한을 위해 수입품에 대한 고율 관세를 부과하도록 정부에 압력을 가했다. 이에 따라 미국에서는 상원의원 스무트(Reed Smoot)와 하원의원 할리(Willis Hawley)가 주도해 스무트·할리 관세법을 제정, 관세율을 한꺼번에 60% 가까이 대폭 인상했다.

미국의 이 같은 큰 폭의 관세 인상 조치에 자극받은 영국과 프랑스 등의 유럽 국가도 경쟁적으로 수입 관세율을 높였다. 스무트·할리 관세법은 관세율을 한 세기 내 최고치인 59%로 인상하였고 전 세계에 보호무역주의 연쇄효과를 일으켰다. 이에 따라 1929~1932년 무역 규모는 이전에 비해 60% 이상 감소했다. 다시 말해 무역 규모가 대공황 이전에 비해 1/3로 축소된 것이다. 이러한 국가 간 경쟁적 보호무역과 세계적 공황은 결국 각자도생의 국제질서를 불러왔다. 이는 불행하게도 이후 독일에서 바이마르 정권이 무너지고 전체주의를 표방한 극우 정치세력인 히틀러 등 나치(국가사회주의독일노동자당, NAZI)가 정권을 잡고 제2차 세계대전을 일으키는 배경으로 작동하였다. 수입품에 대한 고율 관세 부과와 이에 따른 다른 나라들의 연쇄적인 관세율 인상은 결국 모두를 파멸로 이끌 수 있다는 값비싼 교훈을 얻게 되었다. 그러므로 WTO 중심의 다자 무역 체제에서 분쟁해결을 위해 효율성, 신속성, 투명성, 공정성이 담보될 수 있는 분쟁해결제도가 필수적인 것은 자연스러운 귀결이라고 할 수 있다.

현재의 자유무역 질서는 1948년 GATT의 발효와 함께 시작되었다고 할 수 있다. 분쟁해결을 위한 제도 내지는 절차도 형식적인 수준에서나마 마련되었다. GATT 체제의 분쟁해결제도는 체약당사자(회원국) 간 협의를 통해 최초로 마련한 다자 차원의 공식적이고 국제적인 분쟁해결제도라는 점에서 의미가 있다.[1] 하지만 GATT의 분쟁해결제도는 그 규정이 정밀하지 못하였고 강제적인 법적 구속력도 없다는 한계를 가지고 있었다. 우선 GATT 분쟁해결제도의 대체적인 내용은 GATT

1) WTO 협정은 협정에 참여한 국가를 '회원국'(member)으로 명명하지만 GATT의 경우 '체약당사자'(contracting party)로 명명하고 있다.

제22조(협의)[2]와 제23조(무효화 또는 침해)[3]에서 규정하고 있다. GATT 제22조에서는 체약당사자(회원국)가 상대국의 GATT 규정 위반으로 인해 피해를 입은 경우 체약당사자는 이 문제에 대해 상대국과 협의하도록 하고 있다. 만약 이러한 조정 절차가 성공적이지 못한 경우 GATT 제23조에 따라 체약당사자는 상대국이 GATT의 조항을 위반했

---

2) GATT 제22조는 다음과 같다.

1. 각 체약당사자는 이 협정의 운영에 영향을 주는 문제에 관하여 다른 체약당사자가 제시할 수도 있는 의견에 대하여 호의적인 고려를 하고 이 의견에 관한 협의를 위하여 충분한 기회를 부여한다.
2. 체약당사자단은 체약당사자의 요청에 따라 1항하의 협의를 통하여 만족할만한 해결책을 찾는 것이 가능하지 아니하였던 문제에 관하여 체약당사자 또는 체약당사자들과 협의할 수 있다.

3) GATT 제23조는 다음과 같다.

1. 체약당사자가 다음의 결과로 이 협정 하에서 직접적 또는 간접적으로 자신에게 발생되는 이익이 무효화되거나 침해되고 있거나 이 협정의 목적 달성이 방해되고 있다고 인정하는 경우
   (a) 다른 체약당사자의 이 협정 하의 자신의 의무의 불이행,
   (b) 이 협정 규정과의 저촉 여부를 불문하고 다른 체약당사자에 의한 조치의 적용,
   (c) 그 밖의 상황의 존재
   체약당사자는 이 문제의 만족스러운 조정을 목적으로 관련이 있다고 체약당사자가 간주하는 다른 체약당사자 또는 체약당사자들에게 서면으로 의견을 제시하거나 제의를 할 수 있다. 이렇게 의견을 제시받거나 제의를 받은 체약당사자는 자신에게 행하여진 이 의견 또는 제의에 대하여 호의적인 고려를 한다.
2. 합리적인 기간 내에 당해 체약당사자 간에 어떠한 만족스러운 조정도 이루어지지 아니하는 경우 또는 그 어려움이 이 조 1항 (c)에 기재된 형태인 경우 이 문제는 체약당사자단에 회부될 수 있다. 체약당사자단은 자신에게 회부된 문제를 신속히 조사하고, 경우에 따라 체약당사자단이 관련이 있다고 인정하는 체약당사자에게 적절한 권고를 하거나 이 문제에 관하여 판결을 한다. 체약당사자단은 협의가 필요하다고 인정하는 경우 체약당사자, 국제연합 경제사회이사회 및 적절한 정부간기구와 협의할 수 있다. 체약당사자단은 상황이 그러한 조치를 정당화할 만큼 충분히 심각하다고 간주하는 경우 체약당사자단이 이 상황 하에서 적절하다고 결정하는, 이 협정 하의 양허 또는 그 밖의 의무의 다른 체약당사자 또는 체약당사자들에 대한 적용을 체약당사자 또는 체약당사자들이 정지하는 것을 승인할 수 있다. 체약당사자에 대한 양허 또는 그 밖의 의무의 적용이 실제로 정지된 경우 체약당사자는 이러한 조치가 취하여진 후 60일 이내에 이 협정에서 탈퇴할 의사를 체약당사자단의 사무총장에게 서면으로 통보할 자유가 있고 이러한 탈퇴는 이 통보가 사무국장에 의하여 접수된 다음 날로부터 60일째 되는 날 발효한다.

는지에 대해 상대국 외의 다른 체약당사자단(회원국들)에게 결정하도록 요구할 수 있다.

이러한 GATT의 분쟁해결제도는 결정적인 문제점을 가지고 있었다. 왜냐하면 분쟁해결절차가 일단 진행되더라도 상대국이 GATT의 조항을 위반했는지를 결정하기 위해서는 회원국 모두의 지지(support) 또는 총의가 있어야 하기 때문이다. 총의의 경우에만 비로소 분쟁해결을 위한 GATT의 공식 결정문인 패널보고서가 채택될 수 있다. 총의는 GATT 체제의 가장 대표적인 의사결정 방식으로 모든 회원국의 찬성 또는 명시적인 반대 없이 동의하는 경우에만 해당 안건이 통과되는 방식이다. 다시 말해 어느 한 회원국이라도 공식적으로(명시적으로) 해당 안건에 대해 반대하면 결정이 유보되거나 통과될 수 없다.

현실적으로 회원국 모두의 지지 또는 명시적인 반대가 없는 총의를 얻기는 쉽지 않은 일이다. 더욱이 분쟁의 원인이 되는 사안에 대해 회원국(특히 강대국) 간에 이해관계가 엇갈리거나 정치, 경제, 외교적으로 민감한 이슈인 경우 GATT의 분쟁해결절차를 통한 최종 판결이라고 할 수 있는 패널보고서 채택(통과)은 어렵게 될 것이다. 따라서 GATT의 규정에 근거한 분쟁해결절차를 통해 무역구제를 받는 것은 실제로는 어렵다고 할 수 있다.

아니나 다를까 이러한 문제점으로 인해 GATT의 분쟁해결절차는 실질적으로는 활용되지 못하였다고 평가되고 있다. 따라서 GATT 체제에서는 체약국 간 분쟁이 발생하면 상대국의 무역 조치로 인해 피해를 입은 체약국이 GATT의 분쟁해결절차에 의존하기보다는 개별 국가 차원에서 상대국에 대한 무역 제재 또는 보복을 가하는 일이 빈번하였다. 이러한 무역 제재 또는 보복은 상대국의 반발을 일으키고 다시 무역 보복을 초래하여 상호 간 보복의 악순환에 빠지게 되는 상황을 초래하였다.

GATT의 분쟁해결제도에 대한 한계와 문제점을 인식한 체약국들은 보다 확실하고 실질적인 법적 강제력과 구속력 있는 새로운 규범에 근거한 분쟁해결제도의 필요성에 공감하게 되었다. 이에 따라 GATT 체제의 마지막 다자 무역 협상인 우루과이라운드를 거치면서 이러한 문제점을 해소할 수 있는 분쟁해결절차 및 제도에 대한 합의를 도출할 수 있게 되었다. 우루과이라운드의 타결을 기초로 1995년 출범한 WTO는 그 어느 때보다도 그 어느 국제기구보다도 실질적이고 구속력 있는 분쟁해결제도를 갖추게 되었다. WTO 분쟁에 관련된 절차 및 내용은 WTO 협정문의 부속서 2(Annex II)의 '분쟁해결 규칙 및 절차에 관한 양해'(Understanding on Rules and Procedures Governing the Settlement of Disputes, DSU)에 구체적으로 규정되어 있다.

2) WTO 무역분쟁해결제도

앞에서 설명한 것처럼 1948년 시작된 GATT 체제의 분쟁해결제도는 패널보고서 채택을 위해 회원국의 총의가 필요하였다. 하지만 총의를 통한 패널보고서 채택이 실제로 이루어지기는 결코 쉬운 일이 아니었다. 이에 따라 GATT 체제의 분쟁해결제도는 유명무실해지게 되었다. 반면 WTO 협정에서는 GATT 체제의 이러한 한계를 극복하고 실질적이고 구속력 있는 분쟁해결절차 및 제도 마련을 위한 방안으로 총의 대신 역(逆)총의를 도입하였다. WTO는 역총의 방식을 통해 패널의 패널보고서 및 상소기구의 상소보고서를 채택하도록 하고 있다.

역총의는 말 그대로 총의와 반대 개념으로 모든 회원국이 예외 없이 패널보고서 및 상소보고서 채택을 반대하는 경우가 아닌 한 해당 보고서가 자동으로 채택되도록 하는 의사결정 방식이다. 이러한 역총의 방식을 따르게 되면 일부 회원국(들)이 관련 분쟁과 관련된 패널보고서 및 상소보고서 채택에 대해 반대하더라도 모든 회원국이 반대하지 않는 한 해당 보고서는 자동으로 채택된다. 그에 따른 국제법적 구속력을 갖게 되는 것이다.

WTO는 이러한 역총의 방식을 통해 비로소 GATT 체제의 분쟁해결제도가 가지고 있었던 총의 방식의 문제점과 한계를 극복하고 분쟁해결을 위한 실질적이고 효과적인 방안을 확보하게 되었다. 예상대로 역총의 방식의 도입에 따라 WTO 협정 위반 여부에 대한 패널 및 상소기구의 판결이 사실상 자동 채택됨으로써 실질적인 구속력을 갖게 되었다고 할 수 있다. 이와 함께 패널 및 상소기구의 판결을 이행하지 않는 상대국에 대해서는 피해 당사국이 다시 이행 관련 분쟁해결절차를 진행할 수 있게 되었다. 그 피해에 상응하는 수준의 보상을 협의할 수 있다. 이행 관련 판결을 통해 이행에 불응하는 상대국에 대해서는 그에 상응하는 수준의 의무면제 조치를 시행할 수 있는 권한도 부여받게 되었다. 이에 따라 WTO의 분쟁해결제도는 GATT 체제 때와는 달리 구속력 있고 실질적인 분쟁해결제도로 인정받게 되었다.

3) WTO 무역분쟁해결제도의 목적과 원칙

다음으로 WTO 분쟁해결제도의 목적과 원칙에 대해 살펴보고자 한다. 우선 분쟁해결제도의 목적은 무역의 발전과 확대를 위해 다자 무역 질서의 '안정성'(stability)과 '예측가능성'(predictability)을 확보하는 것이다. 분쟁해결제도의 원칙은 분쟁해결의 모든 과정에서 힘의 지배가 아닌 법의 지배가 관철되는 것이다. 이러한 목적과 원칙 달성을 위해 WTO 회원국은 GATT 및 WTO 체제 속에서 우선하여 공통의 무역관행 및 규범을 만들기 위해 노력해 왔다.

자유무역의 확산 및 보호무역 조치 철폐와 시장개방 확대에도 불구하고 국가별 경제력, 지정학적 조건, 무역의 발전 정도, 그리고 각국 무역정책의 차이에 따른 국가 간 갈등과 충돌은 발생할 수밖에 없다. 이러한 차이는 필연적으로 무역을 둘러싼 회원국 간 분쟁을 불러일으키게 된다. 일반적으로 무역분쟁은 특정 회원국(들)이 준수 의무가 있는 WTO 다자 무역규범과 국내적 상황과의 괴리를 극복하지 못하고

자의적으로 협정상 의무에 반하는 무역정책 또는 그와 관련된 조치를 시행할 때 발생하게 된다.

이러한 상황은 안정적이고 예측가능한 다자 무역 질서를 구축하기 위해 반드시 해결해야 하는 과제이다. WTO 협정의 위반 행위는 GATT, GATS, TRIPs 등 개별 협정에서 규정하고 있는 회원국의 부담 의무에 대한 위반인 경우가 대부분이다. 이는 상대 회원국이 예상할 수 있는 무역의 이익을 무효화 하거나 침해하는 것으로 간주한다. 이렇게 분쟁이 발생했을 경우 WTO 분쟁해결제도는 분쟁 당사국 간 원만한 해결을 위해 필요한 '사법적'(judicial) 절차를 마련하고 있다.

GATT 체제에서는 WTO 협정에 포함된 DSU와 같이 분쟁에 관한 해결 절차를 자세히 명문화한 규정이 부재했다. 다만 앞에서 보았듯이 GATT 제22조(협의)와 제23조(무효화 또는 침해)에서 분쟁에 관한 내용을 담고 있을 뿐이다. 예를 들어 GATT 제22조에서 회원국은 협정의 운용에 관해 일반적인 협의를 제안할 수 있도록 규정하고 있다. GATT 제23조에서는 자국의 이익이 무효화 되거나 침해되었을 경우 우선 상대국과 협의(1항)하거나 분쟁 당사국 외의 다른 회원국들에 이 분쟁을 회부(2항)할 수 있도록 규정되어 있다.

하지만 이러한 GATT의 분쟁해결 조항들은 분명하고 명시적인 법적 구속력을 가지지 못하는 한계를 가지고 있다. 실제로 분쟁 당사국들은 GATT 패널의 판결(권고사항)을 수용하지 않는 경우가 많았다. 이러한 경우에도 GATT는 권고사항의 강제적 이행을 위한 구체적 방안을 제시하지 못하였다. 이에 반해 WTO 분쟁해결제도는 DSU에서 분쟁해결 절차와 그 내용을 비교적 상세하고 분명히 명문화하였다. 무엇보다도 분쟁이 발생했을 경우 회원국 간 실질적이고 민주적인 방식으로 분쟁을 해결할 수 있는 장치가 마련되었다는 데 의의가 있다.

힘의 지배가 지배하는 국제질서에서는 법의 지배가 배제되는 경우가 많다. 하지만 힘의 지배가 WTO 분쟁해결에도 아무 거리낌 없이 그

대로 적용된다면 법의 지배에 근거한 자유로운 다자 무역 질서는 크게 훼손될 수밖에 없다. 회원국이면 누구나 지켜야 할 원칙인 WTO 협정의 적용과 준수 여부가 소수 또는 특정 강대국의 힘(영향력)에 의해 좌우되는 상황이 발생하기 때문이다.

WTO 분쟁해결제도는 그 법적 구속력과 강제력이 명문화됨으로써 '권고' (recommendations) 및 '판결'(rulings)의 '이행'(concessions) 가능성을 높이고 있다. 분쟁 당사국 간에 원만한 합의가 이루어져도 합의안에 대한 법적 구속력이 없다면 그것은 공허한 약속에 불과할 수 있다. 분쟁 발생 시 당사국 간 협의를 통한 해결뿐만 아니라 이것이 어려운 경우 협정 위반에 대한 공식적 판결과 그 판결의 이행을 위한 국제법적 구속력을 부여하기 위해서는 무엇보다도 사법적 강제력을 포함하는 분쟁해결절차 및 규정에 대한 명문화가 필요하다.

WTO 협정은 다자 무역 체제의 조속한 구축을 위해 즉각적인 분쟁해결의 필요성에 대해 DSU 제3.3조에서 "회원국이 대상 협정에 따라 직접적 또는 간접적으로 자신에게 발생하는 이익이 다른 회원국의 조치로 인하여 침해되고 있다고 간주하는 상황을 신속히 해결하는 것이 WTO의 효과적인 기능수행과 회원국의 권리와 의무 간의 적절한 균형의 유지에 필수적이다"라고 규정하고 있다. 분쟁해결을 위한 상세한 절차와 일정표에 대해 DSU 제12조(패널 절차)에서 명확히 규정하고 있다.[4] 그 내용에 대해 중요성을 고려하여 다음과 같이 소개한다.

---

4) DSU 제12조는 다음과 같다.

1. 패널은 분쟁당사자와의 협의 후 달리 결정하지 아니하는 한 부록 3의 작업절차를 따른다.
2. 패널 절차는 패널 과정을 부당하게 지연시키지 아니하면서 수준 높은 패널보고서를 보장할 수 있도록 충분한 융통성을 부여하여야 한다.
3. 분쟁당사자와의 협의 후 패널위원은 현실적으로 가장 빠른 시일 내에, 그리고 가능한 언제나 패널의 구성 및 위임사항에 대하여 합의가 이루어진 후로부터 일주일 이내에 관련이 있는 경우 제4.9조의 규정을 고려하여 패널 과정에 관한 일정을 확정한다.
4. 패널과정에 관한 일정 결정 시 패널은 분쟁당사자에게 자신의 입장을 준비하는 데 필요한 충분한 시간을 부여한다.

DSU 제12조 패널 절차의 진행 일정에 따르면 분쟁이 모든 절차를 거쳐 최초의 패널 판결에 이르기까지의 소요 기간은 1년 이상이 걸리

5. 패널은 분쟁당사자가 서면 입장을 제출해야 하는 정확한 마감 시한을 설정해야 하고 분쟁당사자는 마감 시한을 준수하여야 한다.
6. 각 분쟁당사자는 패널과 그 밖의 분쟁당사자에게 즉시 전달되도록 자국의 서면 입장을 사무국에 제출한다. 패널이 3항에 언급된 일정 확정시 분쟁당사자와 협의 후 분쟁당사자가 제1차 서면 입장을 동시에 제출하여야 한다고 결정하지 아니하는 한 제소국은 피소국보다 먼저 제1차 서면 입장을 제출한다. 제1차 서면 입장을 순차적으로 기탁하기로 한 경우 패널은 피소국의 입장 접수시한을 확고하게 설정한다. 그 후에 제출되는 모든 서면 입장은 동시에 제출된다.
7. 분쟁당사자가 상호 만족할만한 해결책을 강구하는 데 실패하는 경우 패널은 서면보고서 형식으로 자신의 조사 결과를 DSB에 제출한다. 이 경우 패널보고서는 사실에 관한 조사 결과, 관련 규정의 적용 가능성 및 자신이 내린 조사 결과와 권고에 대한 근본적인 이유를 명시하여야 한다. 분쟁당사자 간에 해결책이 발견된 경우 패널보고서는 사안의 간략한 서술과 해결책이 도달되었다는 사실을 보고하는 데 국한된다.
8. 절차를 보다 더 효율적으로 하기 위하여, 패널의 구성 및 위임사항에 대하여 합의가 이루어진 날로부터 최종보고서가 분쟁당사자에게 제시되는 날까지의 패널이 자신의 검토를 수행하는 기간은 일반적인 규칙으로서 6개월을 초과하지 아니한다. 부패성 상품에 관한 분쟁을 포함하여 긴급한 경우 패널은 3개월 이내에 패널보고서를 분쟁당사자에게 제시하는 것을 목표로 한다.
9. 패널이 6개월 이내에 또는 긴급한 경우 3개월 이내에 자신의 보고서를 제출하지 못할 것이라고 간주하는 경우 패널은 지연 사유를 패널보고서를 제출할 때까지 소요될 것으로 예상되는 기간과 함께 DSB에 서면으로 통보한다. 어떠한 경우에도 패널 설치로부터 회원국에게 보고서를 배포할 때까지의 기간이 9개월을 초과하여서는 아니 된다.
10. 개발도상회원국이 취한 조치와 관련된 협의의 경우 분쟁당사자는 제4조 7항 및 8항에 설정된 기간을 연장하는 데 합의할 수 있다. 만일 관련 기간이 경과한 후에도 협의당사자가 협의 종료에 대하여 합의할 수 없는 경우 DSB 의장은 분쟁당사자와의 협의 후 관련 기간을 연장할 것인지 여부 및 연장할 경우 얼마만큼 연장할 것인지를 결정한다. 개발도상회원국에 대한 제소를 검토하는 데 있어서 패널은 개발도상회원국이 자국의 논거를 준비하고 제시하는 데 충분한 시간을 부여한다. 제20조 1항 및 제21조 4항의 규정은 이항에 따른 어떠한 조치에 의해서도 영향을 받지 아니한다.
11. 하나 또는 둘 이상의 당사자가 개발도상회원국인 경우 패널보고서는 분쟁해결절차의 과정에서 개발도상회원국이 제기한 대상 협정의 일부를 구성하는 개발도상회원국을 위한 차등적이고 보다 유리한 대우에 관한 관련 규정을 어떤 형태로 고려하였는지를 명시적으로 적시한다.
12. 패널은 제소국이 요청하는 경우 언제라도 12개월을 초과하지 아니하는 기간 동안 자신의 작업을 정지할 수 있다. 이와 같이 정지하는 경우 이 조의 8항 및 9항, 제20조 1항 및 제21조 4항에 명시된 시한은 작업이 정지되는 기간만큼 연장된다. 패널의 작업이 12개월 이상 정지되는 경우에는 패널 설치 권한이 소멸된다.

지 않는다. 패널 판결에 불복하여 진행되는 상소 절차까지 포함하는 경우 15개월 정도 소요되는 것으로 되어 있다. 이렇듯 패널 및 상소 절차에 소요되는 기간을 명시적으로 규정한 것은 앞에서 이야기하였듯이 기한을 설정함으로써 분쟁절차가 효율적으로 운용되고 가능한 신속하게 진행되도록 하는 데 목적이 있다.

분쟁 당사국은 WTO 분쟁해결기구(DSB)의 결정에 무조건 따르게 되어 있다. 하지만 DSB의 강제적 조치가 취해지기 전에 분쟁 당사국은 분쟁에 관한 협상과 타협을 우선 전개할 필요가 있다. 당사국은 분쟁절차 진행과는 무관하게 당사국 간 협의를 계속할 수 있고 이를 통해 분쟁해결을 위한 합의를 도출할 수 있다.

4) WTO 무역분쟁해결 및 이행 절차

WTO 협정에 따라 DSB는 회원국 간에 발생하는 분쟁을 해결하기 위해 전문가로 구성된 패널을 설치할 수 있다. DSU 제2조(실시) 1항은 DSB는 패널 및 상소기구의 보고서를 채택 또는 거부할 수 있고 대상 협정에 따른 양허 및 그 밖의 의무정지를 허가하는 독점적인 권한을 갖고 있다고 규정하고 있다.[5] DSU 제21조(권고 및 판정의 이행에 대한 감독) 6항에서는 DSB는 협정을 위반한 회원국에 내려진 판결이 이행될 수 있도록 감시하고 협정위반국이 판결을 이행하지 않는 경우 상

5) DSU 제2조 1항은 다음과 같다.

1. 이 규칙과 절차를 실시하기 위하여, 그리고 대상 협정에 달리 규정되어 있지 아니하는 한, 대상 협정의 협의 및 분쟁해결 규정을 실시하기 위하여 분쟁해결기구가 설치된다. 이에 따라 분쟁해결기구는 패널을 설치하고, 패널보고서 및 상소보고서를 채택하고, 판정 및 권고의 이행 상황을 감독하고, 대상 협정에 따른 양허 및 그 밖의 의무의 정지를 허가하는 권한을 갖는다. 복수국 무역 협정인 대상 협정에 따라 발생하는 분쟁과 관련, 이 양해에서 회원국이라는 용어는 당해 복수국 무역 협정의 당사자인 회원국만을 지칭한다. 분쟁해결기구가 복수국 무역 협정의 분쟁해결 규정을 집행하는 경우 오직 그 협정의 당사자인 회원국만이 그 분쟁에 관하여 분쟁해결기구가 취하는 결정이나 조치에 참여할 수 있다.

대국이 이에 대한 보복 조치를 시행할 수 있도록 하는 허가하는 권한을 갖는다고 규정하고 있다.6)

WTO의 분쟁해결을 위한 공식적 판결은 패널 및 상소기구에 의해 이루어진다. 하지만 비공식 차원의 '협의'(consultation), '주선'(good offices), '조정'(conciliation), '중개'(mediation) 등 비(非)사법적 방식 및 '중재'(arbitration)와 같은 준(準)사법적 방식도 사용될 수 있다. 이는 국제법상 전통적으로 인정되어 온 방식이라는 점에서 의미가 있다. 이중 협의, 주선, 조정, 중개 등의 비사법적 절차는 그 판결의 수용이 당사국에 강제되지 않는다. 이에 반해 중재는 당사국 간 사전적으로 합의된 준사법적 절차로서 그 판결이 강제력을 갖게 된다는 데 차이가 있다.

주선은 분쟁을 평화적으로 해결하기 위하여 제3자가 분쟁당사자 간의 교섭을 진행하는 것을 의미한다. 조정은 분쟁당사자 사이에 제3자가 중재하여 화해에 이르도록 함으로써 분쟁의 해결을 도모하는 것이다. 중개는 분쟁의 해결 또는 계약의 성립을 위하여 제3자가 당사자를 매개하여 합의를 기도하는 것을 의미한다. 이는 모두 사법적 재판에 의하지 않고 당사자 간의 분쟁해결을 도모하는 제도이다.

우선 이러한 비사법적 절차인 협의, 주선, 조정, 및 중개에 대해 살펴보면 다음과 같다. 협의는 분쟁을 처리하는 기본적인 방식으로 분쟁당사국 간 협상과 합의를 통해 분쟁을 해결하는 것으로 제3자의 개입 없이 분쟁을 해결한다는 의미에서 우선적이고 바람직한 방식이다. 앞

---

6) DSU 제21조 6항은 다음과 같다.

6. 분쟁해결기구는 채택된 권고 또는 판정의 이행 상황을 지속적으로 감시한다. 모든 회원국은 권고 또는 판정이 채택된 후 언제라도 그 이행 문제를 분쟁해결기구에 제기할 수 있다. 분쟁해결기구가 달리 결정하지 아니하는 한, 권고나 판정의 이행 문제는 제21조 3항에 따라 합리적 이행 기간이 확정된 날로부터 6개월 이후에 분쟁해결기구 회의의 의제에 상정되며, 이 문제가 해결될 때까지 계속 분쟁해결기구의 의제에 남는다. 이러한 분쟁해결기구 회의가 개최되기 최소한 10일 전까지 관련 회원국은 권고 또는 판정의 이행에 있어서의 진전 상황에 관한 서면 보고서를 분쟁해결기구에 제출한다.

에서 보았듯이 GATT 제23조에는 타 회원국이 GATT 협정상의 의무이행을 소홀히 하거나 어떤 특정 사유로 인해 직간접적으로 자국에 부여된 이익이 무효화 또는 침해된다고 인정될 때 상대 회원국에 대하여 협의를 요청할 수 있도록 규정하고 있다.

WTO 분쟁해결절차를 규정하고 있는 DSU에서도 이를 구체적으로 명문화하고 있다. 이는 분쟁은 가능한 당사국 간 대화를 통해 원만히 해결하는 것이 최선이라는 것을 반영한 것이다. 실제로 분쟁의 많은 경우가 양국 간 협의를 통해 해결되고 있다. 하지만 협의는 제3자가 배제된 당사국 간 분쟁해결 방식이기 때문에 개도국과 강대국 간 분쟁의 경우 힘의 지배가 작동할 수 있고 강대국에 유리하게 합의될 수 있다는 부정적인 평가를 받고 있다.

한편 협의 과정 중 당사국 간 상호 자발적인 합의를 통해 또는 WTO 사무총장 직권으로 주선, 조정 및 중개 절차를 밟을 수 있다. DSU 제5조(주선, 조정 및 중개)에 따르면 이들 절차는 협의를 요청한 날로부터 60일 이내에 이루어져야 하고 이러한 절차 속에서 진행된 분쟁해결이 실패하게 되면 요청국은 60일 이내에 패널 설치를 요청할 수 있다.[7] 분쟁 당사국은 패널 설치 이전에 또는 패널이 설치되어 진행되

7) DSU 제5조는 다음과 같다.

1. 주선, 조정 및 중개는 분쟁당사자가 합의하는 경우 자발적으로 취해지는 절차이다.
2. 주선, 조정 및 중개의 절차, 특히 이러한 절차의 과정에서 분쟁당사자가 취한 입장은 공개되지 아니하고 이러한 절차에 따른 다음 단계의 과정에서의 분쟁당사자의 권리를 저해하지 아니한다.
3. 분쟁당사자는 언제든지 주선, 조정 또는 중개를 요청할 수 있다. 주선, 조정 또는 중개는 언제든지 개시되고 종료될 수 있다. 일단 주선, 조정 또는 중개 절차가 종료되면 제소국은 패널 설치를 요청할 수 있다.
4. 협의 요청 접수일로부터 60일 이내에 주선, 조정 또는 중개 절차가 개시되는 경우 제소국은 협의 요청 접수일로부터 60일의 기간을 허용한 후에 패널 설치를 요청할 수 있다. 분쟁당사자가 공동으로 주선, 조정 또는 중개 과정이 분쟁을 해결하는 데 실패하였다고 판단하는 경우 제소국은 60일의 기간 중에 패널 설치를 요청할 수 있다.
5. 분쟁당사자가 합의하는 경우 주선, 조정 또는 중개 절차는 패널 과정이 진행되는 동안 계속될 수 있다.

는 동안에 언제라도 이들 절차를 활용할 수 있다. DSU 제25조(중재)에 따르면 준사법절차인 중재는 양국이 합의한 경우에만 중재절차에 회부될 수 있고 일단 중재절차에 회부되면 양국은 중재판결을 준수해야 한다. 중재는 사법적 분쟁해결의 대체 수단으로서 양국이 관련된 특정 분쟁의 해결을 촉진할 수 있는 역할을 한다.[8)]

만약 협의나 주선, 조정, 중개 등 비사법적 방식의 분쟁해결에 실패하면 패널이 설치된다. 패널은 분쟁 당사국이 DSB에 제기한 문제를 조사하고 분쟁의 사실 부분에 대한 객관적인 평가, 관련 대상 협정의 적용 가능성, 협정과의 일치성을 포함하여 패널에게 회부된 분쟁 사안에 대하여 판결한다. DSU 제7조(패널의 위임사항)[9)] 및 제11조(패널의

---

6. 사무총장은 회원국이 분쟁을 해결하는 것을 돕기 위하여 직권으로 주선, 조정 또는 중개를 제공할 수 있다.

8) DSU 제25조는 다음과 같다.

1. 분쟁해결의 대체적 수단으로서 WTO 안에서의 신속한 중재는 쌍방 당사자가 명백하게 규정한 문제와 관련된 특정 분쟁의 해결을 촉진할 수 있다.
2. 이 양해에 달리 규정되어 있는 경우를 제외하고는, 중재에의 회부는 당사자의 상호 합의에 따르며, 이 경우 당사자는 따라야 할 절차에 합의한다. 중재에 회부하기로 한 합의사항은 중재절차가 실제로 개시되기 전에 충분한 시간을 두고 모든 회원국에게 통지된다.
3. 다른 회원국은 중재에 회부하기로 합의한 당사자의 동의를 얻은 경우에만 중재절차의 당사자가 될 수 있다. 중재절차의 당사자는 중재 판정을 준수하기로 합의한다. 중재 판정은 분쟁해결기구 및 관련 협정의 이사회 또는 위원회에 통보되며, 회원국은 분쟁해결기구, 이사회 또는 위원회에서 중재 판정에 관련된 어떠한 문제도 제기할 수 있다.
4. 이 양해 제21조 및 제22조는 중재 판정에 준용된다.

9) DSU 제7조는 다음과 같다.

1. 패널은 분쟁당사자가 패널 설치로부터 20일 이내에 달리 합의하지 아니하는 한, 다음의 위임사항을 부여받는다.
   "(분쟁당사자가 인용하는 대상 협정명)의 관련 규정에 따라 (당사자 국명)이 문서번호 ...... 로 분쟁해결기구에 제기한 문제를 조사하고, 분쟁해결기구가 협정에 규정된 권고나 판정을 내리는 데 도움이 되는 조사 결과를 작성한다."
2. 패널은 분쟁당사자가 인용하는 모든 대상 협정의 관련 규정을 검토한다.
3. 패널 설치 시 분쟁해결기구는 분쟁해결기구 의장에게 1항의 규정에 따를 것을 조건으로 분쟁당사자와의 협의를 거쳐 패널의 위임사항을 작성하는 권한을 부여할 수 있다. 이와 같이 작성된 패널의 위임사항은 모든 회원국에게 배포된다. 표준위임사

기능)[10]는 그 판결에 대한 DSB의 최종적 채택을 위해 패널보고서를 작성한다고 규정하고 있다. 원칙적으로 패널은 비공개로 개최되며 패널의 구성 및 위임사항에 대하여 당사국 간 합의가 이루어진 날로부터 최종 패널보고서가 분쟁 당사국에 회람되는 날까지 패널의 활동은 6개월을 초과하지 않도록 하고 있다. 패널이 수행하는 조사 및 보고서의 작성 절차는 다음과 같다.

먼저 분쟁 당사국은 패널에게 사건의 개요를 서면으로 제출한다. 이후 제소국과 피소국, 그리고 사건에 대한 이해관계가 있다고 미리 공표한 회원국(제3자)들은 사건에 대해 패널과의 1차 심리를 가진다. 2차 심리에서 관련 당사국들은 1차 심리에서 제기된 논쟁 사안에 관한 서면 반박문을 제출하여 자국의 입장을 변호할 수 있다. 패널은 적절하다고 판단되는 개인, 전문기관으로부터 정보 및 기술 자문을 구할 수 있다. 이를 통해 조사 및 판결의 객관성을 높일 수 있다. 이를 바탕으로 패널은 보고서의 서술적 부분(사실과 주장)을 분쟁 당사국에 제출하고 각 분쟁 당사국은 패널이 설정한 기간(2주 이내) 내에 이에 대한 논평을 서면으로 제출해야 한다. 이후 패널은 판결의 내용이 포함된 잠정보고서를 각 당사국에 제출하여 회람시킨 다음 제기되는 문제에 대해 추가적인 회의를 거쳐 최종보고서를 작성한다. 이렇게 작성된 최종보고서는 분쟁 당사국이 상소 결정을 DSB에 통보하지 않고 DSB의 총의에 의한

항이 아닌 다른 위임사항에 대한 합의가 이루어지는 경우 회원국은 분쟁해결기구에서 이와 관련된 모든 문제를 제기할 수 있다.

10) DSU 제11조는 다음과 같다.
패널의 기능은 분쟁해결기구가 이 양해 및 대상 협정에 따른 책임을 수행하는 것을 지원하는 것이다. 따라서 패널은 분쟁의 사실 부분에 대한 객관적인 평가, 관련 대상 협정의 적용 가능성 및 그 협정과의 합치성을 포함하여 자신에게 회부된 사안에 대하여 객관적인 평가를 내려야 하고 분쟁해결기구가 대상 협정에 규정되어 있는 권고를 하거나 판정을 내리는 데 도움이 되는 그 밖의 조사 결과를 작성한다. 패널은 분쟁당사자와 정기적으로 협의하고 분쟁당사자에게 상호 만족할만한 해결책을 찾기 위한 적절한 기회를 제공하여야 한다.

거부가 없는(역총의) 한, 회원국에게 배포된 날로부터 60일 이내에 분쟁해결이사회에서 DSB 판결 또는 권고로서 최종적으로 채택된다.

피소국이 협정을 위반한 것으로 최종적으로 결정이 되면 패널보고서의 권고에 따라 피소국은 관련 이행 조치를 해야 한다. WTO 협정에는 권고와 이행 여부의 감시를 강화하고 권고의 불이행에 따른 보복조치를 명문화하고 있다. 즉, 협정위반국은 DSB 권고 및 판결의 이행에 대한 자국 입장을 DSB에 통보해야 하고 DSB는 채택된 권고 또는 판결의 이행 상황을 지속해서 감시한다. 만약 협정위반국이 DSB 권고와 판결을 이행하지 않는 경우 제소국은 이에 상응하는 보상을 받거나 상대국에 대해 자국의 양허 또는 기타 의무의 일부를 정지함으로써 보복 조치를 시행할 수 있다. 만일 협정위반국이 합리적인 기간 내에 DSB 권고와 판결을 이행하지 못하는 경우 분쟁 당사국은 상호 수락할 수 있는 보상의 마련을 위한 협상을 개시할 수 있다.

그러나 합리적 기간이 종료된 날로부터 20일 이내에 만족할만한 보상이 취해지지 않는 경우 제소국은 협정위반국에 대해 양허 또는 그 밖의 의무의 적용을 정지하기 위한 승인을 DSB에 요청할 수 있다. 제소국은 DSB가 권고와 판결을 내린 동일 분야의 양허 및 그 밖의 의무를 정지시킬 수 있다. 이러한 조치가 불가능할 경우 대상 협정상의 양허 또는 그 밖의 의무를 정지시킬 수 있는 소위 '교차보복'(cross-retaliation)을 취할 수 있다. 이러한 보상 및 양허의 정지 등에 관한 규정은 DSU 제22조(보상 및 양허의 정지) 2항에서 규정하고 있다.[11]

11) DSU 제22조는 다음과 같다.

1. 보상 및 양허 또는 그 밖의 의무의 정지는 권고 및 판정이 합리적인 기간 내에 이행되지 아니하는 경우 취할 수 있는 잠정적인 조치이다. 그러나 보상이나 양허 또는 그 밖의 의무의 정지는 관련 조치를 대상 협정에 합치시키도록 하는 권고의 완전한 이행에 우선하지 아니한다. 보상은 자발적인 성격을 띠며, 이를 행하는 경우 대상 협정과 합치하여야 한다.
2. 관련 회원국이 제21조 3항에 의거하여 확정된 합리적인 기간 내에 대상 협정 위반으로 판결된 조치를 협정에 합치시키지 아니하거나 달리 권고 및 판정을 이행하지

이와 같이 WTO 분쟁해결제도는 절차상 크게 '협의 → 소송 → 이행'의 단계로 나누어지는데 단계별로 명백한 최종기한을 설정하여 절차의 신속한 진행을 꾀하고 있고 이행을 위한 구속 절차도 규정하고 있다. 다음은 DSU의 규정을 토대로 WTO 분쟁해결절차를 단계별로 좀 더 상세히 기술한 것이다.

① 협의 단계

협의 단계는 WTO 회원국 간 분쟁해결을 위해 개시되는 첫 번째 절차로 절차상 필수적인 단계이다. WTO 회원국은 다른 회원국의 무역

아니하는 경우 회원국은 요청을 받는 경우 합리적인 기간이 종료되기 전에 분쟁해결절차에 호소한 분쟁당사자와 상호 수락할 수 있는 보상의 마련을 위하여 협상을 개시한다. 합리적인 기간이 종료된 날로부터 20일 이내에 만족할만한 보상에 대하여 합의가 이루어지지 아니하는 경우 분쟁해결절차에 호소한 분쟁당사자는 대상협정에 따른 양허 또는 그 밖의 의무를 관련 회원국에 대해 적용을 정지하기 위한 승인을 분쟁해결기구에 요청할 수 있다.

3. 어떠한 양허 또는 그 밖의 의무를 정지할 것인지를 검토하는 데 있어서 제소국은 다음의 원칙과 절차를 적용한다.
   (a) 일반적인 원칙은 제소국은 패널 또는 상소기구가 위반 또는 그 밖의 무효화 또는 침해가 있었다고 판정을 내린 분야와 동일한 분야에서의 양허 또는 그 밖의 의무의 정지를 우선 추구하여야 한다는 것이다.
   (b) 제소국이 동일 분야에서 양허 또는 그 밖의 의무를 정지하는 것이 비현실적 또는 비효과적이라고 간주하는 경우 동일 협정상의 다른 분야에서의 양허 또는 그 밖의 의무의 정지를 추구할 수 있다.
   (c) 제소국이 동일 협정상의 다른 분야에서의 양허 또는 그 밖의 의무를 정지하는 것이 비현실적 또는 비효과적이며 상황이 충분히 심각하다고 간주하는 경우 다른 대상 협정상의 양허 또는 그 밖의 의무의 정지를 추구할 수 있다.
   (d) 이러한 원칙을 적용하는 데 있어서 제소국은 다음 사항을 고려한다.
      (i) 패널 또는 상소기구가 위반 또는 그 밖의 무효화 또는 침해가 있었다고 판정을 내린 분야 또는 협정상의 무역, 그리고 동무역이 제소국에서 차지하는 중요성
      (ii) 무효화 또는 침해에 관련된 보다 더 광범위한 경제적 요소와 양허 또는 그 밖의 의무의 정지가 초래할 보다 더 광범위한 경제적 파급효과
   (e) 제소국이 (b) 또는 (c)에 따라 양허 또는 그 밖의 의무를 정지하기 위한 승인을 요청하기로 결정하는 경우 요청서에 그 사유를 명시한다. 분쟁해결기구에 요청서를 제출함과 동시에 제소국은 관련 이사회, 그리고 (b)에 따른 요청의 경우에는 관련 분야 기구에도 요청서를 송부한다.
   (f) 이 항의 목적상 '분야'란 다음을 의미한다.(아래 생략)

정책 또는 조치로 인해 WTO 협정상의 권리 침해가 발생하는 경우 DSB와 해당 회원국에 분쟁해결을 위한 '협의'를 요청할 수 있다. 협의 요청을 접수한 회원국은 요청접수일로부터 10일 이내에 답변하여야 한다. 30일 이내의 기간 내에 '상호 만족할만한 해결책'(mutually satisfactory solution)에 도달하기 위하여 협의에 성실하게 임하여야 한다.

협의는 비공개로 이루어지고 협의 이후 단계에서 당사국의 권리를 저해하지 않는다. 협의 당사국이 아닌 회원국이 관련 사안에 대하여 실질적인 무역상의 이해관계를 갖는 경우 협의 당사국의 동의하에 '제3자'(third party)의 자격으로 협의에 동참할 수 있다. 협의 요청접수일로부터 60일 이내에 협의를 통한 분쟁해결이 실패하는 경우 제소국(협의를 요청한 국가)은 패널 설치를 요청할 수 있다.

2023년 말 기준 총 593건의 분쟁 중 패널이 설치된 분쟁 건수는 295건이다. 따라서 나머지 298건 중 최근 발생한 분쟁을 제외한 대다수의 분쟁은 패널이 설치되기 전 협의 단계에서 문제가 된 조치의 철회나 상호 만족할만한 해결을 통해 분쟁이 해소되었다고 할 수 있다. 협의가 패널 절차 등 소송 단계에 이르지 않고 분쟁을 해결하는 데 효과적임을 확인할 수 있다. 회원국들이 WTO 분쟁해결제도의 사법적 절차가 강화되었음에도 여전히 협의를 통한 분쟁해결을 부정하고 있지 않다는 것을 의미한다.

② 소송 단계

협의에 실패하는 경우는 정식으로 소송 단계로 진행된다. 소송 단계에서는 패널 판결과 WTO 상설기구인 상소기구에 의한 재심이 이루어지도록 하는 등 WTO 분쟁해결제도의 사법적 기능이 강화되었다. 협의를 통한 분쟁해결 노력이 실패로 돌아가는 경우 제소국은 패널 설치를 요청하게 된다. 이를 위해 제소국은 패널 설치 요청서를 작성하는데 제소국은 패널 설치 요청서에 분쟁 대상이 되는 상대국의 무역 조치를 정확하게 명시해야 한다. 패널 설치 요청서에 기재되지 않은 사항은 분쟁해결의 대상이 되지 않는다. 제소국은 패널 설치 요청서를 통해 분쟁의 대상, 다시 말해 제소의 근거가 되는 WTO 협정상의 법적 쟁점에 대한 요약을 제시해야 한다.

패널은 분쟁 당사국이 인용하는 모든 대상 협정의 관련 규정을 검토한다. 패널위원 선임과 관련하여서는 일반적으로 WTO 사무국(Secretariat)이 분쟁 당사국에 후보자를 제안한다. 분쟁 당사국은 '불가피한 사유'(compelling reason)가 없는 한 이 제안을 받아들여야 한다. 그리고 둘 이상의 회원국이 동일한 분쟁 사안과 관련된 패널 설치를 요청하는 경우가 있을 수 있는데 이 경우 단일 패널로 병합되어 진행될 수 있다. 협의 단계와 마찬가지로 분쟁 당사국이 아닌 회원국이 패널에 회부된 사안에 실질적인 이해관계를 가지고 있는 경우 제3자 자격으로 자국의 입장을 개진하고 이를 서면으로 패널에 제출할 수 있다.

DSU는 기본적으로 패널 구성과 위임사항에 관한 합의가 이루어진 날로부터 6개월 이내에 최종보고서가 제출되도록 하고 있다. 어떠한 경우도 패널 설치로부터 패널보고서의 회람까지 9개월을 초과할 수 없다고 하는 등 명백한 기한을 설정하여 절차의 신속성을 담보하도록 하고 있다. 그러나 실제 이러한 상세 규정에도 불구하고 패널 설치로부터 최종보고서 회람까지 평균 2년 6개월, 심지어 3년 이상 소요되는 경우도 적지 않다. 패널보고서가 회원국에 회람된 날로부터 60일 이내에 분쟁 당사국이 공식적으로 상소하지 않거나 DSB에서 역총의로 거부하지 않는 한 패널보고서는 자동으로 채택된다.

분쟁 당사국이 패널보고서에 불복하여 상소하는 경우 상소심은 패널보고서에서 제기된 법적 문제와 패널의 법률 해석에 대해서만 심리한다. 상소 절차는 패널 절차에 비해 상대적으로 신속하게 진행되는데 상소 통지 시점부터 최종 상소보고서 회람까지 최대 90일을 초과할 수 없도록 규정되어 있다. 하지만 실제 기한을 준수하지 않는 경우도 다수 존재한다. 회람된 상소보고서는 패널보고서 채택과 동일한 절차를 따르며 역총의로 거부되지 않는 한 분쟁 당사국은 상소보고서 판결을 조건 없이 수락해야 한다.

③ 이행 단계

무역분쟁의 효과적인 해결을 위해서는 패널 또는 상소기구의 판결뿐만 아니라 이를 신속하게 이행하는 것이 필수적이다. 그러나 현실적으로 판결의 즉각적인 준수가 '실현 불가능한'(impracticable) 경우 관련 회원국(패소국)은 판결 이행을 위한 '합리적인 기간'(reasonable period of time)을 부여받을 수 있다. 그리고 판결 이행을 위한 조치가 적절하게 취해지고 있는지 또는 이 조치가 대상 협정에 합치하는지 이견이 있는 경우 이 사안을 원(原)패널에 회부할 수 있다. 이렇게 판결 이행 여부와 관련하여 또 다른 패널의 설치 등 소송절차를 진행하지 않아도 되기 때문에 '사법 경제'(judicial economy)의 측면에서 효율적이다.[12]

합리적인 기간 내에 판결을 이행하지 않는 경우 이행 당사국은 합리적인 기간이 종료되기 전 제소국과 보상안을 마련하기 위한 협상을 개시할 수 있다. 보상은 판결의 신속한 이행이 이루어지지 않는 것에 대하여 잠정적으로 취해지는 조치로 분쟁 당사국 간 합의를 요하는 자발적인 성격을 띠며 일반적으로 이행 당사국 국내시장을 추가 개방하는 형태로 이루어진다. 만일 합리적인 기간이 종료된 후 20일 이내에 보상에 대한 합의가 이루어지지 않는 경우 제소국은 대상 협정에 따른 '양허 또는 그 밖의 의무의 적용 정지'(suspension of concessions or other obligations)를 위한 승인을 DSB에 요청할 수 있다. 이를 이른바 '보복 조치'라고 한다.

---

12) 사법 경제란 한정된 법률적 자원의 효율적인 활용을 위해 하나의 법적 판결을 통해 충분한 법적 효력이 인정되는 경우 중복되거나 유사한 다른 법적 판결을 유보하는 것을 의미한다.

그림 1 _ WTO 무역분쟁해결절차 흐름도

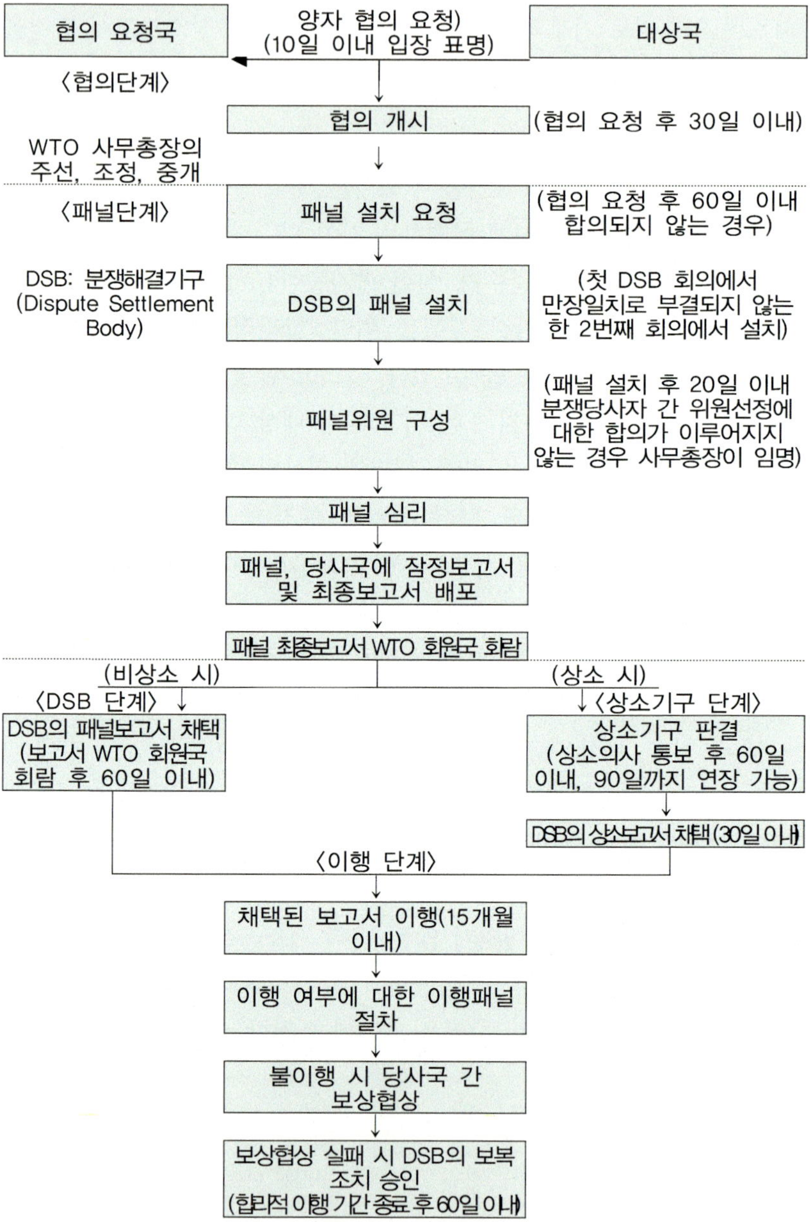

이는 보상과 마찬가지로 판결이 이행될 때까지 잠정적으로 취해진다. 많은 경우 이행 당사국에 대한 양허 또는 의무 정지의 형태로 시행된다. 이것이 용이하지 않을 경우 상응하는 수준의 무역장벽을 강화하는 시장봉쇄 조치의 형태로도 이루어질 수 있다. DSB는 채택된 판결의 이행 상황을 지속해서 감시하는데 보상이 제공되거나 보복 조치가 취해진 경우에도 예외는 아니다. 판결 이행 문제는 DSB 회의의 의제로 상시 상정된다. 이행이 완료될 때까지 의제 목록에 계속 남게 되는 것이다. 〈그림 1〉은 앞에서 설명한 WTO 분쟁해결절차의 흐름을 나타낸 것이다.

5) 상소제도와 비위반제소

패널의 권고와 판결에 대해 이의가 있을 경우 분쟁 당사국은 피소국과 제소국 어느 쪽이든 상소할 수 있다. GATT 체제에서는 분쟁 당사국이 패널 판결에 불만을 품고 권고와 판결을 이행하지 않는 일이 많이 발생했었다. 하지만 WTO 분쟁해결제도는 GATT 체제에서는 부재했던 상소 절차를 도입하여 분쟁해결에 대해 보다 적극적으로 개입하고 있고 권고와 판결에 대한 법리적 판단을 추가함으로써 더욱 높은 수준의 법적 구속력과 신뢰를 확보할 수 있게 되었다. WTO 상소기구는 개별 분쟁 사안의 심리를 위해 비상설기구로 설치되는 패널과는 달리 패널 판결 이후 상소 절차에 회부된 모든 분쟁 사안에 대해 최종적으로 법리적 판단을 내리는 '상설기구'(Standing Body)로 존치한다. 상소기구를 구성하는 상소위원은 국제법, 통상 및 대상 협정 전반에 대하여 전문지식을 갖춘 권위자 7인으로 구성되며 임기는 4년이고 1회 연임할 수 있다.

상소의 자격은 분쟁 당사국으로 한정되며 분쟁과 관련하여 이해관계가 걸려있는 제3자는 상소기구에 자국의 입장을 서면으로 제출하는 등 상소 절차 과정에서 자국의 입장을 밝힐 수 있다. 상소 절차에서 다루는 사안은 패널보고서에서 다루어진 법률문제 및 패널이 수행한 법률 해석에 국한되며 상소기구의 심의과정은 패널과 같이 비공개를 원칙으로 한다. DSU 제17조(상소보고서 채택) 14항은 상소보고서가 회원국에 배포, 회람된 후 30일 이내에 DSB가 총의로 보고서를 채택하지 않기로 결정하지 않는 한(역총의 방식) DSB는 이를 채택해야 한다고 규정하고 있다.[13)] 물론 개별 회원국은 이 단계에서도 상소보고서에 대하여 자국의 견해를 표명할 권리를 가진다.

한편 WTO는 분쟁해결절차 중 하나로 DSU 제26조(비위반제소)에서 '비위반제소'(non-violation complaints)를 인정하고 있다.[14)] 비위반

---

13) DSU 제17조 14항은 다음과 같다.

14. 상소보고서가 회원국에게 배포된 후 30일 이내에 분쟁해결기구가 총의로 보고서를 채택하지 아니하기로 결정하지 아니하는 한, 분쟁해결기구는 이를 채택하고 분쟁당사자는 보고서를 무조건 수락한다. 이 채택절차는 회원국이 상소보고서에 대하여 자국의 견해를 표명할 수 있는 권리를 저해하지 아니한다.

14) DSU 제26조는 다음과 같다.

1. 1994년도 GATT 제23조 1항 (b)에 규정된 형태의 비위반제소

1994년도 GATT 제23조 1항 (b)의 규정이 특정 대상 협정에 적용될 수 있는 경우 패널 또는 상소기구는 일방 분쟁당사자가 특정 회원국의 조치의 결과로 인하여 이 조치의 특정 대상 협정의 규정에 대한 위반여부에 관계없이, 특정 대상 협정에 따라 직접적 또는 간접적으로 자국에 발생하는 이익이 무효화 또는 침해되고 있다고 간주하거나 대상 협정의 목적달성이 저해되고 있다고 간주하는 경우에만 판정 및 권고를 내릴 수 있다. 이러한 당사자가 특정 사안이 1994년도 GATT 제23조 1항 (b)의 규정이 적용될 수 있는 대상 협정의 규정과 상충하지 아니하는 조치에 관한 것이라고 간주하고 패널이나 상소기구가 그렇게 판정하는 경우에 이 양해의 절차가 다음에 따를 것을 조건으로 적용된다.

(a) 제소국은 관련 대상 협정과 상충하지 아니하는 조치에 관한 제소를 변호하는 상세한 정당한 사유를 제시한다.

(b) 특정 조치가 관련 대상 협정을 위반하지 아니하면서 협정에 따른 이익을 무효화 또는 침해하거나 협정의 목적달성을 저해한다고 판정이 내려지는 경우 이 조치를 철회할 의무는 없다. 그러나 이러한 경우 패널 또는 상소기구는 관련 회원국에게 상호 만족할만한 조정을 행하도록 권고한다.

(c) 제21조의 규정에도 불구하고 제21조 3항에 규정된 중재는 일방 당사자의 요청이 있는 경우 무효화 또는 침해된 이익의 수준에 대한 결정을 포함할 수 있고 상호 만족할만한 조정에 이르기 위한 수단 및 방법을 제의할 수 있다. 이러한 제의는 분쟁당사자에 대하여 구속력을 갖지 아니한다.

(d) 제22조 1항의 규정에도 불구하고 보상은 분쟁의 최종적인 해결로서의 상호 만족할만한 조정의 일부가 될 수 있다.

제소란 회원국이 특별히 명문화된 WTO 협정을 위반하는 것은 아니지만 회원국이 취한 특정 무역 조치로 인해 타 회원국(들)이 직간접적으로 피해를 보는 경우 피해 당사국이 이에 대해 제소할 수 있게 하는 제도이다. 이 경우 제소국은 대상 협정과 상충하지 아니하는 상대국의 조치에 대한 제소의 필요성과 사유, 그리고 그 정당성을 밝혀야 한다.

DSB가 제소국의 사유를 인정하게 될 경우라도 피소국은 문제가 되는 특정 조치를 철회할 의무는 없다. 하지만 패널 또는 상소기구는 분쟁 당사국에 상호 만족할만한 조정이 이루어지도록 권고해야 한다. 제소국의 요청이 있는 경우 중재를 통해 무효화 또는 침해된 이익의 수준에 대한 판정을 내릴 수 있고 상호 만족할만한 조정에 이르기 위한 수단 및 방법을 제안할 수 있다. 그러나 이러한 제안은 분쟁 당사국에 구속력을 갖지 않는다. 자발적인 성격을 갖는 보상은 분쟁의 최종적인 해결로서 상호 만족할만한 조정의 일부가 될 수 있다.

6) WTO 무역분쟁해결제도에 대한 평가

앞에서 보았듯이 GATT 체제에서는 분쟁해결에 관한 구체적인 규정의 명문화가 없었기 때문에 패널의 권고와 판결이 갖는 실질적 구속력에 대한 문제가 항상 남아 있었다. 하지만 WTO 체제에서는 WTO 협정이 DSU에 적용, 기속되도록 규정함으로써 분쟁해결절차를 통합하여 실질적인 구속력을 가질 수 있게 되었다. 분쟁에 관한 명문화된 규정이 존재하게 됨으로써 GATT 체제에서는 장시간 소요되었던 분쟁해결 과정이 신속하게 처리될 수 있게 되었다.

GATT 체제에서는 판결이 패널 단심에 그침으로써 그 판결의 부당함을 주장하고 승복하지 않는 경우가 적지 않았지만, WTO 체제에서는 사실관계에 대한 판결을 맡은 패널 심리와 더불어 법리심인 상소제도를 도입함으로써 판결의 신뢰도를 높일 수 있게 되었다. 상대국이 DSB 권고와 판결을 정당한 이유 없이 이행하지 않는 경우 교차보복 등 보복할 수 있는 권한을 폭넓게 허용함으로써 판결과 권고의 구속력을 높인 것이다.

하지만 모든 분쟁이 WTO 분쟁해결제도 안에서 온전히 해결될 수 있을지의 문제는 여전히 의문으로 남아 있다. 특히 선진국과 개도국 간 분쟁의 경우 WTO 분쟁해결제도가 선진국의 배타적인 힘의 지배를 얼마나 막아낼 수 있느냐의 문제는 여전히 의문으로 남아 있다. 실제로 DSU에서 (최빈)개도국에 대한 배려는 여타의 WTO 부속 협정에 비해 미흡한 수준에 있다고 평가된다. 따라서 WTO 분쟁해결제도의 발전을 위해 선진회원국과 (최빈)개도국이 모두 공감하고 이익을 누릴 수 있는 합리적인 분쟁해결 방식을 지속적으로 모색해 나가야 한다.

2. 우리나라 WTO 무역분쟁 사례

1) 개요

이 절에서는 우리나라의 중요한 WTO 무역분쟁 사례를 소개하고 그 중요성과 의미에 대해 알아보고자 한다. 앞에서 언급하였듯이 GATT 체제와 이를 승계한 WTO를 중심으로 한 다자 무역 질서는 자유무역의 효율성을 무기로 공고화되었고 이는 다시 세계무역의 발전에 필요한 제도적 준거와 시스템을 제공하였다. 하지만 자유무역의 당위성이 늘 인정되어 온 것은 아니다. 경제위기가 발생하는 경우 국내시장의 보호라든지 자국의 경제적 이익을 확보하기 위한 차별적, 선별적 무역 조치 시행 등 자유무역을 거스르는 보호무역의 흐름은 늘 상존해왔다.

특히 2008년 글로벌 금융위기와 이어진 2012년 유럽재정 위기 이후 2020년 발생한 코로나 팬데믹으로 인한 글로벌 공급망 붕괴, 그리고 2022년 러시아·우크라이나 전쟁과 세계적인 인플레이션과 고금리 정책으로 인한 경기침체, 부의 양극화 및 실업문제 등으로 기존 주류로 여겨졌던 자유무역에 대한 반대 목소리는 높아지고 있다. 더 나아가 이러한 목소리가 정치적 의사결정에까지 영향을 미치는 단계에 이르렀다.

미국의 경우 2017년 미국 우선주의와 보호무역을 주장하는 공화당 트럼프(Donald Trump)가 집권하면서 기존 자유무역 질서의 근간이 흔들리게 되었다. 2020년 집권한 민주당 바이든 정부 경우도 여전히 보호무역 기조를 유지하고 있다. 향후 미국의 통상정책은 큰 틀에서 자유무역에서 보호무역으로의 회귀가 불가피할 것으로 예상된다. 영국의 경우 보호무역주의의 또 다른 형태인 고립주의가 현실이 되었다. 영국에서는 지난 2016년 6월 23일 EU 탈퇴(Brexit)에 대한 국민투표가 이루어졌고 52%의 찬성률로 EU 탈퇴가 결정되었다. 이후 영국은 2020년 1월 EU에서 완전히 탈퇴하였다. 이처럼 최근 세계경제는 자국 우선주의, 보호무역주의, 고립주의가 득세하고 있다. 이처럼 그동안 불문율처럼 여겨지던 자유무역을 제약하는 변수로 작용할 가능성이 커지고 있다.

지난 한 세기 이상 자유무역을 주창하던 미국의 급격한 정책 변화와 보호무역주의로의 회귀는 2000년대 중반 이후 감소 추세를 보이던 WTO 무역분쟁이 2012년 이후 다시 증가하는 것과 무관하지 않아 보인다. 2011년까지 한자리(8건)로 감소세를 보이던 WTO 무역분쟁 건수는 2012년 다시 27건으로 급증하였고 2013년 20건을 기록하였다. 2014년 14건, 2015년 13건, 2016년 16건, 2017년 15건으로 소강상태를 보이다가 미국 트럼프 정부의 등장 이후인 2018년 36건으로 다시 크게 증가하였다.

이는 2017년 이후 중국에 대한 시장경제 지위 인정 문제, 중국산 철강 제품, 반도체 등에 대한 고율의 반덤핑관세 부과와 같은 미·중 간 무역 갈등이 격화되는 등 보호무역주의가 강화되면서 회원국 간 무역분쟁이 다수 발생하였기 때문으로 보인다. 하지만 2019년 19건, 2020년 5건, 2021년 9건, 2022년 8건, 2023년 6건 등으로 다시 감소하는 모습을 보이고 있다. 이는 분쟁 판결의 지체와 상소기구의 기능 정지 등에 따른 WTO 무역분쟁 기능의 무력화 등 WTO 분쟁해결제도의 누적된 문제로 인해 회원국들이 WTO를 통한 분쟁해결의 실효성이 없다고 판단했기 때문으로 보인다.

하지만 분쟁해결제도의 개혁이 추진되는 등 상황에 따라서 무역분쟁은 언제든 다시 증가할 수 있다. WTO 무역분쟁은 각국이 국익과 자존심을 놓고 대결하는 총성 없는 전쟁터이다. 동시에 그 판결의 실현에 강제성이 부여됨으로써 무역에 미치는 영향이 크다는 점에서 중요한 이슈이다. 이러한 의미에서 대외 개방과 무역을 통한 성장전략을 추진해 온 우리나라는 WTO 무역분쟁에 대한 면밀한 분석과 연구 그리고 적절한 대응 방안을 마련하는 것이 국익의 확보라는 차원에서 필수적이다. 아래에서는 우리나라의 주요 WTO 무역분쟁 사례를 제소와 피소사례로 나누어 간략히 소개하고 그 쟁점이 된 사안과 의미(시사점)에 대해 알아본다.

1) 제소 사례

① 미국 DRAM 반덤핑 분쟁(DS99[15], 1991년)

GATT 체제였던 1991년 4월 미국 Micron사가 한국산 DRAM에 대해 반덤핑 조사를 신청함에 따라 미국의 상무부와 국제무역위원회는 이에 대한 덤핑 여부 및 피해 조사를 실시하고 덤핑으로 최종 결정하였다. 미국의 경우 상무부는 덤핑의 존재 여부를 국제무역위원회는 덤핑과 피해 간 인과관계의 존재 여부 및 덤핑마진율 조사한다.

이에 따라 미국 상무부는 1993년 4월 LG전자와 현대전자에 대한 반덤핑관세를 부과하였다. 현대전자와 LG전자는 최종 판결 이후 3차례에 걸친 연례 재심에서 계속해서 덤핑마진 판결을 받았다. 이에 우리 측은 세 번째 연례 재심 신청 시 반덤핑관세 철회를 요청하였으나 미국 상무부는 이를 기각하였다. 우리나라는 1997년 8월 반덤핑관세 철

15) WTO에서 분쟁이 제기된 순서대로 부여한 분쟁해결(Dispute Settlement, DS) 번호이다.

회기각 판결에 대해 제소하였다. 패널은 1999년 1월 미국 상무부 규정상 반덤핑조치 철회요건 중 일부가 반덤핑 협정을 위배한다고 판결하였다.

패널 판결에 따라 미국은 1999년 11월까지 판결내용을 이행하기로 합의하였다. 하지만 미국이 관련 조항의 삭제 약속에도 불구하고 반덤핑조치를 계속 유지함에 따라 우리나라는 2004년 4월 이행패널 설치를 요청하였다. 미국 상무부는 이행패널의 심리가 진행 중이던 2000년 9월 일몰재심을 통해 현대전자에 대한 반덤핑관세를 철회하였다. 이 제소 건은 반덤핑관세 관련하여 우리나라가 최초로 제기한 제소 건으로 특히 미국과의 분쟁에서 실질적인 승소를 했다는 점에서 의미가 크다. 이는 미국 등 주요 수입국의 자의적이고 무분별한 반덤핑관세 부과에 경종을 울렸다는 데 더 큰 의미가 있다고 할 수 있다.

② 미국 스테인리스 반덤핑 분쟁(DS179, 1999년)

미국은 1999년 5월과 7월 각각 포항제철(현 POSCO)의 스테인리스 후판(plate)과 판재(sheet)에 대해 반덤핑관세를 부과하였다. 이에 우리나라는 이 조치가 반덤핑 협정에 위반된다고 판단하여 1999년 7월 제소하였다. 이는 WTO 출범 이후 우리나라가 제기한 최초의 제소 건이다.

패널은 2000년 12월 미국의 덤핑마진 계산방식에 문제점이 있다고 판단하고 미국 측 조치가 WTO 반덤핑 협정에 위반된다고 판결하였다. 양국은 분쟁해결기구 회의를 통해 2001년 9월까지 판결내용을 이행하기로 합의하였다. 미국은 재조사를 통해 2001년 8월 우리나라 철강회사들의 스테인리스 후판 및 스테인리스 판재에 대한 덤핑마진을 하향 조정하는 방식으로 패널의 판결내용을 이행하였다.

③ 미국 탄소강관 세이프가드 분쟁(DS202, 2000년)

미국은 2000년 3월 우리나라 탄소강관 수입 물량 중 연간 9천 톤을 초과하는 물량에 대해 긴급수입제한 조치를 시행했다. 우리나라는 이 조치가 WTO 긴급수입제한 협정(세이프가드 협정) 위반이라고 2000

년 6월 제소하였다. 패널은 2001년 10월 29일에 ① 할당관세의 기본세율 적용 물량을 수출국 간에 할당하는 과정에서 국별 과거 수출실적에 대한 고려 없이 일률적인 할당이 이루어졌고(GATT 제13조 위반), ② 미국 내 수입 증가와 국내산업의 피해 간 연관관계가 입증되지 않았고(긴급수입제한 협정 제4.2조(b) 위반), ③ 긴급수입제한 조치의 선결요건인 '예상치 못한 상황'(unforeseen development) 요건을 충족시키지 못하였고(GATT 제19조 위반), ④ 긴급수입제한 조치 시행 이전에 관련 국가에 충분한 협의 기회를 제공하지 않았고, ⑤ 조치 대상국에 이 조치 이전 수준의 양허 조건을 유지하려는 노력을 기울이지 않았으므로(긴급수입제한 협정 제12.3조 및 제8.1조 위반) 미국 측의 조치가 WTO 협정을 위반하였다고 판결하였다.

하지만 양국의 상소에 따라 상소기구는 2002년 2월 미국의 긴급수입제한 조치가 국내산업 보호를 위해 필요한 수준을 초과한다는 점 등을 이유로 추가적인 사항에 대해 WTO 협정 위반으로 판결하였다. 판결내용의 이행 기간에 대한 양측의 합의가 이루어지지 않아 우리나라는 2002년 4월 중재절차를 요청하였다. 2002년 7월 미국 측이 우리나라에 양자적인 해결 모색을 제안하여 2002년 9일 판결내용을 이행하기로 합의가 이루어졌다. 이후 미국은 합의사항을 준수하였다.

④ 미국 Byrd 수정법 분쟁(DS217/234, 2000년)

2000년 미국 의회는 반덤핑관세 및 상계관세 징수액을 미국 내 제소 당사자들에게 배분하는 것을 골자로 하는 미국 Byrd 법안을 상·하원에서 통과시켰고 2000년 10월 발효되었다. 우리나라는 2000년 12월 이를 제소하였고 EU, 일본, 브라질 등 총 10개국이 공동제소국으로 참여하였다. 패널은 WTO 협정상 덤핑 및 보조금 지급에 대해서는 반덤핑관세 및 상계관세 조치만이 허용되므로 Byrd 수정법은 반덤핑 협정 및 상계관세 및 보조금 협정의 위반이라고 판결하고 법안 폐지를 권고

하였다. 상소기구도 2003년 1월 패널의 판결을 지지하였다.

판결내용 이행 기간에 대해 공동제소국과 미국 간에 합의가 이루어지지 않아 중재절차에 따라 미국이 2003년 12월까지 의무를 이행하라는 판결이 내려졌으나 미국은 이 기간까지도 Byrd 수정법을 폐지하지 않았다. 이에 공동제소국은 2004년 1월 WTO 분쟁해결기구에 미국에 대한 양허 정지를 요청하였다.

이후 양허정지 수준에 대한 중재 패널이 설치되어 2004년 8월 반덤핑·상계관세 징수액의 72% 수준의 양허 정지를 허용하는 판결이 내려졌다. 우리나라는 EU, 일본, 캐나다, 멕시코, 인도, 브라질의 6개 공동제소국과 함께 2004년 11월 WTO 분쟁해결기구에서 미국에 대한 양허 정지 조치 승인을 획득하였다. 하지만 이후 미국 의회가 2006년 2월 Byrd 수정법을 2007년 10월까지 폐지하는 내용의 법안을 통과시킴으로써 이행 문제는 사실상 일단락되었다.

⑤ 미국 철강 세이프가드 분쟁(DS251, 2002년)

미국은 2002년 3월 판재류 등 14개 철강 제품에 대해 3년간 추가관세를 부과하는 내용의 긴급수입제한 조치를 발표하였다. 이에 우리나라는 2002년 3월 제소하였고 EU, 일본, 중국, 브라질 등 7개국이 공동제소국으로 참여하였다.

패널은 2003년 7월 ① 긴급수입제한 조치의 선결 요건인 '예상치 못한 상황의 발생'(unforeseen development)을 입증하지 못하였고(GATT 제19조 위반), ② 조치 대상 중 일부는 조사 기간 후반부에 수입이 감소하고 있음에도 긴급수입제한 조치를 하였고(긴급수입제한 협정 제2.1조 위반), ③ 수입 증가와 국내산업 피해 간 인과관계가 충분히 입증되지 않았고(긴급수입제한 협정 제2.1조 및 제4.2조(b) 위반), ④ 멕시코와 캐나다로부터의 수입이 긴급수입제한 조치 조사 대상에는 포함되었으나 조치 대상에서는 제외되어 '동등성'(parallelism)에 위배함으로(긴급수입제한 협정 제2.1조 및 제2.2조 위반) 미국의 조치가 긴급수입제한 협정에 위반된다고 판결하였다. 상소기구 역시 2003년 11월 패널의 주요 결정을 재확인하였다. 이에 미국은 2003년 12월 분쟁해결기구 회의 시 철강 긴급수입제한 조치가 종결되었음을 선언하였다.

⑥ 미국 DRAM 상계관세 분쟁(DS296, 2003년)

미국은 우리나라의 1997년 외환위기 이후 하이닉스 채권단의 구조조정 조치를 정부 보조금으로 간주하여 2003년 6월 하이닉스 DRAM에 대해 상계관세를 부과하였다. 이에 우리나라는 2003년 6월 30일 제소하였다.

패널은 2004년 12월 ① 공공기관으로서의 성격이 인정된 4개 금융기관을 제외한 채권은행들이 정부의 지시 또는 위임에 의해 하이닉스 구조조정에 참여하였다는 점이 입증되지 않았고(상계관세 및 보조금 협정 제1.1조(a)(i) 및 (iv) 위반), ② 이에 근거하여 보조금의 여타 요건인 혜택 및 특정성의 요건도 충족되지 않았고(상계관세 및 보조금 협정 제1.1조(b) 및 제2.1조 위반), ③ 국내산업 피해 판결 시 하이닉스 DRAM 수입에 의한 피해와 다른 요인에 대한 피해가 제대로 구분되지 않았으므로(상계관세 및 보조금 협정 제15.5조 위반) 미국의 조치가 상계관세 및 보조금 협정에 위배된다고 판결하였다.

미국의 상소에 따라 상소기구는 2005년 6월 패널이 정부의 지시와 위임에 관해 여러 개별증거를 종합적으로 검토하지 않고 관련 사실 조사를 새로이 실시하였기 때문에 제출된 사실에 의해서만 판결해야 한다는 패널의 검토기준을 위반하였다고 판결하였다. 또한 상소기구는 정부의 지시와 위임에 관한 패널 판결을 번복하였고 이에 따라 혜택과 특정성에 관한 패널 판결 역시 번복하였다. 하지만 상소기구는 미국의 상계관세 조치가 WTO 협정에 합치하는지에 대해서는 판결하지 않았다.

⑦ EU DRAM 상계관세 분쟁(DS299, 2003년)

EU도 1997년 외환위기 이후 하이닉스에 대한 채권단의 구조조정 조치를 정부 보조금으로 간주하여 2003년 6월 하이닉스 DRAM에 대해 상계관세를 부과하였다. 우리나라는 2003년 7월 이를 제소하였다. 패널은 2005년 4월 ① 2001년 5월 구조조정 프로그램을 정부의 지시에 따른 것으로 간주한 것은 상계관세 및 보조금 협정 제1.1조(a)에 위배되고, ② 산업은행 등의 자금지원이 '혜택'(benefit)을 제공하였다는 것이 입증되지 않아 상계관세 및 보조금 협정 제1.1조(b)에 위배되며, ③ EU가 5개 구조조정 프로그램 모두를 '현금공여'(grant)로 간주하여 상계관세율을 산정한 것은 상계관세 및 보조금 협정 제1.1조(b) 및 제14조에 위배되고, ④ 국내산업 피해 판결 시 보조금으로 인한 피해와 기타 요인으로 인한 피해를 구분하지 않아 상계관세 및 보조금 협정 제15.5조를 위배하였다는 등의 이유로 EU의 조치 중 일부가 상계관세 및 보조금 협정을 위배하였다고 판결하였다.

다만 수출보험공사의 수출보증 및 산업은행의 회사채 신속 인수 등을 보조금으로 취급한 것과 EU가 이용가능한 자료를 사용하여 사실관계를 부정적으로 유추한 것은 상계관세 및 보조금 협정 위반이 아니라고 판결하였다. 양국은 2006년 4월까지 판결을 이행키로 합의하였고 EU는 2006년 4월 분쟁해결기구 회의 시 판결을 완전히 이행하였다고 선언하였다.

⑧ EU 조선 보조금 분쟁(DS301, 2003년)

우리나라는 우리 조선업계와 경쟁하는 역내 조선사에 대해서만 6%의 보조금을 지급하는 EU의 조치가 WTO 협정 위반이라고 보고 2003년 9월 이를 제소하였다. 패널은 2005년 2월 EU 측의 조치가 일방적인 보복 조치를 엄격하게 금지하고 있는 WTO 분쟁해결절차 제23.1조에 위배된다고 판결하였다. EU는 2005년 6월 분쟁해결기구 회의 시, 시효가 만료된 자국 조치를 갱신하지 않음으로써 판결을 이행하였다고 통지하였다.

이 분쟁에서 승소함으로써 우리나라는 EU와의 조선 피·제소 및 맞제소 분쟁에서 모두 승소하여 1990년대 후반부터 장기간 계속되어 온 한·EU 간 조선 분야 무역분쟁을 우리나라에 유리하게끔 성공적으로 마무리할 수 있게 되었다.

⑨ 일본 김 수입할당(Quota) 분쟁(DS323, 2004년)

우리나라는 일본의 김 수입할당제도가 예외적인 경우를 제외하고는 수량제한 조치를 금지하고 있는 WTO 협정에 위배된다고 보고 2004년 12월 이를 제소하였다. 우리나라는 WTO를 통한 김 수입할당 조치 철폐를 추진하는 한편 양자적 해결방안도 병행하였다. 이후 일본이 2006년 1월 우리나라에 대한 김 수입할당 물량을 향후 10년간 2004년 물량의 5배(1,200만 속)로 증량하기로 함에 따라 이 분쟁은 최종 타결되었다.

⑩ 한·미 세탁기 분쟁(DS464, 2012년)

2012년 12월 미국 상무부는 우리나라 세탁기에 대해 반덤핑관세(삼성 9.29%, LG 13.02%) 및 상계관세(삼성 1.85%)를 부과하였다. 이에 대해 우리나라는 2013년 8월 제소하였다. 2016년 3월 패널 판결에서 승소하였고 이어 미국의 상소로 상소심이 진행되었는데 2017년 9월 상소 판결로 우리나라의 승소가 최종 확정되었다. WTO 한·미 세탁기 분쟁 상소심 최종 판결 결과 반덤핑 관련 쟁점 전부승소, 상계관세 관련 기존 패소 쟁점에 대한 승소 등 압도적인 결과를 도출해 對 미국 수출 여건 개선은 물론 최근 강화되고 있는 전 세계적 보호무역주의 강화 기조에 제동이 걸릴 것으로 평가되었다.

상소심은 표적덤핑 판결, 표적덤핑에 대한 제로잉 적용 등 반덤핑 관련 쟁점과 보조금 계산방식, 보조금의 지역적 특정성 여부 등 상계관세 관련 쟁점에 대해 최종 판결하였다. 반덤핑 관련 쟁점 사안에서 상소기구는 ① 미 상무부가 삼성, LG의 블랙 프라이데이 세일 판매를 '표적덤핑'(targeted dumping)[16]으로 판단한 것과, ② 제로잉을 적용하여 고율의 반덤핑관세를 부과한 조치가 반덤핑 협정에 위반된다고 판결하여 우리나라의 손을 들어주었다.

상계관세의 경우 패널 단계에서는 보조금 계산방식과 관련하여 우리나라가 패소하였지만 상소기구는 이를 뒤집고 우리나라의 승소로 최종 판결하여 우리나라에 유리한 분쟁 결과가 도출되었다. 예를 들어 삼성전자의 전체 연구개발 지출에 대한 세액공제를 세탁기에 대한 보조금 계산에 반영한 미국 상무부의 조치를 상계관세 및 보조금 협정 위반으로 판결했고 보조금 계산 시 삼성전자의 해외 매출을 고려하지 않은 미국 상무부의 조치도 상계관세 및 보조금 협정 위반으로 판결하였다.

다만 수도권 과밀억제권역 이외 지역에 투자하는 경우 세액공제를 제공하는 것은 '지역적 특정성'이 인정되는 것으로 판결하였고 이외 연구개발 세액공제가 사실상 특정 기업에 지급된 보조금이라고 간주한 미국 상무부의 조치가 상계관세 및 보조금 협정 위반이라는 패널의 판결도 확정되었다. 따라서 우리나라 정부가 삼성과 LG에 보조금을 지급했다는 이유로 미국이 부과하는 상계관세(원심 1.85%, 재심 34.77%)는 그 조치 자체가 종료될 것으로 예상하였다.

이 분쟁은 표적덤핑을 활용한 제로잉에 대해 우리나라가 최초로 WTO에 제소한 것이다. 이 판결로 미국의 상계관세 조치까지 제소 대상에 포함한 포괄적 분쟁에서 유리한 결과를 이끌어 내었다. 이는 최근 전 세계적인 보호무역 추세에 선제적으로 대응한 사례라는 데 중요한 의미가 있다. 이 판결로 인해 미국의 새로운 제로잉 방식(표적덤핑을 활용한 제로잉)도 WTO 협정 위반이라는 최종 판결을 통해 어떠한 경우도 제로잉은 금지된다는 원칙을 확립했다는 데 의미가 있다.

미국은 판결 이행 차원에서 기존 반덤핑 조사기법을 전면 수정해야 하므로 철강 등 우리 주력 산업의 보호무역주의 대응에도 긍정적 영향

16) 표적덤핑은 특정 시기, 장소, 구매자에 대해 덤핑이 발생하는 경우로서 WTO 협정은 이 경우 해당 거래와 정상가격을 비교하여 덤핑률을 산정할 수 있도록 규정하고 있다.

이 기대되었다.[17] 미국은 이행 기간을 최대 15개월로 제한하고 있는 WTO 협정에 따라 2017년 말까지는 상소기구 판결의 이행 일정을 제안해야 하지만 이렇다 할 조치를 시행하지 않고 있다. 하지만 미국과의 세탁기 반덤핑, 상계관세 분쟁에서 동시에 승소함으로써 우리나라는 그동안 무역분쟁 과정에서 축적한 경험과 노하우를 국내 수출업계와 공유하여 전 세계 보호주의 정책에 민관이 공동으로 대응할 수 있는 토대를 마련하였다고 평가되고 있다.

⑪ 미국 유정용 강관에 대한 반덤핑관세(DS488, 2014)

2014년 7월 미국 상무부가 한국산 유정용 강관(수출액 8억 달러)에 대해 고율의 반덤핑관세(현대하이스코 15.75%, 넥스틸 9.89%, 세아제강, 휴스틸, 아주베스틸, 일진 등 기타 12.82%)를 부과한 데 대해 우리나라 정부는 2014년 12월 제소하였다. 이에 따라 2015년 1월 분쟁해결 절차의 첫 단계인 양자 협의가 열렸다. 양자 협의에서 합의에 이르지 못하였고 2015년 4월 패널이 설치되었다.

우리나라는 미 상무부가 덤핑마진 계산 방법과 조사절차 등에 있어 WTO 협정을 위반하였다고 판단했다. 우리나라가 승소하는 경우 미국은 반덤핑관세 부과 조치를 시정할 의무가 발생한다. 미국 상무부는 국산 유정용 강관의 약 98%가 미국으로 수출되므로 수출 가격과 비교가능한 우리나라 내수 가격이나 제3국 수출 가격이 없어 '구성가격'(Constructed Value)에 의한 덤핑률을 산정해야 한다고 주장하였다.[18] 국내기업의 이윤율이 아닌 다국적기업의 높은 이윤율을 반영하면 상대적으로 고율의 덤핑마진을 산정하게 되는 것이다.

우리나라는 이에 대해 미국 측이 반덤핑 조사과정에서 국내 업계의

17) 이 분쟁에서 우리나라는 세탁기에 '부과된 조치'(as applied)뿐 아니라 미국의 '제도 그 자체'(as such)를 제소하여 승소하였다.

18) 구성가격은 시장가격이 아니라 반덤핑당국이 임의로 책정한 제조원가, 판매관리비, 이윤의 합으로 산출된다.

정당한 자료 제출 기회를 보장하지 않고 고율의 반덤핑관세를 부과하는 등 반덤핑 협정에서 보장하고 있는 절차적 방어권을 보장하지 않았다고 주장하였다. 산업통상자원부에 따르면 국산 유정용 강관의 대미 수출은 2013년 기준 89만 4천 톤으로(8.17억 달러) 우리나라가 분쟁에서 승소해 미국 측의 조치가 철폐하는 경우 철강업계는 연간 약 1억 달러의 반덤핑관세가 경감되고 매년 연례 재심 조사절차에 대응해야 하는 부담도 해소될 것으로 기대된다고 분석되었다. 2019년 11월 패널은 미국이 2014년 국산 유정용 강관에 부과한 반덤핑관세 조치가 반덤핑 협정 위반이라는 취지로 우리나라가 주요 쟁점에서 승소한 패널보고서를 회람하였다.

미국 상무부는 국산 유정용 강관의 對 미 수출 가격과 비교가능한 우리나라 내수 가격이나 제3국 수출 가격이 없어 상무부가 계산한 구성가격으로 덤핑률을 산정하였다. 패널은 미국이 구성가격에 의한 덤핑률을 산정하면서 우리나라 기업의 이윤율이 아닌 다국적기업의 높은 이윤율을 사용해 덤핑마진을 상향 조정한 것이 반덤핑 협정에 위반된다고 판결하는 등 덤핑률에 영향을 미치는 주요 쟁점에서 우리나라의 손을 들어주었다. 다만 관계사 거래, 제3국 수출 가격 불인정, 의견 제출 기회 미제공 등 미국 상무부 반덤핑 조사과정 상의 일부 쟁점에 대해서는 우리나라의 주장을 수용하지 않았다. 이후 미국이 상소를 포기함에 따라 2018년 1월 WTO DSB 회의에서 패널 판결이 최종 확정됐다.

이로써 분쟁 판결이 확정됨에 따라 미국은 판결을 이행하거나, 즉시 이행이 현실적으로 어려운 경우 '합리적 기간'(reasonable period of time) 내에 이행을 완료해야 했다. 합리적 기간은 보통 당사국 간 합의하거나 중재를 통해 결정하되 원칙적으로 15개월을 넘지 않도록 규정하고 있다. 이 판결은 자의적인 반덤핑관세 부과 등 확산하고 있는 보호무역 조치를 견제하는 역할을 할 것으로 기대되었다. 미국이 상기 이행절차 완료 시에는 국산 유정용 강관의 대미 수출 여건도 크게 개선될 것으로 기대되었지만 미국은 관련 조치를 계속 연기하였다.

2) 피소 사례

① EU, 미국 주세분쟁(DS75/84, 1997년)

EU와 미국은 소주보다 위스키에 대해 높은 세율을 부과하는 우리나라의 주세 제도가 WTO 협정을 위반하였다고 주장하고 각각의 품목에 대해 1997년 4월과 1997년 5월 제소하였다. 패널은 1998년 7월 우리나라의 주세 제도가 내국민대우 의무에 위배된다고 판결하였다. 상소기구도 1999년 1월 패널의 판결을 그대로 수용하였다. 이에 우리나라는 주세법을 개정하여 2007년 1월 DSB에 판결내용 이행을 통보하였다.

주세 분쟁은 우리나라가 최초로 피소된 사례로 패소로 인해 수입 양주 등에 대한 주세와 국내산 소주 등에 대한 주세를 통일시키게 되는 결과를 가져오게 되었다. 패널 판결을 토대로 국내의 법률 개정을 이행하는 첫 번째 사례가 되었다.

② EU 혼합분유 긴급수입제한 조치 분쟁(DS98, 1998년)

1990년대 중반 분유에 대한 고율 관세를 회피하기 위한 혼합분유 수입이 급격히 증가하자 우리나라는 무역위원회의 산업 피해 조사를 거쳐 1997년 3월 긴급수입제한 조치를 발동, 혼합분유 수입에 대한 긴급수입제한 조치를 시행하였다. EU는 산업 피해 조사의 적정성 및 긴급수입제한 조치의 불가피성 등에 대한 문제점을 들어 1997년 8월 이를 제소하였다.

패널은 1999년 6월 산업 피해 여부 판결 시 긴급수입제한 협정상의 요건(제4.2조)에 대한 검토가 불충분하고 긴급수입제한 조치가 국내산업 보호에 필요한 수준을 초과하였다는 이유로 우리나라 긴급수입제한 조치가 WTO 협정을 위배한다고 판결하였다. 상소기구도 1999년 12월 패널 판결을 재확인하였다. 우리나라는 2005년 5월 긴급수입제한 조치를 종료하여 판결내용을 이행하였다.

③ 미국, 호주 소고기 수입 규제 분쟁(DS161/169, 1999년)

미국과 호주는 각각 1999년 12월과 4월 우리나라의 수입소고기 전문판매점 제도, 수입소고기에 대한 표시제 등의 수입소고기에 대한 유통상 제약과 축산보조금 제도가 WTO 협정에 위배된다며 이를 제소하였다. 패널은 2000년 7월 우리나라 수입소고기 전문판매점 제도와 수입소고기에 대한 표시제도 등의 유통상 제약은 내국민대우 조항에 위배되고 한우산업에 대한 보조금 계산 방법도 WTO 농업 협정에 위배된다고 판결하였다.

상소기구는 2000년 12월 우리나라의 수입소고기 구분 판매제도가 WTO 협정에 위배되는 것임을 재확인하였으나 축산보조금과 관련해서는 우리나라가 보조금 감축 약속을 위반했다고 판단할 충분한 근거가 없다는 이유로 패널의 판결을 번복하였다. 우리나라는 소고기 수입제도를 개선하여 2001년 9월 분쟁해결기구 회의에서 판결내용 이행을 통보하였다.

④ 미국 신공항건설공단 정부조달 분쟁(DS163, 1999년)

미국은 1997년 9월 WTO 정부조달 협정위원회 회의에서 우리나라 신공항건설공단이 입찰 과정에서 외국기업을 차별한 것은 WTO 정부조달 협정 위반이라고 주장하였다. 이 문제에 대한 협의를 양자적으로 제기해오다 미국은 1999년 2월 제소하였다.

패널은 2000년 5월 인천국제공항 건설을 담당했던 신공항건설공단 등은 WTO 정부조달 협정상의 양허 기관이 아니므로 협정상의 의무가 발생하지 않고 이 기관들이 시행한 인천국제공항의 조달 조치는 WTO 협정 위반이 아니라고 판결하였다. 이 분쟁은 우리나라가 피소국으로서 승소한 최초의 사례로 WTO 분쟁해결절차를 통해 부당한 통상 압력을 해결할 수 있음을 보여준 사례이다.

⑤ EU 조선보조금 분쟁(DS273, 2002년)

EU는 2002년 10월 1997년 외환위기 이후 우리나라 조선업계에 대한 구조조정 조치가 WTO 협정에 위배되는 정부의 보조금이라 주장하며 이를 제소하였다. 패널은 2004년 12월 일반 금융기관들의 경우 정부의 위임 또는 지시를 받아 구조조정에 참여했다는 증거가 없고 수출입은행 등 공공성이 인정된 6개 금융기관 역시 상업적 고려에 의해 구조조정 절차에 참가한 것이므로 대우조선 등에 대한 구조조정 조치가 상계관세 및 보조금 협정상의 정부 보조금이 아니라고 판결하였다.

아울러 수출입은행이 각 조선사에 제공한 제작금융 및 선수금환급보증 중 일부는 수출보조금에 해당하지만, 수출입은행 관련 법령 및 '내부규정'(legal regime), 제작금융 및 선수금환급보증 자체는 상계관세 및 보조금 협정에 위배되지 않는다고 판결하였다.

⑥ 인도네시아 제지(백상지) 반덤핑 분쟁(DS312, 2004년)

인도네시아는 2004년 6월 국내산 백상지[19]에 대한 우리나라 무역위원회의 반덤핑관세 부과 조치가 반덤핑 협정을 위반하였다고 주장하며 이를 제소하였다. 패널은 2005년 7월 우리나라 무역위원회의 결정이 반덤핑 협정에 위배되지 않는다고 판결하였다. 이 분쟁은 반덤핑 분야에서 우리나라가 제소된 첫 번째 사례이다. 다행히 분쟁 승소로 인해 우리나라 무역위원회 판결에 대한 대외공신력이 제고되고 향후 무역위원회의 무역구제 조치에 대한 무역상대국의 추가적인 제소를 억제할 수 있게 되었다.

⑦ 일본 수산물 수입금지 분쟁(DS495, 2015년)

우리나라는 2013년 3월 후쿠시마 원전 사고로 인한 인근 해역의 수산물 방사능오염 가능성을 들어 2013년 9월 이후 후쿠시마 및 인근 8

19) 일반적으로 복사용지 등에 쓰인다.

개 현의 모든 수산물에 대해 수입을 금지했고 검사 기준 및 국내 방사능기준을 강화해 일본산 수산물에 적용해 왔다. 이에 2015년 5월 일본은 우리나라가 일본산 수산물 수입금지에 대해 WTO의 검역 및 위생협정(Agreement on Sanitary and Phyto-sanitary Measures, SPS 협정)을 위반하였다고 제소하였다.

WTO 협정을 근거로 60일 이내의 양국 간 협의에서 성과가 없었기 때문에 이 문제는 정식으로 소위원회를 통해 분쟁해결에 돌입하게 되었다. 일본은 다양한 경로로 우리나라 수입금지 해제를 요청해왔다. 우리나라는 전문가들로 구성된 위원회를 통해 현장 조사를 실시했지만, 수입금지 해제에 대한 진전이 보이지 않자 일본은 우리나라를 WTO에 제소하였다. 이는 이 문제를 정식으로 분쟁화함으로써 우리나라를 압박하기 위한 것으로 분석되었다.

일본 수산물 수입은 먹거리 안전에 관련된 민감한 사안인 만큼 냉철하고 객관적인 판단이 요구되었다. 당시 우리나라 이외에도 미국, 중국, 러시아, 대만 등 총 12개국이 후쿠시마를 포함한 일본의 동북부에서 생산된 농수산물에 대한 수입을 금지하였고 27개 국가 및 지역(EU)이 엄격한 안전성 인증을 실시하고 있었다. 방사능오염 관련 일본 수산물에 대한 안전성이 완전하게 입증되지 않았다는 점에서 필요에 따라 각 국가와의 공조를 통한 대응을 강구하는 등 국익을 위해 냉철하게 대응할 필요가 있을 것으로 전망되었다.

분쟁해결절차에 따라 2015년 9월 패널이 설치되었고 2018년 2월 패널은 패널보고서를 통해 우리나라의 수입제한 조치 중 일본이 제기한 4개 쟁점 중 검사 절차를 제외한 차별성, 무역 제한성, 투명성 등 3건이 WTO 협정 불합치로 판결하였다. 사실상 일본의 손을 들어준 것이다. 패널 판결이 그대로 확정되면 우리나라는 일본산 수산물에 대한 긴급수입제한 조치를 철회해야 할 상황이 되었다.

이에 우리나라 정부는 2018년 4월 패널 판결에 대해 상소를 제기하였다. 이후 2019년 4월 상소기구는 상소보고서를 통해 일본 측이 제기한 4개 쟁점 중 일부 절차적 쟁점을 제외한 사실상 모든 쟁점에서 1심 패널 판결을 파기하였다. 우리나라가 최종적으로 승소한 것이다. 상소기구의 판결문을 보면 우선 우리나라가 일본에 대해 자의적 차별을 하였다는 부분에 대해서 패널은 일본산 식품에 대한 방사능 검사 수치를 기초로 일본과 제3국 간 위해성이 유사함에도 불구하고, 일본산 식품에 대해서만 수입 규제를 적용하는 것은 SPS 협정상 금지되는 자의적 차별이라고 판단하였다. 하지만 상소기구는 일본과 제3국의 상황이 유사한지 여부를 판단하면서 식품의 방사능 검사 수치만을 고려한 것은 잘못되었다고 판결하였다. 즉, 식품 오염에 영향을 미칠 수 있는 일본의 특별한 환경적 상황 등도 고려했어야 한다고 판단한 것이다.

다음으로 우리나라의 수입제한 조치가 불필요한 무역 제한성을 가졌다는 부분에 대해서 우리나라의 '적절한 보호 수준'(Appropriate Level of Protection, ALOP)은 정성적 요소를 포함한 3가지 요소로 이루어져 있음에도 패널은 이중 정량적 기준인 1mSv/year[20]만 적용하여 우리나라의 조치가 지나치게 무역 제한적이며 일본이 제시한 대안적 조치로도 우리나라의 보호 수준을 달성할 수 있다고 판결하였다. 하지만 상소기구는 패널이 우리나라 ALOP의 다른 2개의 정성적 기준(자연방사능 수준, 달성가능한 최대로 낮은 수준)을 같이 검토하지 않은 것이 잘못되었다고 판결하였다.

잠정조치 여부에 대해서는 패널은 우리나라의 조치가 임시로 시행하는 잠정조치 요건을 만족하지 못한다고 판단했지만, 상소기구는 제소국인 일본이 제기하지도 않은 사안을 판단한 것은 패널의 월권이며 잘못되었으므로 법적 효력이 없다고 판결하였다. 그리고 마지막으로

---

20) mSv(밀리시버트)는 방사능이 인체에 미치는 영향을 나타낼 때 쓰는 단위이다. X선이나 핵의학, 양전자 방출 단층촬영, 컴퓨터 단층 촬영 등과 같은 의료 검진 시 발생하는 유효 노출을 측정하는 경우 주로 사용된다.

절차상 조치의 불명확성 부분에 대해서 상소기구는 우리나라가 수입제한 조치 관련 정보를 불명확하게 공개한 부분에 대해 협정 위반으로 본 패널 판결은 그대로 인용하였다. 하지만 우리나라가 수입제한 조치 관련 '문의처'(Enquiry Point)를 적절히 설치하지 않았다는 패널 판결은 파기하였다.

CHAPTER

11

WTO 개혁논의

1. WTO 개혁논의 대두 및 현황
2. WTO 개혁 의제
3. 평가 및 우리나라의 대응 방안

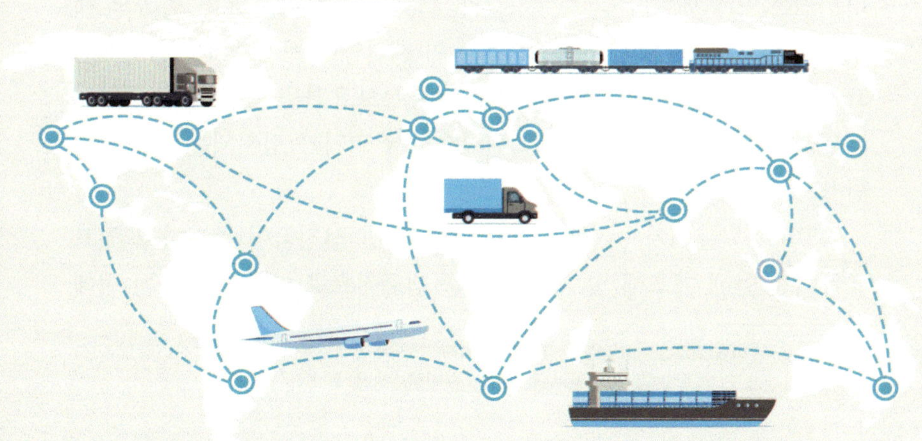

Chapter 11 WTO 개혁논의[1)]

1. WTO 개혁논의 대두 및 현황

최근 미국, EU, 캐나다 등 선진국 주도로 WTO 개혁에 대한 논의가 점차 구체화하고 있다. 2018년 9월 EU가 WTO 개혁에 대한 구상안을 제시하여 관련 논의를 촉발한 이래 캐나다가 뒤를 이어 WTO 개혁방안을 제시, WTO 개혁에 대한 논의가 본격화되고 있다. 미국의 경우 EU, 일본, 아르헨티나, 코스타리카와 공동으로 투명성 제고 및 통보 개선에 대해 새로운 제안을 하고 있다. 이 제안에 따르면 WTO 협정에서 요구하는 통보시한을 지키지 못하거나 통보요건을 충족하지 못하는 회원국은 최악의 경우 WTO 회원국으로서 권리가 정지되는 불이익을 받을 수도 있다.

WTO 개혁논의가 이번이 처음은 아니지만 선진국이 주도하고 있고 구체적인 안에 기초해 몇 가지 주제를 집중적으로 다루고 있다는 점에

1) 이 장은 나희량(2022), 『WTO 무역분쟁의 이해: 분쟁해결제도를 중심으로』 제15장. 'WTO 분쟁해결제도 개혁논의' 중 일부를 발췌, 수정한 것임.

서 기존 문제 제기 차원의 WTO 개혁논의와는 성격을 달리한다. WTO 체제에 대한 문제점과 한계는 2003년 칸쿤 각료회의 이후 제기되기 시작했다. 당시 WTO의 총의에 의한 의사결정 방식의 비효율성, 일부 핵심 국가에 의한 비민주적 운영, DDA의 일괄타결 방식의 문제, 분쟁해결제도의 구속력 미흡 등이 핵심 문제로 제기되어 그동안 여러 차례 WTO 개혁에 대한 다양한 논의가 이루어졌다.

이러한 WTO 개혁논의는 이후 토론이나 보고서 등의 형식에 그쳤고 어느 회원국도 이를 심각하게 받아들이지 않았다. 2008년 글로벌 금융위기와 이후 EU 재정위기, 트럼프 정부 이후 보호무역 조치 확산 등 당시 어려운 세계경제 환경도 WTO 개혁논의가 본격화되지 못한 이유로 볼 수 있다. 아울러 WTO를 이끄는 주요국도 국내경제 문제에 잡혀 WTO 개혁에 대한 의지가 약했던 것도 당시 개혁논의가 진전되지 못한 이유라고 할 수 있다.

하지만 최근 WTO 개혁은 미국, EU, 일본, 캐나다 등 소위 Old Quad[2]라는 핵심 선진국이 주도하고 있다는 점에서, 그리고 ① 투명성 제고 및 통보 강화 ② 분쟁해결제도 개혁 ③ 21세기 글로벌 무역환경의 변화를 반영한 신무역규범 제정 등 구체적인 주제를 갖고 논의가 추진되고 있다는 점에서 과거의 WTO 개혁논의와 성격을 달리한다.

특히 2017년 출범한 미국 트럼프 정부가 내세운 미국 우선주의에 기반한 보호무역 조치가 WTO 체제의 존립을 흔들고 있다. 트럼프 정부는 오랫동안 미국의 주도로 구축해 놓은 다자무역 질서의 중심인

---

2) Old Quad는 미국, EU, 일본, 캐나다 등 4개국을 의미하고 지난 우루과이라운드(UR) 때까지 사실상 다자 협상을 이끌었다고 평가되고 있다. 이에 반해 New Quad는 2003년 칸쿤 각료회의 결렬을 계기로 등장했고 미국과 EU, 그리고 일본과 캐나다 대신에 개도국인 인도와 브라질이 포함되었다. DDA 협상은 New Quad에 의해 주도되다가 2008년 소규모 각료회의 결렬을 계기로 G5(Group 5)가 핵심으로 등장하였는데 G5는 New Quad에 중국이 추가되었다. Old Quad와 G5를 비교해보면 WTO 체제에서 개도국의 도약이 여실히 드러난다.

WTO 체제가 오히려 자국의 이익에 반한다고 판단하고 탈퇴까지도 불사하였다. 이에 따른 국제사회의 위기감으로 WTO 개혁논의의 필요성이 대두되었다. WTO 분쟁해결제도의 개혁 문제를 포함하여 미국의 WTO 체제 불신으로 촉발된 WTO 개혁논의가 본격적으로 진행되고 있다고 할 수 있다.

2021년 현 바이든 정부로 정권이 바뀌었지만 미국의 WTO에 대한 태도는 아직도 명확하지 않다. 미국이 주장하고 있는 WTO의 개혁 문제가 적절하게 해결되지 않고 있는 것이 그 이유일 것이다. 예를 들어 중국의 시장경제국 지위 부여 문제, 미국 통상법 제232조의 WTO 협정 위반 여부, 그리고 상소기구 등 WTO 분쟁해결절차의 개선 문제 등에 있어서 미국의 주장이 관철되지 않는다면 미국의 WTO에 대한 전향적인 입장 변화는 어려울 것으로 보인다.

이러한 통상환경 변화 속에 WTO 개혁과 그 지속가능성은 예측하기 어려운 상황으로 전개되고 있다. 패권을 둘러싼 갈등이라고 할 수 있는 미·중 무역분쟁도 조속한 해결을 기대하기 어려울 것으로 보인다. 이러한 국제적 불확실성과 갈등 속에서 우리나라 무역의 이익을 확보하고 미·중 분쟁 장기화에 대비하여 필요한 정책적 대안을 마련해야 할 시점이다. 이를 위해 WTO 개혁논의에 선제적으로 참여하고 국익을 극대화하는 방안을 적극적으로 제시해야 한다.

WTO 체제 개편 논의가 사실상 중국을 겨냥하면서 미·중 양자 통상갈등이 WTO 체제에서 선진국과 개도국 간 갈등으로 다자화되는 경향을 보인다. 이러한 점에서 두 개의 시장 모두 중요한 우리나라는 이에 대한 적절하고 균형 있는 대응이 필수적이라고 할 수 있다. 예를 들어 '투명성 강화 및 통보 개선'은 중국의 산업보조금(특히 중국 제조2025 관련 보조금)과 국영기업에 의한 불공정 행위를 규제하기 위한 것으로 보인다. 분쟁해결제도 개혁도 이러한 중국에 대한 압박과 규제를 법적으로 인정하기 위한 성격이 있는 것으로 해석될 수 있다.

통상환경의 변화를 고려한 신무역규범의 제정도 전자상거래, 투자원활화 등이 주요한 의제이지만 이와 관련하여 중국의 지식재산권 이전 강요, 기업비밀 이전 등의 이슈가 논의되고 있다. 특히 중국과 인도 등 거대 개도국에 대해 개도국 특혜를 부여하지 않기 위해 제시된 '개도국 졸업' 개념은 우리나라에도 민감한 이슈이다. 아울러 산업보조금 및 국영기업도 우리나라가 자유로울 수만은 없다. 이에 대한 신중한 접근과 철저한 대비가 필요하다고 할 수 있다.

2. WTO 개혁 의제

1) 투명성 제고 및 통보 강화

투명성 제고 및 통보 강화 관련 논의는 2017년 10월 미국의 제안으로 시작되었다. 미국은 WTO의 통보요건을 충실히 이행하는 것이 DDA의 실질적 진전을 위한 기본 전제라고 주장하고 WTO 협정상의 모든 부문에서 통보요건 강화를 제안하였다. 미국은 현재 WTO 협정문에 따라 농업, 반덤핑, 상계관세, 세이프가드, 국영무역, 관세평가, 수입허가, 원산지, 사전검사, 수량제한, 투자 조치, SPS, TBT 등 13개 분야의 통보조항을 제시하고 이의 충실한 통보 의무 이행을 강조하였다.

미국은 통보를 지연하는 경우 지연 이유와 함께 예상 통보 일자를 사무국에 제출하여 관련 논의를 진행하고 사무국과의 논의가 적절히 진행되지 않은 상태로 1년이 경과하면 WTO 이사회 의장 취임 불가, WTO 회원국 사이트 접속 불가, 일반이사회와 상품무역위원회 통보 및 관련 논의 진행 등의 정치적, 행정적 불이익을 주는 방안을 제시하였다. 특히 2년 이상이 지연되는 경우 WTO 회원국의 권리를 일시 정지하는 방안도 제시하였다. 이러한 미국의 제안은 제11차 WTO 각료회의에 제출되었지만 개도국 대부분이 미통보에 따른 벌칙 부과에 부정적인 입장을 보이면서 논의가 진행되지 못하였다. 최근 EU가 이를 WTO 개혁의 주요 이슈로 부각하고 있다.

EU는 2018년 9월 WTO 개혁에 대한 구상안(concept paper)을 발표하면서 통보의 중요성을 강조하였다. EU는 상품무역위원회 주관 회원국의 통보 의무 준수 감시, 지연 통보 시 지연 사유 통보, 사무국에 의한 회원국 통보내용 평가, 다양한 정례회의에서 미통보국에 대한 논의 등과 같은 압박 방안을 제안하였다. 이에 따라 통보를 지연하는 경우 다양한 형태의 비판을 받게 되고 구체화하지는 않았지만 미국의 의견과 같이 WTO 내 회원국의 참정권을 제한하는 방안도 언급하였다. 특히 역통보[3]의 경우 어느 한 회원국에 대해 관심 있는 회원국끼리 협력하여 공동으로 역통보하는 방안을 제안하고 있다.

캐나다는 회원국의 '국내 조치'(domestic measures) 전반을 통보 대상으로 하되 주로 통보 이후의 평가 강화에 중점을 두는 대신 EU와 달리 미통보 시 벌칙에 관해서는 구체적인 제안은 하지 않았다. 캐나다는 통보 대상으로 국내 조치라는 포괄적 용어를 사용하면서 국내 조치 관련 내용을 모두 WTO에 통보하되 통보 이후 그에 대한 체계적 평가를 위한 방안을 강조하였다. 특히 통보된 국내 조치가 무역에 미치는 영향을 검토하기 위하여 통보내용에 대한 주제별 토론 및 전문가와 사무국의 통보내용 평가, 그리고 다른 회원국이 관심이 있는 특정 무역 사안에 대해서 이를 정기적으로 다루는 절차와 제도 마련 등을 제안하였다.

미국은 2018년 11월 1일 EU, 일본, 아르헨티나, 코스타리카와 함께 투명성 및 통보에 대한 공동안을 제출하여 기존 주장을 강화하였다. 기존 미국의 안과 비교할 때 통보 능력이 부족한 개도국의 경우 WTO

---

3) 역통보란 A 회원국이 WTO에 통보할 내용을 B 회원국이 독자적으로 또는 다른 회원국과 연합해 조사한 뒤 이를 발표하는 것을 의미한다.

사무국과의 협의하에 벌칙 적용의 예외를 인정하고 있고 무역정책검토제도(TPRM)의 역할을 강화하여 통보내용을 평가할 수 있게 하였다. 통보 의무 미준수 시 해당국의 WTO 분담금을 증액하는 벌칙을 추가하였고 기존 안과 같이 역통보도 제안하였다.

이러한 여러 안에 대하여 개도국은 통보 능력이 부족한 개도국에 대한 다양한 기술지원 등이 필요하다고 지적하면서 미통보에 따른 벌칙조항에 대해 반대하고 있다. 하지만 투명성 제고 및 통보 개선이 WTO의 기본원칙이기 때문에 개도국도 선진국의 주장을 드러내놓고 반대하기는 어려운 상황이다. 이에 개도국은 통보시한을 준수하려고 해도 통보 능력이 부족해 시한을 지키지 못하는 개도국에 대해서는 적절한 고려(벌칙 적용의 예외 등) 및 기술지원 등이 필요하다고 주장하고 있다. 아울러 벌칙보다는 시의적절한 통보를 유인하는 것이 효과적임을 강조함으로써 미통보에 따른 벌칙조항에 대한 부정적인 입장을 우회적으로 제시하였다.[4)]

2) 무역분쟁해결제도 개혁

WTO 분쟁해결제도 개혁 문제에 있어 핵심적인 이슈는 상소기구의 개혁 문제이다. 분쟁해결제도 개혁, 특히 상소기구를 중심으로 한 문제 제기는 미국의 오래된 주장이었다. 미국은 규범에 기초한 WTO 체제를 존중하지만 불합리한 부분은 적극적으로 개선해야 한다는 입장이다. 미국은 이미 지난 오바마 행정부 때부터 상소기구 운영의 문제점을 지적해왔다.

미국의 상소기구에 대한 불만 이면에는 현행 WTO 규범이 중국의 불공정한 산업보조금이나 지식재산권 위반을 효과적으로 규제하지 못하고 있다는 인식이 있다. 미국은 2017년 12월 제11차 WTO 각료회의

---

4) 특히 중국은 처벌 위주의 투명성 제고 방안은 구시대적 방식으로 효과적이지 않다고 미국 등 5개국이 제시한 공동 제안을 비판하였다(US Inside Trade, 2018.11.17).

에서 과잉 생산된 중국산 제품이 세계무역은 물론 미국을 포함한 다른 회원국의 경제에 부정적 영향을 주고 있고 중국의 국영기업을 통한 보조금 지급 등 불공정 무역관행이 문제임에도 불구하고 WTO가 이를 적절히 규제하지 못하고 있다고 강하게 불만을 표출하였다.[5)]

특히 미국은 상소기구가 WTO 협정에 규정된 권한을 초월하여 회원국의 권리를 제한하고 있기 때문에 WTO 분쟁해결에서 미국이 다수 패소하고 있다고 주장하고 있다. 미국이 주장해 온 상소기구의 문제는 ① 상소심 심리 기간 상시 초과 ② 임기 만료 상소위원의 심리 관여 ③ 상소기구의 권한을 넘어선 쟁점 관여 ④ 상소기구의 회원국 국내법 심사 ⑤ 선행판례의 문제 등이다. 상소심 심리 기간 초과 문제는 상소기구가 규정된 상소심 심리 기간 90일을 상시 준수하지 않고 있다는 것이다. 이와 함께 임기가 만료된 상소위원이 계속해서 상소심에 관여하는 것에도 문제를 제기하였다. 특히 상소기구가 운영기준(working procedures) 제15조를 근거로 임기 만료된 상소위원의 상소심 심리를 가능하도록 승인했으나 이에 대해 미국은 그러한 결정을 내릴 권한은 상소기구가 아닌 분쟁해결기구(DSB) 자체에 있다는 입장이다.

미국은 상소기구가 분쟁해결에 필수적이지 않은 또는 분쟁해결과 관련이 없는 쟁점, 특히 분쟁 당사국이 주장하지도 않은 사안을 언급하는 것에 깊은 우려를 표명하였다. 이는 DSB의 권고나 판결이 해당 사안의 만족스러운 해결을 목표로 한다는 DSU 제3.4조[6)]에 위배한다는 것이 미국의 주장이다. 또한 미국은 상소기구가 회원국이 부여한 권한을 넘어 회원국 내 국내법을 심사하고 있다고 문제를 제기하고 있다. DSU 제17.6조[7)]에 따르면 상소는 패널보고서에서 다루어진 법률

5) WSJ(2017.12.12), “US and Japan Join U.S. in Criticizing China at WTO Summit” 참고.

6) DSU 제3조 4항은 다음과 같다.

4. 분쟁해결기구의 권고나 판정은 이 양해 및 대상 협정상의 권리와 의무에 따라 사안의 만족스러운 해결을 달성하는 것을 목표로 한다.

및 패널이 행한 법률해석에만 국한한다고 규정되어 있는데 미국은 상소기구가 이에 기초하지 않고 판결하고 있다고 주장한다.

마지막으로 미국은 상소기구가 관련 근거 없이 선례를 들어 판결하는 것에 대해 문제를 제기하고 있다. 상소기구는 이전의 상소기구 판결이 사실상 판례로서 역할이 가능하다고 보고 있지만 미국은 이러한 선례를 판례로 채택할 수 있는 권한은 WTO 회원국으로 구성된 각료회의나 일반이사회에 있으므로 상소기구의 이 같은 결정은 마라케시 협정문 제9.2조[8] 위반이라고 주장하고 있다.

이처럼 미국은 이러한 문제가 해결되지 않고 있어서 WTO 분쟁에서 미국이 다수 패소를 하게 되었다고 불만을 토로하고 있다. 2017년 기준 미국의 제소건은 66건이지만 미국이 승소한 경우는 6건에 불과하였다. 특히 미국이 무역구제조치를 발동했을 때 이에 대한 제소를 당한 경우 미국의 승소는 전체 52건 중 2건에 불과하였다.[9] 미국은 2016년부터 상소기구 위원의 선임 절차를 거부해왔고 이에 따라 현재 7명인 상소기구 위원은 전체가 공석이다. 상소기구의 작동은 사실상 정지되었고 WTO 분쟁해결기구는 그 기능을 수행할 수 없는 상황에 직면하게 되었다. 이에 총의를 통한 상소위원 선임 절차를 개정해야 한다는 요구도 확산하고 있다.

EU 등 선진국도 미국의 주장에 동조하면서 미국 주장의 상소기구

7) DSU 제17조 6항은 다음과 같다.
6. 상소는 패널보고서에서 다루어진 법률문제 및 패널이 행한 법률해석에만 국한된다.

8) 마라케시 협정문 제9조 2항은 다음과 같다.
2. 각료회의와 일반이사회는 이 협정과 다자 무역 협정의 해석을 채택하는 독점적인 권한을 갖는다. 부속서 1의 다자 무역 협정의 해석의 경우 이들은 협정의 운영을 감독하는 이사회의 권고사항에 기초하여 자신의 권한을 행사한다. 해석의 채택 결정은 회원국 4분의 3 다수결에 의한다. 이 항은 제10조의 개정 규정을 저해하는 방법으로 사용되지 아니한다.

9) 고준성 외(2017), 『미국의 신보호주의 부상에 대한 연구』, 경제·인문사회연구회 미래사회 협동연구총서 17-09-01, pp. 105~106.

문제점을 포함하여 분쟁해결제도 개혁안을 제시하였다. EU는 상소기구의 개혁을 위해 DSU의 포괄적 개정을 제안하고 있다. 상소기구의 90일 심리시한에 대해서 당사국과 상소기구 간 협의를 통한 연장 가능성을 열어놓고 당사국이 합의하지 않는 한 어떤 경우에도 90일을 초과할 수 없도록 하였다. 아울러 상소기구 위원 정원을 현재의 7명에서 9명으로 증원할 것을 제안하고 있다.

임기 만료 상소위원의 상소심 관여에 대해서는 임기 중의 심리 사건에 한해서만 가능하도록 제안하였다. 선례 문제는 상소기구와 당사국 간 정기 대화와 의견 표명 기회 제공을 제도화해 선례 구속을 최대한 억제할 것을 제안하였다. 상소위원 임기에 대하여는 현재의 4년 중임에서 6~8년의 단임제를 제안하고 있다.

캐나다도 상소기구의 부담 경감과 상소기구의 WTO 규범해석에 대한 회원국의 감시 강화를 주요 내용으로 하는 분쟁해결제도 개혁안을 제시하였다. 90일 시한 초과 시 상소기구와 당사국 간 협의를 통해 논의하는 한편 상소기구 부담 경감을 위해 상소심 회부 자제, 간소화된 중재절차 개발, 중재 및 조정 등의 방안을 적극적으로 유도하고 판결절차의 간소화, 분쟁해결의 신속화, 상소기구 결정에 대한 회원국의 감시 강화 등의 대안을 제시하였다.

3) 21세기 신무역규범 제정

WTO 협정은 우루과이라운드 협상이 타결된 1993년 12월 이후 개정되지 않고 있다. 따라서 현행 협정하에서는 회원국 간 복잡한 갈등의 중재와 국제질서 변화에 따라 새롭게 대두하고 있는 통상문제에 대한 적절한 대응이 어렵다는 지적이 있어왔다. 미국은 WTO 회원국 전체의 합의가 없더라도 일부 회원국 간 양자 무역 협상을 허용해야 한다고 주장한다. 반면 중국은 WTO의 합의 정신을 존중하고 모든 회원국의 상호 이익을 증대해야 한다고 맞서고 있다. 일부 개도국은 중국이 WTO 협정 개정에 더 적극적으로 나서길 기대한다. 예를 들어 중국은 미국도 농업에 대한 보조금 등 정부 지원이 이루어지고 있어 모든 회원국에 공통으로 공정하게 적용될 수 있는 규정 마련을 강조한다.

EU는 디지털 무역장벽과 서비스 및 투자 장벽을 해소하기 위한 규범을 제정해야 한다고 주장하고 있다. 디지털 무역 관련 불공정한 장벽을 철폐하는 한편 소비자를 위한 안전한 온라인 환경을 만들기 위한 전자상거래 무역규범의 제정이 시급하다고 주장한다. 특히 소스 코드 공개 등 강제적인 기술이전은 규제되어야 한다고 주장하고 있다. 서비스 및 투자에서는 기술의 강제 이전 문제가 중요하고 합작회사의 요건 및 외국인 지분 제한 등 외국인의 소유를 금지 또는 제한하는 요건에 대해서도 적절한 평가의 도입을 주장하고 있다. 명확하지 않은 법규에 근거한 행정절차나 허가제도, 광범위한 재량권을 인정하는 행위 등은 적절히 규제되어야 하고 무역상의 비밀을 요구하는 행위는 근절되어야 한다는 입장이다. 또한 UN 지속가능개발목표를 감안해 유해한 수산보조금의 조속한 철폐를 주장하고 있다.

이와 함께 EU는 중국을 견제하기 위해 보조금 및 국영기업에 대한 규범 개선도 제안하고 있다. 현행 보조금 및 상계관세 협정(SCM 협정)상의 금지보조금의 대상을 확대하여 현재 허용되고 있는 보조금이라고 해도 자유무역에 해로운 영향을 주면 적절히 규제되어야 한다는 것이다. 예를 들어 SCM 협정 제6.1조[10]의 '심각한 손해'(serious injury)에 대한 의미를 확대하여 무제한 보증이나 신뢰할 만한 구조조정이 없

10) SCM 협정 제6조 1항은 다음과 같다.

1. 아래와 같은 경우 제5조 (c)의 심각한 손해가 있는 것으로 간주된다.
   (a) 상품에 대한 종가 기준 총보조금 지급이 5%를 초과하는 경우
   (b) 특정 산업이 입은 영업 손실을 보전하기 위한 보조금
   (c) 특정 기업이 입은 영업 손실을 보전하기 위한 보조금. 다만 비반복적이며 당해 기업에 대해 되풀이될 수 없고, 단지 장기적인 해결책 강구를 위한 시간을 제공하고 심각한 사회적 문제를 피하기 위하여 부여되는 일회적인 조치는 제외된다.
   (d) 직접적인 채무감면, 즉 정부 보유 채무의 면제 및 채무상환을 위한 교부금

는 파산 또는 부실기업에 대한 보조금은 규제되어야 한다고 주장하고 있다. 국영기업이 다른 기업에 지급하는 보조금의 경우 국영기업이 SCM상의 '공적 기구(Public Body)'에 포함되지 않아 SCM 협정 적용에서 벗어나고 있는 현실을 감안하여 공적 기구의 범위를 확대하여 국영기업의 보조금 지급행위도 적용될 수 있도록 규범 개선을 제안하고 있다. 이와 함께 캐나다는 디지털 무역, 포용적 무역, 지속가능개발, 중소기업 등 기존 DDA에서 논의되던 의제 외의 사안에 대한 논의 및 규범 제정을 주장하고 있다.

4) 기타

① 개도국 세분화

EU는 WTO의 현행 개도국에 중국과 같은 세계 최고의 무역 대국이 포함되어 있고 이러한 국가가 개도국 특혜를 받는 것은 적절하지 않다고 주장하고 개도국 졸업제도의 도입을 제안하고 있다. EU는 개도국 회원국이 전체적으로 또는 협정 별로 개도국을 졸업하든지, 아니면 개도국 우대 조치의 적용 배제를 권고하고 있다. 개도국 우대 조치의 적용 기간을 설정하고 이 기간이 지나면 개도국을 졸업하는 '개도국 졸업제도'를 도입하고 이에 따른 개도국 세분화, 졸업에 따른 유예기간 부여 및 지원 등을 제안하고 있다.

추가적인 개도국 우대 조치는 그 필요성이 객관적으로 입증되어야 하고 그로 인해 다른 회원국에 미치는 영향을 고려한 이후 그 수준을 결정할 것을 제안하고 있다. EU의 제안 이면에는 현재의 DDA 협상 구조가 개발을 명분으로 개도국 우대 조치가 과도하게 인정되는 상황이어서 이러한 구조를 바꿔야 한다는 선진국의 공통인식이 있다고 할 수 있다.

캐나다도 EU와 유사하게 개발 정도에 상응한 개도국 우대를 주장하고 있다. 캐나다는 개도국 우대 조치 적용을 위한 새로운 모델로 WTO

무역원활화 협정에 기초한 개도국 우대 방식을 제안하고 있다. 새로운 모델의 구성 요소로 이행 유예기간 부여, 의무별·국가별·유예기간 별로 차등 접근, 이행 능력과 이행 의무의 연계(이행 능력이 부족한 경우 이행 의무를 면제) 등을 제안하고 있다.

② WTO 내 중국의 위상

개도국의 지위 문제와 관련하여 관심을 받는 것은 중국의 위상과 관련된 것이다. 미국은 중국이 WTO에서 광범위하게 개발도상국 지위를 누리고 있는 점을 비판한다. WTO는 개발도상국과 신규가입국 등에 유리한 무역조건을 제공한다. 중국은 세계 2위의 경제 대국인데도 불구하고 여전히 자국을 개발도상국으로 규정하고 있다. 효율적인 분쟁해결, 투자, 경쟁, 기술이전 등 WTO 기존 규정의 수정이 필요하지만 선진국(미국, EU)과 개도국(중국) 상호 이해대립으로 건설적인 협의 및 합의가 어려운 것이 현실이다.

특히 선진국은 보조금 지급과 기술이전 관련한 WTO 규정이 좀 더 실효있게 전환할 수 있도록 개혁이 필요하다는 입장이다. 선진 회원국의 중국에 대한 비난이 고조되면서 불만 대상이 중국을 넘어 개도국 전체로 확산하고 선진국과 개도국의 갈등이 증폭되고 있는 상황이다. 중국 등 개도국은 WTO 규정의 개정이 결국 선진국에 유리한 방향으로 전개될 가능성이 크다는 점을 우려하고 일방적인 규정 개정에 반발하고 있다. 반면 선진국은 다양한 수혜를 누리는 개도국 지위가 당사국이 제시한 기준(소득 등)을 근거로 결정될 수 있다는 점을 지적하고 기존 규정의 허술함을 주장하고 있다.

③ 복수국 협상 방식 도입

EU는 현재와 같이 일괄타결 방식을 가지고 WTO 회원국 간 합의를 기대하는 것은 더 이상 가능하지 않다고 강조하면서 복수국 협상을 통해 WTO 체제의 안정성을 추구해야 할 때임을 강조한다. EU는 복수국 협상 방식의 유효성을 강조하고 DDA 이슈에 대한 논의는 기존과 같이 일괄타결 방식을 이용하되 전자상거래나 투자원활화 등 신무역의제에 대해서는 복수국 협상을 통하여 성과를 도출하는 '신축적 다자주의'(flexible multilateralism) 또는 '조화된 다자주의'(harmonized multilateralism)라는 개념을 제시하고 있다. 캐나다도 복수국 협상 방식의 필요성을 강조하고 있다. 캐나다는 기본적으로 모든 회원국이 WTO 내 모든 협상에 참여할 필요는 없고 일부 회원국만의 협상을 통한 합의 도출이 방해받지 않아야 한다며 복수국 협상의 필요성을 강조한다.

3. 평가 및 우리나라의 대응 방안

1) WTO 개혁논의 평가

WTO 개혁방안은 선진국을 중심으로 구체적으로 논의되고 있으나 개도국의 참여가 아직은 저조한 수준이다. WTO 협정은 합의를 전제로 하기 때문에 앞으로도 WTO 개혁논의는 상당한 난관이 예상된다. 그럼에도 투명성 제고 및 통보 개선은 일정 부분 강화될 수밖에 없을 것으로 예상된다. 투명성 제고 및 통보 준수는 WTO가 그 역할을 이행하는 데 있어 핵심 전제이기 때문에 그 어떤 WTO 회원국도 이를 명시적으로 반대하거나 거부하기는 어려운 상황이다. 따라서 미통보 회원국에 대한 강력한 벌칙 부여 등에서 중국, 인도 등 개도국이 강하게 반발할 것으로 예상되지만 투명성 제고 및 통보 개선의 대의를 거부하기 어렵기 때문에 투명성 제고 및 통보 개선은 일정 부분 강화될 수밖에 없을 것이다.

또한 통보된 회원국의 통보내용을 검토하는 모니터링 기능도 이전보다 강화될 것으로 보인다. 예를 들어 기존 무역정책검토제도(TPRM)

의 기능과 역할이 한층 강화되어 WTO 사무국이 회원국의 무역정책 및 통보내용을 본격적으로 검토하고 모니터링하게 될 것으로 예상된다. 이와 관련하여 선진국이 중국의 산업보조금에 대한 규제 강화를 목적으로 기존 보조금의 개념을 재정립하고 금지보조금의 범위를 이전보다 확대하려고 하고 있기 때문에 산업보조금 역시 규제가 강화될 것으로 예상된다.

WTO 상소기구의 역할과 기능 명확화 작업도 이루어질 것으로 보인다. 미국이 계속해서 상소위원 선임을 거부하는 가운데 상소기구의 기능 재정립 등 관련 개혁에 대한 회원국 간 합의가 이루어지지 않을 경우 WTO의 상소기구 정지는 계속될 것이다. 이를 해결하기 위해 WTO 회원국은 가급적 빠른 기간 내에 분쟁해결제도 개혁에 관해 다양한 논의를 토대로 집중적인 협상을 진행할 것으로 예상된다. 다만 분쟁해결제도 개혁의 핵심에 있는 미국이 자국의 입장을 분명히 밝히지 않아 아직은 분쟁해결제도의 개혁 방향을 전망하기가 용이하지 않다.

미국이 여러 차례에 걸쳐 상소기구에 대한 불만을 표명한 것은 사실이지만 그렇다고 현행 분쟁해결제도가 어떻게 바뀌어야 하는지 구체적인 입장을 언급하지는 않고 있다. 이에 따라 향후 WTO 분쟁해결제도의 미래상을 예측하기는 쉽지 않은 상황이다. 특히 미국은 자국 국내법에 우선하는 현행 WTO의 분쟁해결 판결 자체에 불만을 가지고 있기 때문에 극단적인 경우 WTO 분쟁해결제도 폐지와 함께 과거 GATT 체제로의 회귀를 원할 수도 있다. 이 경우 WTO 체제는 사활이 걸린 중대한 기로에 놓이게 될 것으로 보인다. 다만 미국도 그동안 WTO 체제하에서 자유무역의 혜택을 누려왔기 때문에 WTO 분쟁해결제도의 이탈보다는 개혁을 추진할 것으로 예상된다.

개도국 세분화는 개도국의 강력한 반발이 예상됨에도 불구하고 일정 부분 진전이 이루어질 것으로 전망된다. 개도국 세분화는 WTO의 오랜 과제의 하나이지만 정작 개도국은 이를 반대하고 있다. 현재 개도국 우대를 받고 있다고 해도 세분화가 되면 언젠가는 개도국을 졸업해 선진국 의무를 이행하게 될 것이라는 점에서 개도국 대부분은 세분화에 부정적인 것이다. 그러나 중국, 인도, 브라질 등 거대 개도국의 출현과 함께 무역자유화의 혜택이 개도국 사이에서도 일부 거대 개도국에 편중되고 있다는 비판이 커지면서 개도국도 반대만 하기는 어려운 상황이다. 시장개방 확대로 중국산 저가 상품의 수입 증가를 우려하는 개도국이 상당수 존재하는 것도 사실이다.

실제 개도국 간 격차와 이질성이 확대되면서 개도국도 발전 수준 격차를 인정하지 않을 수 없게 되었고 모든 개도국의 동일한 의무 이행의 문제점을 인식하고 있다. 개도국이 세분화되어도 최빈개도국에 대한 의무면제는 변하지 않을 것으로 보인다. WTO 신회원국, 소규모 취약경제국, 식량순수입 개도국 등 개도국 안에서도 의무의 유예나 개도국지위 유지가 가능한 소규모 그룹이 존재하기 때문에 개도국 세분화로 인한 부정적 영향은 일부 거대 개도국 또는 선진 개도국에 한정될 것이다. 따라서 개도국 세분화는 일부 진전될 가능성이 클 것으로 기대된다.

복수국 협상도 기존 일괄타결 방식과 병행해서 추진될 것으로 예상된다. 개도국이 복수국 협상 방식을 반대하는 이면에는 DDA에 대한 선진국의 관심 저하와 함께 DDA 협상력 저하에 대한 우려가 있다. 개도국은 복수국 협상이 활성화될 경우 농업 등 기존 DDA 이슈에 대한 선진국의 관심이 떨어지고 그만큼 DDA 합의 도출이 어려워질 수 있다는 점을 우려한다. 아울러 복수국 협상의 의제가 전자상거래, 투자원활화 등 주로 선진국의 관심 사항이므로 개도국에게 불리할 수 있다고 우려한다.

이에 따라 개도국이 원하는 DDA 일부 이슈에서는 현재와 같은 일괄타결 방식의 협상을 추진하면서 전자상거래, 투자원활화 등 선진국이 원하는 분야에서는 복수국 협상을 통해 성과를 도출하는 신축적 다자주의 또는 조화된 다자주의 등이 추진될 수도 있다. 이와 함께 상당수 개도국은 DDA가 계속되어야 한다고 믿고 있고 DDA 타결에 따른 성과를 기대하고 있다. 따라서 WTO 개혁논의에 개도국의 참여를 높이기 위해서는 개도국의 관심사인 DDA를 포함할 수밖에 없을 것이다. 최근 EU도 WTO 개혁의 구체적 추진방안으로써 기존 DDA의 이슈는 일괄타결 방식으로 논의하되 신무역 이슈는 복수국 협상으로 추진하는 신축적 다자주의를 제안한 바 있다. 이와 같은 신축적 다자주의 내지 조화된 다자주의가 실현될지는 불확실하지만 최소한 복수국 협상 방식을 통한 논의가 이전보다는 활성화될 것으로 보인다.

선진국이 원하는 수준의 WTO 개혁이 이루어지지 않는 경우 WTO 체제는 선진국 및 이에 동조하는 국가 그룹과 그 외의 개도국 그룹으로 양분될 가능성을 배제할 수 없다. 이 경우 WTO 체제는 더 이상 존속하기 어려운 최악의 상황을 맞이할 수도 있다. WTO의 개혁이 순조롭지 않을 경우 미국은 계속 상소기구 정지를 통해 WTO 분쟁해결 기능을 무력화할 것이고 이후 이해관계가 있는 국가 간 복수국 협상을 통해 새로운 무역규범과 제도를 만들어낼 수도 있다. 미국이 포함된 TPP나 미·EU TTIP(Transatlantic Trade and Investment Partnership, 범대서양 무역 투자 동반자 협정)[11]가 그 예가 될 수 있다. 이 경우 DDA는 더 이상 진전이 어렵고 WTO는 선진국 그룹과 그 외 개도국 그룹, 그리고 중도 그룹 등으로 나누어져 사실상 더 이상의 협상 진전이 어려울 수도 있다.

---

11) TTIP는 미국과 EU 간 체결을 추진하고 있는 자유무역협정이다. TTIP가 체결된다면 전 세계 GDP의 절반을 차지하는 자유무역지대가 탄생하는 것이다. 이를 위해서는 미국과 EU 양측 시장에 존재하는 규제나 관세를 철폐해야 한다. 2013년 2월 오바마 대통령이 의회 국정연설에서 제시하면서 협상이 시작되었으나 이후 트럼프 행정부를 거치면서 논의가 중단되었다.

2) 정책적 시사점

이처럼 최근 선진국이 주도하고 있는 WTO 개혁논의는 그 종착점이 자칫 WTO 다자체제의 붕괴로까지 연결될 수 있다는 점에서 우려가 된다고 할 수 있다. 특히 무역이 경제성장의 중요한 역할을 하는 우리나라 입장에서는 다른 국가보다 큰 관심을 가지고 이에 적극적으로 대응할 필요가 있다. 예를 들어 아래와 같이 산업보조금 정책과 개도국 세분화에 대한 대비 등이 필요할 것으로 보인다.

① 투명성 제고 및 통보 개선

투명성 제고 및 통보 개선에 대한 WTO 개혁논의를 감안할 때 향후 보조금에 대한 보다 엄격한 분류 및 국제적 검토가 예상된다. 이에 대비해 우리나라도 산업보조금의 특정성 검토 등을 통해 사전에 다른 WTO 회원국의 상계관세 부과 가능성을 최소화해야 할 필요가 있다. 현재 우리나라가 운영하는 산업보조금은 주로 연구개발 보조로 특정성이 없는 것으로 판단, WTO에 통보하지 않고 있다. 하지만 향후 그 기준이 엄격해질 것에 대비하는 것이 필요하다. 산업 부문에 대한 특정성 이외 지역 특정성에도 주의를 기울일 필요가 있다. 특히 세탁기 관련 한·미 WTO 분쟁에서 '수도권 과밀 억제지역' 이외 지역에 투자할 경우의 세액 공제가 지역 특정성으로 인정받았다는 점에 유의해야 한다.[12)]

국가의 산업발전 전략에 따라 핵심 산업 부문을 지원하는 정부의 보조금 정책은 선제적으로 SCM 협정과의 합치성이 담보되지 않으면 상계관세 부과 대상이 될 수도 있음에 주의해야 한다. 이러한 측면에서

---

12) 우리나라는 미국의 한국산 세탁기에 대한 반덤핑·상계관세 부과(2013년 1월)에 대해 이를 WTO에 제소하였다(2013년 8월). 패널판정 결과(2016년 6월) 주요 쟁점에서 우리나라가 승소하였고 상소심(2016년 9월)에서도 패널에서 패소한 쟁점을 포함한 대부분의 쟁점에서 우리나라가 최종 승소하였다. 그러나 보조금의 특정성과 관련하여 수도권 과밀억제지역 이외의 지역(전체 국토의 98% 지역)에 투자할 경우 세액 공제를 제공한 부분에 대해서는 패널은 물론 상소심에서도 패소하여 지역 특정성이 인정되었다. 이에 따라 보조금 정책 시행 시 이와 같은 지역 특정성에 주의를 기울여야 할 것으로 보인다.

정부가 4차 산업혁명 대비 첨단기술 개발을 위한 특정 산업에 대한 지원이 SCM 협정과의 합치성에 문제가 없는지 검토가 필요하다.

특히 국내 정책홍보를 위해 과장된 문구로 정책을 설명할 경우 실제와 달리 정부가 금지보조금 내지 조치가능보조금이라는 점을 자인하는 것을 의미하므로 주의를 기울여야 할 것이다. 아울러 기후변화 대응을 위한 다양한 조치와 정책 등이 보조금 규정에 저촉되지 않도록 운용하는 것이 중요하다. 기존 연구개발 보조금도 그 성과 및 필요성을 재검토하여 성과가 낮거나 필요성이 낮은 보조금의 경우 정리할 필요도 있을 것으로 보인다.

또한 통보시한 미준수에 따른 불이익을 방지하기 위해 WTO 통보대책 전담반 구성이 필요하다. 향후 통보시한 미준수 시 다양한 형태의 불이익을 받을 수 있다. 특히 역통보 제도가 활성화되면 미통보된 보조금은 자동으로 상계관세 부과 대상 보조금이 될 수 있으므로 이에 대한 면밀한 대비가 요구된다.

예를 들어 농업보조금의 재검토 통보시한 준수와 관련하여 농업보조금이 허용보조금일 경우 농업 협정에 합치하는지를 재검토할 필요가 있다. 농업보조금의 경우 WTO 통보 자체에 문제는 없을 것으로 보이지만 전체 보조의 70% 이상을 차지하고 있는 허용보조금이 농업 협정 기준에 합치하는지를 검토할 필요가 있다. 우리나라는 아직 최소허용보조(de minimis)에 있어 여유가 있다.[13] 따라서 무리하게 허용보조금으로 분류해서 나중에 문제가 되기보다는 엄격한 기준을 적용해 감축보조금으로 분류한 다음 최소허용보조의 여유 안에서 운용하는 방안도 고려할 필요가 있다.

② 개도국 세분화 대비

개도국 지위 유지는 특히 우리나라의 DDA 농업 협상 대책의 기본 전제였다고 할 만큼 중요한 이슈였지만 2019년 10월 농업 부문의 경우

---

13) 우리나라 농업의 최소허용보조(DM) 실제 사용실적은 농업생산액의 3% 안팎으로 약 7%의 여유가 있다.

더 이상 개도국 지위를 주장하지 않겠다고 공식화함으로써 사실상 농업 분야 개도국 지위를 포기하였다. 농업 부문은 개도국과 선진국의 의무 이행의 수준 차가 크기 때문에 개도국 지위 포기에 따른 선진국 의무 이행의 경우 농업 부문에 상당한 부정적 영향이 예상된다. 향후 농업 분야 개도국 우대 혜택을 활용하지 못할 경우를 대비한 대책이 필요하다.

예를 들어 개도국을 졸업하더라도 일정한 유예기간을 확보하는 등의 조치 마련이 필요하다. 우리나라의 경우 농업 분야에서 개도국 지위를 사실상 포기했기 때문에 향후 개도국 세분화 논의를 반대하기보다 오히려 적극적으로 협상을 통해 개도국 졸업 이후 일정한 유예기간을 확보하는 전략이 필요할 것으로 보인다. 협상을 통해 개도국 졸업을 결정할 심사기간, 이후 유예기간, 유예기간 동안의 의무부담 수준 등에서 유리한 조건을 확보하는 것이 중요할 것으로 보인다.

③ WTO 개혁논의 참여

향후 세부 이슈별로 WTO 개혁논의가 활발히 전개될 전망이므로 위의 투명성 및 통보, 개도국 세분화 등의 의제 등 우리나라의 이해가 걸린 부분에 대해서는 적극적으로 논의에 참여하여 우리나라의 입장을 최대한 반영시키도록 해야 한다. 그동안 WTO 다자 협상은 양자 FTA나 RTA 등 양자 또는 지역 간 자유무역협정에 그 우선순위가 밀려왔으나 최근 WTO 개혁논의는 우리나라의 이해가 연관되어 있으므로 이에 대한 선제적 대응이 요구된다.

아울러 현재의 WTO 개혁논의가 미·중 무역갈등이 WTO의 선진국과 개도국 간 대립 구도로 바뀐 성격도 있기 때문에 개별 사안에 따라 신중한 접근이 필요하다. 예를 들어 중국의 개도국 졸업은 내수시장에서 중국기업과의 불공정한 경쟁 환경을 개선한다는 측면에서 관련 논의에 대한 참여가 필요하다. 반면 우리나라의 농업 분야 개도국 졸업에 따른 부담 측면에서는 반대로 신중한 자세가 요청된다고 할 수 있다.

Ⅳ 통상이슈와 정책

Chapter 12 주요 통상이슈
Chapter 13 주요국의 통상정책

INTERNATIONAL COMMERCE

INTERNATIONAL COMMERCE

CHAPTER

12

주요 통상이슈

1. 쌀시장 개방
2. 기술무역장벽
3. 투자자·국가 소송제도
4. 자유무역 협정
5. 보호무역 시대로의 복귀
6. 중국 시장경제국 지위 문제
7. DDA 2.0
8. 무역 2조 달러 시대로
9. 코로나 팬데믹, 러·우 전쟁 등 지정학적 리스크
10. 탄소국경조정제도
11. WTO 제12차, 제13차 각료회의 성과 및 전망

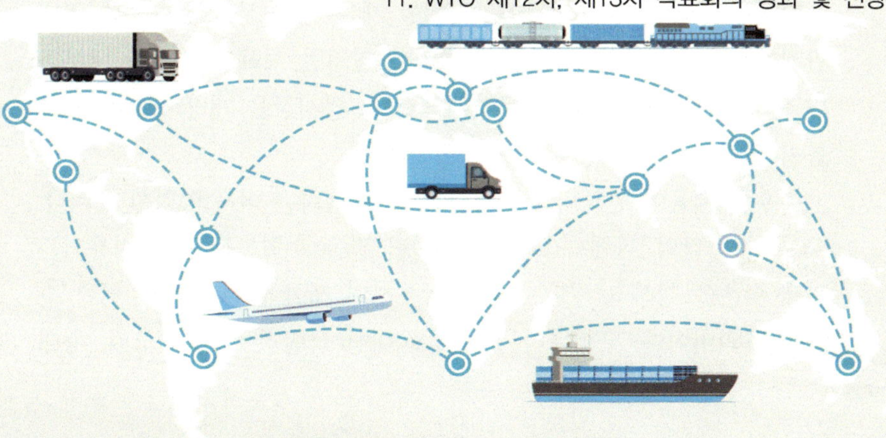

Chapter 12 주요 통상이슈

1. 쌀시장 개방

WTO 협정은 공산품 중심의 무역을 토대로 한 GATT 체제의 한계를 넘어 농산물의 자유무역을 위한 다자 차원의 합의를 이끌어 내었다. 회원국은 우루과이라운드를 통해 모든 농산물 시장을 개방하고 수량제한 등의 비관세장벽 철폐하는 등 예외 없는 관세화를 합의하였다. 우리나라도 이전과 같이 쌀 수입에 대한 수량제한을 폐지하는 대신 관세화를 요구받게 되었다. 쌀을 수입할 때 관세를 부과하게 되면 국내 판매가격이 높아져 수량제한의 효과가 있지만 정해진 관세만 납부하면 쌀을 얼마든지 수입할 수 있게 되므로 쌀시장을 개방하는 것과 다름이 없다.

추후 관세율이 인하되면 국내산 쌀의 경쟁력은 더욱 악화할 것이다. 다시 말해 쌀의 '관세화'(tariffication)란 쌀을 수입하는 경우 적용되는 관세 수준을 정하고 해당 관세를 납부하면 제한 없이 쌀을 수입할 수 있다는 의미이다. 우리나라는 농업에 대한 국민적 정서의 고려, 생태

보호와 식량안보 등 농업의 가치를 인정하고 전략적 차원에서 보호해야 한다는 이유로 1995년 이후 20년에 걸쳐 두 번의 관세화 유예를 통해 쌀시장 개방을 미뤄왔다.

우루과이라운드 당시 우리나라는 2004년까지 10년 동안 관세화를 유예하는 대신 의무수입 물량을 수입하기로 하였다. 그리고 2004년 재협상을 통해 2014년까지 다시 한 번 관세화 유예를 연장하였다. 하지만 그 대가로 쌀 의무수입 물량은 늘어나 1995년 5만 1천 톤, 2004년 20만 5천 톤, 2014년 40만 9천 톤의 쌀을 5% 관세율로 의무적으로 수입해야 했다. 관세화 유예 조치는 2014년 말로 종결되기 때문에 우리나라는 2015년 관세화를 통해 전면적 쌀시장 개방을 시행할지, 관세화 유예 조치를 위한 협상을 개시할지 선택의 기로에 서게 되었다.

2014년 기준 전 세계적으로 쌀시장을 개방하지 않은 나라는 우리나라와 필리핀뿐으로 더 이상의 관세화 유예는 현실적으로 어렵고 관세화 유예 경우에도 반대급부로 부담해야 하는 비용이 훨씬 크다고 판단, 2015년 쌀시장 전면 개방을 결정하였다. 만약 쌀시장을 개방하지 않으면 그 대가로 한해에만 40만 톤 이상의 쌀을 의무적으로 수입해야 한다. 이는 우리나라 쌀 생산량의 10%에 근접하는 양으로 유예 연장에 따른 실익보다 부담이 더 클 수 있다는 것이다. 실제로 쌀시장 개방에 '유예'(일시 의무면제)를 받은 필리핀은 추가 요구 사항을 들어주게 되면서 쌀 산업에 더 큰 타격을 받고 있다고 평가되었다. 우리나라는 2014년 9월 WTO에 관세화 유예 조치 종료, 쌀시장 개방, 관세화 계획 및 조치에 대한 양허안을 제출하였다.

쌀시장 개방은 식량주권과도 직결되는 사안으로 정부는 농가 피해를 최소화하기 위해 쌀 산업 발전대책을 마련하기로 하였지만 농민단체들의 거센 반발과 국민적 공감대 형성도 쉽지만은 않았다. 이와 관련하여 정부는 쌀시장 개방의 불가피성을 홍보함과 동시에 쌀 산업 보호를 위해 수입쌀에 대해서 513%라는 고율의 관세율을 적용할 것과 수입 물량이 과도하면 '특별긴급관세'(Special Safeguard, SSG)도 부과할 방침임을 밝혔다.

513%의 관세율은 WTO 농업 협정 산식에 따라 1986~1988년의 국내외 가격차이[1])로 계산된 '관세 상당치'(tariff equivalent) 571%에서 우루과이라운드 결과에 따른 품목별 최소감축률인 10%를 적용해 차감한 수치이다.[2]) 하지만 우리나라가 설정한 513%의 관세율은 잠정적인 것으로 WTO에 통보한 것일 뿐 WTO 차원의 공식 쌀 최종관세율이은 관련 주요국과의 합의를 통해 확정되도록 되어 있었다. 이후 우리나라는 미국, 중국, 태국 등 이해 당사국과의 협상을 통해 2021년 기존대로 513%의 관세율을 관철할 수 있었다.

쌀 수입에 대해 고율 관세를 부과할 수 있게 되었지만 쌀시장 개방에 반대하는 농민단체 등은 쌀시장 개방 이후 FTA 협상 등에서 쌀 관세율이 감축, 철폐될 수 있다는 우려를 제기하고 있다. 정부는 향후 체결될 모든 FTA에서 쌀은 최우선적으로 양허에서 제외한다는 입장이다. 한 마디로 쌀은 협상 대상에서 제외한다는 것이다. 하지만 주요 쌀 수출국의 쌀시장 개방에 대한 요구와 압력은 계속될 것으로 보인다. 특히 DDA의 농업 협상의 진행과 타결에 따라 쌀 산업의 보호 정도와 그 개방 속도, 그리고 그에 따른 쌀 산업의 향방이 결정될 것으로 보인다.

2. 기술무역장벽

기술무역장벽의 기술은 technology가 아닌 technical의 의미이다. 따라서 기술무역장벽은 '무역에 관한 기술적 장벽'(Technical Barriers to Trade, TBT)이라고 해야 더 정확하다. 하지만 일반적으로 간소화된

1) 우리나라는 중국의 해당 기간 쌀 도매 평균 가격과 우리나라의 해당 기간 쌀 도매 평균 가격의 차이를 활용하였다.

2) 513% = 571% − (571% × 1/10)

용어인 기술무역장벽을 사용하는 경우가 많다. 기술무역장벽은 국가 간 서로 다른 표준, 기술 규정, 적합성 평가 절차 등을 채택, 적용함으로써 발생하는 비관세장벽의 일종이다.

최근 관세 등 전통적 보호무역 조치가 완화돼 온 반면 기술무역장벽은 다양한 형태로 강화되는 추세이다. 기술무역장벽은 최근 대표적인 '비관세장벽'(Non-Tariff Barriers, NTB)으로 자리 잡고 있어 다자차원에서 이 문제를 해결하기 위한 노력이 진행되고 있다. 예를 들어 WTO는 회원국이 기존 기술규제를 개정하거나 신규로 기술규제를 제정할 때 이로 인한 다른 회원국의 혼란을 최소화하기 위해 의무적으로 통보하도록 규정하고 있다.

기술무역장벽의 이해를 위해서는 비관세장벽과 관련된 무역의 흐름에 대한 이해가 필요하다. 1차 세계대전과 연이은 대공황 및 2차 세계대전으로 인해 침체하였던 세계무역은 종전 후인 1948년 GATT 출범 및 미국을 중심으로 한 자본주의의 발전과 더불어 본격적으로 활성화되기 시작되었다. 이후 GATT 체제 하에서 8번에 걸친 다자 협상 및 1995년 WTO 출범을 통해 다자 차원의 자유무역 확대가 지속해서 이루어지고 있다. 자유무역 확대로 인해 관세 인하와 더불어 재화와 서비스 등의 상품뿐만 아니라 자본, 노동, 기술 등 생산요소의 국가 간 효율적 이동 및 배분이 가능하게 되었고 세계무역의 증가 및 경제성장에 긍정적인 영향을 주게 되었다.

자유무역의 확대는 상품의 품목 제한이나 관세를 이용한 개별 국가의 보호무역정책의 효과를 감소시켰지만 동시에 급격한 대외 개방으로 인한 국내산업의 피해에 대한 우려를 증가시켰다. 이로 인해 각 국가는 새로운 보호무역정책으로서 수량제한 및 관세장벽 등의 전통적인 무역장벽 외에 소위 비관세장벽을 보다 적극적으로 이용하기 시작했다. 일반적으로 비관세장벽은 무역 효과에 대한 정확한 측정이 어렵다. 그 유형과 성격이 다양하여 보호무역 정책으로의 효과를 계량화하는 것도 어렵다. 이러한 비관세장벽의 폐해를 최소화하기 위한 비관세장벽 관련 다자 논의는 GATT의 제7차 도쿄라운드(1973~1979년) 협상에서 최초로 이루어졌다. 이후 제8차 우루과이라운드(1986~1993년) 협상을 통해 비로소 TBT 협정이 체결되었다.

비관세장벽이 세계무역에 있어 그 중요성이 점점 증가하면서 GATT/WTO, UNCTAD 그리고 OECD와 같은 국제기구를 통해 비관세장벽에 대한 논의가 비중 있게 다루어지게 되었다. 현재 WTO에서 규정한 비관세장벽 분야는 기술무역장벽 협정 외에도 무역 관련 투자 조치 협정, 관세평가 이행 협정, 선적 전 검사 협정, 원산지규정 협정, 수입허가절차 협정으로 총 여섯 가지가 있다. 이렇듯 WTO 비관세장벽 분야의 부속 협정 중 하나로 체결된 기술무역장벽 협정은 포장, 표시, 라벨링(labelling)을 포함한 기술 규정 관련 국제기준이나 관행의 준수를 의무화하거나 국제표준과 적합성평가 시스템 등이 무역에 부정적인 영향을 주는 기술무역장벽으로 악용되지 않도록 하는 것을 목표로 한다.

WTO 회원국은 기술 규정, 표준, 적합성평가 시스템을 제정하거나 개정할 때 기본적으로 내국민대우 원칙을 준수해야 한다. 국제기준이나 관행을 기준으로 설정해야 하고 관련 내용을 WTO에 통보할 의무와 기술무역장벽 통보 문의에 대한 공식 질의처 설치의 의무를 가진다. 기술무역장벽 협정에 따른 의무는 WTO 회원국 간의 국가별 기술무역장벽 관련 정보 공유와 의견교류를 원활하게 하여 궁극적으로는 기술규제의 표준화 및 투명성 제고를 통한 무역의 원활화를 목표로 한다.

하지만 기술무역장벽 협정에 따른 기술규제 설정 통보는 오히려 새로운 무역장벽에 대한 합법적인 허가 또는 허용을 의미할 수 있다는 반론도 존재한다. 이로 인해 비관세장벽의 일환인 기술무역장벽은 보호무역의 요인으로 작용할 가능성을 내포하고 있다. 수출의존도가 높은 우리나라로서는 다른 국가의 기술규제에 대한 정보를 신속하게 습득하고 이에 따른 적절한 대응 조치를 준비해야 할 필요가 있다.

특히 1990년대 후반부터 발생한 다자 협상의 부진 및 FTA와 같은 지역무역 협정 체결의 확산과 더불어 자국 산업의 보호를 위한 비관세장벽의 일환으로 기술무역장벽을 이용하려는 경향이 나타나고 있다. 비관세장벽의 폐해를 줄이기 위한 목적으로 만든 협정이 오히려 보호주의적 조치로 사용될 가능성이 커지면서 기술무역장벽은 다자주의 차원에서뿐만 아니라 지역주의 차원에서도 그 중요성이 증대되었다.

기술무역장벽의 유형은 크게 ① '기술 규정'(technical regulation), ② '표준' (standard) 그리고 ③ '적합성 평가'(conformity assessment) 등으로 구분할 수 있다.

① 기술 규정의 경우는 적용 가능한 행정규정이 포함되어 상품의 특성, 관련 공정 그리고 생산방법을 규정하는 강제적인 문서로 이는 상품의 가격상승을 유발시켜 경쟁력을 떨어뜨리는 무역장벽이 될 가능성이 있다. 예를 들어 기술 규정의 하나인 '라벨링'(labeling)은 소비자보호법에 따라 특정 라벨 부착의 의무화를 의미하는데 이는 특정 물품에 차별적이거나 통보국가 이외 다른 국가에게 불리하게 작용할 수 있다. 기술 규정의 유형은 크게 차별적 기준 적용, 상이한 표준 적용, 국제표준과의 불일치, 과도한 기술 요건, 투명성 결여 등이 있다.

② 표준은 상품의 특성 또는 관련 공정 및 생산방법의 공통적이고 반복적인 사용을 규정하는 문서로 인정된 기관에 의하여 승인되고 그 준수가 강제성은 없다고 규정되어 있다. 하지만 정부의 적합성 평가절차 운영 또는 기술 규정 제정에 국민의 생명, 안전, 건강, 환경보호 등을 위해 활용되거나 소비자의 선호에 따라 강제성을 가지게 되면서 이 역시 무역장벽이 될 가능성이 있다.

③ 적합성 평가는 기술 규정 및 표준의 관련 요건 충족을 검사하기 위해 직접적 또는 간접적으로 사용되는 모든 절차를 의미한다. 적합성 평가의 종류에는 표본추출, 시험검사, 평가, 검증 및 적합성 보증, 등록, 인정과 승인 그리고 이들의 결합을 포함한다. 적합성 평가 역시 적

합성 평가 검사 절차로 인해 발생하는 비용과 소요되는 시간으로 인한 무역장벽이 발생할 가능성이 있다.

기술무역장벽이 나타나는 특징을 종합적으로 살펴보면 개도국의 경우 적합성 평가에서의 검사 지연 등으로 인한 불필요한 비용지출과 시간 소요 그리고 인증 절차의 불투명성 또는 국제표준과의 불일치 등으로 나타난다. 반면 선진국의 경우 과다한 기술 요건, 상이한 기준의 적용, 상품표시부착과 같은 형태의 기술무역장벽이 나타난다. 중동국가 및 말레이시아, 인도네시아 등 일부 아시아의 이슬람 국가의 경우 종교적인 이유로 '할랄'(halal) 인증과 관련된 할랄 표시 라벨링과 검사에 대해 여타 국가와는 다른 요건을 부가하는 사례도 있다.

위와 같은 기술무역장벽 사례를 통해서 알 수 있듯이 기술무역장벽 협정에 따른 국가 별 기술 규정 통보는 합법적인 무역장벽의 성격을 가진다. 이러한 이유로 최근 기술무역장벽에 관한 논의는 다자 무역 협상뿐만 아니라 FTA 등 지역 차원의 자유무역의 핵심 내용 중 하나로 다루어지고 있다. 우리나라와 같은 수출 대국의 경우 다른 국가에서 통보하는 기술무역장벽에 대한 신속한 정보 습득과 정확한 이해를 통해 수출장벽에 대한 적절한 대응이 필요할 것으로 보인다.

3. 투자자·국가 소송제도

'투자자·국가 소송제도'(Investor-State Dispute Settlement, ISDS)는 외국에 투자한 기업이 해당 기업에 불합리한 현지의 정책이나 법으로 인한 재산적 피해를 실효적으로 보호하기 위하여 국제기구의 중재로 분쟁을 해결토록 한 제도를 의미한다. 즉, 기업이 상대방 국가의 정책으로 이익을 침해당했을 때 해당 국가를 미국 워싱턴 소재 세계은행 산하의 '국제상사분쟁재판소'(International Center for Settlement of

Investment Disputes, ICSID), 네덜란드 헤이그 소재 '국제상설중재재판소'(Permanent Court of Arbitration, PCA) 등 제3의 국제판정기구에 제소할 수 있도록 하는 제도이다.

투자자·국가 소송제도는 이미 오래전부터 인정되어온 제도이지만 최근 다국적기업의 전 세계적 투자가 확대되면서 국가의 일방적인 정책에서 투자자를 보호하기 위한 목적에서 더욱 부각되었다. 실제로 대부분의 지역무역 협정인 FTA에도 포함되어 왔다. 우리나라 경우도 한·미 FTA 협정에 ISDS 조항이 포함되었는데 이를 미국의 국익에만 도움이 되는 독소조항이라고 비판하는 목소리가 작지 않았다.

2012년 2월 외환은행을 매각하고 국내시장에서 철수한 미국계 사모펀드 론스타(Lone Star)는 외환은행 인수 및 매각 과정에서 우리나라 정부가 매각 승인을 지연했고 자의적이고 차별적인 과세 조치로 인해 손해를 보았다고 주장하고 2012년 11월 세계은행 산하 중재 기구인 국제투자분쟁해결센터에 우리나라 정부를 상대로 한 투자자·국가 간 소송(ISD)을 제기하였다. 이는 우리나라의 사실상의 첫 ISD라는 의미 외에 이로 인해 ISD가 주는 부정적 인식이 더 강해지는 배경이 되었다.

소송 관련 주요 쟁점은 소송성립의 여부를 다투는 관할권 문제로 론스타가 이번 소송의 근거로 내세운 '한-벨기에·룩셈부르크 투자협정'(BIT)이 소송의 근거가 될 수 있는지에 대한 여부를 두고 논란이 되었다.[3] 론스타는 외환은행 매각 당시 우리나라 정부가 HSBC의 지분인수 승인신청을 미루어 HSBC가 인수를 포기, 이후 하나금융에 2조원의 손해를 보고 팔게 되었다고 주장하였다. 론스타는 론스타가 벨기에에 만든 자회사들을 통해 외환은행 등에 투자, 매각 차익을 올렸기

3) 세계화의 진전으로 국내 진입한 외국인 기업들도 많아졌고 삼성전자, 현대자동차 등 우리나라 기업의 세계시장에 대한 투자도 확대되고 있다. '투자협정'(Investment Treaty)은 협정을 맺는 국가 간에 이미 이루어진 투자를 보호하거나 새로운 투자를 촉진할 목적으로 체결하는 협정을 말한다. 그중에서 두 나라 간에 체결하는 협정을 '양자 투자협정'(Bilateral Investment Treaty, BIT)이라고 한다.

때문에 한-벨기에·룩셈부르크 투자협정에 따라 자회사가 투자협정의 보호를 받아야 한다고 주장하였다. 이에 대해 우리나라 정부는 론스타의 자회사들이 실체가 없으므로 한-벨기에·룩셈부르크 투자협정으로 보호할 대상이 아니라고 주장하였다.

2012년 5월 론스타의 ISD 제소 통보 이후 국무총리실 산하에 법무부, 기획재정부, 외교통상부, 금융감독위, 국세청 등이 참여한 TF팀을 꾸려 소송에 대비하였다. 정부는 국제중재재판부에서 론스타 주장의 부당성을 적극 제기하였다. ICSID가 2012년 중재재판단 구성을 시작으로 최종 판결까지 대략 3~4년 정도 지난 2015년 말이면 결론이 날 것으로 예상되었다. 하지만 양측 간의 증거보강을 위한 신경전이 지속되면서 이례적으로 판결이 지연되었다. 그리고 소송이 시작된 지 10여 년이 지난 2022년 8월 31일 ICSID는 우리나라 정부가 론스타에게 2,925억 원을 배상하라고 판결하였다.

론스타의 청구 금액은 기존 43억 달러(5조 원)였다가 환율변동 등을 이유로 46억 7,900만 달러로 증액된 것으로 알려지고 있다. 판결 배상금은 청구액에 비해 소액에 불과하지만 우리나라 정부가 일부 패소했다는 것은 그만큼 ISD가 만만치 않음을 반증한다고 할 수 있다. 만약 우리나라 정부가 패소할 경우 천문학적인 국고 손실도 큰 부담이지만 유사 소송을 부추길 수 있다는 우려가 제기되고 있다. 론스타와의 ISD에서 우리나라가 패소함에 따라 현재 진행 중인 ISD뿐만 아니라 향후 외국인직접투자의 증가와 시장개방이 가속화되면서 발생할 수 있는 ISD에 적지 않은 영향을 줄 것으로 예상되고 있다. 우리나라 정부는 원천적으로 ISD가 발생하지 않도록 선제적인 정책 조율 등이 필요하고 그럼에도 불구하고 발생할 수 있는 ISD에 대해서는 만반의 준비와 승소를 위한 노력에 최선을 다해야 할 것이다.

4. 자유무역 협정

'자유무역 협정'(Free Trade Agreement, FTA)은 FTA 당사국의 상품, 서비스, 투자, 지식재산권, 정부조달 등에 대한 관세 및 비관세 장벽을 완화함으로써 상호 간 무역 증진을 도모하는 특혜무역 협정을 의미한다. 기존 FTA는 관세 철폐에 주요 초점이 맞춰져 있다. FTA는 특정 지역 또는 국가 간의 무역 협정으로 '지역무역 협정'(Regional Trade Agreement, RTA)의 일종이다.

RTA는 일반적으로 소수 회원국 간 관세 철폐를 중심으로 무역상 상호특혜를 부여하는 것으로 GATT나 WTO 체제로 대표되는 다자주의와 대비되는 개념이다. 다시 말해 전 세계 대부분 국가가 회원국으로 참여하는 GATT/WTO 다자 무역 협정과 대칭되는 개념인 것이다. RTA는 일반적으로 지역적으로 인접해있거나 경제적으로 밀접한 관계에 있는 국가 사이에 맺는 양자 또는 복수국 자유무역 협정이다. RTA는 FTA뿐만 아니라 관세동맹, 공동시장, 경제동맹, 단일시장, 서비스 협정, 투자 협정 등 경제통합의 수준 및 시장개방 분야에 따라 다양하게 나타난다. 하지만 그중에서도 FTA가 RTA의 70% 이상으로 대부분을 차지하고 있다.

일반적으로 FTA는 경제통합과 관련해서 주로 논의되는 주제이다. 경제통합의 첫 번째 단계가 FTA이기 때문이다. 일반적으로 경제통합은 ① 자유무역 협정, ② 관세동맹(Customs Union), ③ 공동시장(Common Market), ④ 완전 경제통합(단일시장) 등 보다 높은 수준의 경제통합체로 발전하게 된다. 2023년 말 기준 WTO에서 집계한 지역무역 협정(RTA) 누적 발효 건수는 총 424건이다. 이 가운데 상품무역만을 포함한 자유무역 협정(FTA)은 56.4%인 239건으로 가장 큰 비중을 차지하고 있다. 시기별로 보면 지역무역 협정은 1995년 WTO 출범 이후 급증하기 시작하여 전체 424개 협정 중 1995년 이후에만 전체의 88.3%에 해당하는 374건이 발효된 것으로 파악되고 있다.

이러한 현상은 WTO를 중심으로 하는 다자주의 차원의 무역 질서와 더불어 이해관계가 밀접한 양자 또는 복수국 지역무역 협정을 통한 지역주의가 가속화하고 있음을 의미한다. 이러한 지역주의 확산 경향은 과거 GATT 체제보다 현재 WTO 체제에서 오히려 급속도로 진행되는 경향을 보이고 있다. FTA 급증은 현재 진행 중인 DDA가 지체되고 다자주의 차원의 합의 도출이 난항을 겪고 있는 것과 무관하지 않다. 다자 협상에 비해 상대적으로 그 필요와 결과가 뚜렷한 양자 또는 복수국 지역무역 협정에 의존하는 경향이 강해지고 있기 때문이기도 하다.

FTA는 역내 자유무역이 진전되는 효과를 가져 오지만 역외에 대해서는 차별적 무역 조치가 취해진다는 점에서 WTO의 자유무역 발전이라는 목표와 충돌하는 부분이 존재한다. 다행스러운 것은 대부분 FTA가 WTO 협정보다 높은 수준의 시장개방과 자유무역을 추구하는 소위 WTO Plus(플러스) 방식을 보인다는 점이다. FTA 체결 국가는 WTO 협정 GATT 1994 제24조에 따라 최혜국대우 등 기존 WTO 협정 준수 의무 및 권리의 일부 면제를 받을 수 있다. 또한 WTO 협정에서 규정한 사항 이외의 사항을 FTA 협정에서 규정할 수 있다. 이러한 방식을 WTO 플러스라고 한다.

예를 들어 FTA에는 WTO 협정보다 높은 수준의 무역원활화를 위한 내용이 추가될 수 있다. 이렇게 FTA가 다자 무역 질서에 역행하거나 저해하기보다는 WTO를 보완하고 WTO가 진전될 수 있는 자극제 역할을 할 것으로 기대되고 있다. 우리나라는 GATT 및 WTO로 대표되는 다자 무역체제의 수혜를 누린 대표적인 국가로 대외무역을 통해 경제성장을 이룬 전형적인 사례로 인정받고 있다. 과거와 마찬가지로 향후 우리나라가 지속적인 경제발전을 위해서는 다자 차원의 무역 확대는 필수적이다.

이와 동시에 양자 또는 복수국 FTA와 같은 지역무역 협정의 중요성도 지속해서 커지고 있다. 우리나라는 WTO를 통한 자유무역 확대를 추구하는 동시에 양자 또는 복수국 FTA를 확대, 강화할 필요가 있다. FTA를 중심으로 한 지역주의는 1992년 EU 출범과 1994년 NAFTA 발효를 계기로 세계적으로 확산되었다. 이러한 통상환경의 변화에 대응하고 세계시장에 적극적으로 진출하기 위해서 불가피하게 FTA를 추진하게 되었다고 할 수 있다. 1990년대 이후 주요 경쟁국이 FTA를 앞다투어 추진하고 있는 통상환경에서 우리나라가 기존 수출시장을 유지하고 더 나아가 새로운 시장을 개척하기 위해 FTA 확대에 전력을 다하는 것은 당연한 일이다.

특히 DDA가 부진한 현실에서 경쟁국이 여타 국가와 먼저 FTA를 체결한다면 우리나라 수출상품은 상대적으로 높은 관세율로 가격경쟁력을 잃을 수 있다. 우리나라 수출상품의 가격경쟁력을 유지하고 안정적으로 해외시장을 확보, 개척하기 위해서는 주요 무역국과의 FTA는 필수 불가결한 사안이 된 것이다. 우리나라 정부는 IMF 외환위기 이후 위기 극복을 위한 방안으로 FTA를 추진하기 시작하였다. 이후 2003년 칠레와의 FTA 체결을 시작으로 동시다발적인 FTA를 추진해왔다. 이후 미국, EU, 중국, 인도 등 거대경제권과 FTA를 체결하고 호주, 캐나다, 아세안 등 자원 부국 및 주요 거점경제권을 중심으로 전략적인 FTA 확장을 통해 주요 경제권과의 자유무역 네트워크를 구축해가고 있다.

이러한 노력의 결과 우리나라는 FTA 낙후국가에서 FTA를 주도하는 선도국가 또는 허브국가로 발돋움하였다. FTA의 내용 면에서는 FTA 효과를 극대화하기 위해 관세 철폐뿐만 아니라 서비스, 투자, 정부조달, 지식재산권, 기술 표준 등을 포함하는 높은 수준의 포괄적인 FTA를 지향하고 있다. 그리고 FTA를 통해 가능하면 WTO의 상품과 서비스무역 관련 규정보다 높거나 적어도 같은 수준의 시장개방을 지향하고 있다. 이를 통해 FTA를 통한 자유무역의 확대와 이를 위한 국내 제도 개선 및 선진화를 도모하고 있다.

우리나라 FTA의 현황을 살펴보면 칠레(2004년 4월)를 시작으로 싱가포르(2006년 3월), EFTA(2006년 9월), 아세안(2007년 6월), 인도(2010년 1월), EU(2011년 7월), 페루(2011년 8월), 미국(2012년 3월, 2019년 1월 재개정), 튀르키예(2018년 8월), 호주(2014년 12월), 캐나다(2015년 1월), 중국(2015년 12월), 뉴질랜드(2015년 12월), 베트남(2015년 12월), 콜롬비아(2016년 7월), 중미 5개국(파나마, 코스타리카, 온두라스, 엘살바도르, 니카라과)(2021년 3월), 영국(2021년 1월), RCEP(2022년 2월), 이스라엘(2022년 12월), 캄보디아(2022년 12월), 인도네시아(2023년 1월) 등 2023년 말 기준 21개, 59개국과의 FTA가 발효되었다. 그리고 필리핀(2023년 11월), UAE(2023년 10월), 에콰도르(2023년 10월)와의 FTA가 타결되어 발효만을 남겨 놓고 있다. 이외에도 한·중·일, GCC, MERCOSUR, 러시아, 말레이시아 등과도 FTA 협상이 진행 중이다.

앞으로 FTA를 중심으로 한 지역주의는 WTO 차원의 다자 무역 체제와 함께 국가 간 무역자유화와 시장개방을 통한 무역의 이익을 실현하는 방안이 될 것으로 예상된다. 우리나라는 자유무역 확대와 무역의 이익 확보를 위해 FTA를 십분 활용할 필요가 있다. WTO는 대부분 국가가 참여하여 각국의 시장개방 수준과 무역자유화 정도가 결정한다는 점에서 일단 합의가 이루어지면 각국이 새로 누릴 수 있는 무역의 이익은 고정적이고 영속적인 특성을 갖는다.

하지만 FTA 경우는 이와는 달리 비록 특정 국가가 FTA를 통한 무역의 이익을 확보할 수 있더라도 이것은 영속적이지 못할 가능성이 크다. 왜냐하면 FTA는 일부 국가 간 무역자유화이기 때문에 역외국이 역내국과 다른 FTA를 체결하게 되면 그동안 누려왔던 무역의 이익이 상실 또는 변화되기 때문이다. FTA의 경우 역외국의 통상정책 변화와

FTA 참여 여부에 따른 무역의 이익의 변화가 크다고 할 수 있다.

예를 들어 우리나라가 미국과의 FTA를 통해 미국 시장에서 일본상품에 비해 경쟁우위를 점할 수 있더라도 일본이 미국과 FTA를 체결하여 일본상품에 대한 관세가 철폐되고 무역장벽이 제거되면 우리나라가 가졌던 경쟁력 우위는 사라질 가능성이 크다. 실제로 향후 미국이 CPTPP(Comprehensive and Progressive agreement for Trans-Pacific Partnership, 포괄적·점진적 환태평양경제동반자협정)[4]에 참여하게 되면 이는 미국과 일본의 FTA 성격을 갖기 때문에 우리나라 상품이 기존 미국 시장에서 누리고 있던 경쟁력 우위를 상실할 여지가 커지게 된다. FTA는 세계시장에서 경쟁국에 비해 우위를 점하기 위한 노력의 일환이지만 다른 국가의 FTA 참여와 시장개방이 이루어지게 되면 그동안 누리던 무역의 이익은 지속될 수 없다. 이러한 점에서 FTA를 통한 이익은 영속적이지 않고 가변적이고 상대적이다. 이는 우리나라가 기존 FTA에 만족하지 않고 지속해서 FTA를 확대, 발전시켜야 함을 의미하는 것이다.

그리고 새로운 FTA의 타결뿐만 아니라 통상환경 변화와 시장개방 요구 증대로 기존 FTA의 내용을 수정, 보완되어야 할 필요성도 제기된다. 예를 들어 2015년 발효된 베트남과의 FTA와 2023년 발효된 캄보디아, 인도네시아와의 FTA 경우 기존 한·아세안 FTA만으로는 빠르게 증가하고 있는 아세안과의 무역과 투자를 뒷받침하기 어렵다. 이들 국가와의 개별 FTA는 한·아세안 FTA보다 한 단계 높은 수준의 시장개방과 무역자유화가 필요하다는 요구에 부응하기 위한 것이다. 이 외에 말레이시아, 필리핀 등 다른 아세안 국가와의 개별 FTA도 진행하고 있

4) 아시아·태평양 지역의 경제통합을 목적으로 출범한 자유무역협정의 한 형태. 최종적으로는 아시아·태평양 지역에서의 공동시장을 목표로 하고 WTO 개편을 위한 선제적 무역규범 정립의 의미도 있다. 현재 일본, 호주, 캐나다, 멕시코, 칠레, 뉴질랜드, 말레이시아, 싱가포르, 페루, 베트남, 브루나이 등 11개 회원국이 참여하고 있고 2018년 말 발효되었다.

는 것도 같은 이유이다.

앞에서 언급하였듯이 우리나라는 GATT와 WTO로 대표되는 다자무역 체제의 가장 큰 수혜국이다. 우리나라는 무역을 통해 경제성장을 이룬 가장 성공적인 사례로 인정받고 있다. 우리나라는 명실상부한 무역대국으로서 지속적인 경제발전을 위해서는 무역의 확대가 필수적이다. 열린 세계시장이 우리의 경제적 생존과 직결되는 것이다. 하지만 최근 급변하고 있는 국제정세와 통상환경을 보면 우리나라에 유리한 것만은 아니다. 미·중 패권 경쟁, 러시아·우크라이나 전쟁, 이스라엘·하마스 전쟁 등 지역분쟁 격화, 코로나 팬데믹 이후 공급망 충격으로 인한 보호무역주의가 강화되고 있는 것으로 보인다. 이에 따라 이해를 같이하는 국가와 지역 간의 합종연횡이 빠르게 진행되는 등 지역주의가 강화되는 모습이다.

이러한 지역주의 강화는 과거 GATT 체제보다 현재 WTO 체제에서 오히려 빠르게 확산하는 경향을 보인다. 향후 각국의 FTA 경쟁 등 지역주의 선호 현상은 DDA 협상이 부진한 상황에서 더욱 심화할 것으로 예상된다. 이미 다수 국가가 양자, 복수국 지역무역 협정에 의존하는 경향이 뚜렷해지고 있다. 이러한 상황에서 우리나라가 적극적으로 FTA를 추진해야 하는 이유는 위에서 언급한 것과 같이 크게 두 가지로 정리할 수 있다.

첫째, 1992년 EU의 출범과 1994년 NAFTA의 발효를 계기로 지역주의가 세계적으로 확산하면서 FTA 네트워크 역외국으로서의 피해를 최소화하고 나아가 이러한 도전에 적극적으로 대응하기 위해 FTA를 추진할 필요성이 제기되었다. 우리나라 무역 규모가 평균적으로 GDP의 70~80%를 차지하고 있다는 점을 고려할 때 주요 경쟁국이 FTA를 추진하고 있는 통상환경에서 우리나라가 기존 수출시장을 유지하고 새로운 시장에 진출하기 위해 FTA 확대에 전력을 다하는 것은 당연하다. 주요 무역상대국이 다른 경쟁국과 먼저 FTA를 체결한다면 우리나라

상품은 고율 관세 적용에 따른 가격경쟁력 저하로 점차 시장을 잃을 수밖에 없다. 따라서 우리나라 상품의 수출경쟁력을 유지하고 안정적인 해외시장을 확보하기 위해서는 주요 무역국과의 FTA 체결이 필수적이다.

둘째, 능동적인 시장개방과 무역자유화를 통해 국가의 전반적인 무역시스템을 선진화하고 경제체질을 강화하기 위해 FTA 추진이 필요하다. 우리나라 경제가 양적인 성장뿐만 아니라 질적인 발전을 통해 명실상부한 선진 경제로 발전하기 위해서는 FTA를 능동적, 적극적으로 활용할 필요가 있다. 다른 국가들도 산업경쟁력과 국가경쟁력을 신장시키는 주요 정책 수단으로 FTA가 효과적임을 깨닫고 적극적으로 FTA 네트워크 구축에 나서고 있는 것이 이러한 사실을 반증하고 있다.

그렇다면 우리나라는 지금까지 어떤 전략하에서 FTA를 추진해 왔는가를 살펴볼 필요가 있다. 앞에서 언급했듯이 우리나라 정부는 2003년 이래 적극적으로 FTA를 추진해왔다. 특히 거대경제권과 자원 부국 및 주요 거점경제권을 중심으로 FTA 네트워크를 구축하고 있다. 동시 다발적인 FTA 추진을 통해 그동안 지체된 FTA 진도를 단기간 내에 만회하였다. FTA 네트워크를 활용하여 우리나라 기업의 세계시장 확보를 지원하고 동아시아 FTA 허브 국가로 발돋움하려는 것이다. 이는 FTA를 통해 단지 역내국 간 특혜 관세와 각종 제도적 지원을 통한 안정적인 수출시장 확보, 해외직접투자 유치, 외교 및 안보 차원의 유대 강화 등이 가능하기 때문만은 아니다. 이러한 다양한 효과를 통해 궁극적으로는 국가 경제 전반의 효율성과 생산성을 높여 성장잠재력을 높일 수 있기 때문이다.

FTA가 성장잠재력을 향상시키는 경로는 세 가지가 있다. 첫 번째는 관세 철폐 등 무역장벽 해소로 인한 무역 창출이다. 무역은 앞에서 언급했듯이 각국의 노동생산성, 부존자원, 경제 제도 등 생산조건과 이에 따른 비교우위의 차이에 의해서 발생한다. 국가가 가지고 있는 서로 다른 경쟁 조건으로 인해 상품, 서비스의 국내시장가격과 국제 시장가격 간 차이가 발생하고 각국이 이 가격 차이를 해소하는 과정에서 무역이 이루어지는 것이다. 양국 간 무역이 늘어날수록 두 나라 생산요소는 효율적으로 배분된다. 각국이 비교우위를 가진 상품과 서비스 중심으로 생산이 늘어나면서 자본, 노동, 기술 등 생산요소의 숙련도 향상과 규모의 경제효과를 더욱 집약적으로 활용될 수 있다. 이처럼 무역 창출을 통해 자본, 노동, 기술의 활용이 개선되면 해당 생산요소를 보유한 경제주체의 소득이 증가한다. 이는 곧 경제성장으로 이어지는 것이다.

두 번째 경로는 투자 촉진이다. FTA로 무역이 증가하면 생산의 전문화에 따른 규모의 경제효과로 자본의 한계생산성이 개선된다. 이는 다시 투자의 기대수익률 인상으로 이어진다. 기대수익률 인상은 투자 확대를 통해 경제성장에 기여한다. 양국 무역구조가 다를 때는 산업간 분업을 통해 생산 전문화의 효과를 기대할 수 있다. 무역구조가 유사하고 경쟁적이더라도 역할 분담에 따른 산업내 무역의 확대 및 이에 따른 투자 증가를 기대할 수 있다.

세 번째 경로는 생산성 제고 효과이다. FTA가 체결되면 일차적으로 무역 확대와 투자 촉진을 통해 생산성이 개선된다. 직접적으로 무역 증가를 초래하지 않는 제도개선, 기술협력 등의 비교역재 요인도 생산성 향상에 기여한다. 무역 확대가 자본과 상품의 단순한 유입으로 끝나는 것이 아니라 무형자산인 인적자본의 증가, 기술변화, 외국인직접투자를 통한 기업 간, 산업 내 파급효과로 생산성을 높이는 것이다. 외국인직접투자가 경쟁을 촉진해 기술혁신을 유도하거나 자본재와 중간재 수입이 자본축적의 효율성을 높이고 '경험에 의한 학습'(learning by doing) 효과로 생산성이 향상되는 것이 그 예이다.

우리나라 정부가 FTA 필요성을 강조하면서 제시해 온 '수출 확대 및 주력 시장점유율 회복', '외국인직접투자 확대를 통한 산업구조 고부가

가치화', '세계경제 블록화 및 글로벌 생산 네트워크화 대응', '서비스산업 경쟁력 확충과 혁신 기반 마련' 등의 목표 역시 이러한 맥락에서 볼 수 있다. 한계에 직면한 우리나라 경제의 성장잠재력을 되살리기 위해서는 FTA 참여와 확대가 불가피하다.

물론 이런 긍정적 전망에 대한 반론 역시 적지 않다. FTA를 통해 과연 기대하는 만큼의 성장이 가능할 것인가라는 근본적인 질문에서부터 성장의 과실을 어떻게 분배할 것인가에 이르기까지 반론은 다양하다. 정치적 판단이 엇갈리면서 현재의 통상정책 방향이 올바른지, 수정할 필요는 없는지 등의 질문도 가능하다. 한 가지 분명한 것은 FTA가 유일한 답은 아니라는 점이다. FTA는 무역을 늘리고 생산성을 향상하기 위한 여러 선택지 중 하나일 뿐이다. 다만 그 여러 변수 중 기술이나 노동생산성 향상과 같은 조건은 단기간 내에 원하는 만큼 갖추기가 어렵다. 이에 비해 FTA는 각국의 정책 의지에 따라 추진이 가능하다는 점에서 상대적으로 접근이 쉬운 방안이라고 할 수 있다.

그렇다면 지난 20년 이상 진행되어 온 우리나라의 FTA 정책은 성공적이었을까? FTA 효과를 정량적으로 정확히 측정하기는 어려운 작업이고 충분한 데이터가 확보되지 않은 경우 그 신뢰성도 떨어지게 된다. 경제에 영향을 미치는 다양한 변수의 효과를 제거하고 순수하게 FTA 효과만 따로 떼어 측정하는 것도 어려운 작업이다. 따라서 FTA 효과에 대해서는 신중할 필요가 있고 단지 무역량이 늘어나고 무역수지가 증가한다고 해서 단순히 FTA가 긍정적이라고 단정하기는 어렵다. 그렇더라도 다수의 실증분석을 토대로 살펴보면 FTA가 경제성장에 영향을 미치는 대표적인 변수들, 예를 들어 무역 확대, 투자 촉진, 생산성 향상 등의 변수에 긍정적인 역할을 했다는 데 대체로 일치하는 결과를 보이고 있다. 따라서 우리나라의 경우 FTA가 앞에서 언급한 여러 경로를 통해 경제성장에 긍정적인 영향을 미쳤음은 부정하기 어렵다. 향후 이러한 FTA의 긍정적 역할을 극대화하면서 우리나라의 수출

증대와 경쟁력 향상을 위한 정교하고 높은 수준의 FTA를 추진해야 할 것이다.

한편 우리나라와 경쟁 관계에 있는 중국과 일본의 FTA 정책에 대해 살펴볼 필요가 있다. 왜냐하면 중국과 일본의 FTA 정책의 성격 및 그 성과에 따라 우리나라 무역의 이익에도 적지 않은 변화를 주기 때문이다. 중국의 경우 FTA 정책에서 '축'(軸, axis) 즉, 중국을 힘의 중심으로 하는 것을 중점적 목표로 한다. 우리나라가 '허브'(hub) 즉, 네트워크의 중심에 목표를 두고 있는 것과는 다르다. 중국은 중국의 힘이 우위를 점할 수 있다고 판단될 때 FTA를 추진해 온 것으로 보인다. 중국의 FTA를 보면 대부분 소규모 경제권 또는 개도국과의 FTA가 주종을 이루고 있다. 중국이 힘의 중심이 되기 어려운 거대경제권, 선진 경제권과의 FTA는 배제되고 있다.

또한 중국 FTA의 특성은 크게 세 가지로 나누어 볼 수 있다. 우선 대만 등 화교경제권과의 FTA를 들 수 있다. 이는 '하나의 중국'(One China)이라는 중국의 정책 기조와 무관하지 않다. 다음으로 아세안, 파키스탄 등과의 FTA 경우 중국과 역사적, 정치적, 경제적으로 밀접한 관계를 갖거나 전략적 동맹 또는 역내 영향력 확대를 위한 목적으로 추진된다. 중국은 이외에 경제성장을 뒷받침하기 위한 자원의 안정적 수입 및 확보를 위해 뉴질랜드, 칠레, 페루, 호주 등과 FTA를 체결하였다.

중국의 FTA는 비교적 낮은 개방 수준을 보이고 있는데 이는 경제에 대한 정부의 통제가 아직 만연하고 시장개방이 완전하지 않다는 점이 반영된 것이다. 특히 상품무역의 경우에 비해 서비스무역의 경우 포지티브 방식을 통한 개방 방식을 유지하고 있다. 그 개방 수준의 경우 DDA 양허안과 유사하거나 일부 진전된 개방의 내용도 제한적이라는 점에서 자국 시장의 보호를 위한 성격이 강하다는 것을 알 수 있다. 예를 들어 중국 FTA는 우리나라가 체결한 최근의 FTA에서 예외 없이 채택하고 있는 노동, 환경, 경쟁, 정부조달 관련된 사항을 포함하지 않고 있다.

다음으로 일본은 무역의존도가 우리나라와 중국만큼 높지 않고 내수 중심 경제라는 특성을 보인다. 일본은 FTA를 통한 시장개방과 무역자유화에 대한 욕구와 기대가 크지 않았다고 할 수 있다. 2000년대 초반까지는 주로 WTO 중심의 다자 차원의 무역자유화를 추진해왔다. 우리나라가 2003년에서야 최초의 FTA를 체결하였듯이 일본도 2002년 싱가포르와의 FTA를 처음으로 체결하였다. 일본의 FTA 체결국은 스위스를 제외하면 대부분 아세안, 인도 등 개도국이다.

일본은 FTA라는 용어를 사용하지 않고 '경제동반자협정'(Economic Partnership Agreement, EPA)이라는 명칭을 쓰고 있다. 이는 FTA가 주로 시장개방, 무역자유화 등 공격적인 의미를 내포하고 있는 데 비해 EPA는 자유화보다는 다양한 분야의 경제협력에 중요한 의미를 둔다는 데 차이점이 있다. 일본의 FTA 개방 수준은 일본의 경제적 수준에 비해 낮은 모습을 보이는데 이는 농업 부문을 위시한 국내시장의 보호를 위한 일본 정부 정책적 우선순위에 기인한 것으로 보인다.

1997~1998년 동아시아 외환위기 이후 역내 경제협력과 통합의 필요성이 증대되면서 2000년대 중반 이후 중국은 한·중·일 동북아 3국과 동남아시아 10개국의 아세안+3의 역내 경제통합을 주장하였다. 이에 비해 일본의 경우 중국의 영향력을 견제하고 중국과의 동아시아 역내의 주도권 경쟁에서 우위를 점하기 위하여 아세안+3에 인도, 뉴질랜드, 호주를 포함하는 아세안+6의 역내 경제통합을 주장하였다. 이러한 일본의 정책 기조는 아세안+6에 대한 찬성 여론이 높아지면서 이후 RCEP(Regional Comprehensive Economic Partnership, 역내포괄적경제동반자협정)[5] 협상이 개시되고 2022년 2월 타결로 이어지는 토

5) 아시아·태평양 지역 16개 국가가 참여한 메가 FTA로 2012년 11월 협상이 시작되어 2019년 11월 인도를 제외한 15개국에 의해 타결되었다. RCEP은 2010년 미국 주도로 협상이 개시된 TPP의 대항마 성격으로 중국이 주도하는 FTA로 인식되었다. 미국 트럼

대가 되었다.

우리나라에 비해 소극적인 일본의 FTA 정책은 2008년 글로벌 금융위기 세계적 경기침체와 더불어 일본경제의 장기불황, 경쟁국인 중국의 부상, 한국의 FTA를 통한 경쟁력 향상 등으로 인해 위기의식이 증가하면서 변화의 필요성이 대두되었다. 2010년 이후 일본은 기존 FTA 정책에서 급선회하여 높은 수준의 FTA 추진, TPP(Trans-Pacific Strategic Economic Partnership, 환태평양경제동반자협정)[6] 참여와 이후 2022년 10월 CPTPP 발효, RCEP 참여, EU와의 EPA, 농업 부문의 개방 확대 등 기존과는 확연히 다른 적극적인 FTA 정책을 추진하고 있다.

이처럼 우리나라와 경쟁 구도에 있는 중국과 일본의 FTA 정책은 중국과 일본의 국가적 위상과 경제적 특성에 따라 정립되고 변화되고 있음을 알 수 있다. 중국과 일본이 기존 상대적으로 소극적이고 보수적인 FTA 정책을 추진해 왔다는 점에서 적극적이고 동시다발적인 FTA를 추진해 온 우리나라로서는 그동안 무역의 이익을 선점해 왔다고 할 수 있다. 하지만 향후 중국과 일본이 공세적이고 적극적으로 FTA 정책을 추진하는 경우 경쟁 심화로 인해 우리나라가 그동안 누려왔던 무역의 이익의 선점효과는 줄어들 수 있다. 이에 대한 적절한 대응 방안과 지속적인 선점효과의 유지가 필요할 것이다.

5. 보호무역 시대로의 복귀

그동안 세계경제는 세계화의 혜택과 자유무역 확대에 따른 무역의

프 대통령이 2017년 1월 TPP 탈퇴를 선언한 후 RCEP 협상이 빠르게 추진되어 2019년 11월 타결, 2022년 1월 발효되었다.

6) 미국, 일본, 캐나다, 호주 등 태평양 연안의 12개국이 참여하는 메가 FTA로 오바마 정부의 주도로 2015년 10월 타결되었지만 2017년 1월 트럼프 대통령의 탈퇴 선언으로 좌초위기를 맞았다. 하지만 일본, 호주, 캐나다 등의 주도로 현재 미국을 제외한 나머지 11개국이 참여하는 CPTPP로 전환되었다.

이익을 누려왔다. WTO 중심의 다자 무역체제는 자유무역의 당위성을 토대로 공고화되었다. 이는 다시 세계무역 발전과 확장을 위한 제도적 준거와 시스템을 제공하였다. 하지만 역사를 살펴보면 자유무역의 당위성이 지금처럼 늘 인정된 것이 아니다. 특히 경제위기가 발생하면 이를 극복하기 위해 자국 시장의 보호라든지 자국의 경제적 이익을 선점하기 위해 차별적 무역 조치 등 자유무역을 거스르는 보호무역 조치는 일상적이었다.

지금까지 자유무역이 대세를 이룰 수 있었던 것은 미국, EU, 일본 등 세계경제와 무역에서 큰 비중을 차지하고 있는 주요 선진국 진영의 무역·통상정책이 자유무역의 논리를 기초로 이루어져 왔기 때문이다. 하지만 2008년 글로벌 금융위기 이후 세계경제 침체와 부의 양극화 및 실업문제는 더욱 심화하였다. 세계화 및 시장개방으로 인한 이민의 증가와 이로 인한 자국민들의 상대적 박탈감과 불만이 자유무역에 대한 반대와 분노로 나타나게 되었다. 이렇게 증대되는 자유무역과 시장개방의 반대 여론에 편승한 정치적 의사결정이 현실이 되었다.

미국의 경우 2016년 말 대선에서 예상을 깨고 미국 우선주의와 공정무역을 내세운 보호무역주의자인 공화당 트럼프가 대통령으로 당선되었다. 이에 따라 미국의 통상정책은 중국산 수입상품에 대한 징벌적 고율 관세 부과, TPP 탈퇴, NAFTA의 USMCA(United States-Mexico-Canada Agreement)[7)]로의 개정, 한·미 FTA 재개정 등 기존의 양자 자유무역 협정을 비롯하여 다자 무역 협정에 대해서까지 원점에서 다시 검토되었다. 기존에 경험하지 못했던 혼란 속에 보호무역주의는 강화되었다. 이러한 보호무역주의 기조는 현 민주당 바이든 정부에서도 큰 틀의 변화 없이 유지되고 있는 것으로 평가된다.

한편 영국에서는 보호무역주의의 또 다른 형태인 고립주의가 대두

7) 미국·멕시코·캐나다 간 자유무역협정으로 기존 NAFTA(북미자유무역협정)의 개정협정이다. 트럼프 정부의 주도로 개정 협상이 이루어져 2020년 7월 발효되었다.

되었다. 영국은 지난 2016년 6월 EU 탈퇴에 대한 국민투표가 이루어졌고 52%의 찬성률로 EU 탈퇴가 결정되었다. 이후 많은 논란 끝에 영국은 2020년 12월 EU로부터 완전히 탈퇴하였다. 소위 브렉시트로 불리는 영국의 EU 탈퇴 문제는 국민투표를 전후로 한 상당 기간 세계적인 초미의 관심사가 되었다. 향후 그 여파에 따라 중요한 이슈가 될 것으로 보인다. 왜냐하면 브렉시트는 단순히 영국의 EU 탈퇴라는 개별 주권 국가의 결정이라는 차원에서 머무는 것이 아니다. 이것이 가져올 EU와 세계경제에 미칠 영향과 다른 EU 회원국의 탈퇴 여론에 어떠한 영향을 줄지 예상이 어렵다. 향후 브렉시트는 보호무역주의, 고립주의 상징으로, 자유무역을 제한하는 요소로 작용할 가능성이 크다고 할 수 있다.

또한 DDA를 중심으로 한 WTO의 다자 무역 협상이 지지부진한 가운데 정체하고 있는 자유무역 기조를 추동할 수 있는 대안으로 소위 메가 FTA 또는 다자 FTA가 제기되고 있다. 예를 들어 일본과 호주를 중심으로 아시아, 태평양지역 11개 국가의 환태평양경제동반자협정(CPTPP), 미국과 EU의 범대서양무역투자협정(TTIP) 등이 그 사례가 될 것이다. 이들 메가 FTA는 비록 WTO와 같은 전 지구적 차원의 다자 협정은 아니지만 자유무역을 선도하는 미국, EU, 일본 등이 주도하고 있다는 점에서 적어도 역내 무역만큼은 WTO의 한계를 극복하고 소위 WTO 플러스 방식으로 역내 자유무역을 한 단계 높일 것으로 기대되고 있다.

앞에서 보았듯이 미국의 보호무역주의 강화와 코로나 팬데믹, 전쟁 등 지정학적 리스크의 확대는 이러한 다자 FTA에 제동을 걸 수 있고 다자 차원의 자유무역을 위축시킬 수 있다. 이런 점에서 향후 보호무역이 발흥하고 자유무역이 쇠퇴하는 계기가 될 수 있다는 우려가 제기되고 있다. 하지만 미국의 TPP 탈퇴, FTA 재협상 문제, 영국의 EU 탈퇴 등이 기계적으로 자유무역의 쇠퇴와 보호무역의 도래를 가져올 것이라는 예상은 기우일 수도 있다. 미국의 FTA 재협상은 FTA 자체를 부정하는 것이라기보다는 신자유주의 정책하에 비판받아 온 양극화, 실업문제와 관련하여 그동안의 FTA의 효과를 재검토하고 다시 미국의 국익을 확보하겠다는 정치적 제스처의 성격이 강하기 때문이다.

영국이 EU 탈퇴를 결정한 것도 영국이 자유무역 자체를 부정하기 때문이 아니라 영국 내 양극화, 이민자, EU 내 분담금 문제, 영국과 유럽 대륙 간의 역사적 경험, 국민 정서의 차이 등 다양한 요소들이 복합적으로 작용한 것이라는 점을 간과해서는 안 된다. 왜냐하면 EU 탈퇴를 주장한 세력조차도 이민자들의 자유로운 이동을 제외하고는 자본, 상품, 서비스의 자유로운 이동에 대해서는 기본적으로 반대하고 있지 않고 오히려 그동안 EU 안에서 누려왔던 자유무역의 기조를 계속 유지하고자 노력하고 있기 때문이다.

영국의 EU 탈퇴와 그 영향이 어느 정도 마무리되고 영국의 경제가 EU 체제에서 벗어난 독자적 노선을 걷게 된다면 세계시장에서 EU와의 경쟁 구도가 새롭게 구축될 것이다.[8] 이에 따라 양 진영 간의 경쟁이 가속화될 것이다. 이는 영국의 EU 탈퇴가 단기적으로는 세계무역에 부정적인 영향을 줄 수 있지만 장기적으로는 경쟁을 통한 효율성의 증가로 인해 긍정적인 영향을 줄 가능성도 충분히 있다고 예상할 수 있다.

이처럼 보호무역의 시대가 다시 도래하는 것처럼 보일 수도 있지만 그 이면에서는 여전히 강력한 자유무역의 흐름이 도도히 진행되고 있음도 부정할 수 없다. 앞으로 이 두 개의 큰 조류가 어떻게 상호 영향을 주고받으며 부침을 겪을지 주목할 필요가 있을 것이다.

---

8) 우리나라는 영국이 EU에서 탈퇴함에 따라 신속하게 영국과의 협의를 통해 한·영 FTA를 추진, 타결하였고 2021년 1월 영국과의 FTA를 발효하였다. 한·영 FTA는 영국의 EU 탈퇴 이전 관세, 시장개방 수준을 그대로 유지함으로써 큰 혼란 없이 영국과의 무역관계는 유지될 수 있게 되었다.

6. 중국 시장경제국 지위 문제

1989년 11월 냉전체제의 상징이었던 베를린 장벽이 무너지면서 소련을 비롯한 사회주의진영 국가들이 본격적으로 시장 경제체제로 전환하였다. 이후 이들 사회주의 국가의 세계경제체제로의 편입 및 통합 문제가 중요한 이슈로 제기되었다. 이들 사회주의 국가가 시장 경제체제로 전환하였다고는 하지만 아직 많은 부분에서 정부에 의존한 경제적 의사결정, 가격 통제, 국영기업에 대한 지원 등 국가의 통제가 만연하였다. 온전한 시장 경제체제를 갖추었다고 보기 어렵다고 할 수 있다.

미국의 반덤핑법은 시장경제의 판단기준으로서 자원의 배분, 기업의 가격 및 생산 결정에 대한 정부의 영향력, 생산수단에 대한 정부의 지배력, 외국인 투자 허용 수준 등을 제시하고 있다. 그러므로 이들 국가와의 무역에서 일반적인 시장 경제체제를 가진 국가와의 무역 질서를 적용하는 것은 합리적이지 않다. 왜냐하면 상품가격이 국가에 의해 통제된다면 WTO가 추구하는 핵심 가치인 자유무역을 통한 자원 배분의 '효율성'(efficiency)과 '공정성'(fairness)이 훼손되기 때문이다.

따라서 러시아, 동유럽 등 체제 전환국이나 중국과 같은 시장경제 도입 국가가 WTO에 가입하는 경우 곧바로 시장경제국 지위를 인정하는 것은 무리가 있다. 그보다는 일정 시간 당사국이 국가의 개입과 가격 통제를 배제하고 정상적인 시장가격의 기능이 작동할 수 있도록 유예기간을 제공하는 것이 일반적이다. 시장경제국은 시장 경제체제가 충분히 작동되는 국가를 의미한다. 시장경제국 지위 부여는 상대방 국가가 당사국에 대해 동등한 조건과 환경에서 무역을 할 수 있는 시장경제국으로 인정한다는 의미이다. 시장경제국 지위 인정은 단순히 시장경제국으로 인정받는지 못 받는지의 문제가 아닌 그 이상의 의미가 있다.

시장경제국 지위 인정 문제가 중요한 이유 중 하나는 무역에 있어서 덤핑 판정과 반덤핑관세율 산정 과정에서 핵심적인 요소로 작용하기 때문이다. 덤핑 판정 및 반덤핑관세율 산정에서 중요한 요소는 덤핑마진율인데 덤핑마진율은 수출 가격과 정상가격의 차이로 결정된다. 이때 수출가격은 정해져 있다. 하지만 정상가격의 경우 시장경제지위국이 아니라면 시장가격의 신뢰성이 낮다고 판단되어 일반적인 국내시장가격이 아닌 수입국이 자의적으로 산정한 구성가격으로 대신하게 된다.

예를 들어 A국이 시장경제국 지위를 가진 B국 수입상품에 대해 덤핑으로 판정, 반덤핑관세를 부과할 경우 B국의 시장가격을 기준으로 30%의 반덤핑관세를 부과한다. 하지만 같은 상품이라도 비(非)시장경제국인 C국의 경우 C국의 시장가격을 신뢰할 수 없다는 판단하에 대신 다른 수출국인 D국의 시장가격을 기준으로 구성가격을 산정, 100%의 반덤핑관세를 부과할 수 있다. 이처럼 구성가격을 활용하게 되면 수입국에 유리하게 덤핑마진율을 책정할 가능성이 크다. 이러한 이유로 수출국은 시장경제국 지위를 인정받기를 원한다. 시장경제국 지위 인정 문제는 최근 중국의 사례를 둘러싸고 중국에 시장경제국 지위 부여를 반대하는 미국, EU, 일본과 이를 요구하는 중국 간 분쟁으로 이어지고 있다.

중국은 2001년 12월 11일 WTO에 가입하였다. 당시 중국의 WTO 가입 의정서는 가입 후 15년이 지나면 중국의 시장경제국 지위를 인정하도록 하고 있다. 15년 이후라고 하면 2016년 12월이 되는 것이다. 중국은 그간 시장경제국 지위를 인정받지 못하는 것으로 인해 자국 수출이 부정적인 영향을 받고 있다고 판단하여 시장경제국 지위 인정을 위해 노력해 왔다. 이미 중국은 양자 간 협상을 통해 우리나라를 포함한 80여 개국에서 시장경제국 지위를 인정받은 상태이다.

하지만 중국의 주요 무역국인 미국, EU, 일본, 인도 등은 중국의 시장경제국 지위를 인정하지 않고 있다. 중국은 이로 인한 불이익이 상당히 크다고 인식하고 있는 것으로 보인다. 실제로 중국에 대한 반덤핑 제소 및 반덤핑관세 부과는 대부분 미국, EU가 시행하고 있다고 해도 과언이 아니다. 2016년 이미 중국의 시장경제국 지위 부여의 시한이 지났지만 중국의 시장경제국 지위 인정은 쉽지 않아 보인다. 특히 세계 경기침체 심화 속에서 미국 내에서 중국의 저가 수입상품으로 인해 국내산업 기반이 붕괴되고 실업이 증가한다는 주장과 여론이 힘을 얻고 관련 기업과 노동자의 반발이 일어나는 상황에서는 미국이 중국의 시장경제국 지위를 인정하기란 어려울 것이다.

가입 의정서 내용의 해석에서도 양 진영 간 의견이 엇갈리고 있다. 중국은 관련 조항이 15년 후가 되면 중국에 대한 시장경제국 지위가 자동으로 부여된다는 것을 의미한다고 주장하고 있다. 이에 반해 미국과 EU는 관련 조항이 내용이 자동 부여를 강제하는 것이 아니라고 주장한다. 미국과 EU는 중국 정부의 시장 개입과 통제가 지속되고 있어 시장경제국 지위 부여는 시기상조이며 중국이 시장경제 질서가 적절한 수준에 이르렀을 때라야 시장경제국 지위 부여가 가능하다고 주장한다.

이렇게 두 진영 간에 시장경제국 지위 부여 여부의 문제를 놓고 분쟁이 격화될 가능성이 크다. 중국은 자국의 시장경제국 지위 부여 문제가 원만하게 해결되지 않을 것으로 보고 2016년 12월 WTO에 제소하였다. 하지만 이 경우도 중국에 유리하지는 않을 것으로 보이는데 WTO에 제소하더라도 중국이 시장경제국 지위의 부합 여부에 대한 기준을 만족하는지에 대한 입증 부담을 지기 때문이다.

이런 상황에서도 2016년에 들어와서 미국과 EU의 중국에 대한 덤핑 관련 조사가 급증하였다. 이는 중국 수입상품에 대해 고율의 반덤핑관세를 미리 부과함으로써 중국의 시장경제국 지위가 불가피할 수 있는 만약의 경우를 대비하고 있는 것으로 보인다. 반덤핑을 포함한 무역구제 조치를 쉽게 활용하고 여타 수입 규제 조치도 확대하기 위한 관련법 개정도 추진 중이다. 이와 관련하여 한국인 출신으로 WTO 상소기구 상소위원인 장승화 위원의 재임을 미국이 반대함으로써 재임이 무산된 사례가 있다. 미국은 2016년 5월 임기가 끝나는 장승화 위원에 대한 재임을 반대하였다. 장승화 위원이 최근 4건의 분쟁에 지나치게 학술적인 결정을 내렸고 이는 미국에 불리한 판결이었다는 점에서 그 이유가 있는 것으로 보인다. 하지만 미국이 실제로 장승화 위원의 연임에 반대한 것은 중국의 시장경제국 지위 인정을 앞둔 대비책이었다는 분석도 있다. 미국에 유리한 상소위원을 선임함으로써 시장경제국 지위 부여 관련 중국의 WTO 제소에 사전적으로 대비하는 방안으로 보는 것이다.

이처럼 중국에 대한 시장경제국 지위 부여 문제는 상당 기간 중요한 통상이슈로 회자될 것으로 보인다. 특히 글로벌 경기침체와 더불어 수요가 감소하고 있는 상황에서 중국의 공급과잉과 밀어내기 수출 여파는 미국과 EU의 산업계와 노동계에 적지 않은 위협 요소로 다가올 수밖에 없다. 이렇게 이익집단의 목소리가 커지는 상황에서 미국, EU가 시장경제국 지위를 쉽게 부여하기 어려운 상황이다. 중국은 미국, EU의 이런 입장의 부당성을 주장하는 등 강하게 대응할 것으로 보여 향후 이로 인한 통상마찰과 충돌은 불가피할 것으로 보인다.

7. DDA 2.0

2015년 12월 15~18일 아프리카 케냐의 수도 나이로비에서 WTO 제10차 각료회의가 개최되었다. 나이로비 각료회의는 아프리카 대륙에서 열리는 최초의 WTO 각료회의라는 데 의미가 있다. 아프리카는 대부분이 개도국으로 WTO 중심의 자유무역 가치를 확대하기 위해서는 아프리카 회원국의 협력은 필수적이다.

대다수 회원국은 각료회의 이전부터 (최빈)개도국의 관심 사항을 중심으로 최소한의 성과가 필요하다는 데에 공감대가 형성되어 있었다.

회원국들의 노력에도 불구하고 DDA가 타결되지 못하고 계속 공전함에 따라 WTO 내에서 DDA의 무용론과 회의론이 커지는 상황이었다. 이를 불식시키고 새로운 동력을 얻기 위해서는 각료회의에서 가시적인 성과가 도출될 필요가 있었다. 다행스럽게 WTO 회원국은 나이로비 제10차 각료회의를 통하여 농산물 수출과 개발 등 일부 분야에서 최소한의 합의를 도출하였다. 예를 들어 비교적 이견차가 크지 않은 농산물 수출보조금 금지에 합의하는 등 주요국의 이해가 적절히 반영된 각료결정이 도출되었다.

각료회의 결과 선진국은 농산물 수출 관련 보조를 즉시 철폐하고 개도국은 2018년 말까지 농업 수출 보조를 철폐하기로 합의하였다. 다만 개도국의 경우 수출마케팅이나 수출물류비 등의 보조는 5년 유예기간을 받아 2023년까지 허용되었다. 우리나라는 농업 분야에서 개도국 지위를 유지하는 상황이었고 2023년까지 개도국 지위를 활용해 수출물류비 지원이 가능하게 되었다. 논란의 여지가 있었던 DDA 지속 여부 등 핵심 쟁점에 대해서는 선진국과 개도국의 기존 주장을 그대로 나열하는 임시방편의 각료결정이 채택되었다. 나이로비 각료결정은 DDA의 결렬을 피하기 위한 최소한의 합의 및 임시봉합 성격의 합의로 평가된다.

나이로비 각료회의 협상 결과를 통해 볼 때 기존 DDA(DDA 1.0)은 이제 그 실효성을 다한 것으로 평가된다. 나이로비 각료회의는 DDA 핵심의제라고 할 수 있는 농업과 비농산물시장접근(NAMA) 등의 분야에서 여전히 선진국과 개도국 간 첨예한 의견대립으로 인해 타협점을 찾지 못하였다. 이렇듯 핵심의제에 막혀 실질적인 DDA의 진전이 어려운 상황에서 DDA의 최종 결렬을 막기 위한 최소한의 성과를 도출했다는 데 그 의미가 있다. 향후 DDA의 진전된 성과가 더 이상 나오지 않는다면 DDA 좌초 가능성은 커질 수밖에 없을 것으로 보인다.

이를 의식하여 나이로비 각료회의에서는 WTO 20년의 평가, 나이로

비 각료회의 성과, 나이로비 각료회의 이후 DDA 전개 방향 등 크게 세 파트로 구성하여 협상이 진행되었다. WTO 20년의 평가 부분은 특별한 이견 없이 합의문이 도출되었다. 가장 중요한 둘째 파트는 농산물 수출 경쟁, 개도국 특별 세이프가드 메커니즘(SSM), 식량안보용 공공비축 보조 등의 농업 분야, 무관세·무쿼터, 특혜원산지 기준, 서비스무역 유예, 면화 보조금 등 개도국 이슈, 개발 관련 개도국 우대조항 신설 등 개발 이슈, 서비스 분야 국내 제도 투명성 강화, RTA 통보 투명성 강화, 수산보조금 통보 투명성 강화 등의 투명성 이슈, 수산보조금(금지보조금) 규제 등 규제 이슈 등이 제기되었다.

이 중에서도 개발, 투명성, 규범 등 이슈에서는 선진국과 개도국 간 이견을 좁히지 못하였다. 다만 농산물 수출보조금, 수출신용에 대한 철폐 및 제한 등 농업 부문과 무관세, 무쿼터를 제외한 개도국 이슈에서는 합의가 이루어졌다. 합의에 이른 경우에도 식량안보용 공공비축 보조, SSM 등과 같이 기존 합의를 재확인하는 경우나 선언적인 내용에 그치는 경우도 적지 않아 실질적인 자유화 조치 합의는 제한적이라고 평가된다. DDA 지속 여부에 있어서는 DDA 종료를 주장하는 선진국과 이의 지속을 주장하는 개도국의 입장이 대립하여 합의에 이르지 못하고 각자의 상반된 입장을 열거하는 형태로 마무리되었다. 회원국 간 이견을 임시로 봉합, DDA의 결렬을 막는 선에서 합의가 이루어졌다고 할 수 있다.

한편 나이로비 각료회의에서는 DDA 중단 여부는 결정되지 않았다. 미국 등 선진국이 기존 방식의 DDA에 대해 강하게 반대하고 있기 때문에 기존 방식대로 DDA는 더 이상 지속되기 어려울 것으로 보인다. 따라서 향후 새로운 의제와 협상 방식을 가진 소위 DDA 2.0이 시작될 것으로 전망된다. 새로운 의제와 관련하여서는 미국, EU 등 선진국 진영이 강조하는 전자상거래, 경쟁, 노동 등의 이슈가 새로운 협상의제로 추가될 가능성이 크다.

협상 방식에 있어서도 기존의 일괄타결 방식보다는 앞에서 살펴본 조기수확 방식과 세계시장에서 일정한 무역 비율 이상(예들 들어 90%)의 국가가 합의를 도출한 후 그 합의를 근거로 자유무역을 확대하고 그 결과를 다자로 확대하는 critical mass 방식이 도입될 가능성이 있다. 이 경우 교착상태에 빠져있던 기존 의제뿐만 아니라 이 외의 다른 의제에서 보다 다양한 형태의 분야별 자유화 협상이 진행될 가능성도 있다.

또한 그동안 협상 진척이 어려웠던 요인으로 회원국이 선진국 진영 대 개도국 진영이라는 대치 국면으로 나뉘어 타협이 어려웠다는 점이 제기되어 왔다. 이러한 대치 국면을 타개하기 위해 개도국의 세분화 논의가 진행될 가능성이 크다. 개도국 세분화 논의가 구체화될 경우 중국, 인도 등을 중심으로 주요 개도국이 강하게 반발할 것으로 예상되지만 협상의 진전을 위한 개도국 세분화의 필요성은 공감대가 형성되고 있다. 향후 개도국 세분화가 현실화될 경우 우리나라는 이와 관련된 협상과 논의에 적극 참여하여 우리나라의 국익을 최대한 반영할 수 있도록 하는 전략과 대비가 필요할 것으로 보인다.

나이로비 각료회의 최대 성과인 농산물 수출 경쟁에서의 합의 도출로 인해 우리나라도 일부 농산물 수출 정책이 제약을 받게 될 것으로 예상되고 있다. 보다 구체적으로는 선진국은 나이로비 협상 타결 즉시, 개도국은 선진국보다 3년 연장된 2018년 말까지 수출 보조를 철폐하기로 하였다. 수출물류비 보조의 경우는 이보다 5년 연장된 2023년까지 말까지 철폐하는 것으로 합의가 되었다.

우리나라도 농산물 수출 보조를 철폐해야 할 의무를 지게 되었다. 농산물 수출에 대한 직접적인 보조금은 지급되지 않아 영향이 없지만 수출물류비 보조의 경우 개도국 우대에 의거 수출 농수산식품에 대해서 연간 약 330억 원 규모의 물류비를 지원하는 것으로 알려져 있다. 이에 따라 우리나라는 2023년을 마지막으로 수출물류비 보조를 철폐하였다. 하지만 우리나라 농수산식품 수출업체는 대부분 영세한 규모로 향후 수출 보조금 철폐를 보완하기 위한 수출기업 단위의 맞춤형 대책이 필요할 것으로 보인다.

한편 나이로비 각료회의에서는 WTO에서 진행되어 온 복수국 협상인 서비스무역 협상(Trade in Service Agreement, TiSA), 환경상품 협상(Environmental Good Agreement, EGA), 정보기술 협정(Information and Technology Agreement, ITA) 확대 협상도 추진되었다. 하지만 서비스무역 협상과 환경상품 협상은 협상 진전이 늦어져 나이로비 각료회의의 의제에서 제외되었다. 다행히 ITA 확대 협상은 대상 품목에 대부분 회원국이 합의하였고 타결되었다. ITA II의 타결로 HS 6단위 기준 총 201개의 정보통신기술 관련 품목의 관세가 즉시 철폐 또는 최장 9년간 균등 철폐되게 되었다. 정보기술 협정 II(ITA II)은 2016년 7월 1일 정식으로 발효되었다. ITA II 타결 품목의 전 세계 무역액은 1.8조 달러로 전 세계 수출액의 10.2%를 차지하고 있고 무역 규모가 급격하게 확대되는 추세이다.

2015년 나이로비 각료회의에 이어 2년 후인 2017년 12월 아르헨티나 부에노스아이레스에서 제11차 각료회의가 열렸다. 하지만 미국의 보이콧과 선진국과 개도국 간 이견으로 각료선언 채택마저 실패하였다. 제11차 각료회의는 실질적으로 아무런 결론도 내지 못하고 끝났게 되었다. 주요 의제별로는 수산보조금, 전자상거래 분야에서 각료결정문이 채택된 반면 농업, 서비스, 투자원활화, 소상공인과 중소기업 분야에서는 성과 도출을 위한 논의가 있었지만 각료결정문 채택에 실패하였다.

수산보조금 관련해서는 차기 제12차 각료회의까지 '과잉어획'(overfishing), '과잉능력'(overcapacity), '불법 · 비보고 · 비규제'(IUU) 어업 관련 수산보조금 금지를 위한 협상을 지속하기로 합의하였다. 현행 WTO 상계관세 및 보조금 협정상 통보 의무를 수산보조금 관련해서도 이행할 것을 다시 약속했다. 전자상거래 관련해서는 WTO 차원의 논의를 지속하는 한편 전자적 전송물에 대한 무관세 관행을 2년 연장하기로 합의하였다.

제11차 각료회의에서는 미국이 촉발한 보호무역주의 확산 등 WTO 다자 무역 체제가 도전을 받고 있는 현재 상황에 대한 우려와 극복 방안 등이 논의되었다. 보호무역주의 원인인 반(反)무역 정서 대응을 위해 WTO가 자유무역의 혜택을 충분히 누리지 못하는 계층과 개도국, 최빈국을 위한 포용적 무역이 그 대안으로 제시되었다. 기존 협상 방식 외에 복수국 협상 방식, 무역원활화 협정 방식 등을 도입하고 디지털 경제의 확산 등 현실 세계를 반영하는 새로운 의제의 채택에 대한 논의도 진행되었다. 하지만 미국이 비협조와 반(反)WTO 기조를 극복하지 못하고 이러타할 성과 없이 말의 향연으로 만족해야만 했다. 향후 WTO의 다자 협상은 미국의 전향적인 태도 변화가 없는 한 어려움을 겪을 것으로 예상된다.

이후 원래 2020년 예정되었던 제12차 WTO 각료회의는 코로나 팬데믹으로 인해 3년 연기된 2022년 6월 제네바에서 개최되었다. 제12차 각료회의에서는 각료선언이 채택되고 총 7개의 의제별 각료선언 및 각료결정이 채택되는 등 제11차 각료회의보다는 진전된 성과가 있었다. 하지만 여전히 핵심적인 의제에서는 빗겨나 있다고 평가된다. 제12차 각료회의 각료선언은 다자 무역 체제 기본원칙을 확인하고 여성·환경·소상공인 등 포용적 무역의 중요성을 강조하였다. WTO가 직면한 여러 가지 어려움에 대응하여 규범(입법), 이행·모니터링(행정), 분쟁해결(사법) 등 WTO 3대 기능을 개혁하기 위한 작업 개시에 대한 내용을 포함하였다.

의제별 논의의 결과로는 코로나 팬데믹 대응(무역과 보건) 및 코로나 백신 지식재산권 일시 유예, 식량안보를 위한 수출 제한 자제, 수산보조금 협상 타결, 전자적 전송물 관세 철폐 연장 등을 들 수 있다.

WTO 개혁 의제와 관련해서는 회원국은 각료선언을 통해 WTO 3대 기능 개혁을 개시하기로 합의하였다. 특히 현재 무력화되어 있는 WTO 분쟁해결시스템의 정상화를 위한 논의를 진행하기로 합의하였다.

제12차 각료회의를 기점으로 DDA가 살아날 것으로 기대하는 분위기가 형성된 것은 다행이라고 할 수 있다. 하지만 구속력 없는 합의 수준의 각료선언 등의 성과가 이를 충분히 담보할 수 있을지는 의문이다. 다만 각료선언 채택은 WTO 회원국이 정책 공조와 WTO 개혁에 대한 의지를 확인했다는 점에서 의미가 있다. 향후 미국의 협조를 전제로 주요 회원국들이 얼마만큼 DDA의 위기를 극복하고 WTO 개혁과 다자 무역 체제 복원을 위해 노력하는지에 따라 DDA의 성공 여부가 결정될 것으로 평가되고 있다.[9]

8. 무역 2조 달러 시대로

우리나라는 무역을 통해 경제성장을 달성한 대표적인 사례로 인정받고 있을 정도로 무역이 경제와 국민 삶에 미치는 영향은 지대하다. 우리나라는 경제성장을 위한 기술과 자원이 절대적으로 부족했고 반세기 전만 해도 가난은 숙명처럼 여겨졌다. 일제강점기를 거치면서 한반도는 병참 기지화되고 주요 경제적 자원은 수탈되었다. 해방 후 잔존했던 산업 및 생산시설은 한국전쟁을 거치면서 대부분 파괴되었다. 미국의 원조가 그나마 생명 줄이 되었다. 대한민국은 가난의 굴레에서 벗어나기 어려워 보였다.

이러한 절망적 상황에서 우리나라 경제가 부흥할 수 있었던 핵심적인 요인이 무역, 그중에서도 수출이었다. 앞에서 살펴보았지만 무역은

9) 제12차 각료회의에 이어 2024년 2월 아랍에미리트(UAE) 수도 아부다비에서 제13차 각료회의가 열렸지만 DDA 관련 큰 진전은 없었던 것으로 평가된다. 이에 대한 내용은 아래 11절에서 살펴본다.

무역의 이익을 통해 경제성장과 국민 후생을 증가시킨다. 무역은 단기적인 이익뿐만 아니라 시간의 흐름에 따라 나타나는 동태적 이익을 발생시킨다. 우리나라는 무역의 이익을 극대화함으로써 누구도 예상하지 못했던 빠른 경제성장을 이룩할 수 있었다. 무역을 통해 자원과 기술을 얻을 수 있었다. 이러한 자원과 기술이 양질의 인적자본과 결합하면서 한강의 기적을 이룰 수 있게 되었다. 이처럼 우리나라는 무역의 원리를 현실에 적용하여 성공한 가장 대표적인 사례이다.

우리나라뿐 아니라 근대 이후 패권국으로 군림했던 국가 대부분은 무역의 이익을 십분 활용하였다. 예를 들어 16세기 대항해시대 이후 포르투갈, 스페인, 네덜란드, 영국 등이 패권국으로 발전할 수 있었던 요인 중 하나는 중국, 인도, 동남아시아 등 아시아와의 무역에서 얻은 막대한 경제적 부였다. 무역을 통해 얻을 수 있었던 경제적 이익은 실로 막대했다. 유럽 상인은 아프리카를 돌아 수만 리 항해 길을 마다하지 않았다. 이러한 무역에서 획득한 경제적 부는 유럽 제국은 산업혁명과 경제성장을 이룰 수 있었던 물적 원천이 되었고 이를 바탕으로 선진국으로 발전할 수 있었다.

특히 20세기 이후 무역을 통한 경제성장의 토대에는 자유무역을 근간으로 하는 다자 무역 체제가 있다. 예를 들어 어떤 나라가 아무리 무역하고 싶어도 자유로운 무역이 보장되지 않는다면 그만큼 그 나라의 무역과 경제활동은 위축된다. 무역의 이익도 실현하기 어려울 것이다. 1948년 GATT 체제가 성립되면서 세계무역 질서는 기본적으로 다자 무역 체제를 바탕으로 작동되고 발전하였다. 그 전개 과정을 보면 다자 무역 체제라는 기본 프레임 안에서 자유무역을 위한 다양한 노력이 진행되었음을 알 수 있다. 이러한 노력 덕분에 무역은 그 규모와 다양성 측면에서 비약적으로 발전하였다. 다행히 우리나라는 이러한 자유무역의 확대와 다자 무역 체제의 발전이라는 세계무역 질서의 변화 속에서 무역을 통한 경제적 이익을 충분히 확보할 수 있었다. 자유무역의 확대와 다자 무역 체제의 발전은 우리나라 무역의 발전을 위한 토대를 마련해 주었고 이는 다시 급속한 경제성장을 위한 동력을 제공해 주었다.

이처럼 우리나라는 수출주도 경제성장 전략과 다자 무역 체제에 기반한 자유무역 확대라는 두 가지 조건을 힘입어 무역 대국과 선진국으로 도약할 수 있었다. 우리나라는 2011년 처음으로 무역 규모 1조 달러를 달성하였다. 그리고 수출 규모가 2017년 세계 6위에 이르렀고 2024년 현재 일본을 제치고 세계 5위 수출 대국으로 올라설 것으로 예상되고 있다. 이러한 눈부신 성과에도 불구하고 우리나라의 무역은 새로운 도전에 직면해있다. 대외적으로는 글로벌 금융위기와 코로나 팬데믹 이후 경제의 불안정성 및 불확실성의 증가, 미국 등 선진국의 보호무역주의로의 회귀, 중국·아세안 등 신흥개도국의 추격, DDA를 비롯한 다자 무역 협상의 공전 등 우리나라가 지금까지 겪지 못한 새로운 도전과 과제들이 앞에 놓여 있다. 대내적으로는 저성장과 경기침체, 잠재성장률 하락, 급격한 저출산 고령화, 양극화 심화 등도 해결해야 할 과제로 대두되고 있다.

지난 반세기 동안 우리가 누려왔던 경제성장의 조건들은 이제 더 이상 유효하지 않다. 앞으로 다가올 또 한 번의 50년, 100년을 위해서는 새로운 도약이 필요하다. 하지만 여전히 변하지 않는 사실은 그 중심에 여전히 무역(수출)이 있다는 것이다. 세계경제의 환경이 어떤 모습으로 바뀌어도 무역을 통한 무역의 이익 확보는 경제성장을 위해 필수불가결하다. 예를 들어 다자 무역 협상의 지체 속에 이를 대체하기 위한 양자 FTA, CPTPP, RCEP 등 복수국 FTA 등 지역무역 협정이 빠르게 추진되고 있다. 앞에서는 자유무역을 표방하면서도 이면에서는 국내산업을 보호하기 위한 보호무역 조치 등 치열하면서도 냉엄한 무역전쟁이 벌어지고 있는 것이 현실이다. 이러한 무역환경 변화에 적극적으로 대응하고 국익을 확보하기 위한 노력이 진행되어야 한다. 우리나라가 FTA 허브 국가를 표방한 것도 이러한 세계무역 질서의 변화와 무관치 않다. 우리나라는 한편에서는 지역주의, 보호무역주의 강화에 대응하면서도 다른 한편에서는 DDA의 협상 타결 등 WTO 중심의 다자 무역 체제 발전에도 적극적으로 참여해야 한다.

DDA는 진행 속도는 느리지만 일단 타결이 되면 무역에 미치는 영향과 그 경제적 파장은 그 어떤 지역무역 협정보다도 클 것으로 예상된다. 무역이 경제에 미치는 영향이 지대한 우리나라는 이러한 지역주의와 다자주의적 흐름에서 우리나라의 국익을 극대화할 수 있는 지점을 선택하고 선점해야 할 것이다. 과거 반세기 이상 우리나라 경제의 중심에는 무역이 있었다. 마찬가지로 다가올 반세기, 아니 그 이상 우리나라 경제의 중심에는 무역이 있을 것임에는 틀림이 없다. 무역을 통한 무역의 이익은 우리나라가 수출 대국, 경제 대국으로 발전할 수 있는 핵심적인 요소가 될 것이다. 수출 5천억 달러, 무역 1조 달러 시대를 넘어 이제 수출 1조 달러, 무역 2조 달러 시대를 향해 나아가기 위한 국가적 노력을 다해야 할 것이다.

9. 코로나 팬데믹, 러·우 전쟁 등 지정학적 리스크

2020년 초 발생한 코로나 팬데믹은 세계경제와 무역에 큰 상처를 남겼다. WHO(세계보건기구)가 팬데믹 종식을 선언한 지 1년여가 지났지만 세계경제는 아직 코로나로 인한 충격과 그 여파에서 완전히 벗어나지 못한 것으로 보인다. 특히 코로나 팬데믹으로 인한 국경 폐쇄와 물류 이동 제한은 정교한 톱니바퀴처럼 작동하던 글로벌 공급망이 일시에 멈추는 상황까지 초래하였다. 글로벌 공급망의 마비는 생산, 유통, 소비 등 대부분의 경제활동을 위축시켰다. 당연히 무역도 위기를 맞게 되었다. 경제활동과 무역의 위축으로 에너지, 곡류 등 필수원자재부터 반도체, 석유화학, 자동차 등 첨단제품에 이르기까지 원활한 생산과 공급이 어려워지면서 세계적 인플레이션이 발생하게 되었다. 특히 공급이 탄력적이지 않은 석유, 천연가스, 곡류 등 원자재, 에너지 가격이 천정부지로 상승하면서 인플레이션은 가속화되었다.

이에 더해 2022년 2월 러시아·우크라이나 전쟁, 2023년 10월 이스라엘·하마스 전쟁 등 지정학적인 불안정성과 리스크는 줄어들지 않고 있다. 이러한 연쇄적 전쟁은 코로나 팬데믹으로 인해 충격을 받았던 세계경제와 무역이 회복하는 데 큰 걸림돌이 되고 있다. 코로나 팬데믹, 공급망 마비, 인플레이션, 전쟁 등의 영향으로 세계경제와 무역의 성장세는 둔화하였다. 세계경제와 무역은 2022년 성장세가 회복되는 모습을 보였지만 2023년에는 러·우 전쟁, 주요 곡물 및 에너지 가격 급등, 글로벌 공급망 교란, 인플레이션 심화 및 각국의 재정 상황 악화 등으로 경제 상황은 더욱 악화하였다.

향후 이러한 상황이 해결되지 않는다면 인플레이션을 넘어 경기침체가 동반되는 스태그플레이션도 우려되고 있다. 미국의 고물가 및 급격한 금리 인상, 러·우 전쟁으로 인한 석유, 천연가스 등 에너지 가격 급등, 이로 전 세계적인 인플레이션과 성장 둔화 등 선진국과 개도국 모두에서 고물가와 경기침체가 동시에 발생할 가능성이 커지고 있다. 이러한 대외 환경의 악화에 따라 주요국은 자국 경제와 산업을 우선하기 위한 대응에 나설 수밖에 없다. 특히 국내산업 보호와 육성을 위한 보조금 정책, 지식재산권 등 기술 보호를 위한 수출통제, 경쟁 관계에 있는 수입 상품에 대한 각종 비관세장벽 부활 등이 그 예라고 할 수 있다.

예를 들어 미국 바이든 정부는 반도체를 비롯한 첨단기술·제조 분야 공급망에서 중국을 배제하기 위한 정책을 다각적인 차원에서 추진하고 있다. 정권의 교체 여부와 상관없이 미국의 對 중국 정책은 가치와 체제를 둘러싼 구조적인 문제로 더욱 심화할 것으로 전망된다. 미국은 2022년 8월 '반도체법'(Chips and Science Act, Chips법)과 '인플레이션 감축법'(Inflation Reduction Act, IRA법)을 제정하였다. 이는 정부의 대대적인 재정지원(산업보조금)을 통해 약화된 제조업 경쟁력을 제고하고 첨단기술 분야를 육성하겠다는 의지를 드러낸 것이다. 특히 IRA에 따라 총 7,730억 달러 규모의 정부 예산 중 4,330억 달러를 보조금 및 세액공제 형태로 친환경 에너지산업 육성, 친환경 자동차 지원 등 기후변화 대응 노력에 투입할 예정이다.

또한 Chips법은 총 2,800억 달러 규모로 반도체 제조시설 건립 및 첨단반도체 연구개발 지원 등 핵심 미래 기술 산업의 경쟁력 강화를 위해 투입될 계획이다. Chips법은 보조금 대상 반도체 기업에 대하여 미국이 정한 '안보위협국'에 생산시설을 확장, 신축하지 못하게 하는 가드레일(guardrail) 조항을 도입하고 있다. 이는 다분히 중국을 반도체 공급망에서 배제하고자 하는 목적이 있는 것으로 평가된다.

IRA도 보조금을 받기 위해서는 까다로운 조건을 요구한다. 예를 들어 전기자동차의 경우 북미 지역에서의 최종 조립, 미국 또는 미국과의 FTA 발효국에서 생산, 또는 북미 지역에서 재활용된 일정 비율 이상의 핵심 광물, 배터리 소재 사용 등 요건을 모두 충족되어야 한다. 이와 같은 국내산 부품 사용 의무는 2023년부터 시행되어 매년 적용 비율이 증가하여 핵심 광물은 2027년 이후 80%, 배터리 소재는 2029년 이후 100%의 사용 비율을 충족해야 한다. 이외에도 중국 등과 같은 우려 국가에서 공급되는 핵심 광물이나 배터리 소재가 일부라도 사용된 전기자동차는 보조금, 세액공제 대상에서 배제된다.

이처럼 미국은 반도체뿐 아니라 전기자동차, 배터리 분야에서의 공급망을 대대적으로 재편하여 중국을 공급망에서 배제하고 미국 시장 진입을 막고자 하는 것으로 보인다. 이와 같은 일련의 조치는 미국이 향후 미래 산업을 주도할 첨단기술 분야를 결코 중국에 내어주지 않겠다는 의지를 보여주는 것으로 평가된다. 미국은 반도체, 전기차 배터리 분야 외에도 AI, 바이오, 철강 등 분야에서도 중국을 공급망에서 배제하기 위한 정책을 추진하고 있다. 기술 패권을 둘러싼 미·중 경쟁은 향후 더욱 격화될 것으로 보인다. 더 나아가 양국 간 경쟁은 가치와 체제를 둘러싼 구조적인 갈등의 문제로 더욱 심화할 것으로 전망되고 있다.

10. 탄소국경조정제도

최근 기후변화대응을 위한 세계적 차원의 관심과 노력이 진행되고 있는 가운데 특히 탄소배출을 줄이기 위한 탈탄소, 저탄소 정책이 중요한 논의의 주제가 되고 있다. 무역 분야에서도 기후변화와 탄소배출 저감을 위한 논의가 진행되고 있다. 그중에서 EU가 중심이 되어 추진, 시행하고 있는 '탄소국경조정제도'(Carbon Border Adjustment Mechanism, CBAM)가 주목받고 있다.

EU는 2050년까지 탄소중립 달성을 위해 2030년 온실가스 감축목표를 1990년 수준 대비 55% 감축시키기로 설정하였다. 이를 'Fit for 55'라고 부른다. CBAM은 Fit for 55에 포함된 정책 패키지 중 하나이다. EU 역내 환경규제를 강화할수록 생산시설이 규제 수준이 낮은 지역으로 이전되거나, 저탄소 제품 생산을 위한 투자로 생산 원가가 상승해 역외국 대비 불공정한 상황에 노출되는 것을 해결하기 위해 도입되었다고 할 수 있다.

CBAM은 탄소 배출량 감축 규제가 강한 국가에서 상대적으로 규제가 약한 국가로 탄소배출이 이전되는 문제인 '탄소 누출'(carbon leakage)을 해결하기 위해 환경규제가 느슨한 역외국 제품을 대상으로 공정한 경쟁 환경 조성을 위해 도입된 제도이다. EU 역내로 들어오는 수입품에 대해 탄소배출 비용을 부과함으로써 EU 역내에서 생산된 제품과 경쟁력 격차를 상쇄하고 EU가 추진하는 탄소 정책이 유효성을 보전하는 것이 목적이라고 할 수 있다.

CBAM은 탄소 등 온실가스 배출 규제가 느슨한 EU 역외국에서 규제가 엄격한 EU 역내국으로 물품을 수출할 때 발생하는 가격 차이를 보전하기 위해 비용을 부과하는 일종의 관세라고 할 수 있다. 현재 CBAM 대상 품목은 철강, 알루미늄, 시멘트, 비료, 전력, 수소 등 총 6개 품목이다. 적용 국가는 EU로 위 6개 대상 품목을 수출하는 모든 역외국이다. 기간은 전환 기간과 확정 기간으로 나누는데 전환 기간인 2023년 10월부터 2025년 12월까지는 보고서 제출 의무만 있다. 이후 2026년 1월부터는 확정 기간으로 CBAM 인증서 구매 및 제출 의무가 부과된다.

이에 따라 EU의 CBAM은 이미 지난 2023년 10월 1일부터 발효되었다. 향후 2025년 말까지 전환기를 거쳐 2026년 본격적으로 시행될 예정이다. 앞으로 우리나라를 포함하여 EU의 역외에서 생산된 철강, 알루미늄 등이 EU 역내로 들어올 때는 탄소 배출량에 따라 탄소배출 비용을 부담해야 한다. 만약 CBAM 보고의무를 준수하지 않는다면 제재가 이루어지게 된다. 특히 CBAM 보고서 제출 의무를 위해 필요한 조치를 하지 않는 경우 혹은 보고서가 부정확하거나 불완전하거나 관할 당국의 시정요청을 따르지 않는 경우 과태료가 부과된다.

EU의 탄소배출권 가격이 계속 상승하고 있고 CBAM 대상 제품군이 확대될 가능성이 있다는 것을 고려하면 CBAM의 시행은 우리나라 기업에 큰 부담이 될 것으로 전망된다. 특히 철강, 알루미늄 등 대상 제품을 EU 지역으로 수출하는 기업의 경우 비용 증가와 수출 감소로 이어질 수 있어 선제적이고 체계적인 대비가 필요하다. EU의 CBAM 도입은 거기서 끝나는 것이 아니라 그 영향을 받은 다른 주요 국가도 이와 유사한 조치를 따를 것으로 전망되고 있다. 특히 탄소배출에 미온적이었던 미국의 경우 바이든 정부 이후 특정 분야의 수입품에 탄소배출권을 구매하도록 하는 '청정경쟁법'(Clean Competition Act) 등이 발의되기도 했다.

현재 CBAM 시행에 따른 정부와 기업의 대응은 부족한 상황이라 우려가 되는 실정이다. 우리나라의 경우 CBAM 대상 제품군의 EU 수출액 중 약 90% 가까이 차지하는 철강이 CBAM 도입으로 인해 가장 큰 영향을 받을 것으로 예상된다. 예비 기간 이후 2026년부터는 CBAM 대상 제품군이 유기 화학물, 플라스틱으로 확대될 수 있어 이 분야 수출도 부담이 커질 수 있다. 해당 기업과 국가의 적극적인 대응 방안이 필요한 시점이라고 할 수 있다.

기후변화대응을 위한 전 세계적 차원의 노력이 주로 탄소배출 감축과 친환경 에너지 개발 등의 정책에 집중되고 있다. 이러한 측면에서 우리나라도 향후 탄소배출 감축과 친환경 에너지 분야로의 에너지 사용 전환이 필요할 것이다. 이를 위한 국가와 기업의 투자와 지원이 필요한 시점이다. 위기는 기회라는 말이 있듯이 기후변화대응을 위한 무역환경 변화를 선진 경제, 무역 대국으로 한 단계 더 도약하는 기회로 활용할 수 있을 것으로 기대한다.

11. WTO 제12차, 제13차 각료회의 성과 및 전망

1) 제12차 각료회의

2020년 초 시작된 코로나 팬데믹으로 인하여 두 차례 연기되었던 WTO 제12차 각료회의가 스위스 제네바에서 2022년 6월 13~17일 개최되며 의미 있는 다자 협상 결과를 도출하였다. 제12차 각료회의는 예정되었던 일정보다 이틀 더 연장되며 회의가 종료되었다. 특별한 성과를 기대하지 않았던 예상과 달리 지난 20여 년간 지지부진했던 수산보조금 관련 다자 협상을 타결시키고 코로나 팬데믹 대응을 위한 백신 지식재산권 유예 결정에 합의하는 등 WTO의 역할과 기능이 여전히 작동하고 있음을 보여주었다. 제12차 각료회의의 최대 성과는 DDA

출범 후 21년간 큰 성과가 없었던 수산보조금 협상이 타결되었다는 것이다. 이는 WTO 역사상 처음으로 통상과 환경·지속가능성 이슈를 직접적으로 연계한 다자 무역 협정으로서 큰 의미가 있고 WTO의 입법 기능이 회복될 수 있다는 가능성을 보여준 것이다.

코로나19 백신에 대한 개도국의 접근권을 제공하기 위한 '지식재산권 일시 유예' 합의는 전통적으로 선진국과 개도국 간 첨예한 이해관계의 차이로 대립해온 문제에 대한 다자적 해결방안을 제시하였다는 점에서 의미가 크다. 이외에도 코로나 팬데믹으로 인한 공급망 교란 문제, 러·우 전쟁으로 인한 식량 및 원자재 가격의 급등 및 개도국 식량안보 문제가 각료회의의 핵심의제로 다루어졌다. 이에 대하여 식량 및 농산물에 대한 수출 제한 및 금지 조치는 자제할 것을 합의하였다. 최근의 예상치 못한 특수한 상황에서 WTO의 다자적 기능을 통해 구속력은 없지만 시의적절한 대응을 한 것으로 평가된다.

제12차 각료회의는 비록 다자 무역 체제의 기능을 만족할 만큼 복원하지는 못했다. 하지만 입법 기능의 회복, 글로벌 대응 과제에 대한 다자적 해결을 주도하는 역할 등에서 의미 있는 합의를 이끌어낸 것으로 평가된다. 향후 WTO는 글로벌 공공재와 관련된 글로벌 이슈의 해결을 위하여 기존의 통상규범의 틀 내에서 환경, 노동, 보건 등 새로운 지속가능성 이슈를 연계시켜 나갈 것으로 전망된다. 특히 제12차 각료회의에서 다루어진 보건, 환경, 식량 관련 의제들은 국제사회에서 중요성이 급부상하고 있는 신안보 이슈(보건안보, 환경안보, 식량안보 등)와 일맥상통한다는 점에서 주목된다.

강제노동, 디지털 무역 등 선진국이 관심을 보이는 의제에 대한 규범화 노력은 향후 다자 무역 협상보다는 상호 이해관계가 있는 국가 간 지역무역 협정 또는 지역 간 협의체 등을 통해 논의가 이루어질 것으로 전망된다. 미국의 미온적 태도로 인해 분쟁해결제도의 복원은 상당 기간 지연될 것으로 예상된다. 이에 따라 구속력이 약화한 WTO 다자 무역 체제하에서 다른 회원국과 통상 갈등이 발생하는 경우 양자 차원의 외교적 해결방안을 적극 검토할 필요가 있을 것으로 보인다.

2) 제13차 각료회의[10)]

2022년 제12차 각료회의에 이어 2024년 제13차 각료회의가 아랍에미리트(UAE) 수도 아부다비에서 2월 26일에서 3월 2일까지 6일간 개최되었다. 제13차 각료회의는 최근 논의의 중심이 되고 있는 WTO 개혁에 대해 중점적으로 논의하였다. 그 결과 '아부다비 각료선언'이 채택되었다. 그리고 총 6개 의제별 각료결정이 채택되었다. 6개 의제별 각료결정은 ① 분쟁해결제도 개혁, ② SPS(위생 및 식물위생 조치에 대한 협정) 및 TBT(무역에 관한 기술적 장벽) 협정 이행 관련 개도국 특혜, ③ 최빈개도국 졸업국의 원활한 전환 지원, ④ 전자상거래 작업 계획(무관세 관행 연장 포함), ⑤ 소규모 경제 작업 계획 ⑥ TRIPs 비위반제소, 상황 제소 유예 연장 등과 관련된 것이다.

아울러 회원국은 지난 제12차 각료회의 이후 비공식 논의를 통해 도출된 문안을 토대로 연말까지 분쟁해결제도 정상화를 위한 논의를 지속하기로 합의하였다. 개발 분야는 개발도상국의 SPS 및 TBT 협정 이행을 위한 기술지원 등 특혜 조치와 최빈개도국 졸업국에 대한 특혜 연장에 합의하였다. 전자적 전송물 무관세 관행(모라토리엄)은 차기 각료회의 또는 2026년 3월 말 중 먼저 도래하는 날까지 연장 후 종료하는 것으로 합의하였다. 농업 협상, 수산보조금 2단계 협상에서는 회원국 간 이견이 좁혀지지 않아 다자 협상 성과 도출에는 도달하지 못하였다. 아울러 코모로, 동티모르의 가입이 승인되어 WTO 회원국은 기존 164개국에서 166개로 확대되었다.

---

10) 이 내용은 13차 각료회의 관련 산업통상자원부 2024.3.2.일자 보도자료 및 『KDI 나라경제』에 기재된 '투자원활화(IFD) 협정 합의, WTO 무용론 속 다자통상체제에 힘 실어'라는 기고문을 정리한 것이다.

제13차 각료회의의 가장 큰 성과는 '개발을 위한 투자원활화 협정'(Investment Facilitation for Development Agreement, IFD)이라고 할 수 있다. IFD에 대해서는 우리나라와 칠레가 공동의장국으로서 124개 회원국이 참여하는 공동 각료선언을 발표하고 WTO 협정 편입을 공식 요청하였다. 이는 WTO 출범 30년 만에 처음으로 복수국 무역협정을 WTO 협정에 신규 편입을 추진하는 사례로서 향후 WTO 일반이사회에서 관련 논의를 추진할 전망이다.

IFD 협정은 협상 참여국의 국내 투자 제도와 정책을 투명하게 공개하고 투자 절차를 간소화, 디지털화함으로써 개도국에 대한 외국인직접투자(FDI)를 촉진한다는 것이 요체이다. 개도국의 경제성장을 원조나 개발 협력에 의존하는 것은 한계가 있고 인프라, 제도, 사람에 대한 투자를 통해 비로소 견고하고 지속가능한 경제 체질 강화가 가능하다는 인식이 그 기저에 있다.

이번 IFD 협정문 합의는 그 의미가 작지 않다. 첫째, IFD 협정이 직접적으로 규율하고 있는 글로벌 투자 확대 측면이다. IFD 협정은 투자 대상국의 투자 제도와 환경을 개선함으로써 투자자 입장에서 투자 안정성과 예측가능성을 크게 높일 것이다. UNCTAD는 최근 몇 년간 개도국 대상 투자와 자금 지원이 감소했다고 밝혔다. 그 결과 선진국과 개도국 간 경제 격차가 심화하고 세계경제의 불안정성도 함께 높아지고 있는데 IFD 협정은 이러한 추세를 반전시키는 계기가 될 것으로 기대하고 있다. 특히 최빈개도국에 대한 글로벌 투자 비중이 2%로 미미한 상황에서 이번 협정은 최진개도국의 최우선 과제인 기후변화 대응에 필요한 비즈니스 환경 조성에 기여할 것이다. IFD 협정이 투자자인 선진국과 투자 대상국인 개도국이 모두 혜택을 보는 윈·윈 협정이라고 평가받는 이유다.

둘째, IFD 협정은 투자 문제를 다자 차원에서 본격 규율하는 최초의 협정이다. WTO가 상품과 서비스무역을 주로 다루고 있는 가운데 투자는 수많은 양자, 지역 차원의 투자 협정 아래 다분화되어 왔다. 하지만 무역 관련 투자가 세계경제에 미치는 영향을 감안하면 투자 전반에 대한 보편적이고 포괄적인 규칙을 글로벌 차원에서 마련하는 것은 중요한 과제이다. 이를 위해 IFD 협정은 시장개방이나 투자자·국가 간 소송(ISDS)과 같은 분쟁 이슈를 다루기보다는 협정 명칭대로 투자를 촉진, 원활화하는 방식을 택한 것이다.

셋째, IFD 협정은 무역 투자를 넘어 지난 수십 년간 세계경제를 지탱해 온 규범 기반 다자 무역 체제 자체에 긍정적 영향을 줄 것이다. WTO가 일방주의와 자국 우선주의 기류 속에서 힘을 잃고 있는 가운데 이번 합의는 WTO가 투자, 기후, 전자상거래와 같은 미래 규범을 마련하는 데 불가결한 역할을 한다는 것을 보여주었다.

마지막으로 '공동성명 이니셔티브'(Joint Statement Initiative, JSI)라는 협상 방식이 이번 협상에서 주효했다는 점이다. JSI는 2017년 아르헨티나에서 개최된 제11차 WTO 각료회의에서 도입된 협상 개념으로 그동안 번번이 실패한 DDA 협상 경험을 거울삼고 있다. JSI는 WTO 회원국 전체가 지루한 협상에 참여하는 비효율적 방식이 아닌 실제로 협상 타결 의지가 있는 나라들이 모여서 유연하고 성과 지향적인 협상을 하자는 실용적인 접근이다.

이 방식에 회의적이던 인도 등 일부 국가도 회원국 2/3가 참여해 신속한 규범화의 길을 실증적으로 제시한 이번 결과를 가볍게 여기기는 어려울 것이다. 오히려 통상협상의 최전선이 전통적 시장개방에서 환경, 탄소배출권 거래, 전자상거래와 같은 신통상 이슈의 규범화로 옮겨지는 상황에서 이번 합의는 복수국 협상이 WTO 입법화의 디딤돌이 될 수 있음을 보여주고 있다.

IFD의 최종 타결까지는 아직 여러 과제가 남아 있다. 우선 이번에 합의한 협정문의 교정, 번역 등 기술적 작업을 해야 한다. IFD 협정을 WTO 협정으로 정식 편입시키는 것도 면밀한 법적 검토가 필요하다.

그간 협상에 참여해 오지 않은 회원국, 특히 개도국을 대상으로 적극적인 지원 활동을 전개해 IFD 협정의 지리적 외연을 넓히는 것도 과제다. 이 과정에서 UNCTAD, OECD 등 개발·투자 관련 국제기구의 지원도 도움이 될 것으로 보인다.

이미 일부 선진국은 개도국을 대상으로 각국 내 투자 시스템 개선을 위한 자문과 기술 제공을 추진 중이다. 우리나라 역시 글로벌 중추 국가이자 협상의 공동의장국으로서 IFD 협정과 관련한 개도국의 이해 및 이행 역량을 높이기 위해 적극적인 준비와 노력을 하고 있다. IFD 협상은 2020년 9월에 시작하고 3년도 안 돼 협정문 합의까지 도달한 몇 안 되는 WTO 협상 성공 사례다.

WTO가 출범한 이래 협정문 합의에 이른 경우는 이번을 포함하더라도 단 세 차례뿐이다. 각국의 이해관계가 갈리는 투자 분야에서 합의에 이른 것은 WTO 개혁이라는 시대적 과제 역시 의지를 갖고 실행해 나가면 불가능하지 않음을 의미한다. 이번 제13차 각료회의의 성과가 DDA 협상의 진전 등 다른 분야 협상에도 시사점과 긍정적 에너지를 줄 것으로 기대되고 있다.

CHAPTER

13

주요국의 통상정책

1. 우리나라의 통상정책
2. 미국의 통상정책
3. EU의 통상정책
4. 일본의 통상정책
5. 중국의 통상정책

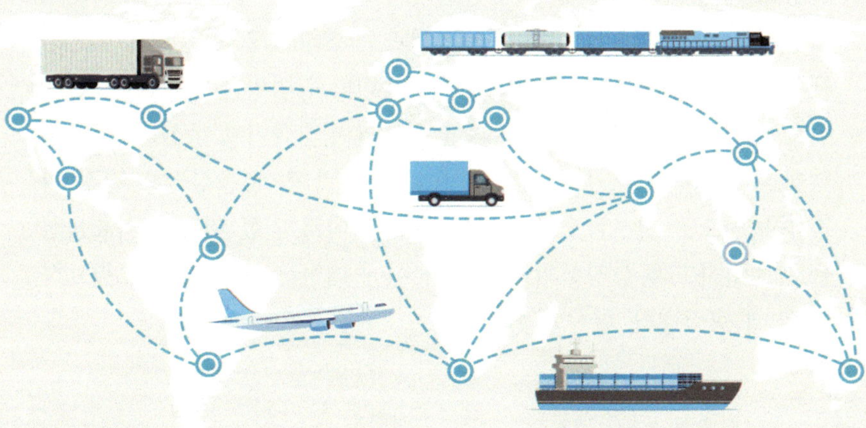

Chapter 13 주요국의 통상정책

1. 우리나라의 통상정책

1) 통상정책 결정 과정

우리나라의 통상정책은 주로 행정부가 중심이 되어 입안, 시행되어 왔다. 구체적으로는 산업통상자원부 내 통상교섭본부가 통상정책을 주관한다고 할 수 있다. 하지만 그동안 행정부가 중심이 된 통상정책 결정에 대해 국회와 시민단체 등을 중심으로 정부의 독주라는 비판이 지속해서 제기되었다. 특히 통상정책과 관련하여 2007년 한·미 FTA 체결과 2008년 광우병 사태로 일어난 국민의 광범위한 반대 여론과 시위를 겪으면서 국민 정서를 간과한 정부의 일방적이고 독선적 협상 진행에 대한 문제점이 부각되었다. 이러한 논란 속에 통상정책 결정 과정을 법적으로 명시함으로써 국론 분열과 이로 인한 비용과 비효율성을 최소화하고 통상정책의 투명성과 이에 대한 사회적 합의가 필요하다는 데 공감대가 형성되었다.

이에 따라 2011년 12월 '통상조약의 체결 절차 및 이행에 관한 법률안(통상절차법)'이 제정되었다. 통상절차법은 통상정책의 절차를 법적으로 명시함으로써 통상정책의 투명성과 정당성을 확보하도록 하고 있다. 통상절차법은 통상조약체결 계획의 중요사항을 변경하는 경우와 국내산업 또는 경제적 파급효과에 중대한 변화가 예상되는 경우 국회에 보고하도록 규정하였다. 그동안 문제가 되어 왔던 정부의 통상정책의 독점권을 견제하고 정부가 시행하는 중요한 통상정책에 대해 국민의 대표기관인 국회가 감독할 수 있도록 한 것이다. 하지만 미국의 사례에서와 같이 의회가 정부의 통상정책에 대한 광범위하고 포괄적인 권한을 부여하고 있지 않아 국회의 견제와 개입에는 한계가 있다는 우려가 존재한다.

통상절차법에는 통상협정 과정에서 국민과 이해단체의 의견을 수렴하기 위해 '공청회'(public hearing)를 의무적으로 개최하도록 하고 있다. 이는 국민의 의견을 무시한 채 정부 정책을 진행하는 것을 견제하도록 한 것으로 절차적 정당성을 확보한다는 측면에서는 진전이 있지만 실제로 통상정책의 결정 과정에서 공청회의 역할은 한계가 있을 수밖에 없다는 점에서 요식행위라는 비판도 존재한다.

우리나라의 통상정책은 산업정책과 연결되어 수행되어야 한다는 점에서 정부 주도로 결정, 시행되어 나갈 수밖에 없는 상황으로 보인다. 하지만 그 과정에서 정책 결정 과정의 투명성을 높이고 정책적 효율성을 확보해 가는 노력이 필요할 것이다. 아래에서는 우리나라의 통상정책의 대표적인 두 개의 정부 기관을 소개하고 이를 통해 통상정책 수립과 시행에 대해 구체적으로 살펴본다.

2) 통상교섭본부

우리나라 통상정책의 수립과 시행을 담당하는 정부 기관은 통상교섭본부이다. 통상교섭본부는 외국과의 통상, 통상교섭 및 통상교섭에 관한 총괄·조정, 무역, 외국인 투자에 관한 기능을 수행하는 산업통상자원부의 하부조직이다. 통상교섭본부는 1998년 김대중 정권에서 통상정책과 협상을 전담하는 부서로 외교통상부 내 설치되었다. 2013년 박근혜 정부는 이를 폐지하고 그 업무를 외교부에서 산업통산자원부로 이관하였다. 이후 통상정책의 컨트롤 타워의 부재라는 비판과 문제제기가 많아졌고 문재인 정부 출범 직후 정부 조직 개편에 따라 2017년 7월 산업통상자원부 내 부서로 부활하였다.

통상교섭본부는 통상 관련 의견을 총괄, 조정하고 대외 통상교섭을 진행하는 역할을 한다. 통상교섭본부장은 정부조직법상으로는 차관급이지만 실질적으로 대외협상 등 통상 분야에 있어서는 장관급(minister of trade)으로 인정됨으로써 대외 장관의 지위를 갖게 되었다. 통상 기능의 전담부서인 통상교섭본부를 외교부 대신 기존 산업통상자원부에 배치한 것은 글로벌 통상환경이 급변하는 상황에서 일관성 있는 정책 시행과 조직 안정이 필요하다는 이유가 컸던 것으로 보인다. 특히 통상 기능이 일반적인 외교 업무가 아니라 산업적 연계성이 강하고 산업정책과의 조율과 조화가 필요하다는 점에서 산업통상자원부 내 존치로 결정된 것으로 보인다. 당시 중요한 현안으로 떠오른 한·미 FTA 개정 협상 논의를 잘 풀어가기 위한 조직 내의 안정이 시급하였기 때문이기도 하다.

초대 통상교섭본부장으로 참여정부 시절 통상교섭본부장을 지낸 김현종 교수가 임명된 것은 이를 반영하고 있다. 김현종 교수는 한·미 FTA 협상을 주도했던 인물로 한·미 FTA 개정 협상을 무리 없이 잘 주도해 나갈 수 있는 인물로 여겨졌다. 현 윤석열 정부에서는 안덕근 서울대 국제대학원 교수와 정인교 인하대 교수가 통상교섭본부장으로 차례로 임명되었다.

3) 무역위원회

'무역위원회'(Korea Trade Commission, KTC)는 무역구제를 담당하

는 산업통상자원부 소속 기관이다. 무역구제란 앞에서 언급하였듯이 덤핑수입 및 외국 정부로부터 보조금을 받은 물품의 수입 또는 특정 물품의 수입 급증 등으로 국내산업이 피해를 입거나 입을 우려가 있는 경우 이를 조사, 판결하여 불공정 무역 거래로 인한 산업 및 기업의 피해를 방지하는 것이다.

무역위원회는 위원장(차관급) 1인, 상임위원 1인, 비상임위원 7인 등 총 9인의 위원으로 구성된다. 위원장 및 위원은 산업통상자원부 장관의 제청으로 대통령이 임명한다. 임기는 3년으로 연임할 수 있다. 무역위원회는 1987년 불공정 무역행위 및 수입 증가 등으로 인해 발생하는 국내산업의 피해를 조사, 구제하기 위해 설립되었다. 무역위원회는 덤핑이나 부당한 보조금을 받은 외국 상품 수입으로 인한 국내산업 피해를 조사, 판정하고 기획재정부에 덤핑방지(반덤핑)관세 또는 상계관세 부과를 건의한다.

다시 말해 무역위원회는 수입 급증으로 인한 국내산업의 피해를 조사, 판정하여 세이프가드 조치를 관계 중앙행정기관에 건의하는 역할을 한다. 공정한 무역 질서를 확립하기 위하여 지식재산권을 침해하거나 원산지 또는 품질 표시를 위반한 수출입품에 대해서는 조사, 판정을 거쳐 시정조치와 과징금을 부과하는 업무도 겸하고 있다. 우리나라의 무역구제제도는 덤핑방지관세, 상계관세, 세이프가드, 불공정 무역행위 조사, 타국의 무역규범 위반 제도 조사 등으로 나누어 볼 수 있다.

2. 미국의 통상정책

미국의 통상정책 결정 과정을 알기 위해서는 의회와 행정부 간의 무역에 관한 권한의 배분이 어떻게 이루어지는지를 이해하는 것이 필요하다. 미국은 다른 나라와는 달리 기본적으로 통상정책의 입안과 결정의 권한이 의회에 주어져 있다. 미국 헌법 제1.8조에서 의회는 대외통상에 관한 규제와 관세 및 기타 수입과징금의 부과, 국제 상거래와 무역규제 등에 관한 권한을 갖는다고 규정하고 있다.[1)]

하지만 실제로는 행정부(대통령)가 의회로부터 이러한 무역과 관련된 권한을 부여받고 있고 이에 따라 행정부의 영향력이 강화되어 온 특성이 있다. 이는 의회와 행정부 간의 역학관계 및 세계경제 환경 및 통상질서의 변화에 따라 형성되어 온 측면이 강하다. 제1차 세계대전 당시 의회는 '적국과의 무역에 관한 법률'(Trading with the Enemy Act)을 통과시켰는데 이 법은 대통령에게 모든 국제무역과 금융 흐름을 규제할 수 있는 권한을 부여하는 것이었다. 심지어 국외 자산을 동결하거나 압류할 수 있는 권한까지 부여되었다.

이 권한이 더욱 특별한 것은 적국과의 무역뿐만 아니라 모든 국제 상거래에 적용되기 때문이다. 이 법률에 따른 권한은 국가 위기 상황이나 전쟁 시에만 사용될 수 있는 권한으로 제한적으로 활용될 수 있었다. 이후 1930년대 이전까지는 의회가 직접 수입품에 관세를 책정하였다. 하지만 1929년 시작된 대공황의 여파로 인한 신속하고 탄력적인 관세율 조정을 위해 1934년 의회가 '상호 관세법'(Reciprocal Tariff Act)을 제정하여 대통령에게 관세를 감세할 수 있는 권한을 이양하였다.

이후 1962년 '무역확장법'(Trade Expansion Act of 1962)을 제정하고 대통령에게 국가 안보의 강화를 위해 필요하다면 관세를 올릴 수 있는 권한을 부여하였다. 거의 사문화된 이 무역확장법을 근거로 트럼프 정부는 2018년 이후 중국, 한국산 철강 제품 등 주요 수입 상품에 대한 고율 관세 부과를 추진하였다. 무역확장법 제정 이후 1974년까지

---

1) 예를 들어 미국 헌법 제1조 8항(연방의회에 부여된 권한)의 (a)와 (c)는 다음과 같다.
   (a) 합중국의 채무를 지불하고, 공동 방위와 일반 복지를 위하여 조세, 관세, 공과금 및 소비세를 부과 징수한다. 다만 관세, 공과금 및 소비세는 합중국 전역을 통하여 획일적이어야 한다.
   (c) 외국과의, 주 상호 간의, 그리고 인디언 부족과의 통상을 규제한다.

의회는 대통령에게 일정 범위 내에서 타국과 관세를 협상할 권한 및 의회 입법을 통하지 않고 협정 관세율을 시행할 권한 등을 부여하였다. 특히 '1974년 무역법'(Trade Act of 1974)을 통해 의회는 무역 협정의 입법 및 시행을 신속하게 추진할 수 있는 '무역촉진권한'(Trade Promotion Authority, TPA)을 신설하였다. 이로써 의회로부터 주어진 구체적인 무역 협정 또는 무역촉진권한 안에서 대통령은 통상정책과 시행과 관련된 대부분의 권한과 영향력을 행사할 수 있게 되었다. 예를 들어 1973~1979년 도쿄라운드, 1986~1993년 우루과이라운드, 1994년 NAFTA 체결 과정에서 대통령에게 강력한 교섭권한이 부여되었다. 한·미 FTA 경우에도 오바마 행정부에 주어진 무역촉진권한의 시한 내에 타결된 것이다.

또한 이 법은 대통령에게 불공정 무역행위에 보복하기 위해 관세를 부과할 수 있는 권한도 부여하였다. 대통령에게 주어진 무역에 관한 권한은 헌법상 주어진 권한이 아니라 의회에서 법률을 통해 이양된 권한이기 때문에 대통령의 무역 권한 행사는 제한받을 수 있다. 하지만 대통령이 의회에서 받은 권한의 범위를 월권했는가의 문제 등이 법원에서 다루어졌을 때 법원이 대통령의 손을 들어준 사례가 존재한다. 법원은 비록 헌법상 대통령에 무역규제 권한이 명시적으로 주어지지는 않았으나, 다양한 법률 및 법원 결정이 대통령에게 무역 관련한 권한을 주고 있음을 밝히고 있다.

따라서 미국의 경우 기본적으로 통상정책의 권한은 의회에 있지만 다양한 법률을 통해 대통령에게 무역에 관한 권한이 주어지고 있다. 물론 해당 권한은 제한이 있는 권한으로 무역 협정이나 법률상 주어진 무역촉진권한 밖에서 이 권리를 행사할 수 있는 권한은 허용하지 않는다. 하지만 미국 통상정책의 결정과 그 시행에 있어서 실질적으로는 대통령을 중심으로 한 행정부의 영향력과 권한이 핵심적인 역할을 하고 있다.

미국 행정부의 통상 관련 기관을 살펴보면 크게 '상무부'(DOC), '미국무역대표부'(USTR), '국제무역위원회'(ITC) 등을 들 수 있다. 이 중 상무부는 통상문제에 있어 가장 포괄적인 권한을 가진 행정부처이다. 상무부는 특히 반덤핑 또는 상계관세의 부과결정 및 시행에 주도적인 역할을 하고 있다. 하지만 통상정책의 입안 및 결정과 관련해서는 USTR과 ITC의 역할이 더 크다고 할 수 있다. 아래에서는 두 기관에 대해 살펴본다.

미국의 경우 우리나라의 통상교섭본부와 같은 역할을 하는 기관이 '미국무역대표부'(Office of the United States Trade Representative, USTR)이다. USTR은 이름처럼 미국의 무역을 대표하는 기관으로 미국의 무역, 통상정책을 수립하고 집행하고 외국과의 협상을 주도하거나 지휘하는 일을 한다. USTR은 덤핑, 보조금 등 불공정 무역행위에 관한 조사와 관련 상대국과의 협상, 보복 조치 등을 집행한다. USTR은 1962년의 무역확장법을 법적 근거로 하여 1963년 케네디 대통령의 행정명령으로 설립되었다. 당시의 명칭은 '무역교섭특별대표부'(Office of the Special Trade Representative for Trade Negotiations)였다.

1974년의 통상법에 의하여 대통령 직속의 각료급 기관으로 격상되었고 1980년 지미 카터 대통령 당시 현재의 USTR로 개칭되면서 그 권한이 강화되었다. USTR은 미국의 국제무역, 상품무역, 직접투자 정책을 입안하거나 조정하고, 이와 관련된 타국과의 협상을 주도하거나 지도한다. 그리고 USTR은 무역 및 투자와 관련된 사안에 관하여 대통령의 가장 중요한 자문, 협상가, 대변인의 역할을 수행한다. 각종 다자협상 및 양자 협상 이외에도 외국의 불공정 무역관행에 대한 301조 관련 제소, 337조 및 201조의 수입 규제 관련 사안 등도 담당한다. USTR은 산하에 무역정책위원회, 무역정책심사위원회, 무역정책결정위원회 등 3개의 위원회를 두고 있다. 제네바, 브뤼셀 등 4개 지역에 사무소를 두고 있고 APEC, WTO 담당 부서 등 총 21개 부서에 모두 200여 명의 직원이 있다. 이처럼 USTR은 미국의 국익을 위해 무역, 투자를 총괄하는 실무 부서이다.

미국의 통상정책을 실질적으로 입안, 시행하는 기관으로 그 정책적 기조에 따라 세계무역 질서에 미치는 영향이 크다고 할 수 있다. 예를 들어 USTR은 매년 4월 전 세계 주요 63개국의 국별 '무역장벽보고서'(National Trade Estimate Report on Foreign Trade Barriers, NTE)를 발표하는데 보고서는 해당 국가의 무역장벽에 대한 조사와 분석 그리고 미국 수출에 미치는 영향 등을 담고 있다. 따라서 보고서의 내용은 각 해당 국가에 있어서 통상 압박으로 다가올 수밖에 없다.

미국의 경우 우리나라의 통상교섭본부에 해당하는 기관이 USTR이듯이 한국무역위원회에 해당하는 기관이 미국 '국제무역위원회'(United States International Trade Commission, ITC)이다. ITC는 USTR과 함께 미국의 통상문제를 담당하는 중요한 기구 중 하나이다. ITC는 1974년 통상법의 제정에 따라 종래의 미국 관세위원회를 개칭한 것이다. ITC는 관세 문제, 특히 재무성의 수입 덤핑 조사에 기초한 미국 국내산업의 피해 상황 조사와 국내 업계의 신청에 의한 수입 구제를 위한 '면책 조항'(escape clause) 발동요건이 주된 업무이다.

외국 제품의 수입 급증 등에 의한 피해구제의 제소를 받았을 경우 이를 조사한다. 조사 결과 불공정 무역 거래로 인한 피해가 있다고 인정하면 관세 인상, 관세할당, 수량제한 등의 구체적인 피해구제 조치를 대통령에게 권고한다. 대통령은 권고 후 60일 이내에 어떤 결정을 내리도록 의무화 되어 있다. 특허권 침해 등 불공정 무역 관행도 조사해 수입금지 명령을 내릴 수 있다.

한 가지 특이한 것은 ITC의 무역구제 관련 업무는 다른 나라들과는 달리 상무부와 협업으로 이루어진다는 것이다. 반덤핑관세, 상계관세 부과에 대한 최종 결정은 상무부가 내리지만 그에 필요한 피해의 여부를 결정하는 것은 ITC이다. 예를 들어 상무부가 먼저 덤핑 등 불공정

무역행위의 존재를 확인하고 외국 수입품에 대해 덤핑 및 상계관세율을 산정한다. 하지만 이것만으로는 반덤핑관세를 부과하지 못하는데 실제 부과를 위해서는 ITC의 피해 여부에 대한 최종 판결이 필요하다.

ITC는 수입품으로 인한 미국 업계의 피해 여부를 예비 및 최종 판결을 통해 두 차례에 걸쳐 판정하게 된다. 상무부가 상계 및 덤핑관세를 산정, 부과하려 하더라도 ITC가 피해가 없다고 판정하면 상무부의 결정은 자동으로 무효가 된다. 결국 상무부는 반덤핑관세율의 산정 및 최종부과 등의 제한된 역할을 할 뿐 실제로 그 덤핑으로 인한 피해 여부 판결은 ITC가 관장함으로써 무역구제와 관련된 실질적 역할은 ITC가 담당하고 있다고 할 수 있다.

3. EU의 통상정책

EU의 통상정책의 경우 EU 28개 회원국의 이해관계를 조율하면서 공통분모를 찾는 과정인 만큼 상당히 복잡하고 다양한 프로세스를 포함한다. EU의 주요 통상정책 결정기관으로는 행정부 격인 집행위원회, 최고 의사결정기구인 각료이사회, 각 회원국의 민의를 대표하는 유럽의회, 사법재판소 등이 있고 주어진 권한 내에서 통상이슈를 처리하고 있다.

우선 집행위원회는 각료이사회의 결정을 집행하고 이사회에 각종 법안과 정책을 제안한다. 또한 통상협상, 무역구제 조치의 시행 등 실질적으로 통상정책 결정 과정의 주도적 역할을 담당하고 있다. 최고 의사결정기구인 각료이사회는 반덤핑, 상계관세, 세이프가드 등 무역구제 조치와 관련한 최종 결정권을 갖는다.

유럽의회는 의사 결정권은 없지만 EU 회원국 시민의 이해를 반영하는 역할을 한다는 차원에서 집행위원회가 제출하는 통상 관련 법안을 심의, 수정하고 통상 관련 자문역할을 수행한다. 특히 유럽의회 산하

경제사회위원회는 EU의 통상정책 결정 과정에서 각료이사회와 집행위원회에 관련 권고 및 자문을 주로 담당하는 역할을 한다. 이렇듯 EU의 통상정책 결정 과정은 단독으로 결정되고 집행되기 어렵고 각료이사회, 집행위원회, 유럽의회 등 3개의 기관이 상호 간 합의 및 협력을 통해 결정하는 특징을 가지고 있다. EU의 경우 역외국에 대한 공동관세 부과, 무역구제 조치 시행 등 회원국 28개국을 대표하여 공동 통상정책을 채택, 운영하고 있다.

이 과정에서 대외 통상교섭권을 집행위원회에 이관하여 추진하도록 하고 있다. 회원국은 공동 통상정책의 수립과정에 다양한 방식으로 참여하는 형식을 취하고 있다. EU는 덤핑 조사와 피해조사 담당 기관이 이원화되어 있는 미국과는 달리 집행위원회가 덤핑 여부, 반덤핑관세율 및 피해조사를 같이 담당함으로써 반덤핑제도의 적용에 가장 큰 영향력을 발휘하고 있다. 이 경우 이원화되어 있는 경우에 비해 공정성 문제가 제기될 여지가 있으나 EU 역내 산업의 보호와 무역구제 조치의 신속한 처리와 집행을 위해 시간이나 비용을 절약한다는 측면에서 좀 더 효율적이라고 할 수 있다.

4. 일본의 통상정책

일본의 통상정책의 경우는 미국이나 EU와는 달리 재무성(Ministry of the Treasury), 경제산업성(Ministry of Economy, Trade and Industry), 외무성(Ministry of Foreign Affairs) 등 행정부가 정책의 수립과 집행에 중심적인 역할을 한다. 행정부가 통상정책의 중심이 된다는 점에서 우리나라와 유사하다. 통상정책과 관련된 안건은 행정부 각 부처의 실무진에서 토의와 합의를 거쳐 결정되어 내각에 상정되고 특별한 이의가 없는 한 최종 결정된다.

일본의 경우 미국의 USTR이나 우리나라의 통상교섭본부와 같은 전담부서를 두지는 않고 있고 행정부처가 관련 업무를 분담하고 있는 형태를 가지고 있다. 예를 들어 외무성은 통상을 포함한 대외문제의 공식적인 창구 역할을 하고 경제산업성은 통상 관련 행정업무를 담당하고 있다. 재무성은 반덤핑, 상계관세, 세이프가드 등 전반적인 국내경제와 관련된 통상업무에 직간접적으로 개입하고 있다. 각 부처는 부처업무와 관련된 통상(대외)업무를 처리하기 위한 조직을 운영하고 있다. 각료회의는 부처 간 이견을 조정하는 역할을 한다.

일본의 통상정책 결정 과정의 특징은 행정부 내 특히 경제산업성의 전문 관료들이 큰 영향력을 갖고 있다는 점이다. 따라서 일본의 통상정책은 국내 산업정책과의 연계와 조화 속에 비교적 효율적으로 추진된다고 할 수 있다. 의사결정 과정에서 합의가 중시되고 비공식적인 협의와 각종 민간부문과 경제단체연합회, 일본무역진흥공사(Japan External Trade Organization, JETRO), 각종 민간연구소 등 주요 통상 관련 민간기관에서도 의견을 수렴, 참고하고 있다. 이처럼 일본은 의회나 사법부의 역할과 권한에 비해 행정부의 영향력이 강하고 통상정책의 결정 권한이 상당히 집중되어 있다.

하나의 사례로 일본의 반덤핑제도 운영과정을 살펴보면 덤핑률 조사는 재무성 관세국에서, 산업 피해 조사는 경제산업성 무역국에서 담당하고 있다. 하지만 반덤핑 조사의 필요 여부 및 관련 행정조치와 관련된 중요한 사안에 대해서는 재무성, 경제산업성 등의 각 부처 실무진 간 긴밀한 협조와 조율을 통해 결정한다는 차원에서 유기적인 체제를 갖고 있다고 할 수 있다. 〈표 6〉은 앞에서 살펴본 미국, EU, 일본의 통상정책 결정 과정의 주요 담당 부처에 대한 비교를 정리한 것이다.

앞에서 이야기 한 바와 같이 미국, EU, 일본의 통상정책 결정 기구의 비교를 해 보면 개별 국가마다 조금씩 다른 특성을 보이는 것을 알 수 있다. 우선 대외 통상정책의 결정 권한 측면에서 볼 때 미국은 전통

표 6 _ 미국, EU, 일본의 통상정책 비교

	미국	EU	일본
대외통상 결정 권한	의회	각료이사회	행정부(전문 관료)
반덤핑 및 상계관세 부과	상무부 (덤핑조사 및 결정) ITC (산업 피해조사)	각료이사회 (최종보복 조치 결정) 집행위원회 (통상규제조치 제안 및 조사담당)	대장성(덤핑률조사) 경제산업성 (산업 피해조사)
통상정책 개발, 집행 및 조정	USTR	집행위원회	경제산업성
통상 관련 협상 주관	USTR	집행위원회	외무성
관련부처 간 이해 조정	TPSC TPRG NEC	각료이사회	각료회의
수입 상황, 통상 문제 연구 및 조사	ITC 상무부(조사)	집행위원회	일본무역진흥공사 (JETRO)
자문 및 감독	ITC(자문) 민간자문위원회 (자문) USTR(자문) 의회(감독)	유럽의회 (자문, 감독) 경제사회위원회 (자문)	경제대책 각료회의(자문) 수상(감독)

적으로 의회 중심형으로 행정부는 단지 통상정책을 집행하는 역할을 하는 특징이 있다. 이는 다양한 산업, 기업, 이익집단들의 이해관계를 집약, 조정하는 의회의 역할이 통상 분야에도 적용되고 있는 측면이 강하다는 것을 보여준다.

이에 비해 EU는 각료이사회, 일본은 행정부 중심형 통상정책 결정 시스템으로 평가할 수 있다. 통상정책 개발, 집행 및 조정, 그리고 통상 관련 국제협상 주관은 미국과 EU의 경우 USTR과 집행위원회가 각각 담당하는 반면 일본은 경제산업성이 통상정책개발, 집행 및 조정업무를 수행하고 외무성은 통상 관련 국제협상을 주관하고 있다.

무역구제 조치의 경우도 세 국가가 조금씩 다른 모습을 보이는데 예를 들어 미국의 경우 앞에서 이야기한 것과 같이 반덤핑 및 상계관세의 부과 등 무역구제 조치는 ITC의 피해조사를 기초로 상무부가 덤핑 조사 및 결정을 담당하는 구조로 되어 있다. 반면 EU의 경우 집행위원회가 조사 및 통상 규제 조치의 제안을 하고 각료이사회는 보복 조치 등 최종 결정을 담당한다. 일본은 덤핑률 조사는 대장성이 산업 피해 조사는 경제산업성이 각각 담당하고 있다.

관련 부처 간 이해조정의 경우 미국은 TPSC, TPRG, NEC에서 담당하고 EU와 일본은 각료이사회와 각료회의에서 각각 조정역할을 담당하고 있다. 수입 상황과 통상문제 연구 및 조사는 EU와 일본의 경우 집행위원회와 JETRO가 주로 담당하는 반면 미국의 경우에는 상무부의 지휘 아래 ITC가 주로 이를 대신하여 담당하고 있다.

통상정책의 자문 및 감독 기능 측면을 비교하면 미국의 경우에는 민간자문위원회와 ITC가 정책 자문을, USTR은 행정부에 자문을, 의회는 전반적인 감독 기능을 각각 수행하고 있다. EU의 경우에는 의회가 자문 및 감독 기능을 경제사회위원회 등 각종 위원회가 필요에 따라 자문한다. 일본은 경제정책 각료회의와 각종 협의체가 자문하는 기능을 수행하고 있다.

5. 중국의 통상정책2)

중국 통상정책의 담당 부서는 중국 상무부(Ministry of Commerce)이다. 공산당 일당 체제인 중국의 정치체제의 특성상 상무부의 주요한 통상정책은 중국공산당의 지도와 가이드라인에 의해 결정되는 것으로 볼 수 있다. 이 절에서는 주로 중국의 통상정책 담당 부서 등에 대한

2) 이 절은 대외경제정책연구원(KIEP)의 정책연구 브리핑 『미·중 갈등시대 중국의 통상전략 변화와 시사점』(2022.7)을 정리한 것이다.

것보다는 최근 중국 통상정책 변화의 특징과 그 의미를 소개한다.

중국 통상정책 변화의 첫 번째 특징은 통상정책과 경제 안보 전략의 연계이다. 중국은 불확실한 대내외 환경 변화에 대응하기 위해 경제발전의 전환 및 고도화를 목표로 경제 안보를 고려한 대외부문(수출)과 대내 부문(내수)이 균형과 조화 속에 상호 발전한다는 '쌍(雙)순환' (dual circulation) 전략을 제시하였다. 쌍순환 전략은 기존 경제발전 전략과 달리 식량, 에너지, 공급망, 금융 등을 중심으로 경제 안보적 접근이 강조된다. 쌍순환 전략의 핵심은 중국 경제성장의 축을 수출에서 내수로 전환하는 것으로 지속 성장의 동력을 내부로부터 확보하는 것이다.

이를 위해 우선 중국은 기존에 추진해왔던 과학기술 혁신 능력의 제고 및 전략산업 육성전략을 기반으로 핵심기술 국산화와 자체적 공급망 구축을 가속화하고 있다. 이를 통해 공급망의 역외 의존도를 줄여 외부 충격을 방어하고 장기적으로는 산업과 기업의 경쟁력을 제고하고 공급망의 고부가가치 영역에 참여하는 것을 목표로 하고 있다. 중국의 이러한 전략적 목표는 기술 집약형 분야의 첨단기술 및 산업의 자체적 혁신과 개발에 맞춰져 있고 이를 기반으로 고부가가치 산업 및 4차 산업혁명 시대 새로운 형태의 산업 육성을 추진하는 데 핵심을 두고 있다.

그리고 전략자원의 공급 안정화에도 노력을 기울이고 있다. 최근 중국에서도 국가 전략 물자의 비축 문제가 주목을 받아오고 있다. 중국의 일부 부처별로 분산되어 있던 전략물자 관리의 책임을 통합함으로써 국가 물자 비축체계를 통일하고 응급 관리 능력 제고를 추진하기 위한 토대를 마련하는 것이다. 중국 정부는 경제 안전 리스크 경보 및 방제 메커니즘과 역량을 강화해 중요 산업과 인프라, 전략자원, 중점 과학기술 등 핵심 영역에서의 안전 통제력을 실현하는 것을 목표로 한다. 예를 들어 2021년 11월 국가 안보 전략을 심의하면서 식량 안전의 확보를 비롯해 에너지, 광물 안전 확보 문제가 제시되었고 처음으로 광물 안전이 국가 전략으로 격상되었다.

중국 통상정책 변화의 두 번째 특징은 지역 네트워크 구축이다. 2018년 전후로 미국의 중국에 대한 견제가 본격화되면서 중국의 FTA 전략도 변화를 보이기 시작하였다. 미국 중심의 USMCA와 EU와 병립할 수 있는 중국 중심의 제3의 경제통합체를 아태 지역에 구축하고자 노력하고 있다. 미국의 對 중국 견제가 본격화되는 가운데 이러한 중국 중심의 지역 네트워크 구축은 그 필요성과 추진 동기가 더욱 확실해지고 있다. 중국 정부는 RCEP 체결을 추진하고 이어 2020년 11월 APEC 회의에서 CPTPP 가입을 검토하겠다고 천명하였다. 2021년 9월에는 CPTPP 가입을 공식 신청하였다.

2021년 정부 업무 보고에서 한·중·일 FTA 체결을 추진하겠다는 점도 명시하였다. FTA 전략 추진에 있어 중국의 무역·투자를 확대하고 지역 통합시장을 구축하기 위한 목적 이외에도 글로벌 통상규범에 있어 중국이 주도하겠다는 의지를 보이고 있다. 기존의 FTA는 규범 측면보다는 지역통합을 목표로 지역경제 네트워크 구축 의미가 컸다면 RCEP와 CPTPP는 지역경제 네트워크 구축에 더하여 미국의 對 중국 견제에 대응하는 지정학적인 고려가 추가되었고 규범 측면에서도 중국이 적극 참여하겠다는 것을 보여주고 있다.

중국의 FTA 네트워크 구축 전략은 향후 높은 수준의 FTA를 향해 양적인 확대와 동시에 질적인 제고를 목적으로 추진될 전망된다. 협력 대상국이 기존의 개도국, 주변국 위주에서 선진국, 일대일로 참여국으로 확대되고 협력 내용이 기존의 관세 인하 등 상품무역에 필요한 규범 위주였다면 향후 서비스, 투자, 디지털, 환경, 노동, 국유기업, 지재권 등 다양한 규범이 포함될 것으로 전망된다.

중국이 추진하는 일대일로(一帶一路, One Belt One Road)[3)]는 경제

3) 일대일로는 육·해상 신실크로드 경제권을 형성하고자하는 중국의 국가전략이다. 일대(一帶)는 여러 국가와 지역이 통합된 하나의 지대(one belt)를 가리킨다. 구체적으로

영토 확장을 위해 중요한 국가 전략으로 미국 등 선진국의 견제에도 중국과 일대일로 참여국 간 무역 및 투자는 증가하고 있다.4) 이와 동시에 중국의 일대일로는 프로젝트 수익성 악화, 참여국 부채 증가, 미국의 동맹 확대에 따른 중국의 협력국가 범위 축소, 코로나 확산 장기화 등 다양한 위기 요인과 도전에 직면하고 있다. 중국은 이러한 한계를 극복하기 위해 일대일로의 기본원칙, 중점 목표 등은 그대로 유지하면서 새로운 돌파구를 모색하고 있다.

예를 들어 중국은 다자주의 원칙 지지, 프로젝트 건설·운영·입찰 등의 단계에서 국제 규범 및 각국의 법률·법규 준수, 프로젝트 참여국의 경제·사회 발전에 대한 실질적인 공헌도 제고, 제3국 시장 협력 추진 확대, 무역 및 투자의 자유화·편리화 촉진, 보호주의 반대 등을 강조하고 일대일로 융자 지도 원칙 수립, 일대일로 채무 지속가능성 분석 프레임 등 금융 방면의 구체적인 대응 방안을 마련하였다.

그리고 미·중 갈등이 심화함에 따라 중국은 전략적 요충지로서 아세안의 필요성과 중요성을 더욱 강조하면서 아세안에 대한 영향력을 지속해서 확대하고 있다. 최근 미국이 중국 견제를 위해 인도·태평양 전략 틀 안에서 동맹 체제를 강화하고 있어 인도·태평양 지역에서 미·중 양국의 지정학적 갈등 문제가 심화하고 있다. 2021년 11월 중국

는 중국-중앙아시아-유럽을 연결하는 육상 실크로드를 뜻한다. 일로(一路)는 하나의 길(one road)을 가리킨다. 동남아시아-서남아시아-유럽-아프리카로 이어지는 해양 실크로드를 뜻한다. 일대일로 정책은 중국의 시각에서 보면 환태평양경제동반자협정(TPP), 아시아로의 회귀(pivot to Asia) 등 미국의 중국 봉쇄 전략에 대한 자구책으로 서쪽으로 중국의 영향력을 확대하려는 지역 전략이다. 또한 중국은 일대일로 정책이 현재 중국이 안고 있는 구조적인 문제들을 해결하는 데 도움이 될 것으로 기대하고 있다.

4) 예를 들어 중국과 일대일로 국가 간 무역 규모는 2016년 6조 2,500억 위안에서 2020년 약 9조 3,700억 위안으로 약 50% 증가하였다. 중국 전체 상품무역에서 일대일로 국가와의 수출입이 차지하는 비중도 2016년 25.7%에서 2020년 29.1%로 증가하였다. 중국의 일대일로 국가에 대한 직접 투자액이 2016년 약 153억 달러에서 2020년 약 225억 달러로 47% 증가하였다. 중국의 전체 해외직접투자에서 일대일로 국가가 차지하는 비중도 2016년 7.8%에서 2020년 14.7%로 매년 증가하였다.

·아세안 대화 관계 수립 30주년 기념 정상회의에서 중국과 아세안 간 관계를 전략적 동반자[5]에서 포괄적 전략적 동반자로 격상하였다.[6]

중국 통상정책 변화의 세 번째 특징은 글로벌 통상 거버넌스(governance) 주도이다. 중국은 글로벌 통상 거버넌스 구축에 있어 단순 참여자가 아닌 주도자의 역할로 전환을 도모하고 있다. 통상 문제 해결에 있어 '중국 솔루션'을 강조하기 시작하였는데 일대일로를 국가의 대외 전략 수준에서 중국의 글로벌 거버넌스를 적용하기 위한 협력 플랫폼으로 활용하고 있다. 향후 중국의 글로벌 통상규범 주도 전략은 크게 다음 네 가지 측면에서 전개될 전망이다.

① 중국과 개도국의 이익을 반영한 WTO 개혁안을 제시하여 선진국과 개도국 간 이익이 균형적으로 반영되도록 다자통상체제인 WTO 개혁에 적극 참여한다. ② WTO 가입 때와 마찬가지로 CPTPP 등 높은 수준의 FTA 가입을 통해 중국의 대외 개방을 통한 대내 개혁을 가속화 한다.[7] ③ FTA와 일대일로를 활용하여 개도국과 중국 중심의 지역

---

5) 전략적 동반자 관계는 정치·안보·외교·경제·문화 교류 등 다양한 분야에서 동맹 다음으로 공고한 협력과 파트너십을 유지한다. 포괄적 전략적 동반자 관계는 이에 더해 군사 협력 및 동맹도 포함한다.

6) 예를 들어 중국은 아세안에 대해 코로나19 백신 1억 5천만 회분 무상 원조, 방역 기금 500만 달러 추가 지원, 백신 공동생산 및 기술이전 확대, 향후 3년간 15억 달러 규모의 개발 원조 제공, 중국·아세안 자유무역지대 3.0 건설 가동, 향후 5년간 1,500억 달러 규모의 농산물 수입, 1,000개 항목의 선진기술 제공, 향후 5년간 아세안 청년 과학자 300명 중국 방문 교류 지원 등 대규모 투자와 지원 계획을 약속하였다. 중·아세안 간 디지털, 환경, 보건 분야 협력도 일대일로 차원에서 더욱 확대될 예정이다.

7) 중국은 CPTPP 가입 신청을 통해 높은 글로벌 규범 수준을 기준에 맞추어 국내 개혁을 가속화할 계획이다. 중국이 높은 수준의 규범을 받아들이기 어려운 상황에서 가입 신청을 추진한 것은 기본적으로 '대외 개방 확대를 통한 대내 개혁 촉진'에 그 목적을 두고 있다. 중국에서는 CPTPP 가입을 제2의 WTO 가입으로 여기고 있고 이를 통해 중국경제가 높은 글로벌 통상 수준에 맞추어 발전하는 계기로 삼아 글로벌 경제 강국 또는 선진국으로의 발전을 도모하고 있다. 중국이 제시한 두 번째 백 년 목표인 2049년까지 현대화된 사회주의 강국 건설을 위해서는 경제·사회 전 분야에서 선진화가 필요한데, 이러한 개혁을 추진하는 데 내부 동인이 부족하다고 여겨 CPTPP 등의 외부 압력을 활용할 것을 보인다. 중국의 CPTPP 가입은 시기적, 지정·지경학적, 전략적 판단에 의해 예상보

네트워크를 구축하고 개도국이 수용가능한 낮은 수준의 규범을 적용한다. ④ 디지털 통상, 기후변화 대응 등 신 통상규범은 중국 국내 법·제도 정비, 관련 마스터플랜 및 시행계획 마련을 통해 국내시장 환경이 안정화되고 체계화된 후 국제 규범 논의에 참여한다.

중국은 이와 같은 통상정책 변화와 함께 경제·통상 측면에서 중국이 국가 안보를 보호하기 위한 법·제도 제정 및 시행을 확대할 것으로 보인다. 중국의 국가 안보와 이익에 위협이 되는 기업 또는 개인을 제재 근거로 활용할 수 있는 수출통제 및 관리 분야를 총괄하는 2020년 12월 「수출통제법」을 제정하였다. 2020년 1월부터는 「외국인 투자법」

다 빠르게 추진된 측면이 있다. 시기적으로 중국 사회주의 발전 단계의 큰 전환기를 맞이하고 있어 대내적으로는 공동부유, 대외적으로는 CPTPP 가입을 통한 자유무역 질서 주도 및 대외 개방을 통한 대내 개혁 촉진이라는 아젠다를 제시하고자 하는 등 대내외적 필요성이 증대되고 있다. 중국이 CPTPP의 높은 규범 수준을 수용할 수 있는가에 대해서는 중국 내에서도 국유기업, 노동, 환경, 디지털 통상 분야 등의 규범이 중국에 큰 도전 과제임을 인지하고 있다. 지식재산권보호, 국유기업 보조금, 노동, 환경, 디지털 통상 분야에서 CPTPP의 높은 규범 수준에 맞게 국내 개혁 및 법제 정비 등을 추진하고 있다. 중·EU 투자협정에서 이미 높은 수준의 규범을 수용한 점을 보아 공정경쟁(국유기업, 강제 기술이전, 보조금 투명성), 시장접근, 지속가능한 개발(환경, 노동) 등 일부 규범은 중국이 수용가능할 것으로 예상하고 있다. 협상 과정에서 중국이 받아들이기 어려운 규범에 대해 예외 또는 유예 규정을 두어 WTO와 마찬가지로 지연 전략을 추진할 가능성이 있다. 최근 미국, 유럽에서 노동규범 중 강제노동 금지와 중국의 신장 위구르 인권을 연계하는 접근에 대해서는 강력히 반대하고 있어 협상 과정에서 어려움이 예상된다. CPTPP 등 높은 규범 수준을 지닌 FTA 가입을 위해 중국은 글로벌 기준에 맞추어 국유기업 개혁을 추진할 것으로 보인다. 국유기업과 보조금을 둘러싼 미·중 간 입장 차이가 존재하고, 미국의 입장은 CPTPP에 상당 부분 반영되어 있다. WTO 또는 기존 FTA와 비교하면 CPTPP에서는 국유기업에 대한 정의가 확대되고, 비상업적 지원, 상업적 고려 등의 개념과 범위를 구체화한다. 중국은 미국이 탈퇴한 상황에서 CPTPP에 조속히 가입하여 아태 지역에서 배제되지 않기 위해 CPTPP의 국유기업과 보조금 규범에 대한 일정 부분 수용 및 국내 개혁 가속화가 필요하다. 중국의 국유기업 개혁 방향은 국유기업의 민영화를 추구한다기보다는 오히려 국유기업의 대형화를 통해 효율성과 경쟁력을 제고하여 중국 사회주의 체제를 한 단계 높이는 것을 주요 목적으로 하고 있다. 사회주의 체제 유지에 있어 레드라인을 설정하고 이 외의 부분에 대해서는 중국의 국유기업 개혁을 통해 국제 규범을 수용하여 국유기업 체질 개선과 경쟁력 제고를 도모할 계획이다. 중국의 CPTPP 국유기업 규범에 대한 협상 또는 대응은 유예·예외 규정 활용, 글로벌 기준에 부합하는 국유기업 개혁 추진, 규범 해석에 대한 법리적 논쟁 등 세 가지 방향으로 진행될 전망이다.

을 전면 시행하여 외국인 투자가 자국 산업과 안보에 미치는 영향에 대한 심사 강화하였다. 중국은 미국을 비롯한 외국의 對 중국 경제 제재나 조치에 대응하여 자국의 안전과 이익을 보호하고 필요할 경우 보복 조치를 할 수 있도록 관련 법규를 2020년 하반기부터 잇달아 발표하고 사이버 주권 및 데이터 보호를 위한 디지털 분야 국내법 제정하였다.

이 외 국가 안보 관련 외국기업의 M&A 규제를 위한 「반독점법」 등 경쟁정책 분야 법·제도를 정비 및 시행하고 있다. 이를 통해 중국의 국가안전을 위협하는 적대적 M&A를 방지하는 한편 중국 외 지역에서의 독점행위 또는 외국기업 간 M&A 등이 국내시장과 관련 산업경쟁력에 미치는 부정적 영향을 방지하고자 하고 있다.

이러한 중국의 통상 관련 국내법 제정과 정비는 주로 미국의 견제에 대응하고 중국 국가체제 및 안보 수호를 위한 레드라인을 설정하고 있다. 중국 내에서도 새로운 사회주의 발전 단계로 전환하는 과정에서 사교육, 부동산, 게임 등 다양한 분야에서 규제가 이뤄지고 있다. 글로벌 통상 패러다임 전환, 중국 내 발전 단계 전환 등의 과정에서 그동안 중국이 추진해왔던 정책 기조가 갑자기 전환되면서 예기치 못한 정책 리스크가 발생하고 중국 내 비즈니스 환경이 악화하는 측면이 있다.

중국의 법·제도 정비는 글로벌 기준에 맞추어 진행되는 측면이 있어 외국기업에 안정적인 환경을 제공하는 장점도 있지만 단기적으로는 불확실성에 처할 위험성도 존재한다. 중국에 진출한 외국기업을 대상으로 법률 자문 지원 서비스를 확대할 필요가 있다. 특히 미·중 간 국가 안보로 규제하는 분야에 대한 이해가 필요할 것으로 보인다.

참고문헌

Reference

[국문 자료]

강인수 외, 2018, 『국제통상론』, 박영사
김대순, 1998, 『국제경제법론』, 삼영사
김성준, 1996, 『WTO 법의 형성과 전망 1-5』, 삼성출판사
김승호, 2007, 『WTO 통상분쟁 판례해설 I, II』, 법영사
김용일, 1995, 『WTO 세계무역기구협정 해설』, 한국무역경제
김형재 · 박종훈, 1999, 『GATT와 WTO 세계로의 여행』, 법률출판사
나희량, 2018, 『쉽게 읽는 무역과 WTO 이야기』, 두남
______, 2022, 『WTO 무역분쟁의 이해: 분쟁해결제도를 중심으로』, 두남
노택환, 2004, 『국제통상의 이해』, 박영사
______, 2008, 『국제통상정책론』, 박영사
______, 2016, 『신국제통상의 이해』, 박영사
대외경제정책연구원, 1994, 『WTO 출범과 신교역질서』
박노형, 1996, 『WTO 체제의 분쟁해결제도』, 박영사
______, 1995, 『GATT의 분쟁해결사례연구』, 박영사
박덕영, 2003, "WTO 분쟁해결제도에 관한 소고", 연세법학연구: 10(1), 연세법학회
박웅용(편), 2011, 『영한대역 WTO 협정』, 법문사
박정욱, 2019, 『트럼프 시대, WTO에 던지는 5가지 질문』, 박영사
박형래, 2010, 『국제통상분쟁사례』, 청람
______, 2019, 『국제통상환경론』, 청람
서민교, 2006, 『국제경제기구의 이해』, 삼영사
서정두, 1996, 『국제통상법』, 삼영사
서현재, 1996, 『국제경제법』, 율곡출판사
안덕근 · 김민정, 2018, 『국제통상체제와 무역기술장벽』, 박영사
이기환, 2018, 『국제통상환경』, 탑북스
이상직, 2019, 『국제통상의 기초와 이해』, 유원북스

이신규, 2018, 『국제통상론』, 두남
이장희(편), 1996, 『국제통상과 WTO 법』, 도서출판 아사연
이재영, 2020, 『국제통상론』, 우용출판사
이태희 외, 2023, 『국제통상의 이해』, 이프레스
일본국제경제법학회(편), 박덕영 외 공역, 2014, 『국제경제법의 쟁점: 통상·투자·경쟁』, 박영사
여택동 외, 2003, 『국세통상과 WTO』, 율곡출판사
________, 2014, 『WTO 체제하의 국제통상론』, 두남
열린통상법모임, 2006, 『통상분쟁속의 한국: WTO 한국분쟁사례 분석』, 학영사
전순신(편), 2011, 『WTO법 강의』, 동아대학교 출판부
정인섭, 2012, 『생활속의 국제법 읽기』, 일조각
정찬모, 2012, 『국제경제법요론: 글로벌경제의 법적 기초』, 한국학술정보(주)
조영정, 1996, 『국제통상법의 이해』, 무역경영사
최낙복, 2012, 『국제통상개론』, 두남
최원엽, 2020, 『WTO의 규범과 현실: 제네바에서 본 다자무역체제의 현주소』, 책마루
프레드 P. 혹버그. 최지희 역, 2020, 『무역의 힘』, 어크로스
한국국제경제법학회, 2018, 『신국제경제법』, 박영사
헬프만. 이성규·황해두 역, 2013, 『글로벌 무역의 이해』, 시그마프레스

[영문 자료]

Bernard M. Hoekman & Petros C. Mavroidis. 2016. *The World Trade Organization: Law, economics, and politics*. Routledge.
Jessie Poon & David L. Rigby. 2017. *International Trade: the Basics*. Routledge.
Kenneth Pomernaz & Steven Topik. 2013. *The World That Trade Created: Society, Culture, and the World Economy,* 1400 to the present. Routledge.
Manfred Elsig, Bernald Hoekman & Joost Pauwelyn. 2017. *Assessing the World Trade Organization: Fit for Purpose?* Cambridge.
Michael J. Trebilcock. 2015. *Advanced Introduction to International Trade Law*. Elgar.
Peter Van den Bossche & Werner Zdouc. 2017. *The Law and Policy of the World Trade Organization: Text, Cases and Materials*. Cambridge.
Peter Van den Bossche & Deniese Prévost. 2016. *Essentials of WTO Law*. Cambridge.
Ralph H. Folsom. 2014. *Principles of International Trade Law*. West Academic.
William J. Bernstein. 2008. *A Splendid Exchange: How Trade Shaped the World*. Grove Press.

WTO. 1995. *The WTO Dispute Settlement Procedures - A Collection of the Legal Texts*.
____. 1995. *Guide to GATT Law and Practice Vol. I. II.*
____. 1995. *Regionalism and the World Trading System.*
____. 1995. *The Result of the Uruguay Round of Multilateral Trade Negotiation - the Legal text.*
____. 1995. *International Trade - Trends and Statistics.*
____. 1996-2023. *Annual Report.*
____. 2017. *A Handbook on the WTO Dispute Settlement System.* Cambridge.
____. 2017. *The WTO Agreements: The Marrakesh Agreement Establishing the World Trade Organization and its Annexes*. Cambridge.

[홈페이지]

국제무역통상연구원, http://tri.kita.net
국제분쟁판례 나눔 포털, https://disputecase.kr
대외경제정책연구원, http://www.kiep.go.kr
미국 국제무역위원회, http://www.usitc.gov
미국 무역대표부, http://www.ustr.gov
산업통상자원부, http://www.motie.go.kr
신흥지역 종합지식포털, http://www.emerics.org
통하는 세상, http://tongsangnews.kr
한국무역위원회, http://www.ktc.go.kr
한국무역협회, http://www.kita.net
EU 집행위원회, http://ec.europa.eu/trade/index_en.htm
FTA 무역종합진흥센터, http://okfta.kita.net
FTA 사이버연수원, http://www.e-kpc.or.kr/fta
FTA 종합지원포털, http://fta.go.kr
KOTRA, http://www.kotra.or.kr
WTO, http://www.wto.org
WTO 협정문, http://www.wto.org/english/docs_e/legal_e/final_e.htm

찾아보기

Index

국문

ㄱ

가격효과 / 73
각료회의 / 112, 163, 235, 236, 237, 241, 257, 258, 269, 271, 377, 378, 380, 381, 382, 383, 392, 393, 395, 396, 409, 410
개별협상 방식 / 158, 159, 164
경제발전 / 61, 62
경제발전단계설 / 74
경제성장 / 61, 62
관세화 유예 / 351
관세화 / 195, 350, 351
교역조건 / 68, 69, 70, 71, 98
구매력 / 23, 24, 25, 34, 41, 68, 70, 239
국제무역기구 / 105
권능 조항 / 133, 138, 139
규모의 경제 / 40, 41, 44, 366
금지보조금 / 192, 193, 194, 337, 341, 345, 379
기술격차설 / 36
기술무역장벽 / 349, 353, 354, 355, 356
기회비용 / 47, 48, 49, 51

ㄴ

내국민대우 원칙 / 115, 121, 122, 123, 124, 125, 126, 127, 134, 145, 202, 212, 224, 354

ㄷ

다자 무역 체제 / 103, 106, 107, 108, 109, 110, 113, 119, 133, 137, 148, 152
다자주의 / 83, 340, 343, 355, 360, 386, 413
대표수요이론 / 41
덤핑 / 184, 185, 186, 187, 188, 189, 190, 191, 192, 196, 198
도하개발아젠다 / 164, 227, 233
동태적 무역의 이익 / 35, 44, 45, 47, 384

ㄹ

레몬시장 / 196

ㅁ

마라케시 협정 / 25, 162, 163, 231, 335
매몰비용 / 49, 50, 51, 54
무(無)차별원칙 / 122
무역 관련 지식재산권에 관한 협정 / 108, 199, 210
무역과 경쟁 / 219, 221, 223
무역과 기술 / 219

무역과 노동 / 126, 219, 220, 221
무역과 부정부패 / 219, 225, 226
무역과 투자 / 219, 223, 224, 225, 363
무역과 환경 / 126, 127, 218, 219, 235
무역분쟁해결제도 / 213, 215, 283, 284, 290, 307, 333
무역원활화 / 234, 235, 236
무역원활화 협정 / 237, 269, 339, 382
무역위원회 / 320, 322, 400
무역의 이익 / 30, 31, 33, 41, 43, 45, 46, 47, 48, 49, 60, 62, 73
무역의 패턴 / 33, 34, 36, 42, 43, 81
무역전환효과 / 85, 94, 95, 96, 97, 119
무역정책 / 55, 60, 61, 62
무역정책검토제도 / 98, 108, 113, 333, 340
무역촉진권한 / 403
무역확장법 / 402, 404
무임승차 / 281
무임승차문제 / 120, 121, 172, 173
물량효과 / 73
미국 국제무역위원회 / 405, 419
미국 무역대표부 / 419

▌ㅂ▐

반덤핑관세 / 190, 191, 309, 310, 312, 318, 319, 322, 375
발리 패키지 / 165, 234, 269
보조금 / 79, 80, 127, 185
보호무역 조치 / 62, 63, 64, 66, 67, 69, 70, 71, 74, 77, 82, 85, 93, 94
보호무역론 / 63, 67, 69, 73, 74, 81, 83
복수국 무역 협정 / 95, 97, 98, 108, 171, 272, 273, 274, 279, 281, 294
복수국 서비스 협정 / 208
불법, 비보고, 비규제 어업 / 257, 258
불법·비보고·비규제(IUU) 어업 / 381
불완전경쟁시장 / 79, 80
브레튼우즈 체제 / 104
브레튼우즈 협정 / 104
비(非)차별원칙 / 122
비교우위 / 29, 30, 31, 33, 35, 36, 37, 38, 48, 49, 50, 51, 56
비교우위론 / 30, 37, 43, 45
비선형 인하 방식 / 177

▌ㅅ▐

산업간 무역 / 33, 38, 39
산업내 무역 / 33, 38, 39, 40, 41, 366
상계관세 / 190, 194, 198, 256, 257, 260, 312, 313, 315, 317, 404, 405, 408, 409, 410
상호성의 원칙 / 132, 133
서비스무역 협정 / 117, 123, 139, 171, 199, 203, 223
선형 인하 방식 / 176
세계무역기구 / 25, 163, 231, 232, 417
세이프가드 / 136, 137, 141, 142, 145, 146, 152, 205, 212
소득재분배 / 59, 81, 82
수량제한금지 원칙 / 115, 133, 134, 136, 144, 187, 224, 225
수산보조금 / 234, 257, 258, 260, 261, 379, 381, 392, 393
수출주도형 산업화정책 / 55
수출주도형 성장전략 / 57
스위스 공식 / 177, 247
시장경제국 지위 / 330, 349, 374, 375, 376, 377
시장접근 / 133, 199, 201, 202, 203, 208, 222, 244, 245, 271, 378
싱가포르 이슈 / 235, 268

▌ㅇ▐

알렉산더 해밀턴 / 74
양허관세 원칙 / 115, 127, 128, 129, 131, 133, 134, 137, 143, 144, 187
양허관세율 / 129, 130, 131, 132, 133,

134, 143
역총의 / 215, 216, 289, 290, 302, 303, 306
예측가능성 / 53, 73, 85, 92, 97, 98, 245, 290, 394
오린 / 37
완전경쟁시장 / 64, 78, 79, 80
요소부존이론 / 36, 37, 38, 43, 46, 81
요청·제안방식 / 175, 176, 177, 180
우루과이라운드 협상 / 111, 157, 244, 336
유예 / 89, 93, 154, 168, 205, 258, 271, 351
유치산업보호론 / 59, 74, 75, 78
인근궁핍화정책 / 80
일괄타결 방식 / 158, 163, 164, 165, 169, 170, 172, 173, 174, 175, 176, 177, 234, 236, 329, 339, 340, 343, 380
일반특혜관세 / 133, 221

ㅈ

자유무역 협정 / 83, 120, 148, 343, 346, 349, 359, 363, 371
자유무역론 / 63, 69, 72, 73, 74, 81, 83, 86
전략적 무역정책 / 59, 78, 79, 80
정보기술 협정 / 172, 273, 274, 276, 277, 281, 381
정보의 비대칭성 / 98, 196, 197, 198
정태적 이익 / 43
제로잉 / 256, 257, 316, 317
제품수명주기설 / 35
조기수확 방식 / 165, 174, 177, 236, 380
조부조항 / 147
조정비용 / 49, 51, 52, 53, 54, 55
조치가능보조금 / 192, 194, 345
지리적 표시 / 264, 266
지역무역 협정 / 120, 121, 141, 148, 151, 152, 171, 205, 212, 234, 256, 260, 278, 355, 361, 364, 385, 386, 392
지역주의 / 87, 239, 355, 360, 362, 364, 386

ㅊ

최적관세율 / 59, 69, 71, 72, 73, 80
최적관세율이론 / 69, 70, 71, 72, 73, 80
최혜국대우 원칙 / 116, 117, 118, 119, 121, 122, 123, 124, 125, 127, 136, 138, 145, 148, 149, 170, 171, 176, 202, 203, 212, 262

ㅋ

케언즈 그룹 / 243
콜로라도 그룹 / 268

ㅌ

탄소국경조정제도 / 389
통상교섭본부 / 398, 400, 404, 405, 408
통상조약의 체결 절차 및 이행에 관한 법률안(통상절차법) / 399
투명성 원칙 / 197, 198, 201, 203
투자원활화 협정 / 225, 237, 393
투자자·국가 소송제도 / 356, 357, 395
특정성 / 192, 260, 314, 316, 317
특혜무역 협정 / 147, 148, 273, 359

ㅍ

포용성 / 158, 159, 160, 161, 162, 163, 164, 165, 167
포지티브 방식 / 205, 249
폴 크루그먼 / 78
프리드리히 리스트 / 74

ㅎ

허용보조금 / 193, 260, 345
헥셔·오린 이론 / 36, 45, 81
헥셔 / 37

환경상품 협정 / 170, 171, 246, 273, 274, 278, 280, 281, 282
효율성 / 53, 65, 82, 98, 158, 159, 160, 162, 163, 164, 165, 176, 286, 308, 329, 365, 373, 398, 399

▌영문▌

▌A▌

Alexander Hamilton / 74

▌B▌

B. Ohlin / 37
Bali Package / 165
bounded tariff rate / 129
Bretton Woods / 104

▌C▌

Cairns group / 243
Carbon Border Adjustment Mechanism(CBAM) / 389
Colorado group / 268
comparative advantage / 29
comprehensiveness / 158
consensus / 93
countervailing duties / 194

▌D▌

Doha Development Agenda(DDA) / 233
dumping / 185

▌E▌

E. Heckscher / 37
early harvest / 165
economies of scale / 40
efficiency / 158
Environmental Goods Agreement(EGA) / 246

▌F▌

factor endowment theory / 36
free rider problem / 172
Free Trade Agreement(FTA) / 359
Friedrich List / 74

▌G▌

gains from trade / 31
GATT 1947 / 105, 108, 109
GATT 1994 / 105, 108, 187, 199, 360
GATT(General Agreement on Tariff and Trade) / 87, 92, 93, 105, 107, 108, 109, 288, 289, 350
GATS(General Agreement on Trade in Services) / 199
Generalized System of Preferences (GSP) / 133
Geographical Indication(GI) / 264
grandfather clause / 147

▌I▌

individual negotiation / 158
Information Technology Agreement(ITA) / 172
inter-industry trade / 38
International Trade Organization(ITO) / 105
intra-industry trade / 38
Investment Facilitation for Development Agreement(IFD) / 225
Investor-State Dispute Settlement(ISD) / 356

▌K▌

Korea Trade Commission(KTC) / 400

▌L▌

lemon market / 196
linear tariff reduction / 176

M
market access / 133
Marrakesh / 25
multilateral trading system / 103
multilateralism / 340

N
negative consensus / 215
non-linear tariff reduction / 177

P
Paul Krugman / 78
permissible subsidy / 193
Plurilateral Trade Agreements / 108
product life cycle hypothesis / 35
prohibited subsidies / 192
purchasing power / 23

R
reciprocity / 132
Regional Trade Agreement(RTA) / 120
regionalism / 87
represent demand theory / 41
request · offer approach / 175
reverse consensus / 215

S
safeguard / 136
single undertaking 또는 package deal / 158
specificity / 192
subsidies / 185
Swiss formula / 177

T
Technical Barriers to Trade(TBT) / 352
theory of comparative advantage / 30
theory of optimal level of tariff / 69
trade diversion effects / 95
Trade Expansion Act of 1962 / 402
Trade in Services Agreement(TiSA) / 208
Trade Policy Review Mechanism(TPRM) / 98
Trade Promotion Authority(TPA) / 403
Trade-Related Aspects of Intellectual Property Rights(TRIPs) / 199
transparency / 197

U
United States Trade Representative(USTR) / 404
Uruguay Round(UR) / 111

W
World Trade Organization(WTO) / 25
WTO 목적 / 111
WTO 협정 / 47, 88, 93, 117, 192, 194, 197, 212, 269, 273, 281, 292, 321, 323, 360

Z
zeroing / 256

국제통상 INTERNATIONAL COMMERCE

초　판 1쇄 인쇄 —— 2024년 8월　5일
초　판 1쇄 발행 —— 2024년 8월 10일
지은이 —— 나 희 량
펴낸이 —— 전 두 표
펴낸곳 —— 도서출판 **두남**
서울시 강동구 성내로 6길 34-16 두남빌딩
신 고 : 제25100-1988-9호
TEL : 02) 478-2066, 2067
FAX : 02) 478-2068
E-mail : dnbooks@dunam.co.kr
http://www.dunam.co.kr

정가 26,000원

ISBN 978-89-6414-005-5 93320